BASKETBALL OFFENSE
LESSONS FROM THE LEGENDS

FEATURING COACHING INSIGHTS FROM **33** NAISMITH HALL OF FAME COACHES

JERRY KRAUSE · RALPH PIM

社会評論社

Foreword .... *iv*
Preface .... *vii*
Diagram Legend .... *viii*
Anderson, Harold "Andy" 1
    チームオフェンスにおける5つのスコアリング・オプション 2
Barry, Justin "Sam" 7
    USCのオフェンス 8
Brown, Larry 11
    トランジション・ゲームのためのドリル 12
    アーリー・オフェンス 17
    勝利を決定づけるプレー 20
Carlson, H.C. "Doc" 25
    フィギュア・エイト・オフェンス 26
    バスケットボールのファンダメンタル 34
Carnesecca, Lou 37
    ボックス・アンド・ワン・ディフェンスに対する攻撃法 38
Case, Everett 47
    ノースカロライナ州立大学のチェンジ・オブ・ペース・アタック 48
Conradt, Jody 53
    速攻 54
Daly, Charles "Chuck" 57
    ゾーン・ディフェンスに対するオフェンス 58
Diddle, Edgar "Ed" 63
    シューティングドリル 64
Drake, Bruce 69
    ドレイク・シャッフル・オフェンス 70
Gaines, Clarence "Big House" 75
    バスケットボールにおける速攻 76
Gardner, James "Jack" 79
    速攻・バスケットボール 80
    プレス攻撃の心得 85
Hannum, Alexander "Alex" 87
    ダブルスクリーン・オフェンス 88
Harshman, Marv 93
    ハイロー・ポスト・オフェンス 94
Hickey, Edgar "Eddie" 101
    3線速攻法 102

Hinkle, Paul "Tony" **107**
　ヒンクル・システム・・・ 108

Holman, Nat **113**
　ピボット・プレー・・ 114

Keaney, Frank **119**
　ファイヤーホース・バスケットボール・・・・・・・・・・・・・・・・・・・・・・・・・・・・・・・・ 120

Kundla, John **123**
　私の好きなプレー・・ 124

Lambert, Ward "Piggy" **127**
　チームオフェンス・・ 128

Loeffler, Kenneth "Ken". **133**
　スクリーン・ウィーブ・オフェンス・・・・・・・・・・・・・・・・・・・・・・・・・・・・・・・・・・ 134

McGuire, Frank **139**
　ウィーブ、ポスト、ピボット・オフェンス・・・・・・・・・・・・・・・・・・・・・・・・・・・・・ 140

McLendon, John "Johnny Mac". **145**
　優勝のための速攻法・・ 146

Moore, Billie. **151**
　1－4・ゾーン・オフェンス・・ 152

Newell, Pete. **157**
　リバース・アクション・コンティニュティ・パターン・・・・・・・・・・・・・・・・・・・ 158

Rupp, Adolph **165**
　ケンタッキーの速攻法・・ 166

Sharman, William "Bill" **169**
　フリースロー・シューティングのテクニック・・・・・・・・・・・・・・・・・・・・・・・・・ 170

Shelton, Everett "Ev". **175**
　ワイオミングのボックス・ウィーブ・・・・・・・・・・・・・・・・・・・・・・・・・・・・・・・・ 176
　ボール・コントロールのためのドリル・・・・・・・・・・・・・・・・・・・・・・・・・・・・・ 180

Taylor, Fred. **183**
　オハイオ州立大学のパターン・フロントコート・ムーブメント・・・・・・・・・・ 184
　オフェンス・リバウンドのドリル・・・・・・・・・・・・・・・・・・・・・・・・・・・・・・・・・・ 188

Watts, Stanley "Stan" **191**
　ブリガム・ヤング大学の速攻・・・・・・・・・・・・・・・・・・・・・・・・・・・・・・・・・・・・ 192

Wilkens, Leonard "Lenny" **199**
　プロのプレー・・ 200

Wooden, John. **205**
　ハイポスト・オフェンス・・・ 206
　ボールを持たないときの動き・・・・・・・・・・・・・・・・・・・・・・・・・・・・・・・・・・・ 212

Yow, Sandra "Kay". **215**
　オフェンスのドリル・・ 216

About the Authors **222**

FOREWORD
はじめに

私は自分自身のバスケットボール人生を振り返ると、本当に幸せな時間を過ごすことができたと感じている。なぜならば、バスケットボールの真実を知っている巨匠から試合について教えてもらうことができたからだ。マイク・シャセフスキー、ボブ・ナイト、ピート・ニューエル、彼らは単に試合中における優れたコーチであるだけではなく、試合とはどのようなものなのかを教える偉大な教師なのだ。彼らは現在使用されている技術や戦術を発明した先人たちの教えを大切にし、尊敬している。そのことを私は目の当たりにしてきた。バスケットボールの真実を教える偉大なコーチになるためには、ゲームがいかに発展、進歩してきたのかを理解しなければならない。そして先人たちが成し得た業績を正しく評価することが必要なのである。現在のゲームがどのようなものなのか、それを把握するための最善の方法は、ゲームがどのように発展し、どのように進化してきたのか、それを理解することである。

バスケットボールの未来はこれから教師たちがどのようなことを教えるのかにかかっていて、そのためにゲームの歴史を学ぶことが指針となる。ジェリー・クラウスとラルフ・ピム、2人の優れた知識を持ったコーチが、私たちにすばらしいものを与えてくれた。それはバスケットボールの殿堂に入った偉大なるコーチたちの教えを包括的にまとめた本書である。この本には役に立つガイドラインと、魅力あふれるアイデアがたくさん含まれている。ジェリーとラルフはすばらしい仕事をしてくれた。バスケットボールのコーチやファンたちはこの「レジェンド・シリーズ」を心から楽しみ、そして役立ててもらいたい。

ジェイ・ビラス
ＥＳＰＮ・大学バスケットボール分析家

はじめに

"レジェンド"というタイトルを見て、どのような内容なのかとても興味を持ちました。本を開いてみますと、それは殿堂入りした名将ばかりの戦術戦略を記したものでした。時代とともにルールが変革して、いまや使わないものや聞いたこともないという名称、語句もたくさん出てきました。しかし、私はあえてこの本を翻訳することにしました。このような成功者の戦術戦略があったからこそ現在があるということを表現したかったからです。そして新しい戦術戦略は、このような戦術戦略があったからこそ生まれたものだということを皆さんに知っていただきたいと思ったのです。歴史とともに風化しそうなことかもしれません。しかし、この歴史的な戦術戦略を知ることで、なぜルールが変革したか、なぜ新しい戦術戦略が生まれたかを理解できると思います。また、戦術戦略などで息詰まったとき、八方ふさがりになったとき、練習でいきづまったときなど、原点に回帰することが良い薬になると考えています。「古臭い」と考える方もいるかと思いますが、もう一度振り返ってみてはいかがでしょうか。歴史的な出来事を振り返ることで、新しいアイデアが生まれるかもしれません。

本の中には、聞きなれない用語が出てくるかもしれませんが、あえて原文のままの語句をカタカナにして表現しています。今は使わない語句も出てきますが、説明を加えてそのまま表現しています。現在の語句に変更して表現するということも考えましたが、原文のままがベストではないかと考えました。原文を尊重し、古い語句のまま表現しています。ここはこだわりたいと思います。

歴史的なことを振り返り原点に戻ろうとするときや、新しいアイデアを生み出そうとするときにこの本は良きアドバイスを与えてくれるものと私は考えます。大いに活用していただければ幸甚であります。

昨今では、年ごとにインターナショナルルールが大幅に変更となります。そしてその変更はアメリカンルールに限りなく近づいています。ペイントエリアが台形から長方形になります。スローインの際はフロントコートからバックコートにパスをできるようになります。ノーチャージングエリアも出現してきます。"レジェンド"はこうした変動に大きな助言を与えてくれるでしょう。今までに考えもしなかった戦術戦略を考えなければならない現在です。有効に活用することを期待しています。

なお、姉妹編である「ディフェンス編」も合わせてお読みになれば、より鮮明に"レジェンド"が見えてきます。

「旧きをたずねて新しきを知る」——このレジェンド・シリーズがあなたのチームのビジョンにきっと役立つ"糧"となることでしょう。

倉石　平

**DR. JAMES NAISMITH,
INVENTOR OF BASKETBALL**

PREFACE
序 章

この本は、著者が過去の偉大なるコーチたちの遺産をまとめようと試みたものである。我々は3年かけて、本書に含まれている素材を探し求めた。ネイスミス・バスケットボール殿堂「レジェンドからの教え」第1版である。その中には、マサチューセッツ州スプリングフィールドにある、ネイスミス・バスケットボール殿堂から利用しているものも多い。殿堂入りしたコーチたちが著した文献や、公に出版された文章なども研究を重ねた。新聞の中からもコーチングに関する部分を抽出した。それらに加えて、我々は殿堂入りしたコーチ、選手、アシスタントコーチ、家族や学校関係者などに、実際にインタビューを行った。それぞれのコーチたちの生い立ちや、そのコーチの神髄に迫るためである。

すべての資料を種類別にまとめて、現段階で各コーチの最も正確な記述を作成しようと試みた。すべてに成功したとは言えないが、みなさんに喜んで読んでもらえるものに仕上がったとは思っている。しかもその内容は、世界最高峰のコーチたちによるものだ。本書こそまさに「ベストの中のベスト」であると確信している。ネイスミス・バスケットボールの殿堂という、バスケットボールでも人生でも成功を収めた最高の人々の考え方が凝縮されている。

さて、今こそあなた自身が我々著者を手助けする時である。つまり、本書を発展させて第2版として「次代のゲーム」を作り出すのだ。もしあなたが本書に加えるべき情報をお持ちならば、それらは例えば記事（バスケットボールの技術に限らず、人間ドラマでもよい）、文章、写真などになるが、それらを未来の出版に向けて共有したい。

バスケットボール・レジェンド・シリーズ
クラウス／ピム

DIAGRAM LEGEND	
選手	❶ ❷ ❸ ❹ ❺
動きの方向	⟶
スクリーンの動き	—⊣
ドリブル	∿∿∿⟶
パスの方向	------▶
パスの順序	1st, 2nd, 3rd Pass
コーチ	C
ディフェンスの向き	X₁
ディフェンスの選手	X₁, X₂, X₃, X₄, X₅

すべての図に一貫性を持たせるため、図の原本から上記の記号に書き直してあります。

LEGACY OF
Harold "Andy" Anderson

- 走ってシュートする速攻のスタイルを中西部で初めて採り入れた。

- 2つの異なる大学でNITトーナメント出場を果たした最初のコーチ。

- トレド大学、ボウリンググリーン大学での年間最多勝記録を保持。

- スポーツマンシップとフェアプレーの精神を重んじた。

- オハイオ州にて、最も偉大なスポーツ功労者50人のうちの1人に選出される。

- 1945年、ボウリンググリーン大学をNITトーナメント決勝進出に導く。

- ボウリンググリーン大学のアリーナは「アンダーソン・アリーナ」と名づけられている。

LESSONS FROM THIS LEGEND...
FIVE SCORING OPTIONS IN OUR TEAM OFFENSE
By Harold "Andy" Anderson

著者注釈

ハロルド・アンダーソンはトレド大学、ボウリンググリーン大学を全米屈指のチームへと指導したが、速攻におけるシステム化に指導の特徴があった。アンダーソンは走ってシュートするスタイル、いわゆる速攻法を指導した先駆者である。アンダーソンは、バスケットボールは楽しいものであるべきで、観客も楽しめるものにすべきだという信念を持っていた。その点で、アンダーソンはバスケットボールが第二次世界大戦後に普及するために大きく貢献した。アンダーソンのチームは、これから紹介する速攻を主とした5つの攻撃方法を身につけ、ボールを獲得したときには相手の弱点を突くような攻撃をすることで有名であった。

バスケットボールはスピード、運動量、そして得点が増加したことにより、めざましい発展を遂げているスポーツである。私のオフェンス哲学は、5つの攻撃法に基づいている。チームオフェンスはこれから述べていく順序に従って展開されるべきだと信じているし、それらは論理的なつながりを持っている。我々のチームではボールを獲得したら、必ず5つの方法のいずれかを使用して攻撃している。もしある方法で攻撃が完結しなければ、次のステップに移行して攻撃を連続させるのである。

FIVE SCORING OPTIONS
5つのスコアリング・オプション

ボウリンググリーン大学で行っている5つの攻撃方法（またはオプション）は、次の通りである。
1. ロングパス

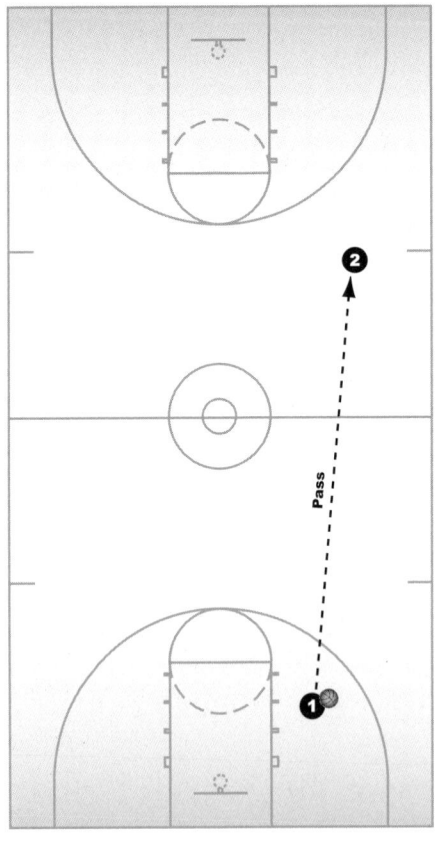

Anderson 1.0

2. 2メン・トライアングル、またはリターンパス
3. 速攻
4. セットオフェンス
5. コンティニュティ

LONG PASS
ロングパス

ディフェンスがボールを獲得したら最初に行うことは、ゴールを見て近くにオープンの味方がいないかどうかを確認することである。

もしオープンの味方がいたら、その頭越しにパスを送る。このような状況は、ボールをバックコートでインターセプトした後によく起こる。またディフェンス・リバウンドを獲得した後でも起こり得る（図1.0）。

TWO-MAN TRIANGLE OR RETURN PASS
2メン・トライアングル、またはリターンパス

この状況はセンターライン付近でインターセプト、スティールに成功した後、よく起こる。ボールを獲得した選手がそのままドリブ

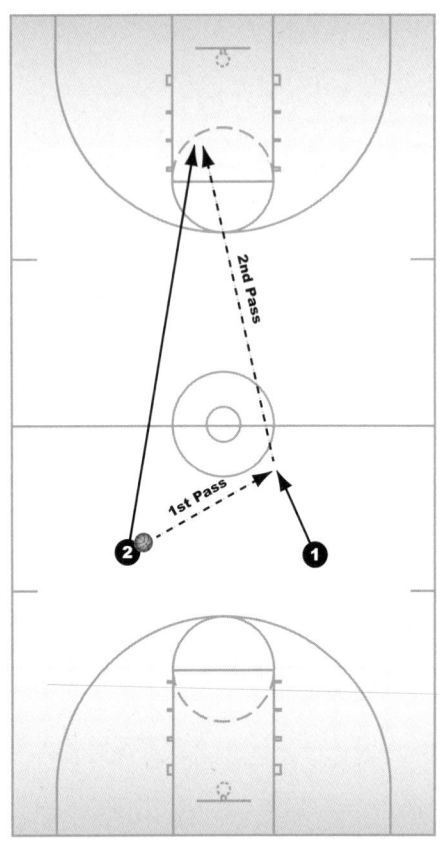

Anderson 1.1

LESSONS FROM THIS LEGEND...

ルでゴールに向かうことはできない場合、味方にパスを出してゴールに向かって走り、リターンパスを受ければ良い（図1.1）。

FAST BREAK
速攻

速攻は我々のオフェンス・システムの中で最も重要な部分である。我々は速攻が最も速く、簡単で、効果的な得点方法だと信じているので、ボールを獲得したらいつでも速攻の可能性を考えている。良い速攻というのは、良いセットオフェンスと同様に組織されたものである。実際に我々のチームでは、セットオフェンスの練習よりも速攻の練習に多くの時間を費やしている。

我々は「レーン」を使用した速攻を行う。3人の選手が列になってコートを走る形が基本である。3人が広がって走ることにより、ディフェンスを広げることになる。ボールは中央のレーンの選手が運び、チームの中で最もハンドリング能力の高い選手が中央のレーンを進むことが望ましい。ボールを持ったら、ドリブルで進めるところまで進めるようにする。もし誰もディフェンスがいないのであれば、ゴール下まで進んでシュートしてしまえばよい。もしディフェンスがドリブラーを止めようとすれば、隣のレーンを走る味方がオープンになっているはずだ。

コートの中央を進む選手が速攻のカギになる。この選手には優れたドリブル能力と、シュート、パスのどちらをすべきか賢く判断できなければならない。視野を広く持ち、正しい判断をすることが求められる。

このような状況は2対1の速攻と呼ばれている。オフェンスが2人並び、その中間にディフェンスがいるという状況だ。ドリブラーはドリブルしてどこまで進むのか、シュートに持ち込むのか、パスを出すのか、ディフェンスの状況を見て判断しなければならない。この速攻でシュートミスをしてしまう原因は、シュートすべきなのか、パスすべきなのか、はっきりと決定しないままプレーしてしまうことにある。シュートをするのであれば、シュートに集中してほしいと思っている。シュートができないのであれば、味方が完璧にパスを受け取れるスペースに走りこんだ瞬間にパスを出すのである。我々のチームでは、ボールを持っていない選手のルールは次の通りだ。「ゴール近くまで来てもパスをもらうことができなければ、ミドルレーンにカットすること」。これは安全策としてのポジション取りになる。このポジション取りをすれば、パスをディフェンスにインターセプトされる可能性はわずかになる。ゴール近くまで行ってもパスがもらえなければ、もうパスは来ないものと気持ちを切り替えるべきで、走るレーンを変えるようにする（図1.2）。

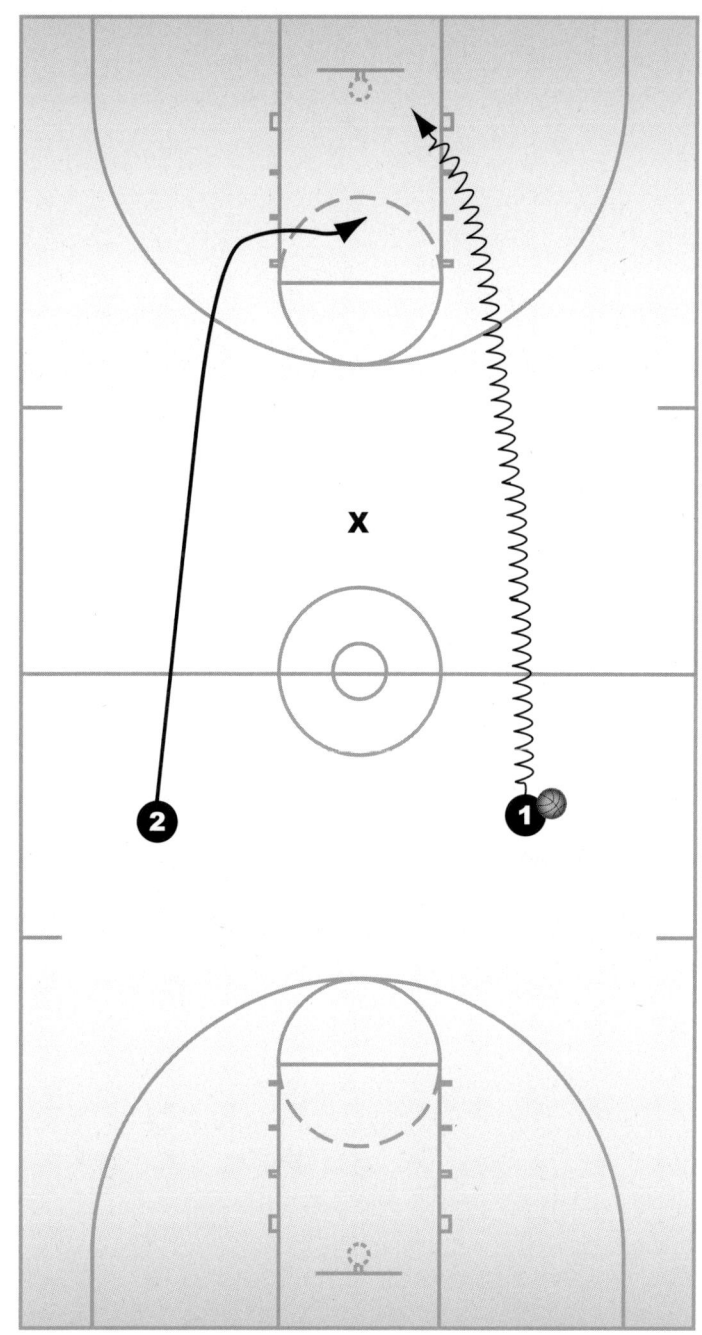

Anderson 1.2

LESSONS FROM THIS LEGEND...

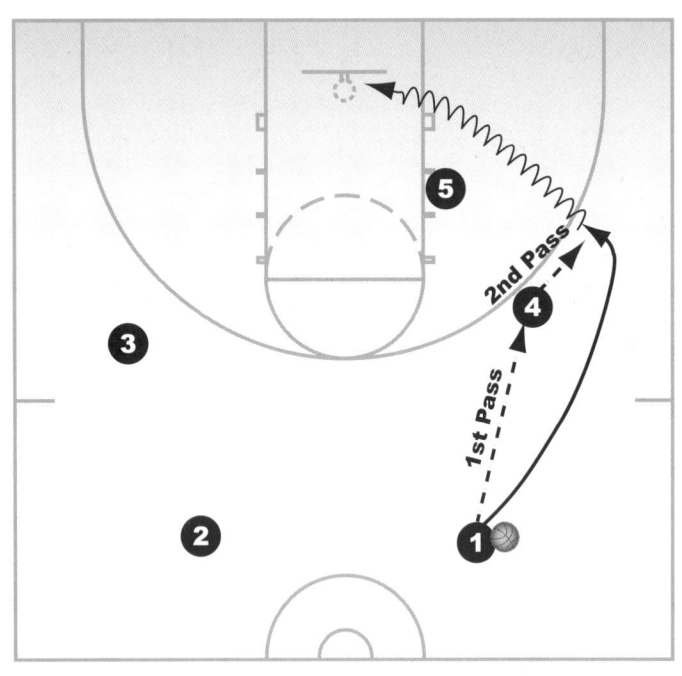

Anderson 1.3

Anderson 1.4

CARDINAL PRINCIPLES FOR OUR FAST BREAK
速攻の主な原則

1. 効果的な速攻を行うためには、ディフェンスがアウトナンバーの状態でなければならない。ドリブラーよりも先行するために、すばやく走ること。
2. できるかぎりディフェンスを拡散させておくこと。
3. ドリブラーは必ず自らがゴールに向かって攻撃して、ディフェンスを引きつけること。
4. リバウンドを取った後は、決してサイドラインまたはコーナーの方向へドリブルしてはならない。コートの中央に向き、オープンの味方を見つけること。
5. バックコートでは極力ドリブルしないこと。常に前を走っているオープンの味方を探すようにする。パスはドリブルよりも速いからである。
6. 2人での速攻では、ボールを持たない選手が走りこんでコートの中央に来ること。
7. 決して悪いシュートを放ってはいけない。もし良いシュートチャンスがなければ、待ってからセットオフェンスを開始するべきである。

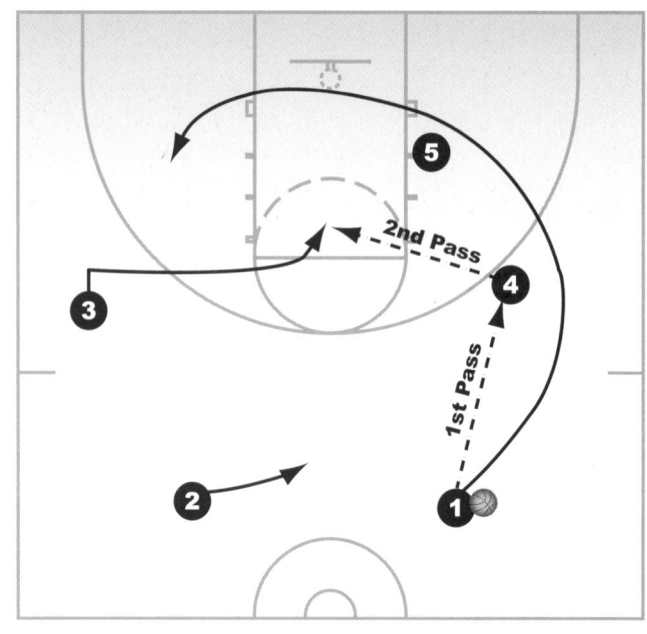

Anderson 1.5

SET OFFENSE
セットオフェンス

すべてのチームにとって、何らかの形でセットオフェンスが必要になる。最初の選手のポジションは適切なスペーシングを作り出すように決められるべきである。我々のシステムでは徹底して動き、タイミングを合わせ、いくつかのオプションを含めた攻撃を行っている。ひとつの攻撃方法がうまくいかないとき、すぐに次の選択肢を行うようにしている。最も重要なポジションは、ボールサイドのピボットマンだ。攻めきれないためにボー

LESSONS FROM THIS LEGEND...

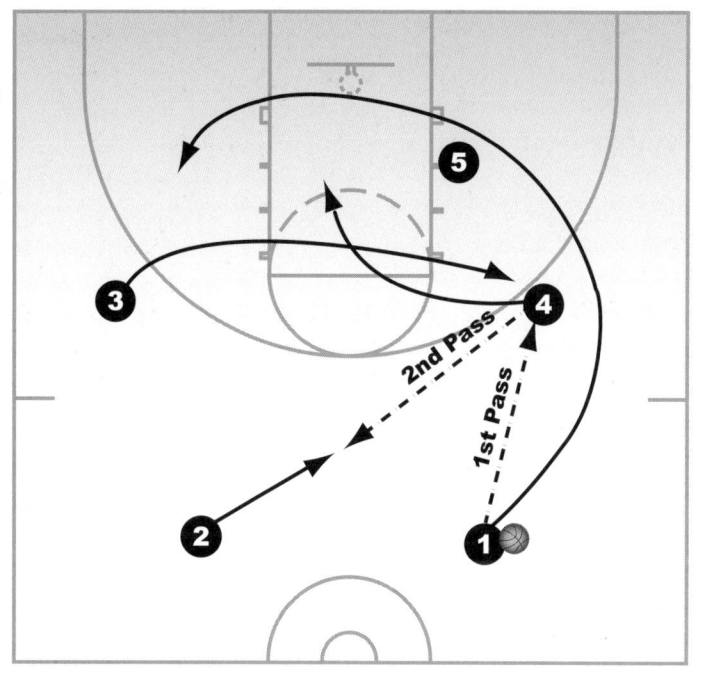

Anderson 1.6

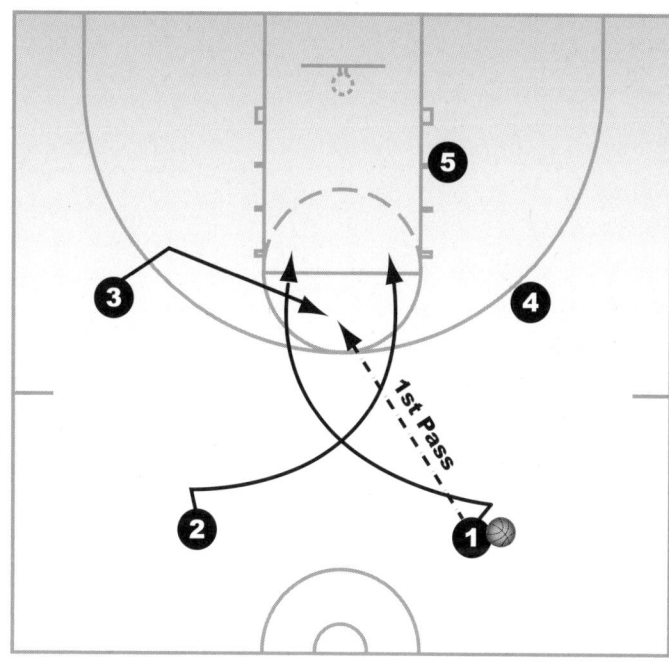

Anderson 1.7

ルをもう一度外へ出して、攻撃をやり直すということはあまりしたくない。セットオフェンスの形が崩れるということは、その動きの中に攻撃のチャンスがあるということを選手たちは理解している。選手が自分で決めて、自分なりにプレーすることを私は推奨している。

第1のオプションは図1.3で示したものである。❶が❹にパスを出して、ドリブラーの方向にカットする。そしてリターンパスをもらおうと試みる。リターンパスを受けたら、ドリブルしてゴールに進む。

もし❶へのリターンパスが出せなければ、第2のオプションに移行する。❹がポストにいる❺へのパスを狙うのである（図1.4）。❺はパスを受けたら、次の選択肢のうちからいずれかのプレーを行う。それらは「❹へのリターンパス」、「カットしてくる❸へパス」、「ボール方向に向かう❶へパス」、「自らのシュート」、「❷へパス」である。

今まで紹介した動きでオープンが作られなければ、❸がコートを横切るようにカットして、❹からのパスをもらおうとする（図1.5）。❸はパスを受けたらシュートをするか、オープンの味方にパスをさばく。

ここまで動いてもなおシュートチャンスがなければ、❹は❷にボールを戻す（図1.6）。❷は新たなシュートチャンスを作るためにパスを展開する。ゴールにカットする❹へパス、ポストにいる❺へパス、❹が動くことによってできたスペースを埋めた❸へパス、これらを狙う。

また我々のチームでは、古くからあるピボット・プレー（シザース・カット）も使用している。図1.7に示してあるように、❸がトップ・オブ・ザ・サークルで❶からのパスを受ける。そこからのリターンパスをもらうために、❶と❷がシザース・カットを行う。

CONTINUITY
コンティニュティ

先にも述べたように、ボールを外に戻して攻め直すという動きは避けるようにしている。セットオフェンスを展開してもシュートが放てない場合は、8の字を描くような動きをして攻撃を連続させる。我々は3人のコンティニュティと4人のクリスクロスの両方を使用する。ドリブルでボールを進めるよりも、パスを連続させてボールを動かしたいと考える。また、一定のペースで動き続けることで、相手のディフェンスを休ませないようにしたい。あまりにもパス回しが速すぎることは、逆に得点チャンスを見失うことにつながってしまうからだ。我々はカットしてくる味方へのパスを狙うことを強調する。バスケットボールには秘密の攻撃法などないのである。良い攻撃とは、ひとつひとつのプレーを徹底させることなのだ。

SOURCE
出典

・ハロルド・W・アンダーソン（1945）「ボウリンググリーン大学のオフェンス」, 1944-1945年バスケットボール・イヤーブック

LEGACY OF
Justin "Sam" Barry

- シュート成功後にジャンプボールをするルールの廃止を唱えた。

- ストーリング作戦を減少させるために、センターラインを10秒で超えなければならないルールを提唱した。

- アメリカの中で、どのコーチよりも試合のスピードアップに貢献した。

- 「トライアングル・オフェンスの父」と呼ばれる。

- 1940年にUSCをファイナル4へ導いた。また、パシフィック・コースト・カンファレンスで8回の優勝を記録した。

- USCのコーチとして、トロージャンズ（ニックネーム）を1948年のNCAAトーナメント優勝に導いた。

- 自身がUCLA戦に40連勝という最長記録を持つ。

LESSONS FROM THIS LEGEND...

THE USC OFFENSE
By Justin "Sam" Barry

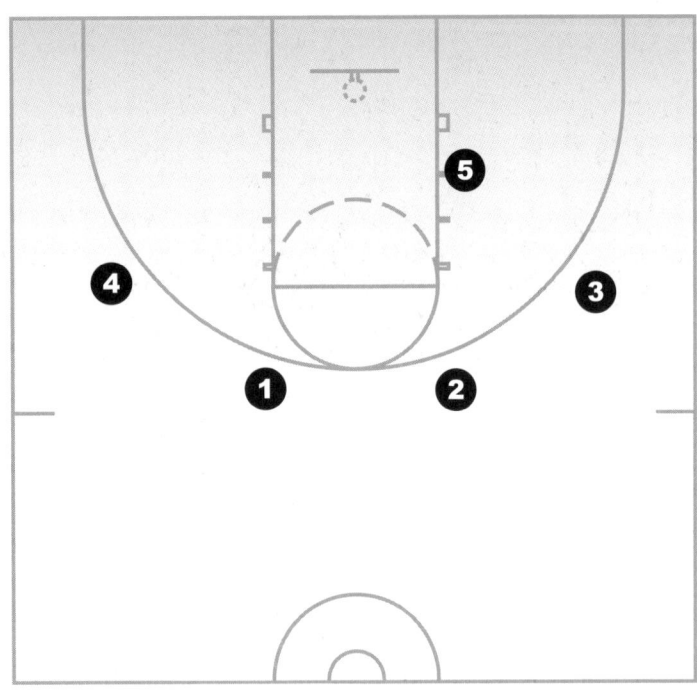

Barry 1.0

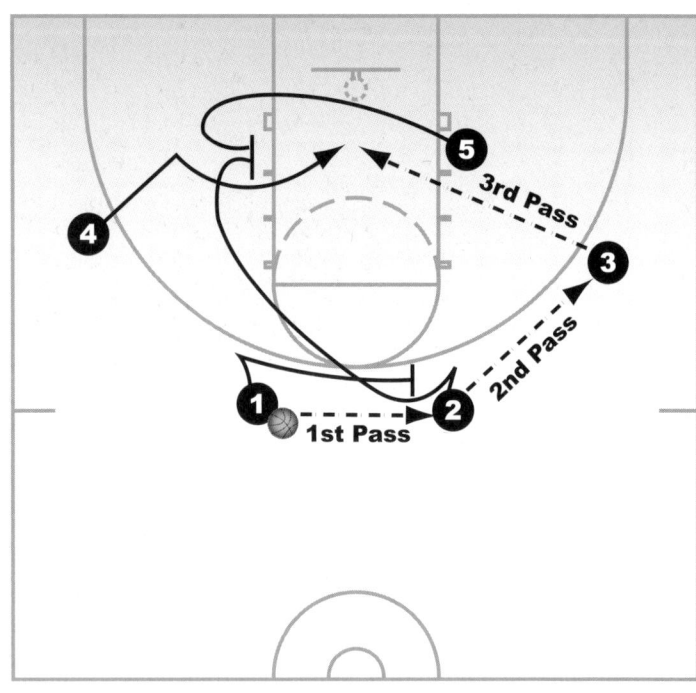

Barry 1.1

サザン・カリフォルニア大学では、オフェンスのボール・コントロールとセットの配置を強調している。ガードがボールを運び、同時に前進している選手たちがカットやスクリーンを行うことで確率の良いシュートチャンスを作り出している。オフェンスの良し悪しは、選手間のスペーシング、良いパス、そしてスクリーンによって決まる。

1人のセンターと2人のウイング（フォワード）をフロントラインと呼ぶ。2人のウイングは互いに動き、決められたポジションに着く。そしてチームメイトが得点チャンスを得られるようにスクリーンをしたり、カットしたりするのである。

センターは攻撃になくてはならないポジションである。センターに求められる動きは、徹底したスクリーンと積極的なリバウンドである。またポストアップからボールを持ったときは、力強くゴールに向かうこともできなければならない。

攻撃のバリエーションをこれから示すが、基本的にはガードがボールを運び、インサイドとアウトサイドが互いにスクリーンを行ったり、シザース・カットを行ったりするパターンになる。

BASIC FORMATION
基本のフォーメーション

基本の配置は図1.0に示したようにする。❶と❷がバックコートの選手であり、ボールを保持している。2線目には❸、❹とウイングが2人、そして最前列には❺がセンターのポジションを取っている。

PLAY 1
プレー#1

プレー#1は、❹に得点させるために作られたプレーである。主な動きは図1.1に示されている。

1. ❶は❷にパスを出して、その方向へスクリーンをセットする。

LESSONS FROM THIS LEGEND...

2. ❷は❸にパスを出して、❶によるスクリーンを利用する。
3. ❷はウィークサイドのペイントエリアのブロックにポジションを取る。
4. ❺はペイントエリアを横切り、❷と共にダブルスクリーンをセットする。
5. ❹は最も良いタイミングを見計らって、ダブルスクリーンを利用してのカットをする。そして❸からのパスを受けようとする。

Play 1A
プレー #1A
プレー #1A は、先のプレー（プレー #1）で❹がスイッチされてオープンにならなかった場合に、❺を使って攻撃する方法である。主な動きは図 1.2 に示されている。

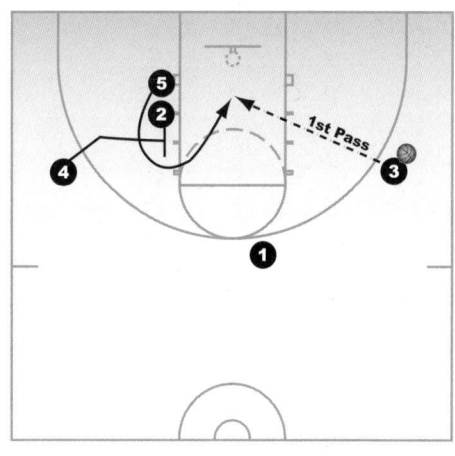

Barry 1.2

1. ❹がダブルスクリーンを使うまでのすべての動きはプレー #1 と同様である。
2. ❹は❺のディフェンスがスイッチをしようと動き出したことを確認したら、❷の隣で止まる。
3. ❺が❷と❹のダブルスクリーンを使ってカットする。そして❸からのパスを受けようとする。

Play 2
プレー #2
プレー #2 はウイングからドライブをさせるためのプレーである。このプレーは左利きの

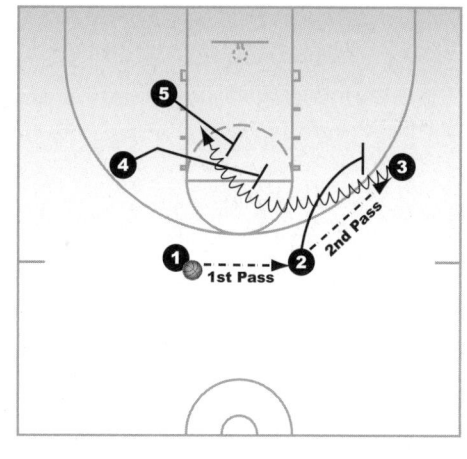

Barry 1.3

選手にとって大変有利なプレーとなる。主な動きは図 1.3 に示されている。

1. ❶は❷へパスを出す。
2. ❷は❸にパスを出して、ドリブラーにスクリーンをセットする。
3. ❹と❺はペイントエリア内でダブルのスタッガード・スクリーン（※）をセットする。
4. ❸は 3 人のスタッガード・スクリーンを利用して、シュートを狙う。

Play 2A
プレー #2A
プレー #2A は❶に得点させるためのプレーである（図 1.4 を参照）。

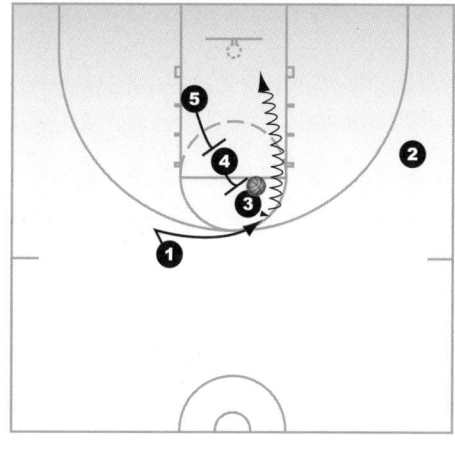

Barry 1.4

1. ❸がドリブルを始めるまではプレー #2 とすべて同様である。
2. #3 がドリブルを始めたと同時に、❶が❸の方向へカットする。そして手渡しパスを行い、❶がゴールに向かってドライブする。

Play 3
プレー #3
プレー #3 はガードによるシザース・カットを行い、センターに得点させることを計画したプレーである。主な動きは図 1.5 に示されている。

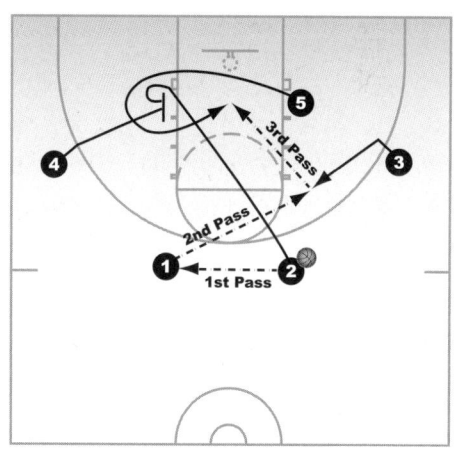

Barry 1.5

1. ❷は❶にパスを出して、逆サイドのペイントエリアのブロックへ向かってカットする。
2. ❶は❸にパスを出す。
3. ❷と❹でダブルスクリーンをセットする。
4. ❺はペイントエリアを横切り、ダブルスクリーンを利用してカールカットする。そして❸からのパスを受けようとする。

※スタッガード・スクリーン＝時差スクリーン

LEGACY OF
Larry Brown

- NCAA優勝（1988年）とNBA優勝（2004年）の両方を成し遂げた唯一のコーチである。

- 卓越した指導力と細部にまで目を配る指導方法は高く評価されている。

- ディフェンス、リバウンド、走ることなどを重視し、常に全力を尽くさせるコーチングで知られる。

- 低迷したチームを急速に勝てるチームへと育てる。

- NBAで7つの異なるチームをプレーオフに進出させたという記録を持つ。

- アメリカ代表の選手、コーチの両方を経験した唯一の人物。

- 現役時代にABAでの1試合アシスト23本の記録を持つ。

LESSONS FROM THIS LEGEND...

DRILLS FOR THE TRANSITION GAME

By Larry Brown

おそらく私は世界中でもっとも幸せな人だ。というのも、今までに素晴らしいコーチたちの偉大なる指導を受けることができたからである。高校時代のコーチは驚くべき練習プログラムを組み立てた指導者だった。ノースカロライナ大学での最初の2年間は、後に殿堂入りを果たしたフランク・マグワイヤのもとでプレーした。また、ディーン・スミスがノースカロライナ大学に赴任して最初の2年間の指導も受けることができた。スミスももちろん殿堂入りをしているコーチである。そしてオリンピックのチームでは、ハンク・アイバ・コーチのもとでプレーした。

コーチとしての私が若かった頃、フランク・マグワイヤやディーン・スミスとよく一緒にNCAAトーナメントへ行ったものである。すべてのベテランコーチたちは、自分たちの考え方を他のコーチたちと共有することをいとわない。自分の手法が世に知れ渡り、自分のチームが打ち負かされるかもしれない、などということは気にしないのである。彼らにとって唯一の目的は、バスケットボールを発展させることなのである。この目的は、現在においても持ち続けるべきことである。たとえば、ハンク・アイバやアドルフ・ラップ、レイ・メイヤーといった伝説的なコーチたちは、バスケットボールを愛しているだけでなく、お互いを仲間として認め合うことの重要性を知っているのである。

私は発明家ではない。私はクリニックに行き、素晴らしい考え方に出会うと、多くの指導者が自分自身の指導法を疑い始めてしまうことをたくさん見てきた。ある日、"ベアー"・ブライアントが講師として次のようなことを話した。「ここアラバマ大学で、みなさんは新しいことを見つけるのではありません。でも良いものが見つかるかもしれない。そのときはそれをより良く行うべきです」。このことは、とても重要なことだと思われる。指導者は多くのことを教えすぎる傾向がある。もしこのクリニックでいくつかのことを学んだのならば、それを自分自身のプログラムにどのように活用するかを考えてほしい。そして、それらをどのように指導するのかを確立することである。

ADVANTAGES OF THE TRANSITION GAME
トランジション・ゲームの利点

私は自分のチームにはアップテンポなゲームをしてほしいと思っている。コーチの中には選手を走らせることに意味を感じない人もいるだろう。走ることでゲームをコントロールすることができなくなると感じるからであろうが、私はそうは思わない。以下になぜ私がトランジション・ゲームをあなたに推奨するのかを記す。

- 選手は走ることでゲームテンポが速くなることを好むため。
- 走ることでレイアップシュートのチャンスが増えて、シュートの成功率を上げることができるため。
- 相手がディフェンスでプレッシャーをかけることが難しくなるため。
- 練習を努力すればするほど、結果が表れるため。
- 相手を精神的にも肉体的にも疲れさせることができるため。
- 良い体力トレーニングになるため。
- 多くの選手を起用することができるため。

PRACTICE PLANNING
練習計画

我々のチームではすべてのドリルを考案して、速攻のポジションを習得できるようにしている。ハーフコートでのドリルはあまり行わない。ボールをベースラインから反対側のサイドまで、できる限り早く運ぶことができるようになってもらいたいと思っている。走ることはオープンのシュートチャンスを作ることになるため、我々はこの練習を毎日行っている。練習を始めて15分から18分間はストレッチに費やして、その後、各種トランジションのドリルを行う。これは良い体力トレーニングであり、選手たちに負荷をかけることができる。ドリルは徹底して行われるべきで、集中することにより精神的なタフネスも身につく。

PEER PRESSURE
周囲のプレッシャー

我々のドリルには共通した約束事がある。それはチームとしての目標を設定して、周囲からのプレッシャーをかけることである。これは効果的な方法で、チームの共通理解から生まれる。その目標が達成されるまでは、次のドリルに進めることはしない。

では、周囲のプレッシャーがどのように効果的なのかを説明しよう。私たちは毎日の練習で必ず「マジックナンバー」というものを決める。そしてその決められた本数のシュートを連続して成功させない限りは、次のドリルには進まないようにする。コーチが叫んだり、やらせるといったりした感じではない。また、時間がどれだけかかるのかは気にしない。3分でも30分でも、決められた数が成功するまではドリルを繰り返す。ある練習をこのやり方で行ったとき、初日は1つのドリ

LESSONS FROM THIS LEGEND...

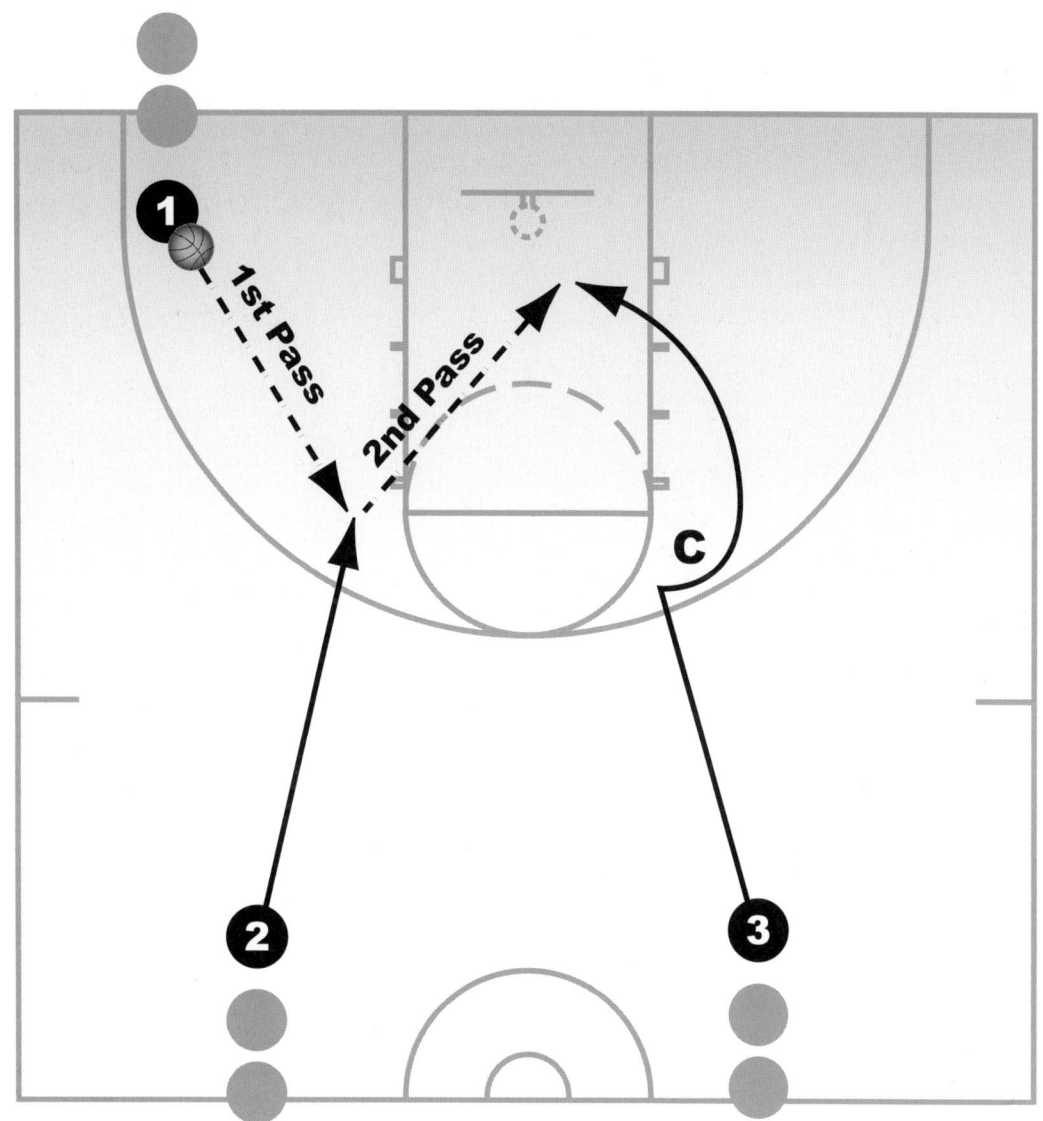

Brown 1.0

ルに27分かかったことがあった。素晴らしいことに、10日後の練習では、そのドリルに2分しかかからなくなった。チームが団結して、1つ1つのドリルをクリアしていくのである。

FAST BREAK DRILLS
速攻のドリル

NCAAトーナメント期間中、私たちは5種類の速攻のドリルを練習する。5種類のドリルは、毎日同じものである。同じドリルを毎日行うのだが、「マジックナンバー」だけは毎日変化させる。マジックナンバーは12から30の範囲内で、チームが達成すべき目標としてふさわしい数字を設定する。私はこのドリルが試合での成功をもたらすものであると確信しているし、毎日「周囲からのプレッシャー」をかけることは効果的で、勝者を作り上げるものだと信じている。

TWO-MAN LAY-UPS
2メン・レイアップ
図1.0参照

a. ❶は❷にパスをして、❷はジャンプストップする。
b. コーチがスクリーンの役割として立っている。❸はディフェンスがいるつもりで、スクリーンを使い、❷からのパスを受けてレイアップシュートをする。
c. ❷はリバウンドを取り、❸へパスを出す。❸はローテーションして❶のいたポジションへ移動する。
d. チームでの目標を決める。
e. バウンズパスは使わない。
f. 上達してきたら、ボールをもう1つ加えて行う。

LESSONS FROM THIS LEGEND...

THREE-LANE FLY DRILL
3レーン・フライ・ドリル
図1.1、図1.2参照

a. ❶、❷そして❸が広がってベースラインに並ぶ。
b. ❶はリバウンドを取って❷へアウトレットパスを出す。❸はまっすぐに走る。
c. ❶はコートの中央を走り、❷からのリターンパスを受ける。
d. ❶は走りながら❸にパスを出す。❸はレイアップシュートをする。❶は❸にパスを出した後、コーチ（C）が立っている所を回りながら走り、逆サイドへ向かう。
e. ❸はレイアップシュートをした後、次のアウトレットパスを受けるために走り抜ける。
f. ❷はリバウンドを取るために走り、ボールを取ったら❸にアウトレットパスを出す。そして、コートの中央を走る。
g. ❸は❷にパスを返す。
h. ❷は前を走る❶にパスを出して、レイアップシュートさせる。
i. このドリルは、1往復でも2往復でもできる。
j. 約束事は「ドリブルをしない」、「ファンブルをしない」、「バウンズパスをしない」とする。
k. チームでの目標を決める。

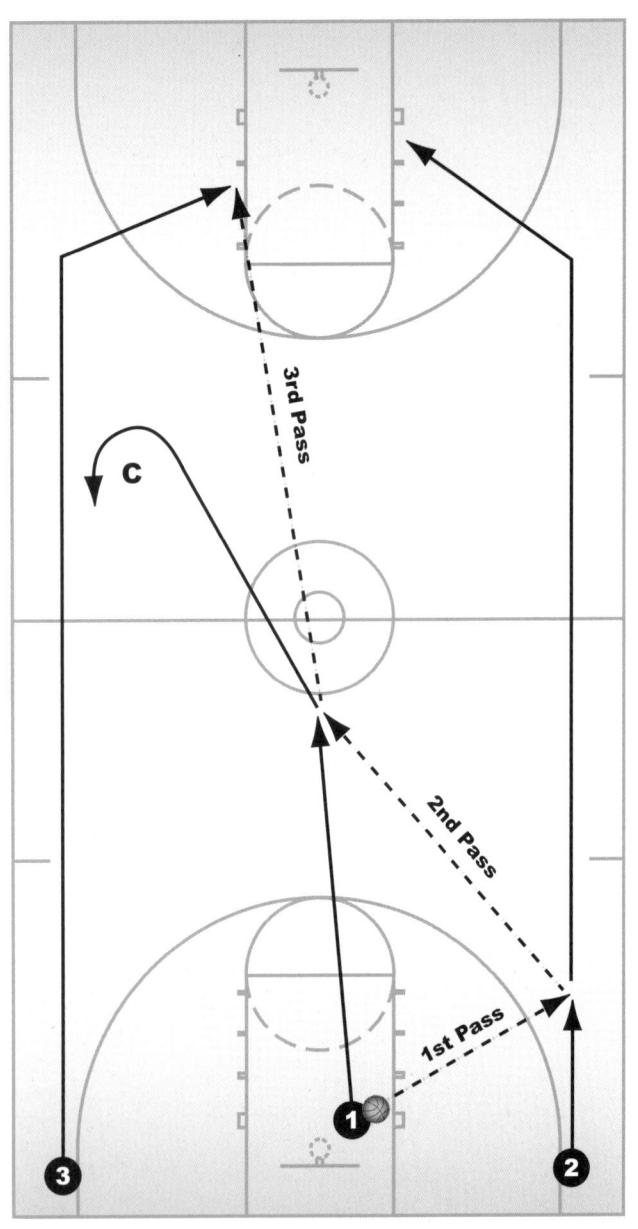

Brown 1.1

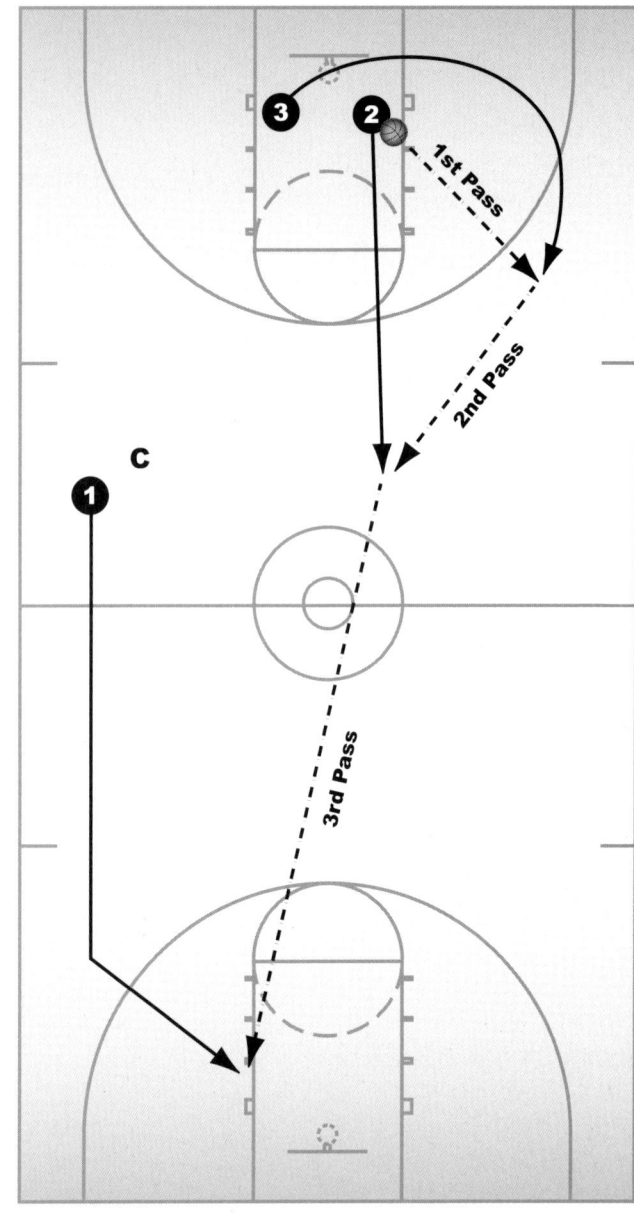

Brown 1.2

LESSONS FROM THIS LEGEND...

THREE-MAN WEAVE
3メン・ウィーブ

a．ウィーブの方法は、一般的な3メン・ウィーブと同じ動きである。
b．このドリルは1往復行う。
c．我々のチームでは、パスの回数を「5回」、「4回」、「3回」のいずれかに設定してドリルを行っている。
d．約束事は、「ドリブルをしない」、「ファンブルをしない」である。
e．チームでの目標を設定する。

FOUR-MAN DRILL
4メン・ドリル
図1.3参照

a．❹はリバウンドを取り、❶、❷、❸のいずれかにアウトレットパスを出す。
b．❶はコート中央を走る。❷と❸はそれぞれのレーンを走る。
c．❶、❷、❸は4回目のパスまでリターンパスを行う。
d．フリースローラインで❷と❸は走る角度を変えて、ゴールへ向かう。これはレイアップシュートをするためである。
e．❹は3人を後追いして、ボールが床に落ちないようにリバウンドを取る。
f．❷と❸は走りながらレーンを入れ替わり、逆サイドに走る。
g．同じ動きを2往復行う。
h．最後のシュートは、トレーラーにレイアップシュートさせる。
i．約束事は、「ドリブルをしない」、「ファンブルをしない」である。
j．チームでの目標を設定する。

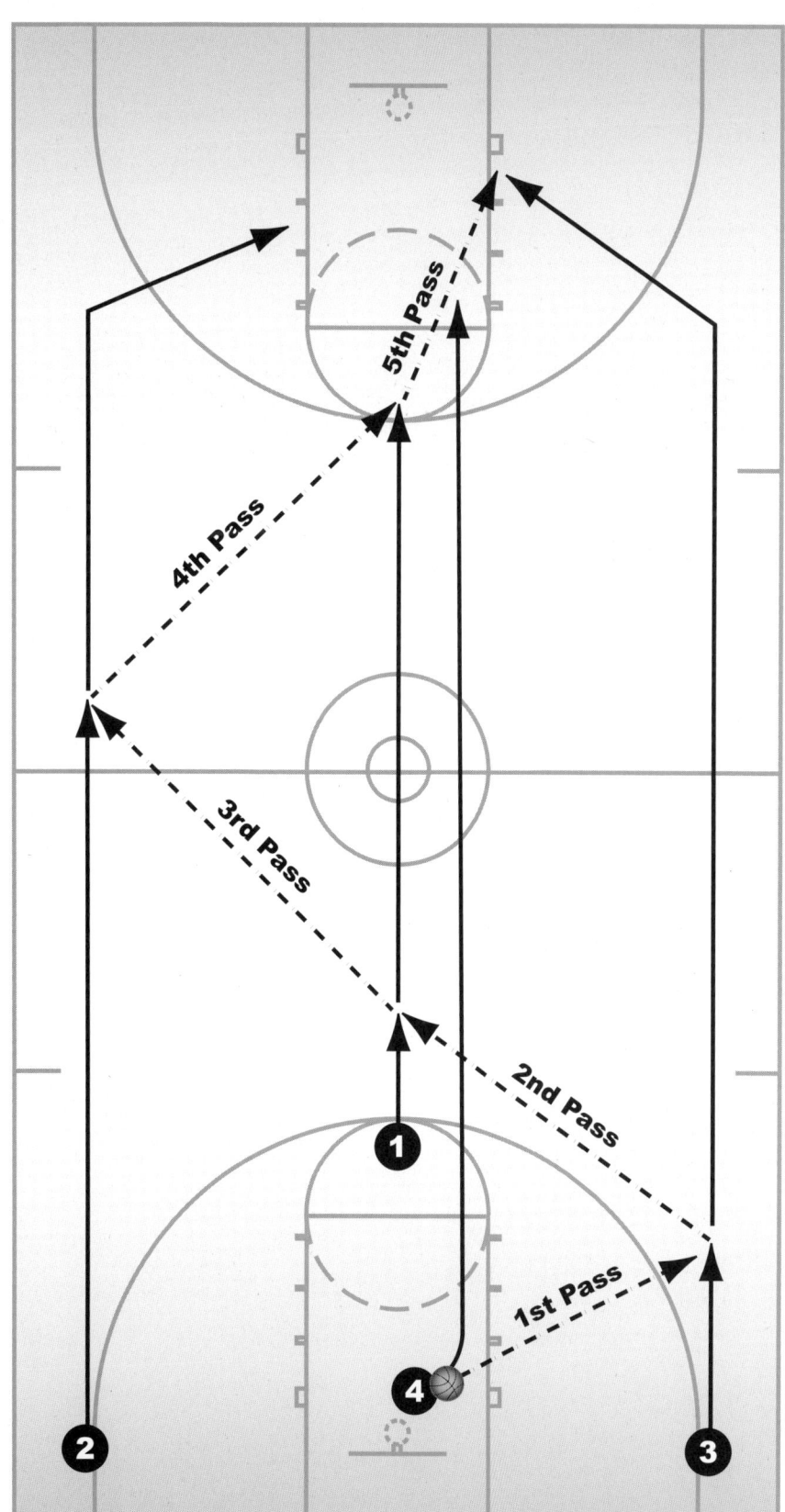

Brown 1.3

LESSONS FROM THIS LEGEND...

FIVE-MAN DRILL
5メン・ドリル
図1.4参照

a. ❶はコートの中央を走る。❷は右側のレーンを走り、❸は左側のレーンを走る。❹はストロングサイドのブロックを目指して走り、❺はトレーラーとして走る。
b. ❺はリバウンドを取った後、❶、❷、❸のいずれかにアウトレットパスを出す。
c. ❶、❷、❸は3人で速攻を行い、4回目のパスまでボールを進める。
d. フリースローラインから、レイアップシュートをするために、❷と❸は走る角度を変えてゴールへ向かう。
e. ❹はブロックに向かって走る。
f. ❺はリバウンドを取り、どちらのサイドから速攻を始めるのかを決める。
g. 2往復行い、最後のシュートはトレーラーである❺にレイアップシュートをさせる。
h. 約束事は、「ドリブルをしない」、「ファンブルをしない」、「バウンズパスをしない」である。
i. チームでの目標を設定する。

SOURCE
出典
・ラリー・ブラウン（1986）、トランジション・バスケットボール、マックグレガー・フラッシュバック・ノートブック。

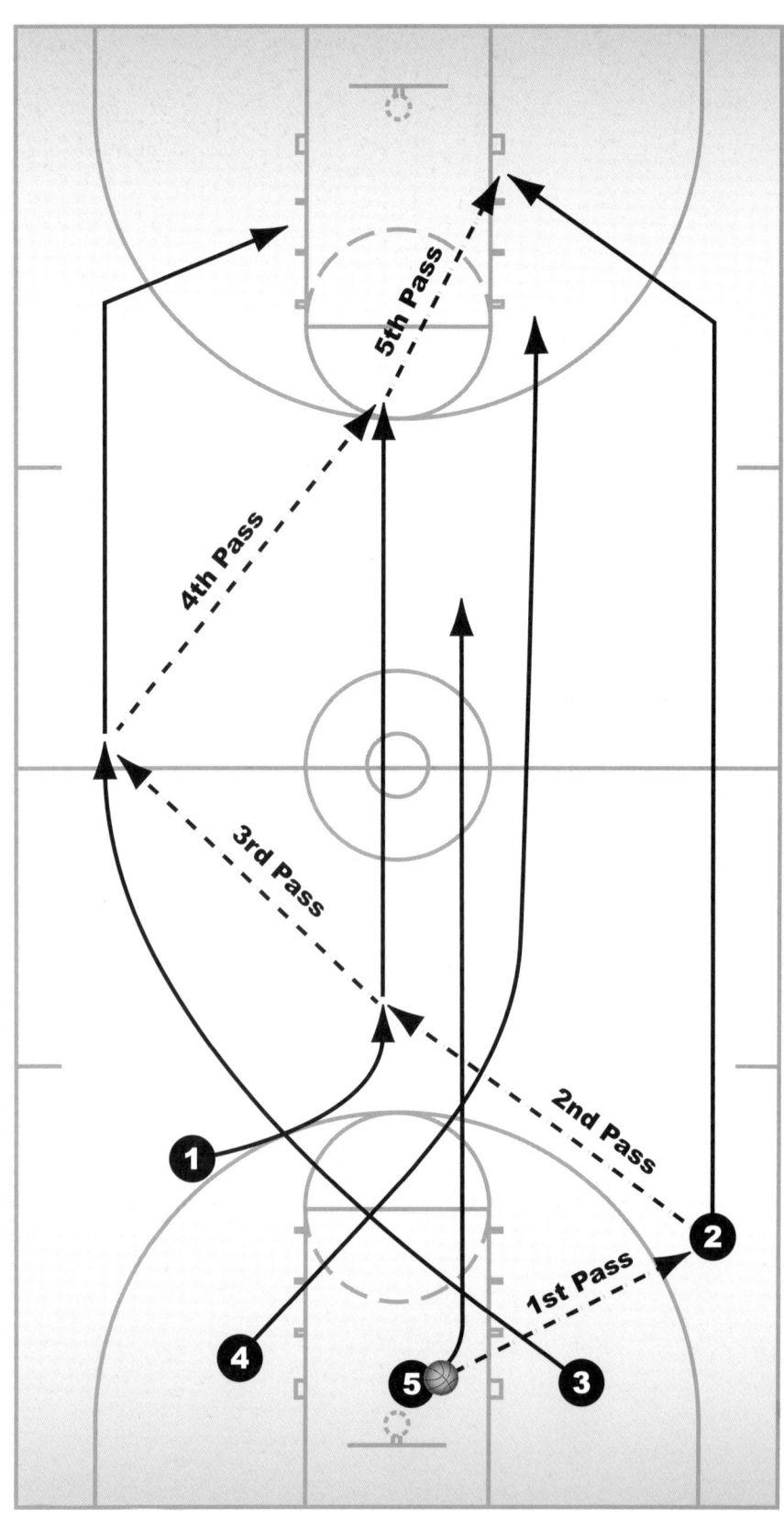

Brown 1.4

LESSONS FROM THIS LEGEND...

EARLY OFFENSE
By Larry Brown

アーリー・オフェンスの最初のオプションは、ボールをインサイドのセンターに入れることである。図2.0のように、❶は❷にパスを出した後、ギブ・アンド・ゴーの動きとしてゴールへ走る。❶は走りきった後にストップして、ペイントエリア内を逆に進み、❺へスクリーンをセットする。❺はバックスクリーンを使ってポストへカットする。❷はポストに走り込む❺へのパスを狙う。

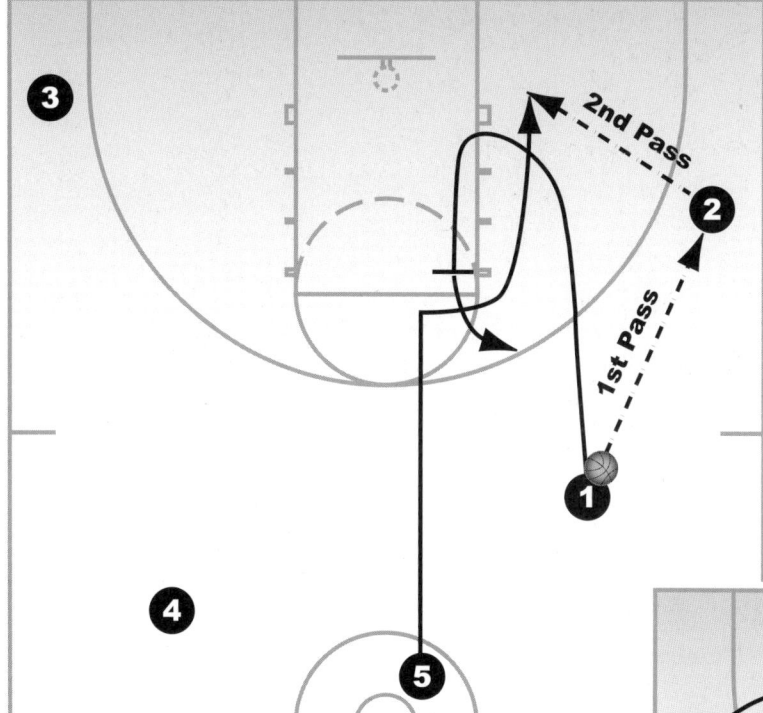

Brown 2.0

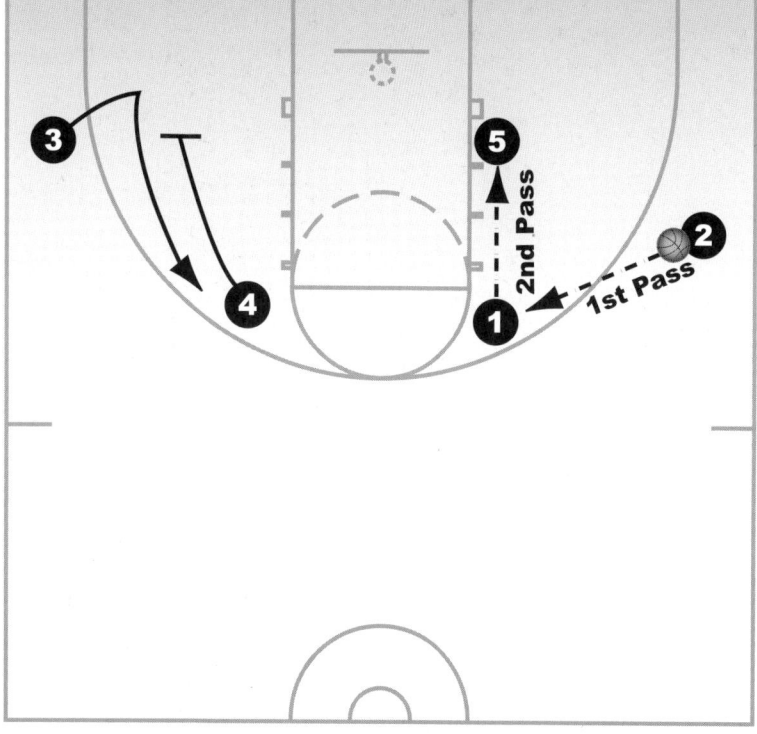

Brown 2.1

もしポストへのパスがディナイされたら（図2.1参照）、❶はスクリーンをセットした後にポップアウトして、❷からのパスを受ける。❶は❺へのパス、つまりハイ・ローのプレーを狙う。または、ウィークサイドで❹のスクリーンを利用する❸へのパスを狙う。❸はパスを受けたらシュート、ドライブ、またはポストにいる❹へのパスを狙う。別のオプションとしては、ウィークサイドで❸が❹へバックスクリーンをセットするという動きも可能である。

LESSONS FROM THIS LEGEND...

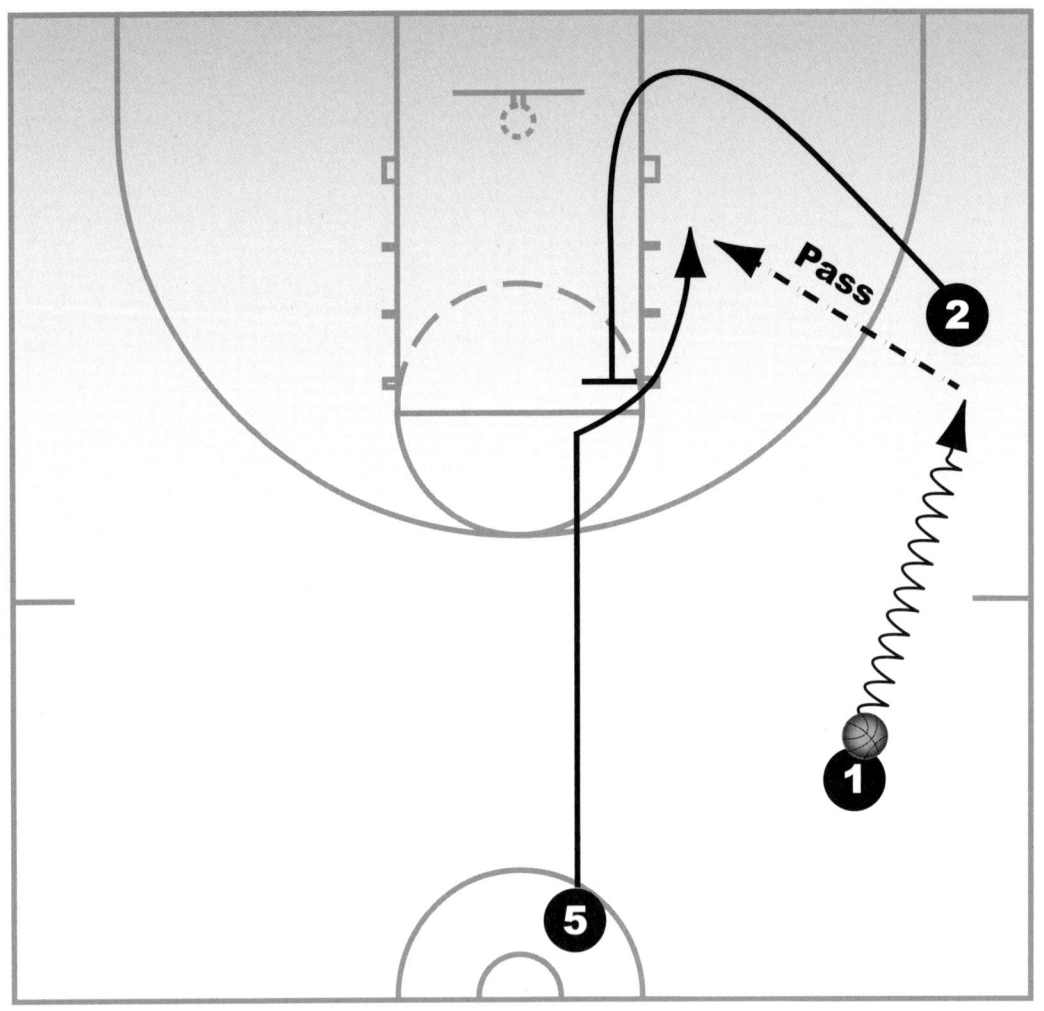

Brown 2.2

アーリー・オフェンスのもう1つのバリエーションとしては、大きなガードの選手とセンターを利用したプレーである。❷へパスを出すかわりに、❶は右のウイングへドリブルで進む（**図2.2参照**）。❷はゴールへ向かって走り、その後❺へバックスクリーンをセットする。❶はポストに走り込む❺へのパスを狙う。

LESSONS FROM THIS LEGEND...

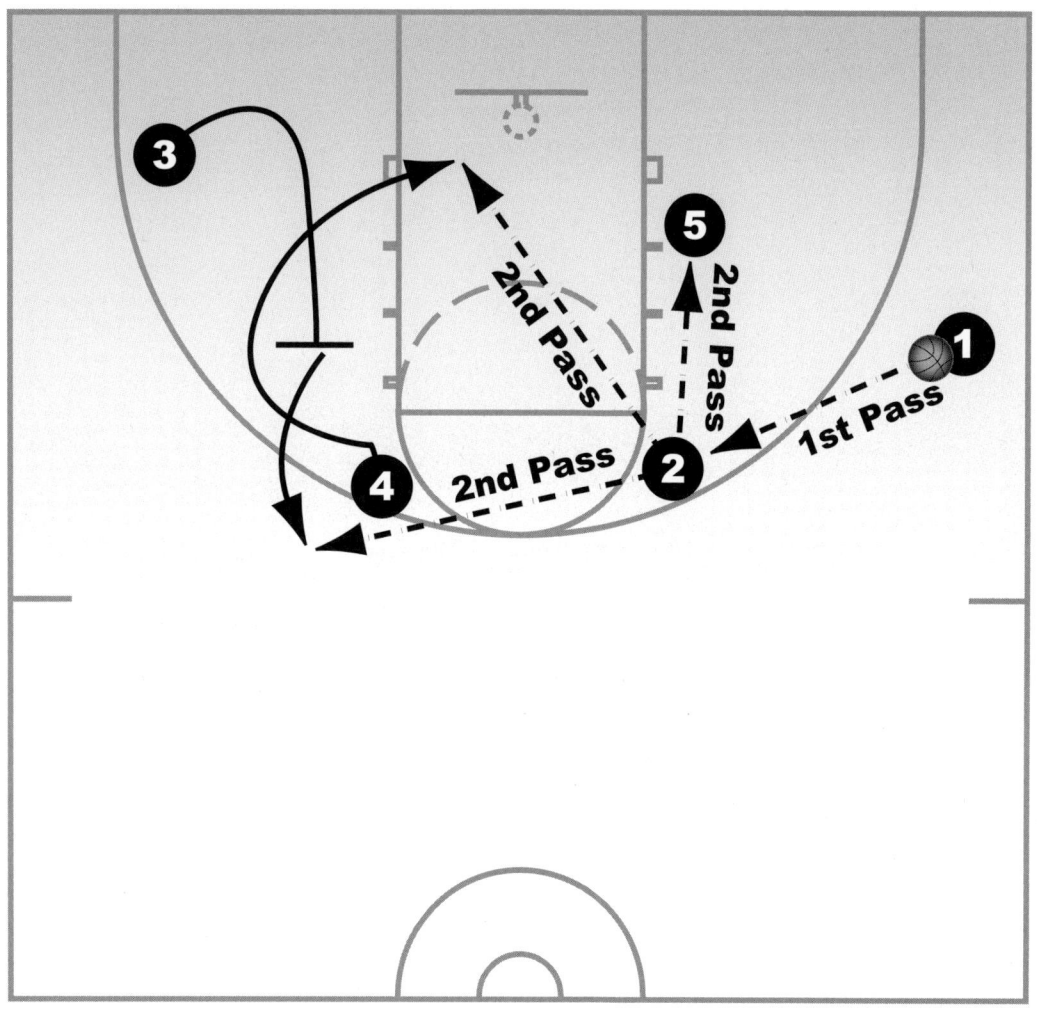

Brown 2.3

もしポストへのパスがディナイされたら、❷はバックスクリーンをセットした後にポップアウトして、❶からのパスを受ける（図 2.3 参照）。❷は❺へハイ・ローのパスを狙う。または自らのシュート、ドライブ、そしてウィークサイドで❸のバックスクリーンを利用する❹へのパスを狙う。いずれの選択肢も止められてしまった場合、❷はウイングにポップアウトする❸へパスを出す。❸は自らシュートするか、ポストにいる❹にパスを入れる。

SOURCE
出典
・ラリー・ブラウン（1995）、インディアナのアーリー・オフェンス、スポルディング・バスケットボール・プレーブック「プロのプレー」、インディアナポリス・マスターズ・プレス。

LESSONS FROM THIS LEGEND...

GAME-WINNING PLAYS
By Larry Brown

THE MOVING CROSS SCREEN
ムービング・クロススクリーン
このプレーは❹にオープンでシュートさせるために計画されたプレーである。図3.0に示した通り、❶がトップにいる❺へパスを出すところからプレーが始まる。❷は❹のスクリーンを利用して、ベースラインでのフレックスカットをする。そして❷がゴール下でボールをもらおうとするところに、このプレーのポイントがある。❷はすばやく方向転換して、❹にクロススクリーンをセットする。

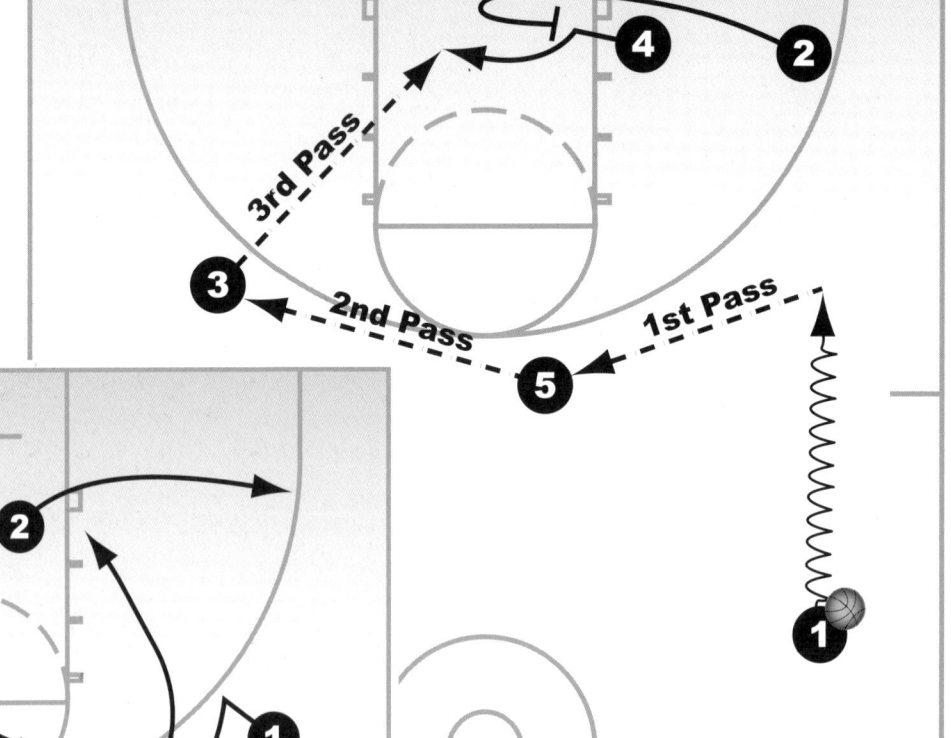

Brown 3.0

図3.1では、❺は❸にパスを出した後、❶へスクリーンをセットしている。そしてスクリーン後に、❺はウィークサイドのゴール下へ走り込む。❷はコーナーへポップアウトする。❸はポストにいる❹へパスを出す。または❸が❶にパスを出すという選択肢も考えられる。

Brown 3.1

LESSONS FROM THIS LEGEND...

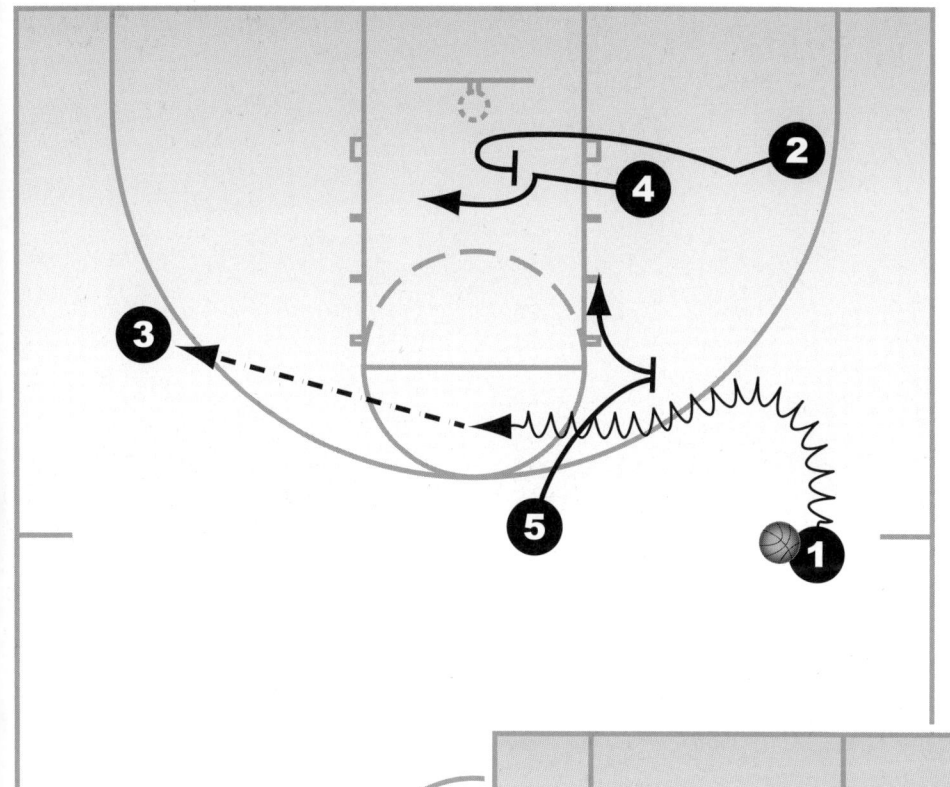

THE MOVING CROSS SCREEN WITH PICK-AND-ROLL
ムービング・クロススクリーンとピック・アンド・ロール

先と同じプレーを❶と❺のピック・アンド・ロールから始めることもできる。❶は❺のスクリーンを利用してドリブルする（図3.2）。それと同時に、❷はベースラインでフレックスカットを行う。❶は❸へパスを出して、❷は❹へクロススクリーンをセットする。

Brown 3.2

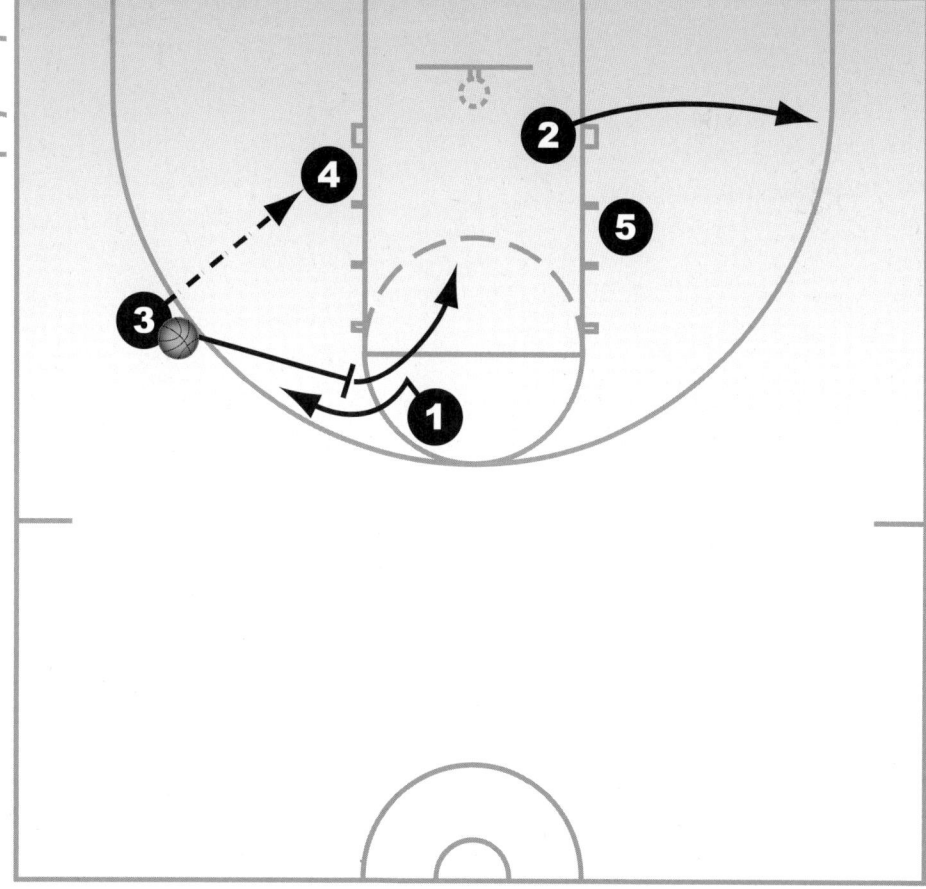

❶はトップで立ち止まり、❺はゴール下に走り込んでリバウンドのポジションを取る。このとき、❷はコーナーへポップアウトしておく。❸はポストにいる❹へパスを出した後、❶へスクリーンをセットする。この状況で、❹は自らのシュートも味方へのパスも可能になる（図3.3）。

Brown 3.3

LESSONS FROM THIS LEGEND...

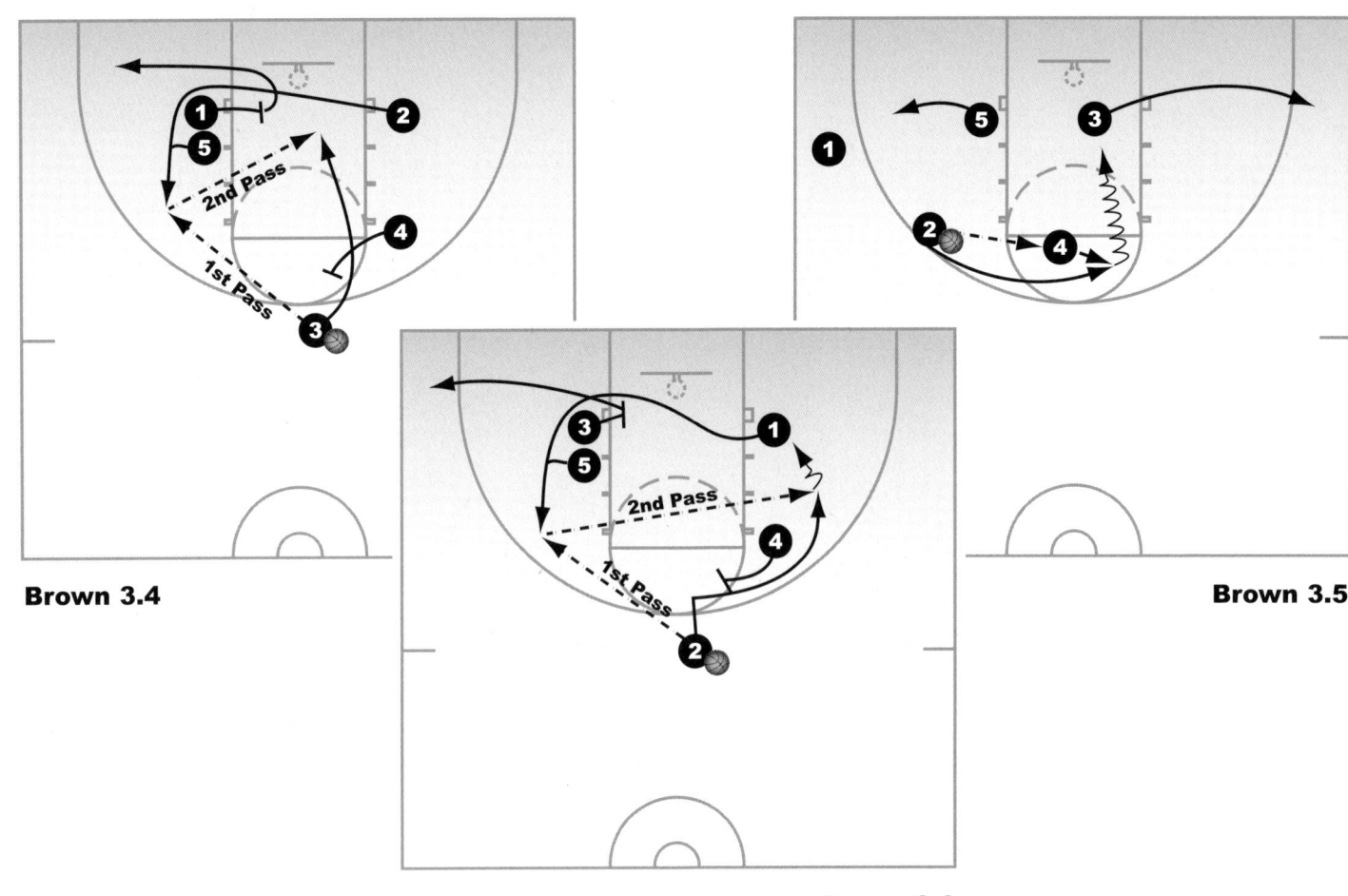

Brown 3.4

Brown 3.5

Brown 3.6

BASELINE SCREEN PLAY
ベースライン・スクリーン・プレー
このプレーはベースラインでのスタッガード・スクリーンが計画されている。図 3.4 に示されているように、❸がボールを持っている状況からプレーが始まる。❷は❶と❺がセットしたスタッガード・スクリーンを利用してカットする。❶はスクリーンをセットした後、左サイドのコーナーへポップアウトする。そして❺は左サイドのブロックにポジションを取り続ける。❸は❷へパスを出して、❹がセットするバックスクリーンを利用してカットする。❷は❸へのロブパスを狙う。

❸からのロブパスが出せなかった場合は、❹がボールへ向かってフラッシュして、❷からのパスを受ける。図 3.5 で示されているように、❷はカットして❹からの手渡しパスを受ける。❷はこのカットをすばやく行って、手渡しパスを受けたらゴールへ向かってドライブする。❸は右サイドのコーナーへ動いてゴール下を空ける。もし❸のディフェンスが❷をヘルプに動けば、❸はパスを受けて 3 ポイントシュートを狙う。

Flare-and-Isolation Play
フレアーからのアイソレーション
図 3.6 で示されているように、❷がボールを持っている状況からこのプレーが始まる。❶は❸と❺がセットしたスタッガード・スクリーンを使ってカットする。スクリーンをセットした後、❸は左サイドのコーナーへポップアウトして、❺は左サイドのブロックにポジションを取り続ける。❷は❶へパスを出して、❹がセットするバックスクリーンを利用したフレアーカットを行う。❶は❷へのスキップパスを出す。❷はパスを受けたらシュートするか、ゴールへ向かってドライブを行う。

もし❹のディフェンスが❷を止めようとして動いたら、❹はゴールに走り込む。そして、❶はゴールへ走る❹へパスを出す（図 3.7 参照）。

LESSONS FROM THIS LEGEND...

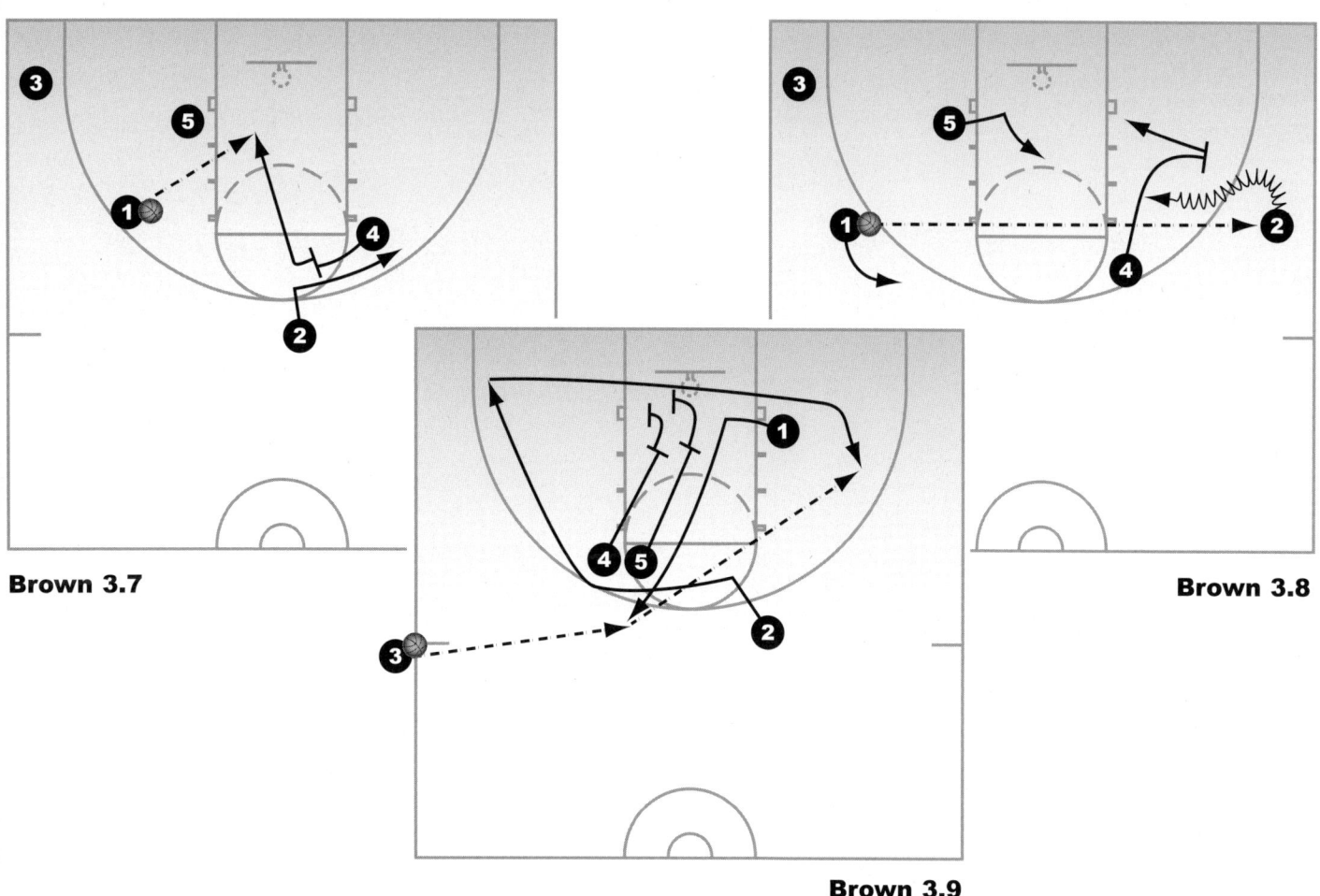

Brown 3.7

Brown 3.8

Brown 3.9

FLARE TO PICK-AND-ROLL
フレアーからピック・アンド・ロール

図3.8には、フレアーのオプションとしてピック・アンド・ロールを追加した動きが描かれている。スキップパスを受けた❷がシュートもドライブもできなかった場合、❹はウイングでのピック・アンド・ロールを行うことができる。❶と❸はピック・アンド・ロールが始まったら、アウトサイドに立ち止まっておくこと。❹はスクリーンをセットした後にゴールへ走り込み、❺はペイントエリア内にフラッシュする。❷はジャンプシュートをするか、オープンの味方にパスを出す。

SIDE OUT-OF-BOUNDS PLAY
—STAGGERED SCREENS
サイドからのアウト・オブ・バウンズのプレー／スタッガード・スクリーン

このサイドからのアウト・オブ・バウンズのプレーは、チーム内で最もシュート力のある選手にシュートさせるためのプレーである。図3.9に示されているように、❷が2つのスタッガード・スクリーンを利用することになる。

❷は右サイドのエルボーの延長線上で、3ポイントラインよりも外側にいる。❷の最初の動きは、ハイポストでセットされている❹と❺のスタッガード・スクリーンを使うことである。❹と❺は肩と肩を並べるようにして、左サイドのエルボーにポジションを取る。

❷はパスを受けることができなかった場合、左サイドのコーナーまで走り抜ける。❹と❺は、今度は❶へスタッガード・スクリーンをセットする。❶はスクリーンを使ってトップまで走り、パスを受ける。❹と❺はさらに、新たなスタッガード・スクリーンを❷のためにセットする。スタッガード・スクリーンを使って❷は右サイドのウイングまでカットして、❶からのパスを受ける。

SOURCE
出典

・オシエピカ、ボブ・アンド・レターマン、デール（2001）、バスケットボール・プレーブック2、コンテンポラリー・ブックス、イリノイ州シカゴ。

23

LEGACY OF
H.C. "Doc" Carlson

- 「フィギュア・エイト・オフェンス」を考案した。

- 医師の免許を持ち、バスケットボールだけでなく、薬学にも精通している。

- 1928年、1930年にピッツバーグ大学をヘルムス財団全米選手権の優勝に導いた。

- 高度な体力づくりの指導で知られる。

- 広範囲にわたる「疲労とバスケットボール」の調査研究を行った。

- 東部にありながら西部の大学と対外試合を行った最初のコーチである。

- 1930年に、初めてのバスケットボール講習会を考案、実施した。

LESSONS FROM THIS LEGEND...
THE FIGURE 8 OFFENSE
By H.C. "Doc" Carlson

フィギュア・エイト・オフェンスは、その動きが「8の字」を描くことから名前がつけられた。選手の動いた軌跡が8の字を描き、動きに連続性のあるプレーになる。プレーを正しく繰り返しているうちに、得点チャンスが必ず訪れるオフェンスなのである。フィギュア・エイトの動きのパターンは、3人から5人の選手が動くことによって成り立つ。動きのコースは縦に動くものと、横に動くものとがある。動き方はハーフコート全体を使うこともできるし、動く範囲を制限することもできる。また、コーナーへ向かっての斜めにコートを使用する動きもできる。多くのチームがこの連続する攻撃法に対抗しようとするが、得点チャンスをつぶすための十分な解決法は考案されていない。

バックコートにいる3人の選手が連続的に動き、ドリブルを使用してもしなくても攻撃することができる。センターラインの近くで、左右両側に1人ずつが立ち、その二人の中間でゴール寄りのポジションに1人が立つ。第1の選手、ドリブラーは、逆サイドにいる第2の選手にパスをする。このパスはコートの中心を横切るパスになる。そして、このパスを出した後、パスを受けた味方とゴールを結ぶ間を斜めに走る。ゴールに一番近い場所にいる第3の選手は、走り込んでいる第1の選手が元にいたポジションを埋める。このような動きを行うと、ボールが逆サイドに移動して2人の選手が動いただけで、最初にセットしたポジションとまったく同じポジション取りになっているはずだ。パスを行うときに、ドリブルで味方へ近づいてパスをするという方法を行うチームもある。このプレーの目的は単純明快で、チームメイトを敵から振り切らせることである。フィギュア・エイト・オフェンスは指導するコーチの考え方によって、コートを広く使用させることもできるし、狭い限定されたエリアのみでプレーさせることもできる。3人の選手は、パスを出した後にコートを斜めに走るのだが、パスを受けた選手の前を走るようにする。そして次に、空いているポジションを埋めることを考えなければならない。

3人のコンティニュティ・オフェンスは、非常に多くのチームで受け入れられ、活用された。このオフェンスは簡単であり、選手も理解するのが早い。3人のコンビネーションとしては、パッサーがパスを出し、走る。走るときはパスを受けた1人の味方の前だけを走る。この3人のコンビネーションを習得することは、5人のコンビネーションを覚えるために非常に役に立つものになる。

5人で動いてコンティニュティを行うことになると、パスをして走る選手は2人の味方の前を斜めに走ることになる。5人の動きでは、走った選手がパスを受けた選手のポジションを埋めることはしない。5人で動くことは、パスをして走るためにとても良い距離を作り出すことができる。フィギュア・エイトのパターンは大きく広がるスプレッドアウトの形か、パスを出すときに味方に近づくことのできるフラットの形で行われる。コンティニュティ・オフェンスを指導するときは、その第一段階として次のパターンを習得させるべきである。ディフェンスの崩し方や得点チャンスの作り方は、その後に身についていく。

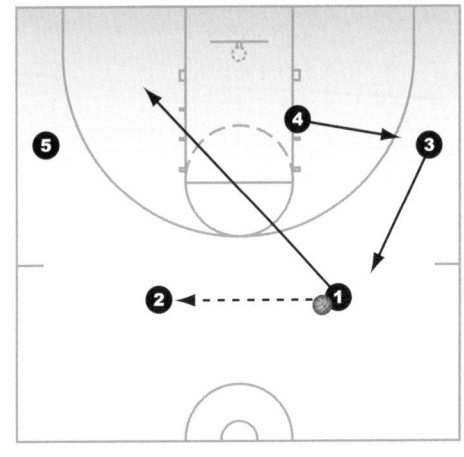

Carlson 1.0

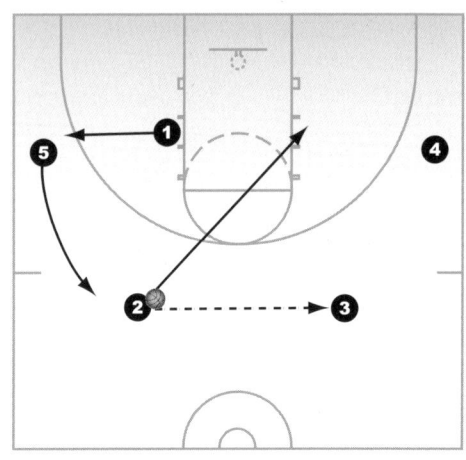

Carlson 1.1

LESSONS FROM THIS LEGEND...

CROSSWISE CONTINUITY
横のコンティニュティ

図1.0
❶は❷にパスを出して、味方2人（❷と❺）の前を走る。❶が最初にいたポジションは❸が埋める。そして、❸のポジションは❹が埋める。

図1.1
❷は❸にパスを出して、味方2人（❸と❹）の前を走る。❷は斜めにカットして、ポストのポジションまで移動する。❷が最初にいたポジションは❺が埋める。そして、❺のポジションは❶が埋める。

図1.2
❸は❺にパスを出して、味方2人（❺と❶）の前を走る。❸は斜めにカットして、ポストのポジションまで移動する。❸が最初にいたポジションは❹が埋める。そして、❹のポジションは❷が埋める。

図1.3
❺は❹にパスを出して、味方2人（❹と❷）の前を走る。❺は斜めにカットして、ポストのポジションまで移動する。❺が最初にいたポジションは❶が埋める。そして、❶のポジションは❸が埋める。

図1.4
この図では、フィギュア・エイトを行ったとき、選手が動く軌跡を表している。破線はパスによるボールの行き来を表している。動きながら10回のパスを繰り返すと、選手の配置は最初と同じになる。このコンティニュティでは、リターンパスのみがシュートチャンスを作るためのプレーになるが、多くのチームにとってはこのパターンだけで十分であろう。十分でないチームにとっては、この横のコンティニュティはフィギュア・エイトの導入としてとらえてもらう。対戦相手によって、次なるコンティニュティを習得して、さらなる得点チャンスを作り出す必要があるかどうかを決める。

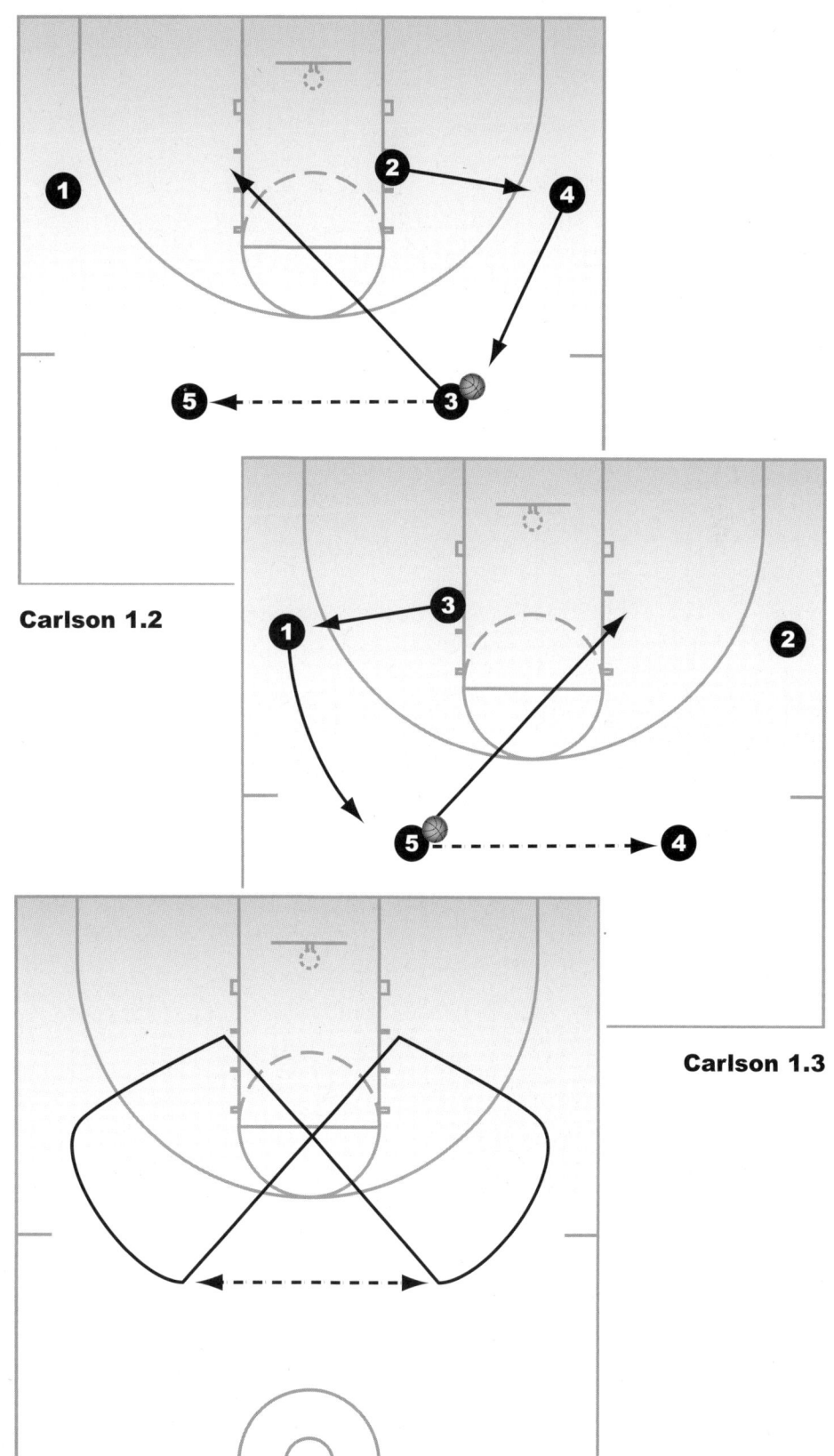

Carlson 1.2

Carlson 1.3

Carlson 1.4

LESSONS FROM THIS LEGEND...

LENGTHWISE CONTINUITY
縦のコンティニュティ

この動きのルールは基本的な5人の動きと同様だが、ボールが縦に移動する部分が異なっている。パッサーは、パスをした後に2人の味方の前を走る。カットはボールに対して斜め方向に走ることになる。

図 1.5
❶はゴール寄りにいる❸にパスを出して、味方2人（❸と❹）の前を走る。❶は斜めにカットして、ベースライン方向へ移動する。❶が最初にいたポジションは❷が埋める。そして、❷のポジションは❺が埋める。これらの動きによって、ボールの周辺で3人がプレーして、ボールから離れたところでは2人が動いていることになる。

図 1.6
❸は❷にパスを出して、味方2人（❷と❺）の前を走る。❸は斜めにカットして、センターライン方向に向かい、ボールの反対サイドへ移動する。❸が最初にいたポジションは❹が埋める。そして、❹のポジションは❶が埋める。これらの動きによって再び、ボールの近くで3人がプレーすることになる。

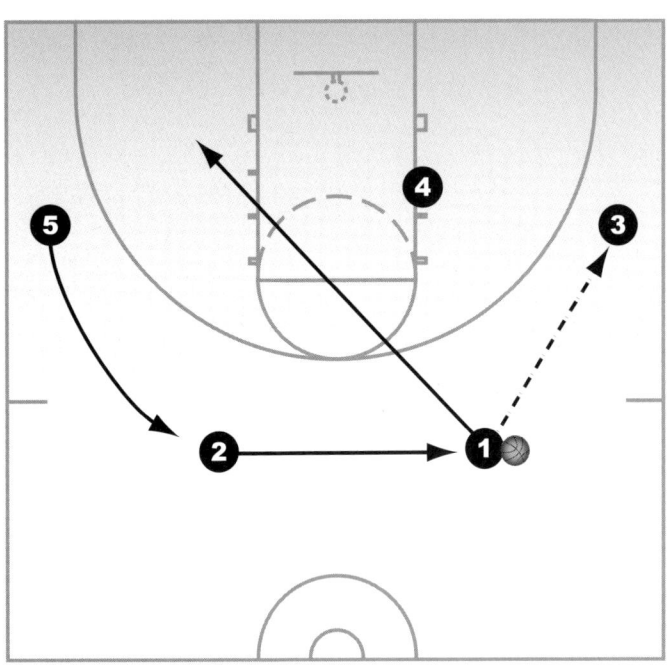
Carlson 1.5

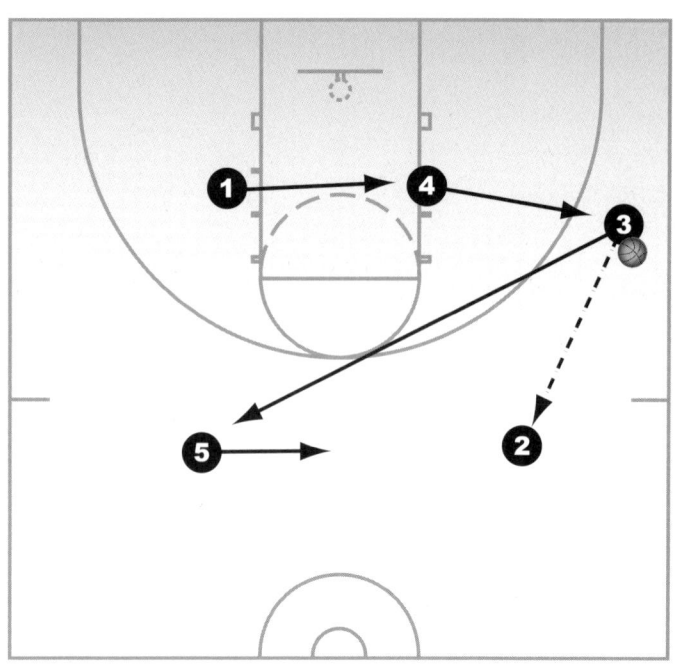
Carlson 1.6

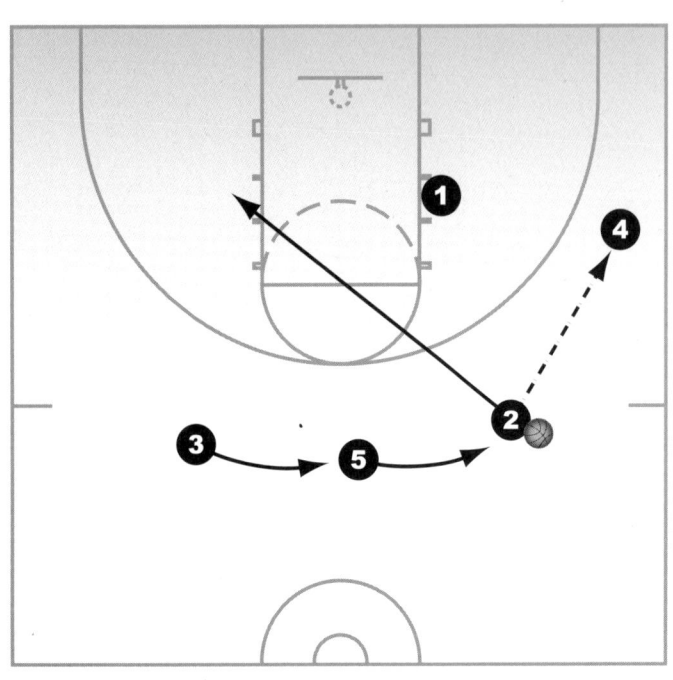
Carlson 1.7

図 1.7
❷は❹にパスを出して、味方2人（❹と❶）の前を走る。❸は斜めにカットして、ベースラインの方向へ移動する。❷が最初にいたポジションは❺が埋める。そして、❺のポジションは❸が埋める。

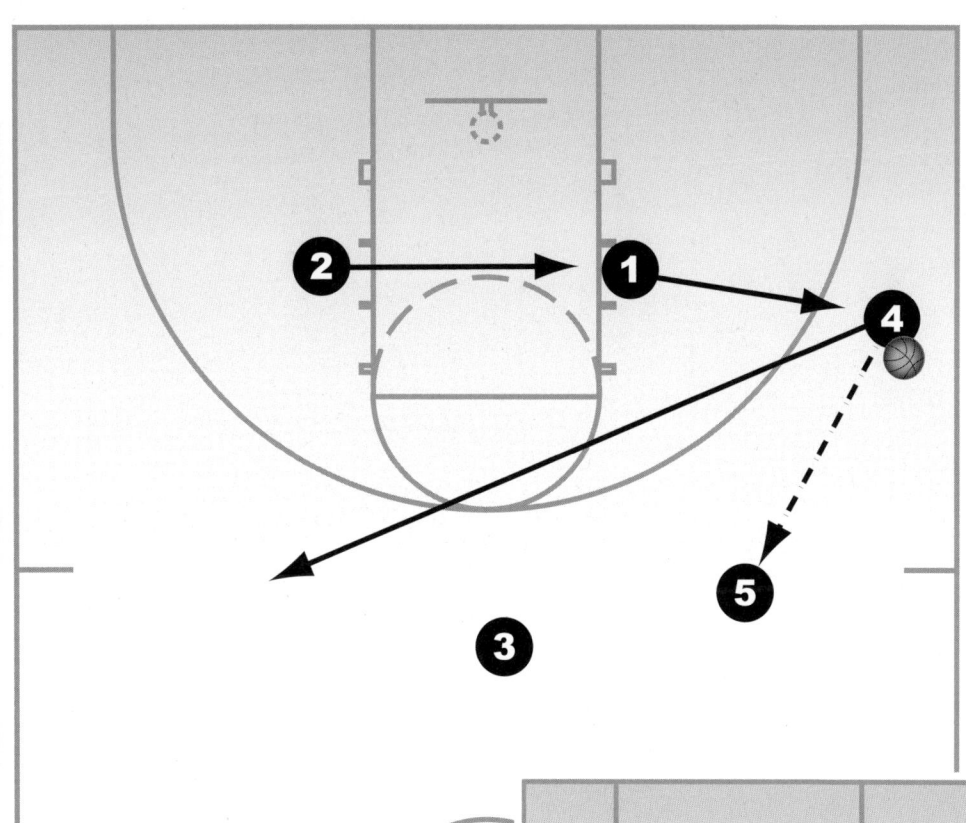

LESSONS FROM THIS LEGEND...

Brown 1.8

図 1.8
❹は❺にパスを出して、味方2人（❺と❸）の前を走る。❸は斜めにカットして、センターライン方向に向かい、ボールの反対サイドへ移動する。❹が最初にいたポジションは❶が埋める。そして、❶のポジションは❷が埋める。

図 1.9
この図に示されているように、横のコンティニュティとは異なった動きのフィギュア・エイトになる。破線はボールの行き来を表しており、ボールはサイドライン沿いを移動することになる。この縦のコンティニュティは、左右どちらのサイドでもできるように練習しておくべきである。

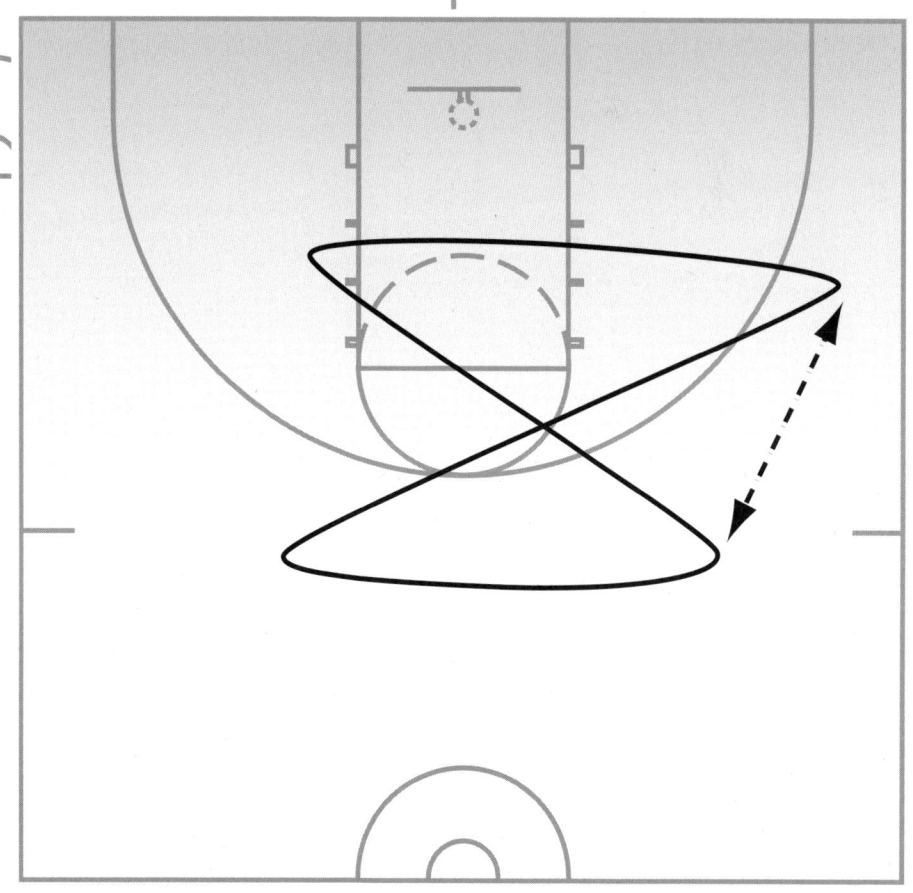

Brown 1.9

LESSONS FROM THIS LEGEND...

TEACHING PROGRESSION
指導の段階

指導を始めた最初の段階は、コンティニュティを分解して練習させる。一度そのパターンを習得したら、次なるコンティニュティのパターンに変える。我々のチームで決まりごととして、まず動きの連続性を覚えて、その後にシュートチャンスを作るプレーを身につけるようにしている。動作を習慣化するためには、このような順序で指導していくことが最も良い方法だと思っている。この指導法では、習得した動きの中で自然にシュートチャンスが作られるということを理解しやすい。もう一度強調して言うが、まずは動きの連続性だけを身につけさせて、その後にシュートのためのプレーを練習させるという順序が大切である。

DIAGONAL CONTINUITY
斜めのコンティニュティ

次なるコンティニュティは、ボールを斜めに展開させる形である。基本のルールは今までと同様で、パスを出した選手が2人の味方の前を走るようにする。なお、このコンティニュティでは、5人目の選手は動かない。他のコンティニュティが始まるまでは、同じポジションで待ち続けることになる。

図1.10
❶は❺に斜めのパスを出して、❷と❺の前をカットして、ゴールの方向へ向かう。❶が最初にいたポジションは❸が埋める。そして、❸のポジションは❹が埋める。

図1.11
❺は❸に斜めのパスを出して、❸と❹の前をカットして、ゴールの方向へ向かう。この動きは❶がいたポジションを埋める動きになる。そして、❺のポジションは❶が埋める。

図1.12
❸は❶に斜めのパスを出して、❷と❶の前をカットして、ゴールの方向へ向かう。❸はこの動きにより、❺のポジションを埋めることになる。❸がいたポジションは❹が埋める。そして、❹のポジションは❺が埋める。

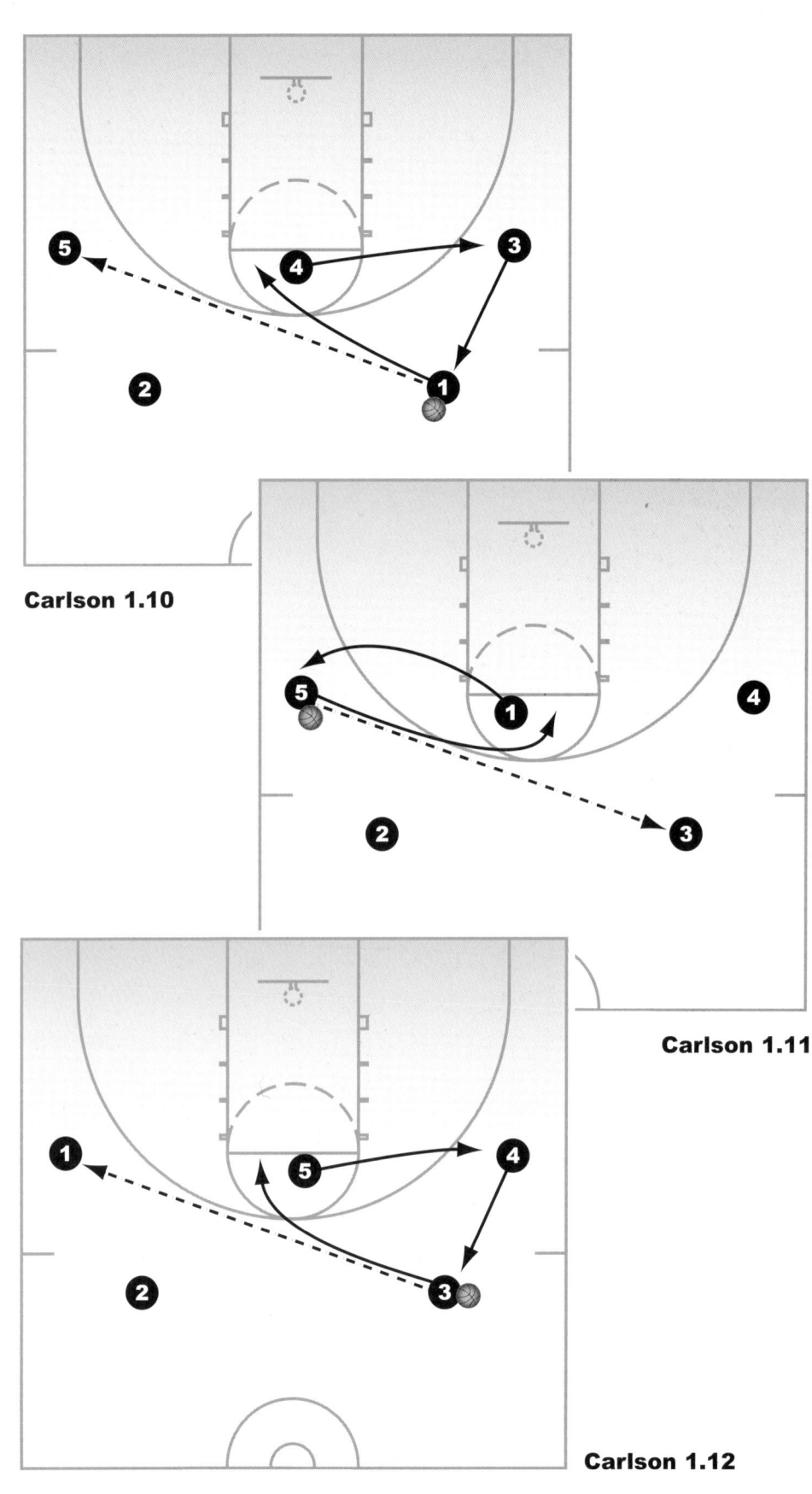

Carlson 1.10

Carlson 1.11

Carlson 1.12

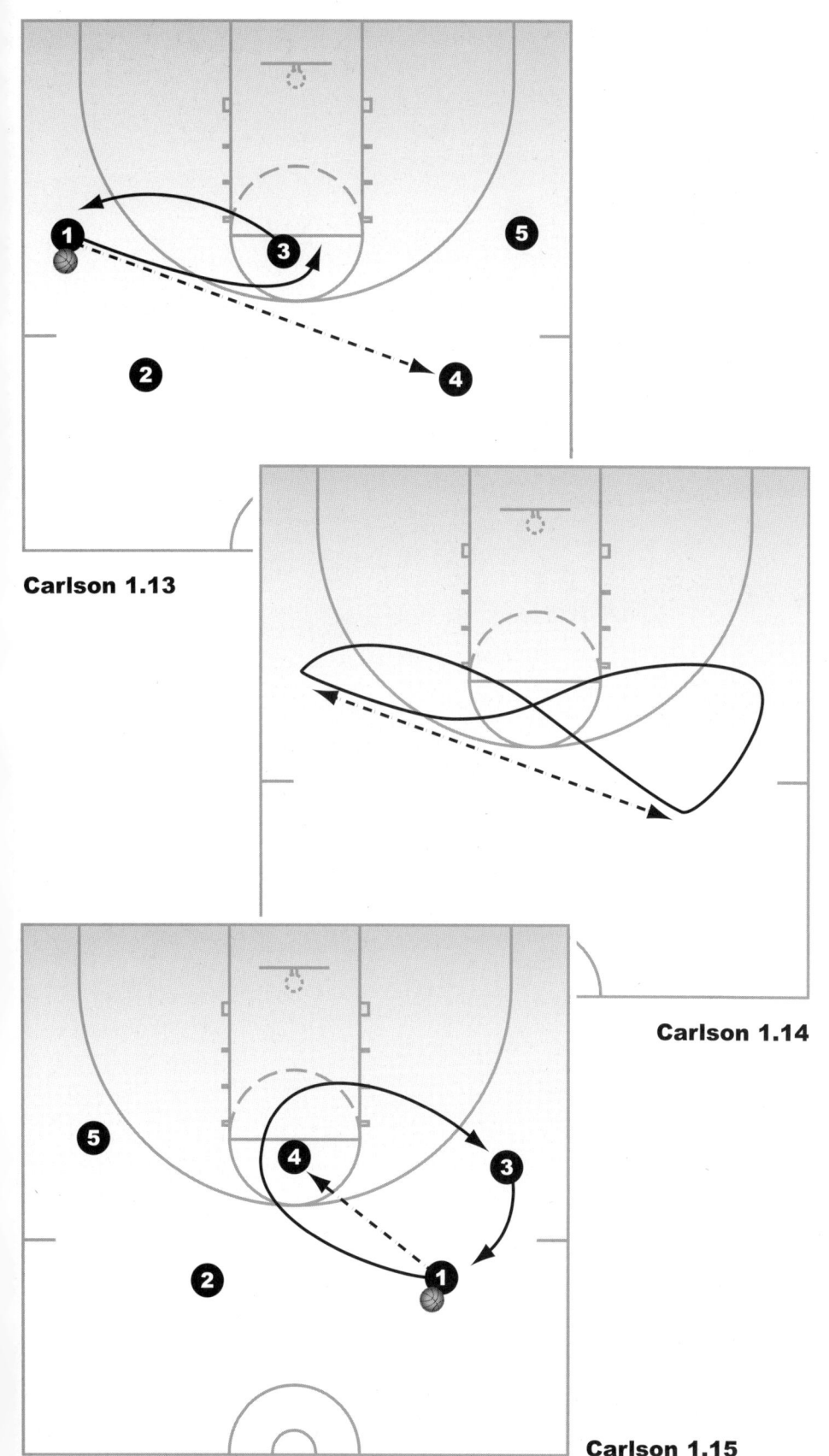

LESSONS FROM THIS LEGEND...

Carlson 1.13

Carlson 1.14

Carlson 1.15

図 1.13
❶は❹に斜めのパスを出して、❹と❺の前を走る。❶は図に示されているようなカットをして、❸がいたポジションを埋める。そして、❶のポジションは❸が埋める。3人がゴール寄りにいて、2人が外側にいるフォーメーションが連続されている。

図 1.14
この図では、斜めにボールを展開させたときの動きの軌跡を示している。縦のコンテュニティと同様に、この斜めのコンティニュティもコートの両サイドで練習をしておくべきである。

今までのところ、3種類のコンティニュティとその動き方を紹介した。コーチと選手は、最初にそれぞれを別々に練習して、動き方を習得すべきである。その後に、3つのコンティニュティを連動させたり、シュートをするためのプレーを練習したりするとよい。

PIVOT-MAN CONTINUITY
ピボットマン・コンティニュティ

最後のコンティニュティとして、ここにピボットマン・コンティニュティを紹介する。これは一連の動きの中に、ピボットマンのプレーが行われるオフェンスである。このコンティニュティの中では、リターンパスやシュートへ持ち込むプレーが含まれている。パスを出した選手は、2人の味方の前を走る。このプレーでは、ボールサイドにいる3人のみが連続して動くことになる。ボールを両サイドに展開しながら攻撃は行われる。以下に紹介する図では、5人が動くプレーである。

図 1.15
❶は❹にパスを出して、❸と❹の前をカットする。図に示されているように、❶はピボットマンの近くを通り抜ける。❶のポジションは❸によって埋められる。❶はリターンパスをもらえなければ、そのまま動いて❸のいたポジションを埋める。

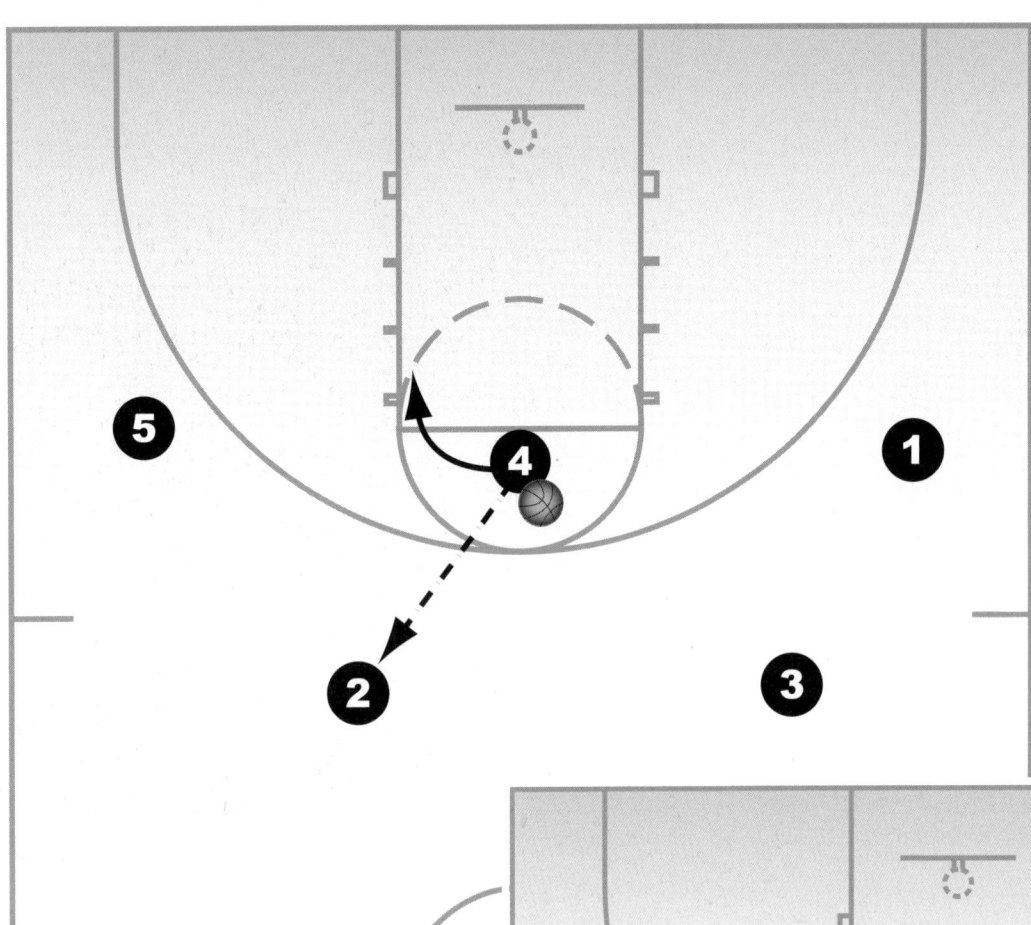

LESSONS FROM THIS LEGEND...

Carlson 1.16

図 1.16
❹は❷にパスを出す。パスを出した瞬間、❹は❷と❺の前を走ってから、ゴールに向かってカットする。この動きを行うと、図 1.17 に示されているように、最初のセットと同様のポジションに選手が配置されたことになる。ただし、ボールの位置だけは逆サイドに展開されている。

図 1.17
❷は❹にパスを出して、❺と❹の前をカットする。❷のカットは、ピボットマンの近くを通り抜ける。❺のポジションは❷によって埋められる。❷はリターンパスをもらえなければ、そのまま動いて❺のいたポジションを埋める。動き終わった後のセットは、図 1.18 のような形になる。

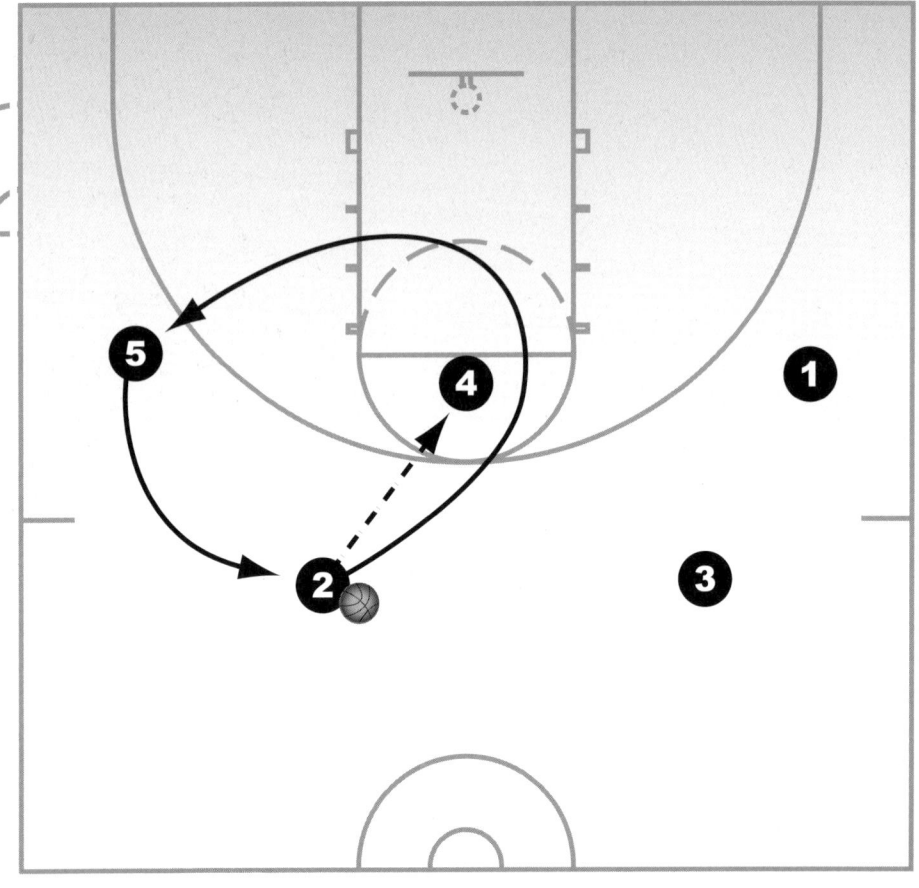

Carlson 1.17

LESSONS FROM THIS LEGEND...

図 1.18
この図では、ピボットマンからパスが出された状況を表している。ゴール寄りのポジションに3人、その外側に2人が配置されたセットになっている。

図 1.19
この図では、両サイドを使ったフィギュア・エイトの動きが示されている。破線はボールの動きを意味している。

Closing Points
終結

これらのコンティニュティ・オフェンスは、難しい順番で紹介してきた。そのため、指導するには、紹介した順番どおりに練習することが最適と思われる。セットの開始は、ゆっくりボールを運んでくることもあるだろうし、速攻からセットに入ることもあるだろう。これらのコンティニュティを練習することは、たとえ実際の試合で使用することがないとしても、ファンダメンタルを身につけるためには非常に良い練習になるはずだ。

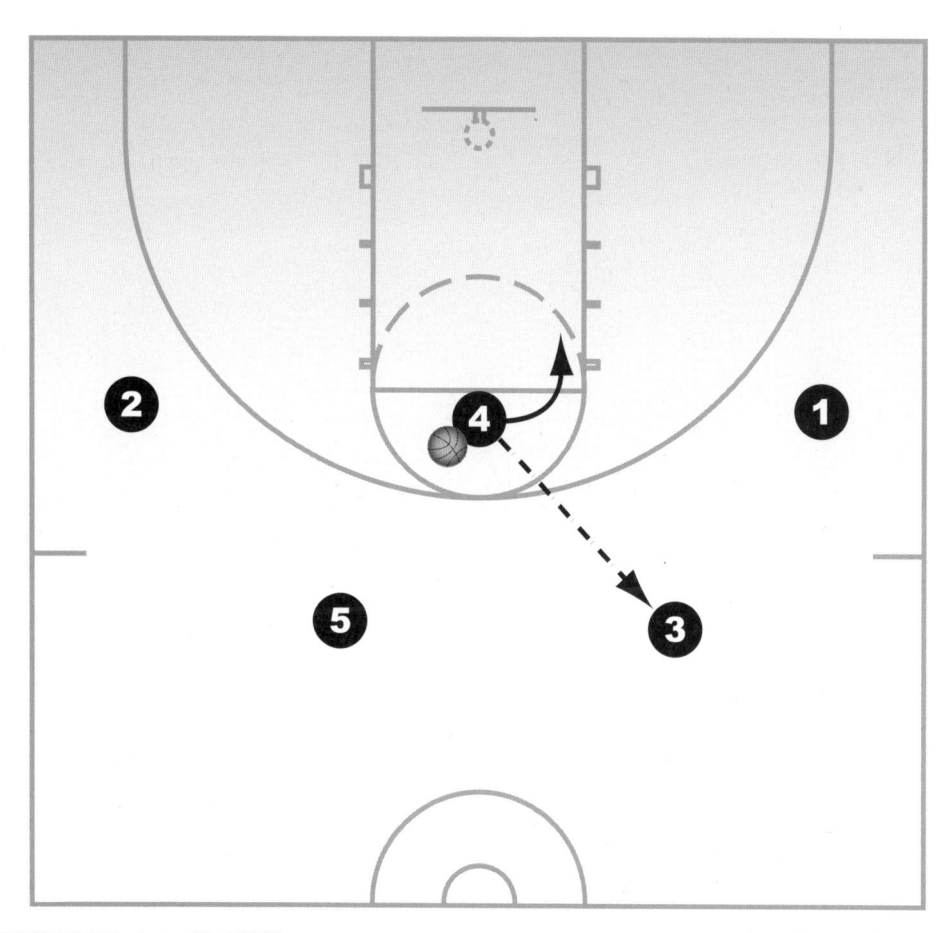

Carlson 1.18

SOURCE
出典

・H.C. カールソン（1934年11月）、5人のフィギュア・エイト・オフェンス、アスレティック・ジャーナル。

Carlson 1.19

LESSONS FROM THIS LEGEND...
BASKETBALL FUNDAMENTALS
By H.C. "Doc" Carlson

すべての仕事には、必ずファンダメンタルがある。個々のファンダメンタルの積み重ねが、仕事の成果として表れる。たいていの場合、ファンダメンタルはおもしろいものではないが、仕事を成功させるためには、基本的なことを知り、それらに集中しなければならない。仕事の質や成功の度合いを決定づけるため、必要不可欠になるものは、ファンダメンタルである。

Attributes of a Winning Player
勝つ選手の要因
- 意欲がある。
- 自信を持っている。
- 努力家である。
- 熱意がある。
- 準備することができる。
- 忍耐力がある。
- 正直である。
- 勇気がある。
- 向上したいと熱望している。

The Ability to Visualize and Dream
目標を心に描き、夢をみる能力

バスケットボールのファンダメンタルについて述べる前に、目標を心に描くことの能力について述べていきたい。これはとても重要なことである。考えて、夢をみて、そのアイデアを生活の中で実行に移すことができる人は、ただ単に体育館に来て練習に取り組む人と比べて、大きな成功を成し遂げることができるだろう。頭で考えることによる多くの事柄が、無意識のうちに行動に表れていて、それらはまさに思考の産物であるといえる。そのため、身体を動かして運動を行う前に、目標を心に描くことだ。心に描く能力があれば、行動は正しい方法で行われるはずである。

著者注釈
「目標の視覚化」とは、現在、バスケットボールをはじめ、あらゆるスポーツで重要視されているものだ。しかし、特筆すべきは、カールソンがこの考え方を 1928 年に提唱していたという事実である。

The Law of Life
人生の法則

人生の法則とは、成長することである。成長の法則とは、活動することである。言い換えれば、我々は比喩的に言えば、成長しなければ死ぬことになるのだ。我々が成長するためには、精神も肉体も活動的でなければならない。ファンダメンタルを知り、それを心に描かなければならない。あらゆる状況で、ファンダメンタルを適切に実行している自分を想像してみよう。身体に覚え込ませるための反復練習をして、準備が整えば、成功はやって来る。

Most Important Basketball Fundamentals
最も大切なバスケットボールのファンダメンタル

Shooting
シュート

- シュートは最も重要なファンダメンタルである。試合は得点の多いチームが勝者になるからだ。そして、ボールをシュートすることで得点になる。良いパスやボールハンドリングによって、より簡単にシュートすることが可能になる。しかし、最終的にはボールがゴールを通過しなければならないのだ。

著者注釈
カールソンはコーチング史上において、最も早い時代からシュートの重要性を唱えていたコーチであった。現在では、勝つために最も重要な技術はシュートであるという考え方が広く認知されている（クラウス、J.V.［2003 年 4 月］、NABC 調査委員会による報告、未発表）

- シュートは注意深く、自信を持って行う。すべてのシュートを成功させるつもりで練習することだ。外れそうな気がするシュートや無理をしてのシュートなどを軽率に行うことは、上達を妨げる。
- ゴールが大きな「たらい」であると思いながらシュートすること。ゴールに近い場所からのシュートを最初に練習する。ゴール近くのシュートはバックボードを利用することで、成功率が倍増する。
- 悪いシュートをしないこと。試合において、ボールの所有権はとても貴重なものである。ボールを持ったら、シュートできる体勢を作ること。そうでなければシュートしてはいけない。シュートできないときは、味方にパスを出せばよい。
- フリースローは、全身の筋肉をリラックスさせること。リラックスさせることで、「これでもう 1 点もらおう」という心の準備をすることができる。

LESSONS FROM THIS LEGEND...

PASSING AND RECEIVING
パスとキャッチ

- パスとキャッチは協力を表すプレーである。個々のボールハンドリング能力を合わせて、相手に打ち勝つ技術である。個人技術が向上すれば、チームの力も向上する。
- 良いパスのファンダメンタルとは、正確であること、速いこと、相手をだます習慣が身についていること、などが含まれている。そして、味方が自分のパスを取れるはずだという自信を持たなければならない。
- シュートと同様に、上達するためには基本的な練習を繰り返すこと。すべてのパスを正確に出せるように努力しなければならない。常に正しい動作が繰り返されるように、習慣化するのである。
- パスの種類はたくさんある。どのパスにも共通している基本は、正確さと速さのタイミング、そしてフェイクである。効果的なパスができれば、試合のレベルは上がる。
- 大きく分けて、パスは2種類に分類できる。バックコートから長い距離を投げるためのベースボールパスと、短い距離に使われるプッシュパスやチェストパスである。さらにボールを弾ませて投げるバウンズパスがある。どのようなパスが最も適切になるのかは、相手のプレッシャーの度合いによって決めていく。

DRIBBLING
ドリブル

- 次に重要なのはドリブルである。個人の努力がチームの成果につながる。
- ドリブルするときは、フェイク、ストップ、ピボットなどを組み合わせながらボールを動かして、相手をだまさなければならない。

CUTTING
カット

- カットとは、相手をかわして、パスを受けるために有利なポジションに動くプレーを意味する。
- カットした選手にパスが通るプレーは、見ていて最も美しいプレーである。
- カットしたのにパスが来ないということは、カットした選手を落ち込ませる。このような状況では、カットしてくれた選手に声をかけて、パスが出せなかったことを謝るとよい。この会話で、チームの士気は保たれる。同じように、パスを出してくれたのにキャッチミスをしてしまったときも、お互いに会話をして、次のパスは必ずキャッチするという意志を伝えるとよい。
- 適切なカットをするためには、正しいタイミングを判断することが必要である。なぜならば、良いポジションにカットしたとしても、タイミングが早すぎれば、パスが来る前に相手に追いつかれてしまうからだ。タイミングを判断するだけでなく、チェンジ・オブ・ペースも使うべきである。動き出しをゆっくりして、少し進んだ後に、ボールをキャッチする瞬間を最も速く走るなどをして、スピードに変化を持たせるのである。
- ディフェンスを振り切る方法は、全速力で走ってカットすることであるが、これでも相手を振り切れなければ、フェイクを使うとよい。ある方向に進むと見せかけて、逆に走るのである。急ストップとピボットの技術がカットのためには必要になる。
- カットの目的を理解した選手は、体育館での練習だけでなく、家や道でもカットの練習をするはずだ。家にある椅子や曲がりくねった道を利用する。犬を追いかけることはとても良い練習になる。いろいろなアイデアを考えれば、1日でも早く上達できる。

著者注釈

この項でカールソンによって紹介されている、コーチングの重要な項目は、現在のコーチにとっても重要視されているファンダメンタルである。

SOURCE
出典

- H.C. カールソン（1928年9月）、バスケットボールのファンダメンタル、アスレチック・ジャーナル。

LEGACY OF
Lou Carnesecca

- 24年間、セントジョンズ大学を指導して、毎年必ずポストシーズンのトーナメントに出場した（18回のNCAAトーナメントと6回のNITトーナメント）。

- セントジョンズ大学を1989年にNITトーナメント優勝へ導いた。

- 熱意、情熱を表現し、専門職としてのバスケットボールの指導に敬意を表していた。

- チームの理念に基づいて、選手の才能を最大限に引き出した。

- NCAA史上、30人目となる500勝を達成した。

- ニューヨーク・ネッツを1972年のABAファイナルへ進出させた。

LESSONS FROM THIS LEGEND...

ATTACKING THE BOX-AND-ONE DEFENSE

By Lou Carnesecca

自分たちのスターター5人のうち、4人か5人が優れた選手であるということはほとんどない。2人か3人の優れた選手を同時に使用できるコーチがいたら、そのコーチは恵まれていると言えよう。ほとんどのコーチは、自分のチームに優れた選手は1人しかいないものだ。今日の話題は、ボックス・アンド・ワンのディフェンスに対して、どのように攻撃すべきかについてである。この攻撃法は私のチームにおいて重要なオフェンスの一部だが、残念なことに、ボックス・アンド・ワンに対する攻撃法を準備しているコーチはほとんどいない。

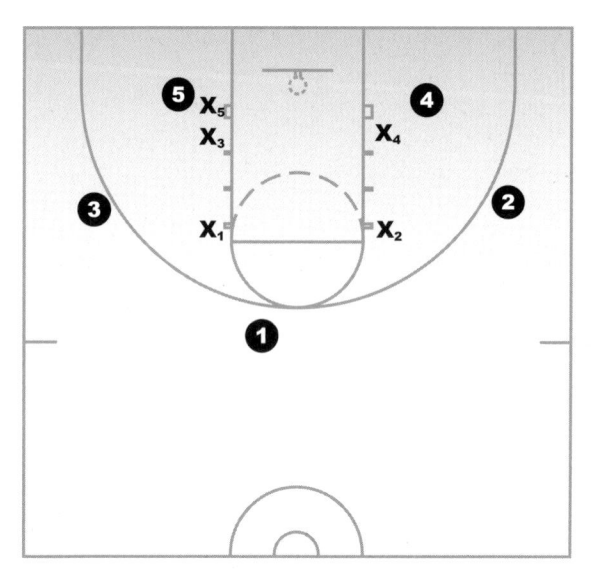

Carnesecca 1.0

PREPARING YOUR TEAM
チームを準備すること

このオフェンスのためには、精神的にも肉体的にも大変な準備が必要になる。そして攻撃法は、よく組織されなければならない。最初に考えるべきことは、相手チームが行っているディフェンスのどこが特殊なのかを判断することである。いつそのディフェンスを行うのか。そして、誰が何をするのか。自分たちのポイントゲッターの選手に対して何を仕掛けるのか。そして仕掛ける選手はインサイドなのか、アウトサイドなのか、これらについて考えるのだ。

自分のチームのポイントゲッターに対しては、心理的な指導も行わなければならない。ボールを持たずに動き、オープンになるスペースができないとしても、欲求不満になってはいけないと指導する。相手のディフェンスが、自分たちのポイントゲッターを抑えようとすることで、他の選手がオープンのシュートをすることが可能になる。そのことをポイントゲッターは忘れてはいけないし、多くのスクリーンをかけてもらうことによってオープンになる方法もある。

得点の中心となる選手以外についても、準備すべきことがある。チームのポイントゲッターがダブルチームされたら、自分たちがシュートする番だということを知ってほしい。コーチは彼らに自信を持たせなければならない。相手が1人のポイントゲッターを抑えようとする結果、多くのシュートチャンスが訪れる選手たちを上達させる必要がある。

BASIC PRINCIPLES
基本原則

以下の基本原則は、どのようなゾーン・オフェンスを行うとしても適用する。

SPLIT THE DEFENSE
ディフェンスを割る

最初に行うことは、ディフェンスの間にポジションを取ることである。ディフェンスの間を割ることは、相手にとってディフェンスしにくい状態を作ることができる。我々の目的は、1人のオフェンスに2人のディフェンスを引きつけることである。

ATTACK FROM THE REAR
後方から攻める

ディフェンスの後ろ、ベースライン側にポジションを取ることは非常に大切である。なぜならば、そのポジションから、遅かれ早かれ、オープンのところに走ったり、ポストに入ったりするからである。

THINK ONE PLAY AHEAD
1つ先のプレーを考える

パスに時間をかけること。正確に、正しいタイミングでパスを出すようにすること。もしパスが悪ければ、レシーブする味方が一瞬立

LESSONS FROM THIS LEGEND...

ち止まるようになるため、ディフェンスがボールを奪いやすくなってしまう。オフェンスする選手はボールをレシーブするまで、何も考えないわけにはいかない。レシーブしながら、次のプレーを狙うことになる。フロア全体を見渡して、1つ先のプレーを考えなければならない。

STEP IN AND TOWARD THE DIRECTION OF YOUR PASS
パスを出したら、パスの方向へ踏み込む

パスを出した後、パスの方向へ踏み込んでおくことはとても大切である。リターンパスが出されたとしたら、パスを受ける選手がゴールに向かって走っていれば、シュートの確率が高くなるはずだ。また、ゴールに向かって走る味方には、パスの角度が良いためにパスが出しやすくなる。

GET THE BALL INSIDE
ボールをインサイドに入れる

ポストプレーヤーは、成功のために欠かせない。攻め方の基本ルールは、ディフェンスの後方であり、視野の外から攻撃することである。1930年代以来、この原則は変わっていない。ポストマンはポストに入り込んできたとき、パスがもらえる体勢になっていることが大事である。手を伸ばしてパスをもらうためのターゲットを作る。このターゲットは片手ではなく、両手で行う。ボールを持ったときはシュートだけを考えるのではなく、論理的なパスの可能性についても狙うこと。ポストプレーヤーは攻撃的でなければならない。

OFFENSIVE REBOUND
オフェンスリバウンド

すべての選手が、それぞれにオフェンスリバウンドの責任を持つことが大切である。リバウンドに入ることは、フロアバランスを整えて、ディフェンスへの準備をすることにもつながる。でたらめで乱雑な試合をしてはいけない。

BASIC ATTACK
基本の攻撃法

図1.0にあるように、❺が「ボックスされる（徹底マークされる）」選手である。我々はどのようにして❺をフリーにさせるのか、その方法を組織して、全員が知っておくことが重要となる。

図1.1に示されているように、最初にすべきプレーは、❶が前列にいる2人のディフェンスの間を割っていくことである。❷をウイングに配置することで、ディフェンスとしてはベースライン側がとても気になるはずだ。もしウイングを止めようとしてディフェンスが出てくれば、さらにインサイドにいる❹へ直接パスが通る。さもなければ、❷がどこへでもドリブルしてジャンプシュートを放てる。このプレーに個人能力は関係ない。能力が高い選手は❺だけである。❺をどのようにオフェンスに参加させていくのかは後述する。チームとして準備することは、❺がいなくてもプレーできるようにすることだ。しっかりと準備すれば、いくつもの良いシュートができるようになるだろう。

❶がボールを運んでくる間に、❹が後方から入り込んできてもよい（図1.2）。パスが通れば❹がそのままシュートするか、さらにパスを出すことができる。もう1つのオプションとして、反対のウイングにいる❸から攻撃を始めることも可能である。

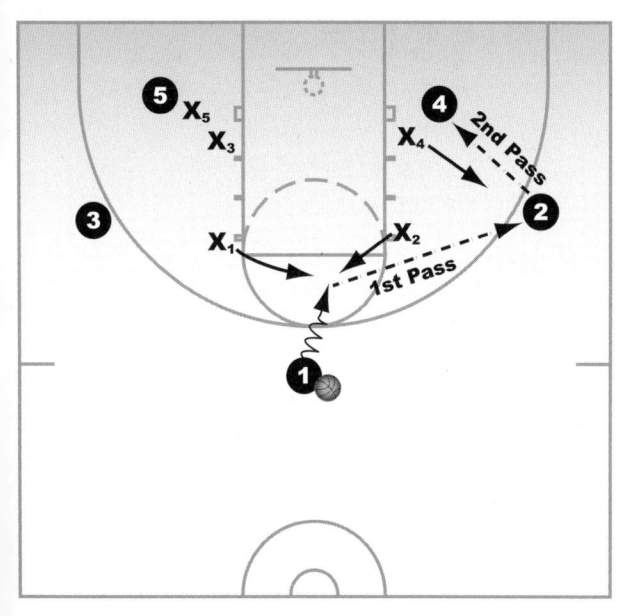

Carnesecca 1.1

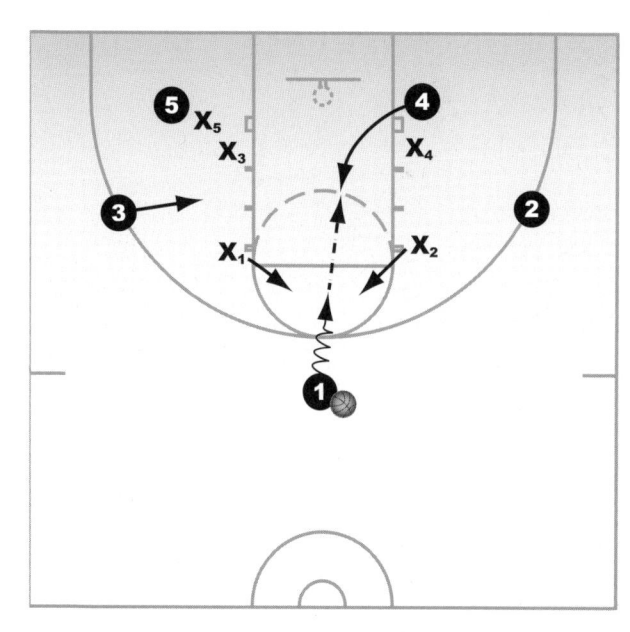

Carnesecca 1.2

LESSONS FROM THIS LEGEND...

DOUBLE SCREEN FOR YOUR STAR PLAYER
ポイントゲッターへのダブルスクリーン

もしポイントゲッターがボールを触っていない状況が5分以上続いたら、彼に得点チャンスを与えるべき時である。これを我々はスペシャルプレーと呼んでいる（図1.3）。これはセットプレーであり、全員がどのように動くのかを知らなければいけない。❶がドライブして、ディフェンスを引きつける。そこで❶は❸にパスを出す。❶はパスを出した後、ボールの方向に一歩踏み込んで、❸からのリターンパスを受けやすいような角度を作っておく。❸は❶にパスを出した後、❺のディフェンダーにスクリーンをセットする。❺はゴール近くからのシュートが狙えるはずである。もしディフェンスがスイッチしたら、図1.4にあるように、スクリーンをしていた選手が X_5 を背中で背負い、❶からのパスを受ければよい。

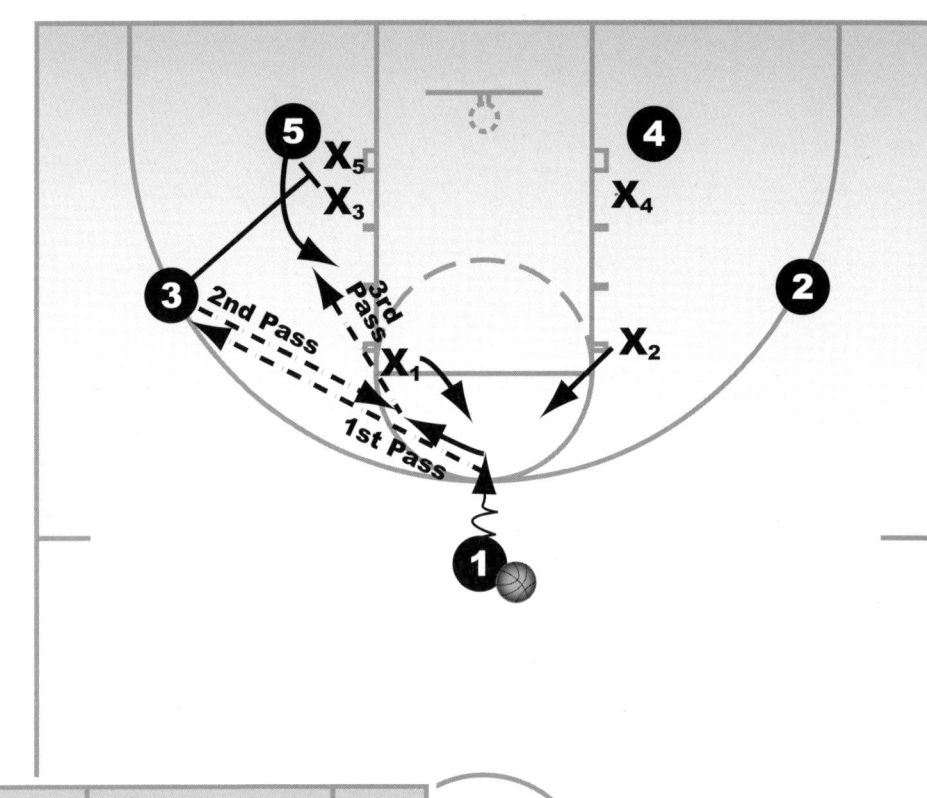

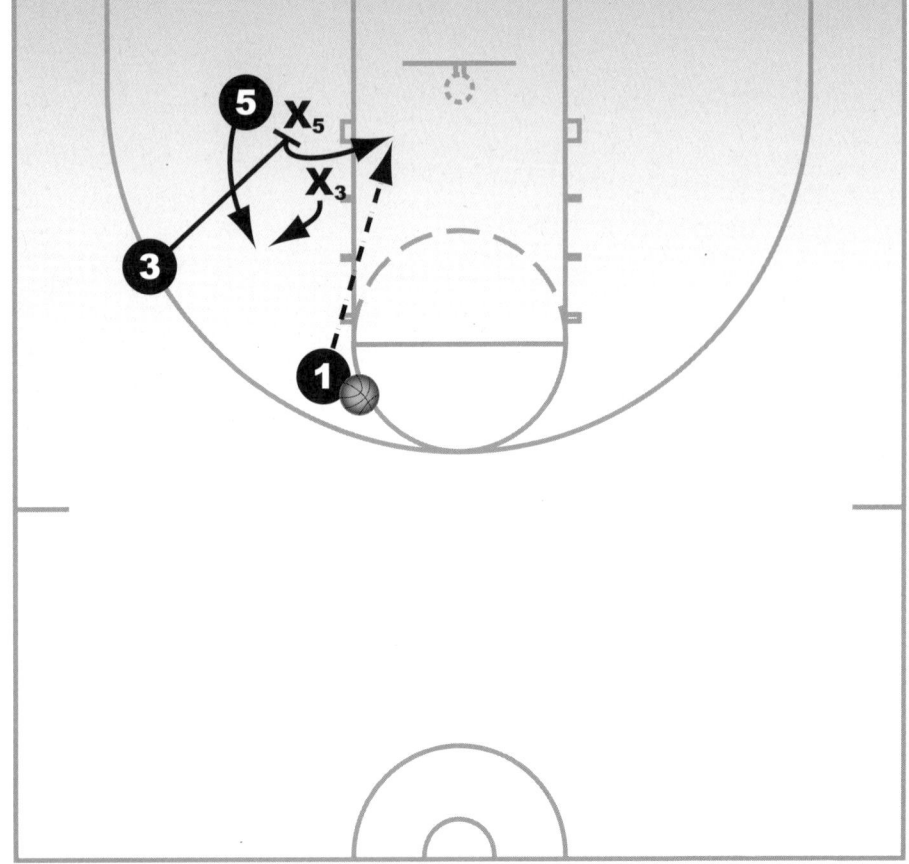

Carnesecca 1.3

Carnesecca 1.4

LESSONS FROM THIS LEGEND...

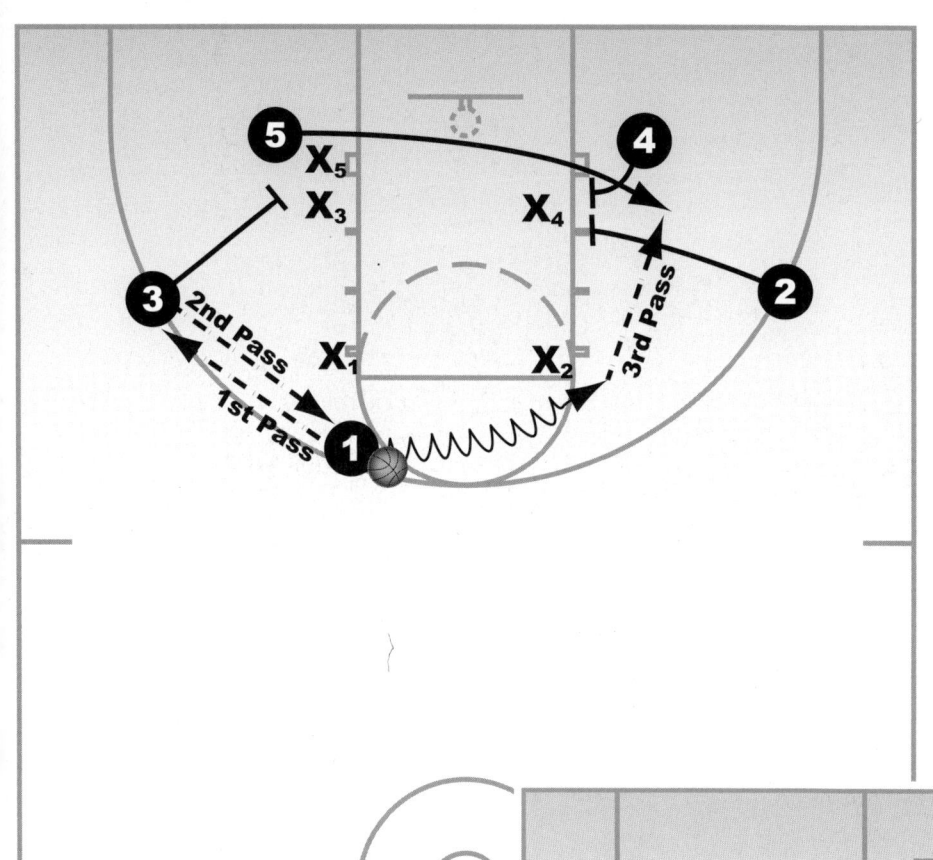

同じフォーメーションで、ポイントゲッターにダブルスクリーンをセットすることもできる（図1.5）。プレーの始め方は同様で、❶が❸にパスを出す。そして❸は❶にリターンパスを出す。❸はスクリーンをセットするために動く。するとディフェンスは、またスクリーンをセットしてくることに気がつくはずである。❶はリターンパスを受けたら、ドリブルを始める。同時に、❷と❹がポイントゲッターにダブルスクリーンをセットする。❺がダブルスクリーンを利用した後、❷はペイントエリアに踏み込んでポジションを取る（図1.6）。❺はジャンプシュートもできるし、❹または❷へのパスもできる。

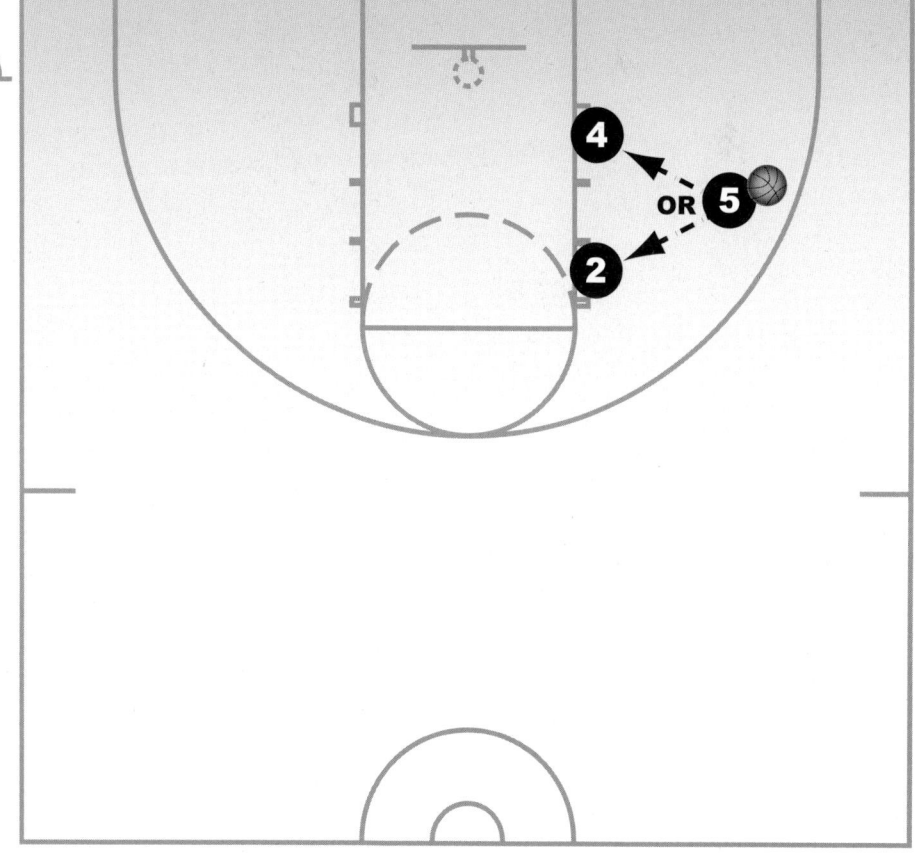

Carnesecca 1.5

Carnesecca 1.6

LESSONS FROM THIS LEGEND...

1-3-1 ATTACK
1－3－1アタック

私はこのフォーメーションを30年近く使い続けている。シンプルな1－3－1の攻撃である。❷がチームのポイントゲッターだと仮定して、図1.7のような配置をする。❷にパスが出せれば、❶はパスを出してから❷の後ろに向かって走り、手渡しパスをもらう。もし❷が激しくディフェンスされていたら、「クリアー」と声を出して、❶はドリブルで前進する。ここからは動きの中でセットオフェンスを行う。原則として、マークされているポイントゲッターには2回のスクリーンをセットして、オープンを作ろうとする。

❷が第1のカットを行う（図1.8）。❹は第2のカットを行い、スクリーンをした後は、❺が第3のカットを行う。

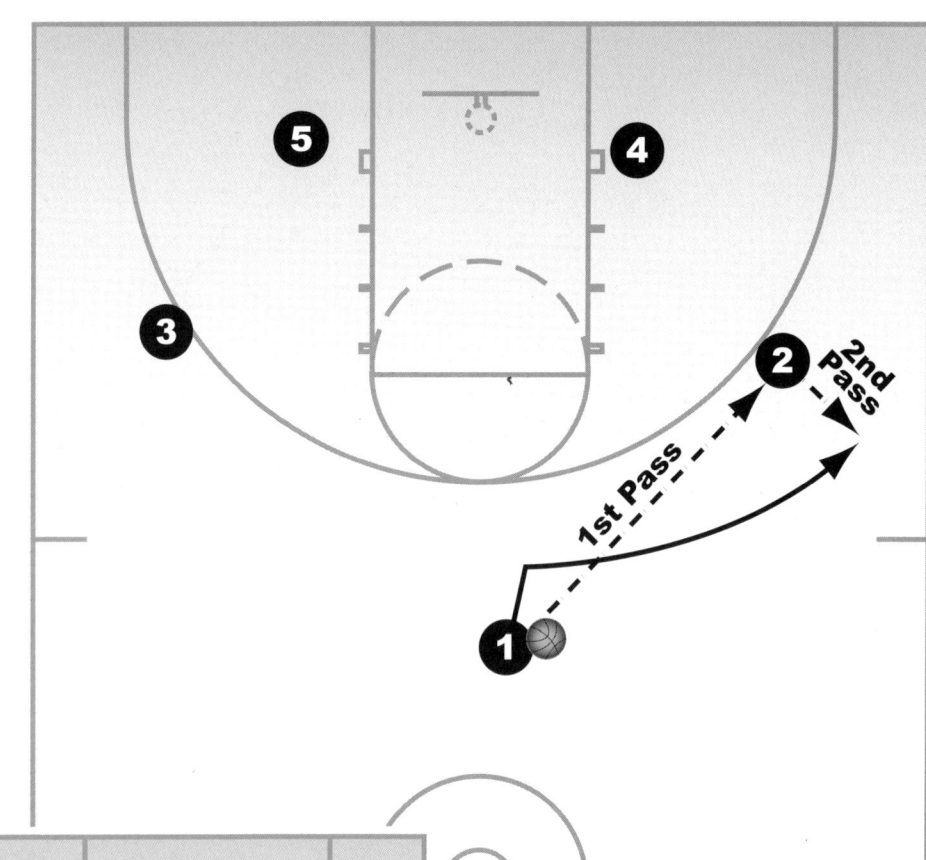

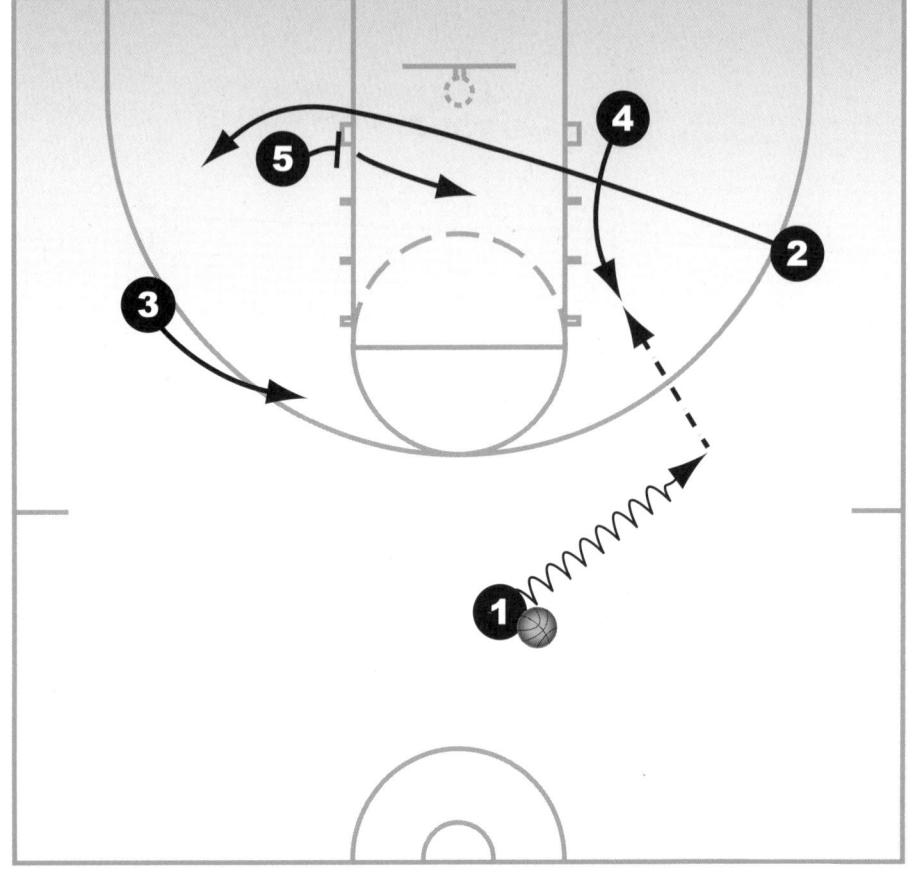

Carnesecca 1.7

Carnesecca 1.8

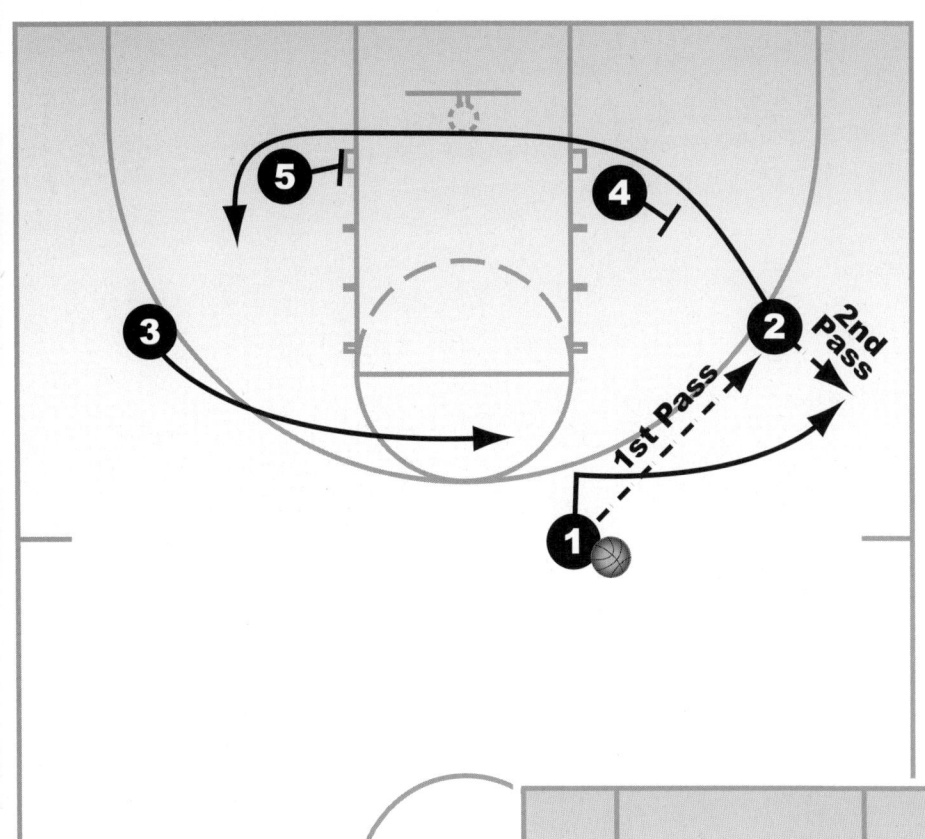

LESSONS FROM THIS LEGEND...

Carnesecca 1.9

図1.9には、先のプレーと似たようなオプションが示されている。異なる点は、最初に❶が❷にパスを出して、走る❶へ手渡しパスをしてからプレーが始まることである。そこから先は同様の動きになる。❸はパスを受けたら、ポイントゲッターの❷にパスを出す（図1.10）。

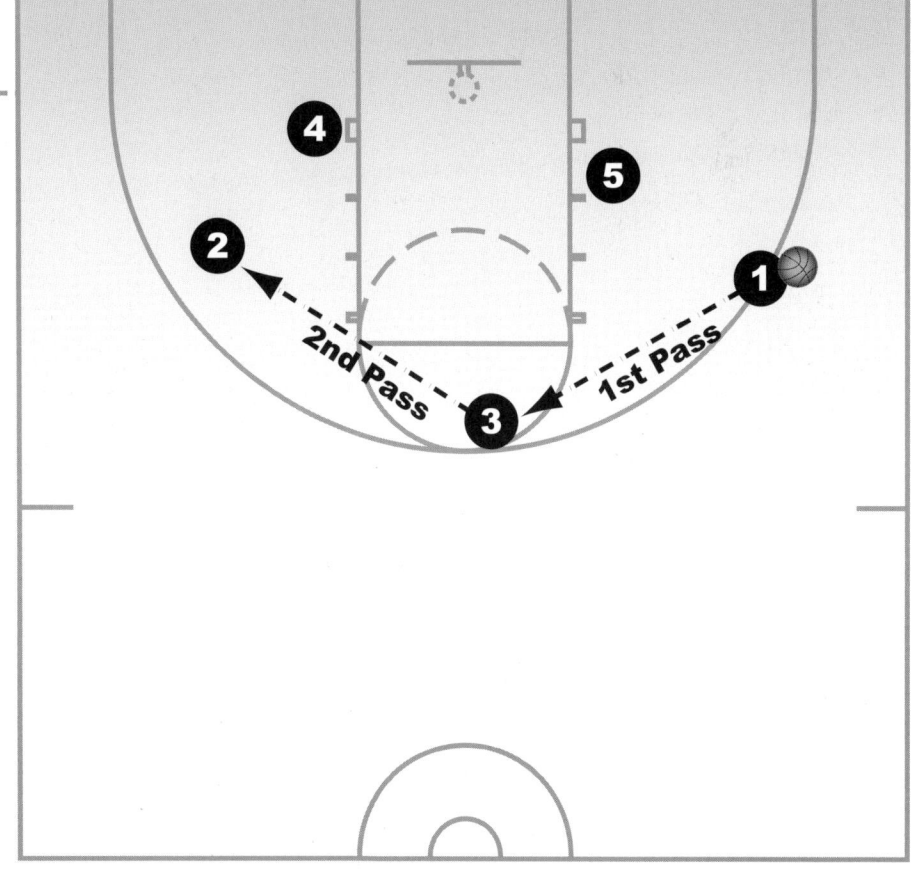

Carnesecca 1.10

LESSONS FROM THIS LEGEND...

もし❷がシュートできなかったら（図1.11）、ベースラインへパスを出す。ベースライン沿いにいる❹がシュートできなければ、❷にパスを返せばよい（図1.12）。❷はパスを受けたら❸へパスを出して、ペイントエリアを横切るようなカットをする。そして、❺のスクリーンを利用する。ボールは❷から❸、❶へと展開されて、再び❷へと渡る。

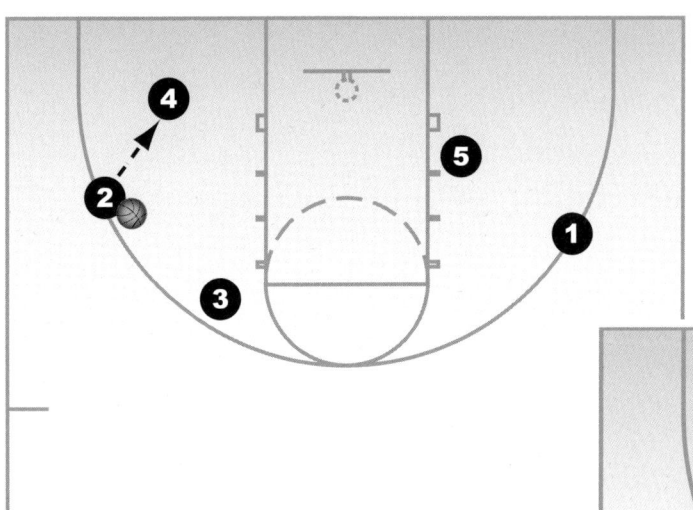

Carnesecca 1.11

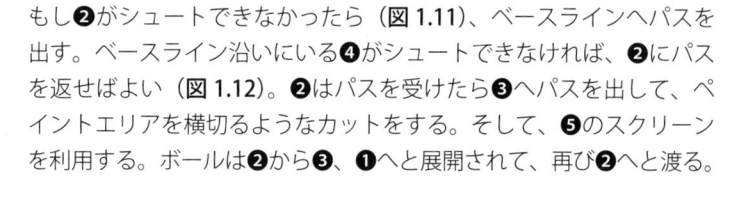

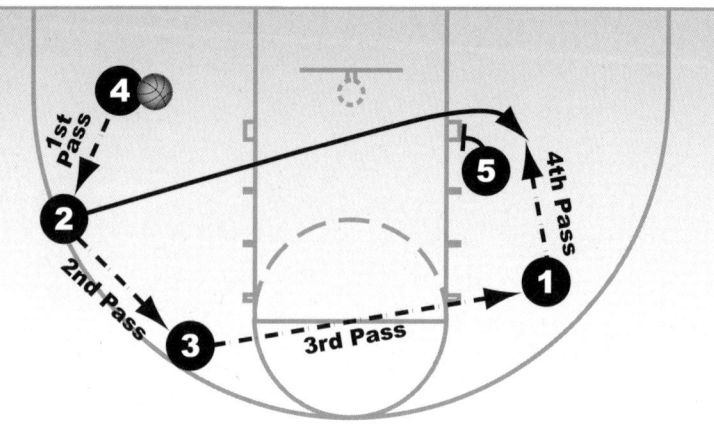

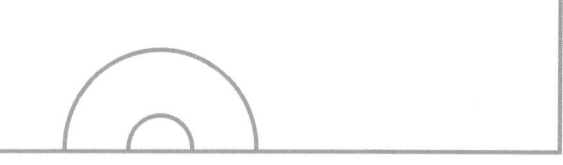

Carnesecca 1.12

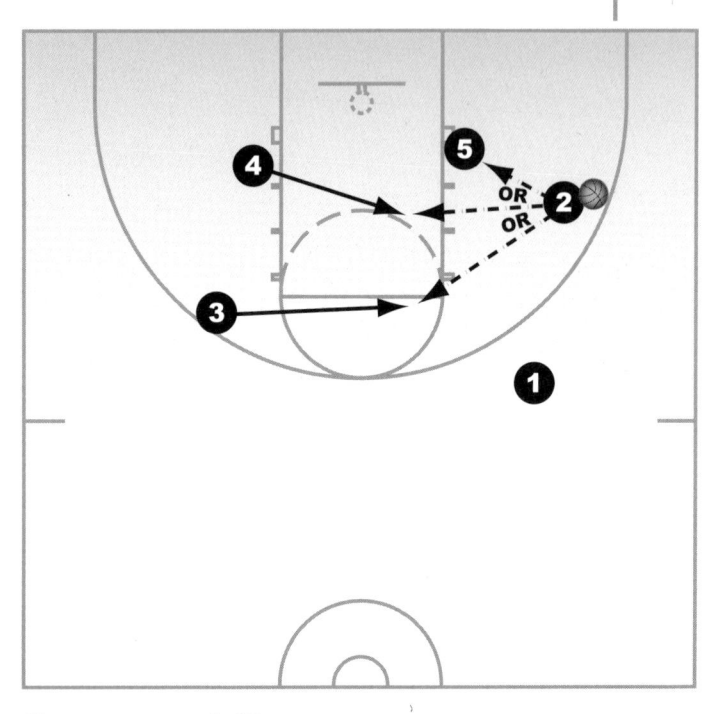

以下に、とても重要な点を述べる。最初の❷のカットはタイミングがとても大切になる。❷はペイントエリアで❺のスクリーンを利用するときに、ただ走り抜けてはいけない。すばやく、しかし、あわてずにプレーする。❷が最初のカットを終えた後は、❷、❹、❸が片方のサイドに寄っていてオーバーロードの状況になっている。適切なスペーシングとタイミングでプレーすること。❷が第2のカットを行うときは（図1.12）、❹は自分にディフェンスを引きつけておくような動きをする。それから図1.13のようなプレーになるわけだが、❷には自らのシュートに加えて、3つのパスをする選択肢がある。ゴール下にいる❺、ミドルにフラッシュしてくる❹、ジャンプシュートのためにフリースローラインへ向かってくる❸である。

Carnesecca 1.13

LESSONS FROM THIS LEGEND...

"COME-BACK" OPTION
「カムバック」オプション

1－3－1における次のセットプレーは、「カムバック」オプションと呼んでいる。プレーの始め方は、同様に行う。しかし、ここで覚えておくべきことは、スクリーンを使って動く選手は、1試合ずっとスクリーンプレーを繰り返すと、徐々に疲れていくということである。図1.14に示されているように、❶は❷へパスを出して、再び❷からパスを返してもらう。手渡しパスの後、❷は先ほどのプレーと同様に、ペイントエリアの中へ向かいながら、❹のスクリーンを使うようにする。ボールはディフェンスの間を走ってきた❸へとパスされる。そして、❹は再びスクリーンをセットして、❷はベースライン沿いに動いて❹のスクリーンを使う。

「カムバック」オプションのプレーは、反対のサイドでも行うことができる（図1.15）。この場合だと、❷はすでに反対のサイドから図の状況までカットし終わったことになる。ボールは❷から❹にパスされた後、再び❷へ戻ってきた。そして、図のようなプレーに至る。❷は❸にパスを出した後、❹のスクリーンを利用して走る。このとき、❷は走り抜けるのではなく、再度❹のスクリーンを使ってパスをもらうというプレーになる。

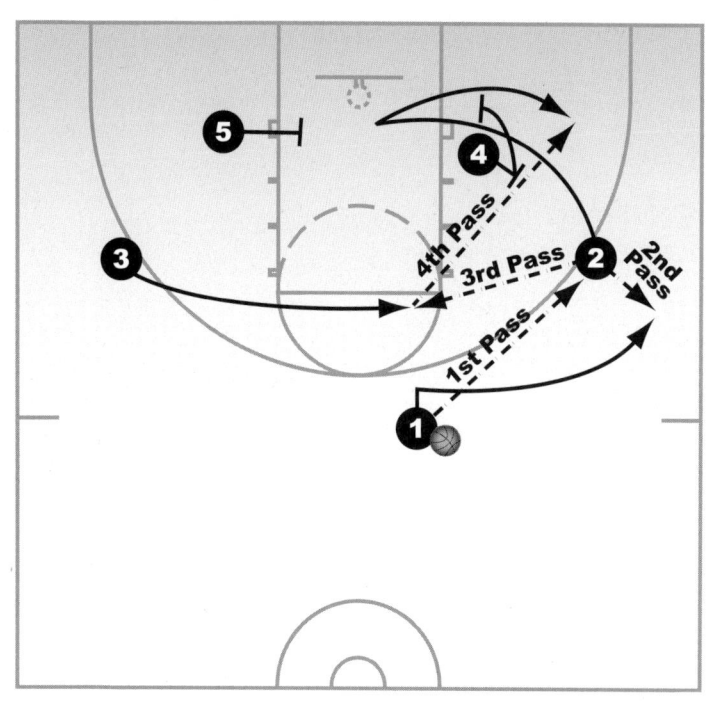

Carnesecca 1.14

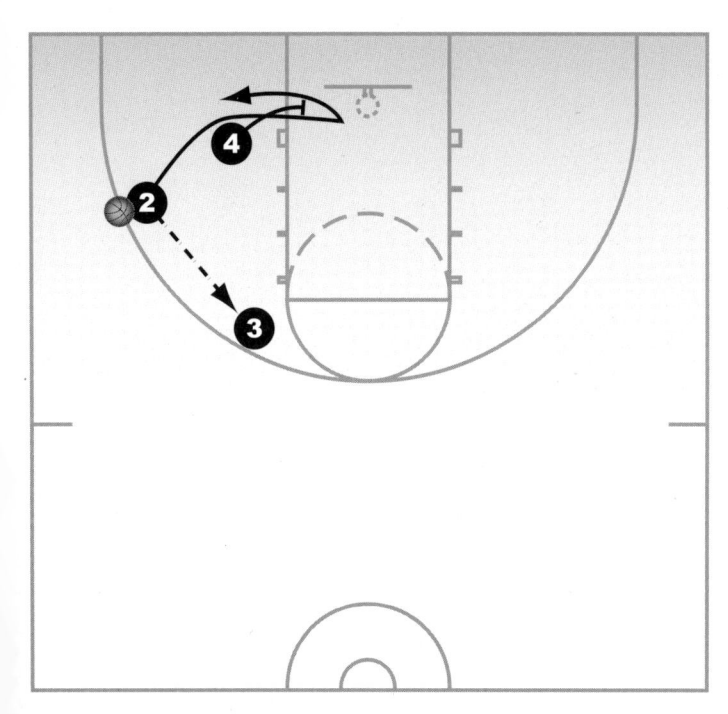

Carnesecca 1.15

KEY POINTS
大切なポイント

結局のところ、コーチはディフェンスがどのように動くのかを教えることはできない。教えるべきことは、ディフェンスを読むこと、そしてオプションのプレーを使えるようにすることである。我々のチームでは、オフェンスを組織して行っている。選手たちは、どのようなプレーをしようとしているのか、それを知った上でプレーしている。アクシデントは起こってほしくないと考える。我々はこのような準備を、練習開始の第1週から行っている。この種のオフェンス練習は10分間から15分間、週に1・2回行っている。

私は選手たちに速攻を強調して、相手がハーフコートのディフェンスをセットする前に得点したいと思っている。また、オフェンスリバウンドを獲得するためのポジション取りも行わせる。一度のオフェンスで2回、3回とシュートすることができれば、それだけ得点チャンスが増えることになるからだ。また、ボールをインサイドに入れてファウルを誘いたいと思っている。ファウルを誘うことで得点が増えるだけでなく、相手の良い選手をベンチに座らせることもできるからである。

SOURCE
出典

・ロウ・カーネサッカ（1984）、ボックス・アンド・ワン・アタック、メダリスト・フラッシュバック・ノートブック（10号）。

LEGACY OF
Everett Case

- サウスイースト地方のバスケットボールを発展させ、「ACCバスケットボールの父」と呼ばれる。

- 1950年、ノースカロライナ州立大学をファイナル4に進出させ、3位の成績を収める。

- 南部地方で速攻法を流行させた。

- スポットライトを使用しての紹介、応援のバンドなどを導入して、試合を盛り上がるイベントへと変えた。

- ファンからは「オールド・グレイ・フォックス」と呼ばれた。グレイの髪の毛と、選手の心をチェスのように操ることができたからである。

- ディクシー・クラシックという、当時最高のトーナメントによる大会の発起人である。

- フランクフォート高校（インディアナ州）のチーム、ホットドッグスを4回の州優勝に導いた。

LESSONS FROM THIS LEGEND...
NORTH CAROLINA STATE'S CHANGE-OF-PACE ATTACK
By Everett Case

バスケットボールのオフェンスを指導する上で最も難しいことの1つは、攻撃の「チェンジ・オブ・ペース」と私が呼んでいる部分である。選手たちは速攻を出すべきとき、2次速攻を出すべきとき、ゆっくりボールを運ぶべきときを学ばなければならない。

非常に多くのチームが、1つのテンポで試合を進めるものである。「レースホース」的な走るバスケットを行うか、ゆっくりとした速攻を出さない攻撃をするか、そのいずれかが多い。どちらのスタイルを行うにしても、同じペースの攻撃を続けることは型にはまったものになりがちで、ディフェンスにとっては守るのが簡単なオフェンスになってしまう。

ほぼすべてのオフェンスは（速攻、2次速攻、セットオフェンスのいずれも）、ディフェンス・リバウンドの獲得から始まる。そして、ディフェンス・リバウンドを獲得した選手がどのようなテンポでプレーを始めるのかによって、オフェンスのテンポも決まってくる。相手チームよりもサイズの大きい選手にリバウンドを取らせて、早く攻めるのか、ゆっくり攻めるのかを決定しなければならない。

ALWAYS LOOK DOWNCOURT FOR OPEN PLAYERS
常に前を見てオープンの味方を探せ

ディフェンスをしてボールを獲得する選手は、たいていガードかセンターが多いのだが、常にフォワードへのアウトレットパスを狙わなければならない。リバウンドの後はしっかりと着地して、コートの前方を見る。そして可能であれば前を走るフォワードへロングパスを出したい。

しかし、フォワードにディフェンスがついていて、パスを出せばインターセプトされてしまう危険のある場合も多い。この場合はガードが協力して動き、インターセプトを狙うディフェンスに対して斜めにカットしてパスを受けるようにする。そして、速攻へつなげる。

SEMI-FAST BREAK
2次速攻

センターが中央を走ることによって、ガードからフォワードへのパスがうまくいく。このパスが通れば、私が「2次速攻」と呼んでいる状況になる。

SLOW-BREAK
スローブレイク

もし2次速攻がうまく行えなかった場合、ガードはボールを進めて攻撃につなげなければならない。常にフォワードへのアウトレットパスを狙いながら、ガード陣はボールを運ぶこと。フォワードにパスが出せないままセンターラインを通過したときは、スローブレイクを行うべき状況だ。いくつかのセットプレーを行うなかで、速いボールさばきによって得点チャンスを作り出すのである。

THE GUARDS ARE THE QUARTERBACKS OF THE OFFENSE
ガードはオフェンスのクォーターバック

攻撃の形を変化させ、速く攻めるべきか、ゆっくり攻めるべきかを瞬時に判断するためには、良いフロア上の指揮官が必要である。私はガードをオフェンスにおけるクォーターバックであると言っている。ガードはコート全体が見えるために、味方と敵の全員がどこにいるのかを把握して、オフェンスのパターンを判断する責任がある。ガードはしばしば「セットアップ！」と叫ぶことだろう。この声が意味することは、速攻が成功しなかったために、ボールをガードに返してオフェンスを組み立てなおすということである。

THE FAST BREAK MUST BE ORGANIZED
速攻は組織されなければならない

私は組織された動きの速攻を好んでいるし、使用してきた。すべての選手たちが様々なパターンの動きで速攻を行うのである。ディフェンスに向かい合ってしまったときは、ロールとターンを強調したクロスの動きでボールを扱うように指導している。すべての選手はストップ、3クォーターのインサイドターン、ピボットを徹底して練習していて、それらの技術がこのオフェンスに適したものになる。オフェンスをスムーズに、失速させることなく行うために大いに役立つ。

走るときはコートを直進するが、ディフェンスにつかれたら、そのまま直進してはいけない。ここからクロスのパッシング、ピボット、ターンを使用する。注意しなければならないことは、ディフェンスを通過するようなパスを出してはいけないことである。このようなパスはインターセプトの危険性があり、特に2対1や3対2の状況では気をつけなければならない。

クロス・オーバーのプレーはインターセプトされることがほとんどない。そして、フェイクを多用することによって、ゴール近くの短いシュートをするチャンスが生まれる。

図1.0は、フォワードがボールをインターセプトして速攻に持ち込んだプレーの一例である。❶がX₁からパスをインターセプトした

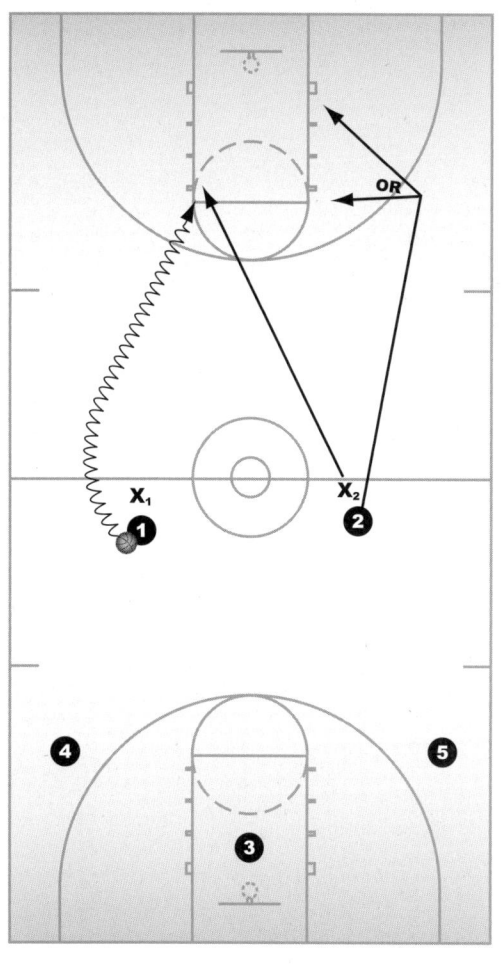

LESSONS FROM THIS LEGEND...

Case 1.0

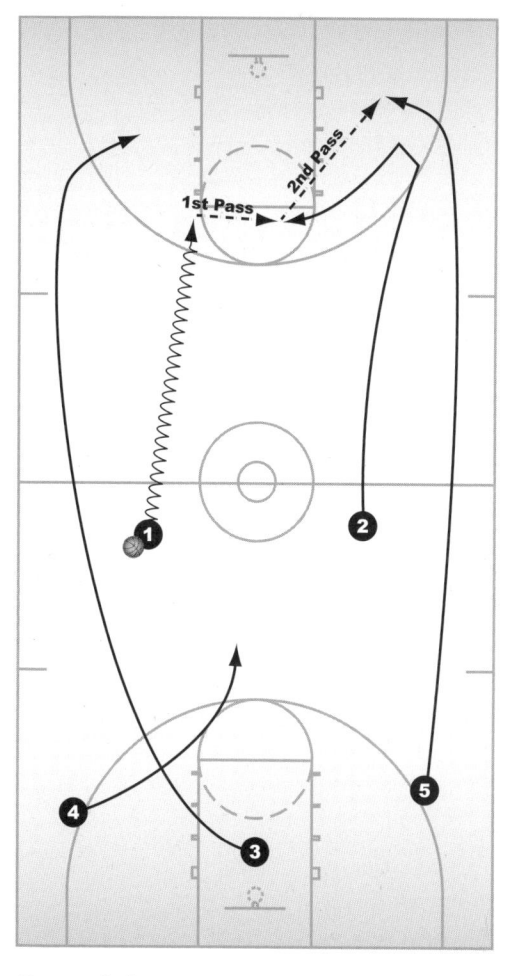

Case 1.1

と仮定する。インターセプトした❶は速いドリブルでボールを進めるが、X₂が追従してきて、コースを防ごうとしている。そこで❶はストップして、3クォーターのインサイドターンを行う。❶がドリブルで進むのを見て、❷は逆サイドを走る。X₂が❶をサイドから守ったら、❷はその反対サイドに走り込み、❶からのバウンズパスを受ける。ただし、X₂が❶のドリブルを止めた後、ゴール側に下がった場合は、❶から❷へのパスはインターセプトされてしまう危険性がある。そこで、このようなとき❷はフリースローラインへ走り、X₂の正面で❶からのパスを受けるようにする。

❶はパスを出した後に走り、可能であれば❷からのリターンパスを受ける。リターンパスを受け取れば、ゴール下でのシュートか、右サイドからのドライブが可能になるはずだ。

このオフェンスで必要不可欠になるのは、タイミングを合わせることだ。ボールを持った選手と他の選手が、調和して動くことが必要になる。ドリブラーがディフェンスに止められたとき、先行して走る選手が、走るスピードと方向を変化させる。そして、ドリブラーが3クォーターのインサイドターンを行った瞬間に、鋭くカットしなければならない。カットするために重要なことは、インサイドのピボットである。カットは早すぎてもいけないし、遅すぎてもいけない。

図1.1では、ボールの後方にいる選手たちの動きが示されている。これらの選手は多くの場合、ガードとセンターである。ゴール下にいる選手が❶のインターセプトを確認したら、すぐにセンター❸が、ボールのある側のサイドに走り出す。同時にガード❺は逆サイドを走る。

❶はディフェンスに止められてターンをした場合、フリースローラインにカットする❷へパスを出す選択肢がある。と同時に、外側を走る❸へパスすることもできる。❶が❷にパスをすれば、❷はシュートか❶にリターンパスを出すことができる。また、外側を走るガード❺にパスすることも可能である。❹はセフティーになっている。

相手チームがシュートした後、ほとんどの選手には空中のボールを追いかける習慣が身についている。しかしこの習慣は良い習慣ではない。私は選手たちに、空中のボールを追うのではなく、自分のマークを見るように教え

49

LESSONS FROM THIS LEGEND...

ている。これは一瞬の出来事であるが、もし相手の選手が中に行こうと動けば、ディフェンスである自分たちはその前にポジションを取って、相手がゴールへ向かうコースを遮断しなければならない。それからリバウンドのプレーに移るのである。

速攻は主に相手のシュートミスから始まるので、リバウンドは非常に重要となる。そして、リバウンドには多くの練習時間を費やすべきである。我々のチームではゴール下付近にいる3人の選手がリバウンドに参加するようにしている。3人でトライアングルの形を作り、それぞれにリバウンドの責任を課している。

著者注釈

> 当時は現在と違って、ゴールに近い場所でプレーする2人の選手をガードと呼んでいた。そして、ゴールから遠くでプレーする選手をフォワードと呼んでいた。
>
> リバウンドのボールがフリースローのサークルを越えるようにはねた場合、つまり、トライアングルを作っている3人の選手の頭上をボールが通過した場合、このリバウンドにはアウトサイドの選手が責任を持つ。相手にリバウンドを取らせないためには、良いポジションを取ることが非常に重要となる。

図1.2は、ゴール下のリバウンドを獲得してから速攻を出すまでのプレーが示されている。X4がシュートを放ち、❸がリバウンドを取った。リバウンドを取った❸は、前方を見て、❷にパスを出す。❶は斜めに走って❷からのパスを受ける。❸はサイドを走り、その逆サイドを❹が走っている。

❶はドリブルで進んでもいいし、❸か❹にパスを出すこともできる。また、ストップして❷へのパスを出すことも可能だ。❷はパスを受けたらサイドを走る❸か❹にパスを出す。❺はセフティーマンとしてプレーを追いかける。もし速攻が止められて、2次速攻も上手くいかなかった場合は、セットオフェンスに移行する。

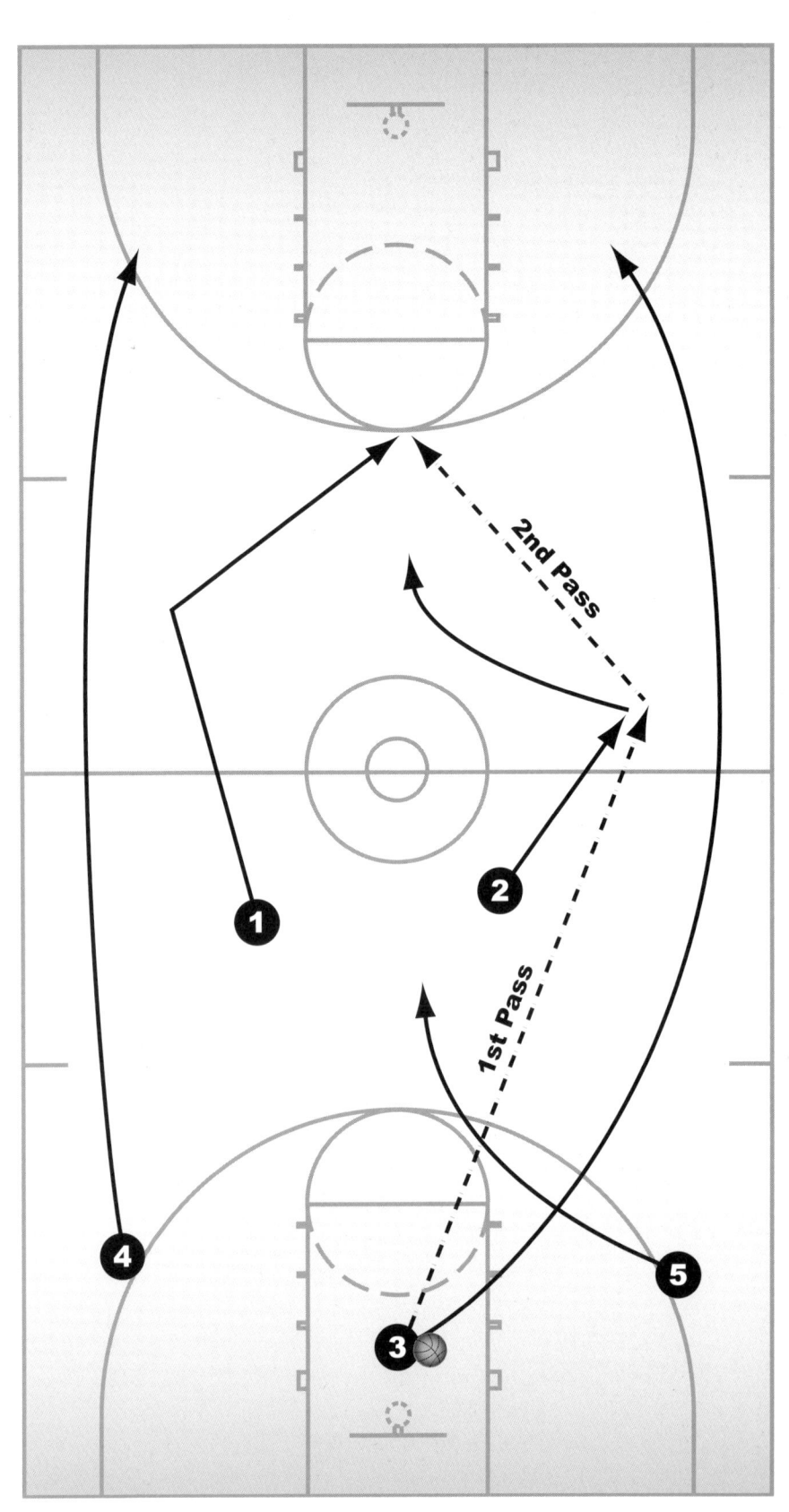

Case 1.2

LESSONS FROM THIS LEGEND...

OUR BASIC SET PLAY
基本のセットオフェンス

図1.3には、我々の基本となるセットプレーが示されている。❹と❺は2人でボールを扱い、必ずすべてのボールにミートをすること。❹は❷にパスを出して、❷の後方をまわるように走る。このとき、❺は❹がいたスペースを埋める。❸はボールと反対に動き、❶にスクリーンをセットする。

第1のパスを受けた❷が最初に狙うべきことは、スクリーンを利用してフリースローラインにカットしてくる❶へのパスである。もし❷から❶へのパスが通れば、❷はパスを追いかけるようにして走る。❹は❷とタイミングを合わせてカットして、❷からのパスをもらおうとする（❶がパスをもらえなかった場合）。

もし❹がカバーされていたら、❷は❶へパスを出す。❶はシュートするか、スクリーン後にゴールへ向かう❸へパスを出す。

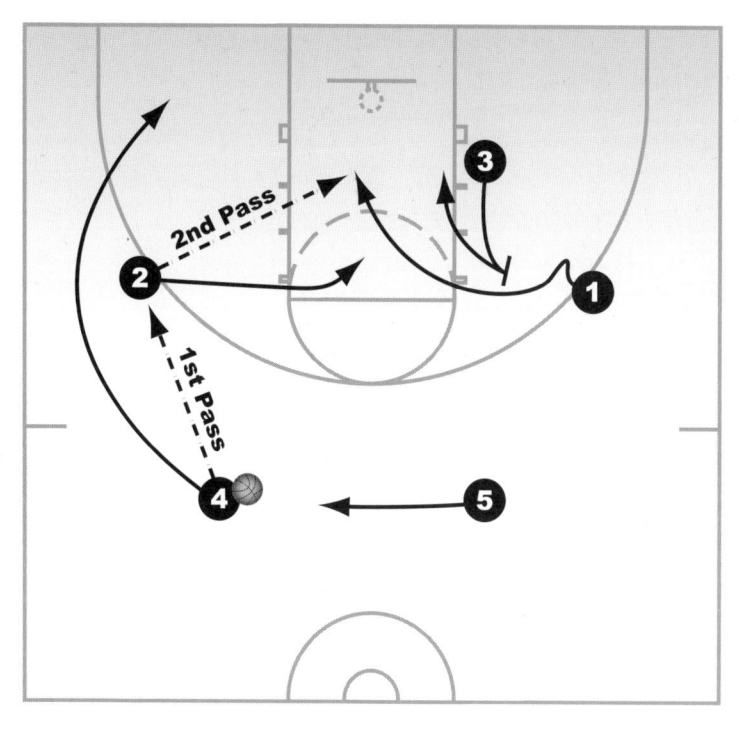

Case 1.3

MASTERY OF THE FUNDAMENTALS
ファンダメンタルをマスターする

ファンダメンタルを身につけることは、このオフェンスにとって必要不可欠なことである。ファンダメンタルの指導には多くの練習時間が費やされるべきである。特に大切な技術は賢いフットワーク、ストップ、ターン、ロール、ピボット、ドリブル、チェンジ・オブ・ペース、そしてパスである。

AVOID OVER-DRIBBLING
ドリブルしすぎを避ける

ドリブルに関する注意点をあげておく。私は、バスケットボールという競技において、ドリブルをしすぎることが多いと思っている。多くの選手たちは、パスをする前に1、2回ドリブルをしてしまう悪い習慣が身についている。

目的のないドリブルはチームプレーを崩壊させて、ディフェンスにカバーするための時間を与えてしまうことにつながる。ドリブルしすぎると、他の4人の選手は動きが止まってしまい、逆にディフェンスにとっては、ドライブを阻止することに集中しやすくなる。

1人でドリブルすることは見ていて楽しいものだ。しかし、すばやいスナップの効いたパスと全員が動くオフェンスほど、ドリブルは見ていて良いものではなく、また有効なものでもない。すばやく鋭いカットをすることは、ディフェンスにとって対応せざるを得ない状況を作り出し、オープンのシュートチャンスを作り出すことにつながる。

ドリブルするための場所もあるが、私はコートのいくつかの区域でドリブルを禁止している。また、様々な状況下でのドリブルを禁止する。ドリブルを思いとどまらせるための練習方法として最適なのは、何日間かの練習において、すべてのドリブルを禁止して行うことである。ドリブル禁止で練習を行えば、その効果としてフットワークとバランスがどれほど向上するか、あなたは驚かされるだろう。数日の間、ドリブルすることやボールを床に弾ませることを禁止した後、今度はパスをインターセプトした選手がドリブルで前進することだけを禁止にする。ただし、自分の前に誰も味方がいなかった状況は除く。そしてその次は、ディフェンスと直面した時にゴールへドライブしていくプレーを禁止して練習を行う。

オープンであったり、フェイクでディフェンスを振り切ったりした後などを除いて、ガードにはたくさんのドリブルをさせないように指導している。「パスできるときはドリブルするな。なぜならば、パスはドリブルよりも簡単だからだ」、私はこのことを繰り返し強調してきた。

CLEVER FOOTWORK
賢いフットワーク

次に重要なファンダメンタルは、賢いフットワークである。良い選手には最初に「賢い足」が求められるので、我々は多くの練習時間をすばやさの向上のために費やしている。

この目的のために使用するドリルは、選手がコートの四隅に広がり、ディフェンスの姿勢で進むというものである。ひざを柔軟に曲げて、腰を落とし、体重は足の拇指球にのせて、腕は両側に広げる。

そして私が動くべき方向を指で示す。左右と前後に選手が動くのである。

LESSONS FROM THIS LEGEND...

フットワークを上達させるために、なわとびとシャドーボクシングも行っている。これらは練習計画の中の重要な一部である。私は練習中にしばしば「身体が動くためには、足からしか動けない」と言っている。遅く、ぎこちないディフェンスの動きや、速さのないオフェンスのフェイクなどは、決まって不十分な練習の産物であるといえる。

本項では、私がいつも強調している、フロアを使用したオフェンスについて説明してきた。そして、このオフェンスはファンダメンタルの遂行と密接な関連があるのだ。

SOURCE
出典

・エベレット・ケース（1948年12月）、ノースカロライナ州立大学のチェンジ・オブ・ペース・アタック、スコラスティック・コーチ。

LEGACY OF
Jody Conradt

- 1980年代、女子バスケットボール界が全米の注目を集めることに貢献した。

- 彼女の組織をつくる力と細かい部分に気を配る指導は、良き模範として知られる。

- 選手たちに運動と学業の両方に対する、最大限の努力を要求した。

- 1986年にテキサス大学をNCAA優勝へ導いた。シーズンを無敗のまま終えたチームは女子の大学バスケットボール史上初のことである。

- 通算で847勝の成績は、男女を通じてデビジョンIのコーチの中で歴代4位の記録である。

- テキサス大学は、サウスウエスト・カンファレンス内で183連勝した。

- 全米最優秀コーチ賞を7回受賞した。

LESSONS FROM THIS LEGEND...

FAST-BREAK OFFENSE
By Jody Conradt

我々のオフェンス哲学は、主に2つある。第1はランニングゲームをすることであり、これが私たちの長所を生かすオフェンスになる。長所とは、スピードと俊敏性であり、逆に短所はサイズの小ささとゴール下での弱さになる。第2のオフェンスはセットオフェンスであり、選手たちが特別な技術を習得することで、確率の高いシュートを作り出すことができる。

SIMPLICITY AND EXECUTION
単純さと遂行
個人の能力を最大限に活かすことには賛成するが、試合の中でオフェンスを変化させるコーチは成功することができないものだと思っている。週の中で、またはシーズンの中でオフェンスを変えることも同様だ。我々のコーチングスタッフは、シーズンごとに自分たちのオフェンスについて学び、それを進化させるようにしている。常に心がけているのは、単純なことをしっかりと遂行すべきだということだ。それこそが成功するために最も大切な要因であると考える。選手たちにはオフェンスでどのようなことが求められているのかを知ってほしいし、個人の長所をどのようにしたら最大限に生かせるのかを理解してほしい。我々のチームに適応できる選手だけをリクルートするようにしている。そして、どのような選手にも、システムに適応できるよう指導することは可能だと思っている。

PRIMARY PURPOSE OF A FAST BREAK
速攻の第1目的
速攻における第1目的は、ディフェンスにプレッシャーを与えることである。効果的な速攻が出せれば、3対2、2対1、または1対0という状況を作り出すことができる。走ることが得意なチームは、以下に記す状況から速攻を出している。
1. フィールドゴール、またはフリースローのリバウンドから。
2. フィールドゴール、またはフリースローの成功から。
3. インバウンズプレーから。
4. ルーズボールから。
5. インターセプトから。

4、5番の状況（ルーズボールやインターセプト）は最も速攻の出しやすい状況だといえる。なぜならば、それらは突然起こるものだからだ。しかし、多くの速攻はリバウンドから始まるので、練習では主にリバウンドからの速攻に時間を費やすべきである。

COMPONENTS OF THE FAST BREAK
速攻の構成要素
速攻を開始するときは、まずディフェンスからリバウンドを獲得しなければならない。そして、リバウンダーはアウトサイドに向かってピボットを踏み、敵から離れたところから、すばやくアウトレットパスを出すこと。アウトレットパスを受ける選手は、たいていの場合ガードの選手だが、サイドラインに向かって走り、フリースローラインの延長線を越えてボールに近寄って来てはいけない。パスを受けるときは、ボールを呼ぶようにする。ボールを受けるときは、サイドライン側でボールを受けて、コートの中央部分を避けるようにする。

アウトレットパスを受けた選手は、次にコートの中央を走るミドルマンにパスを出さなければならない。この時点で、3つのレーンが埋められているはずだ。①ドリブラーはミドルレーンを、②アウトレットパスを受けた選手が片方のサイドを、③他の最も近くにいた選手（ほとんどの場合、リバウンドを取らなかった選手）が反対のサイドを、それぞれ走っていることになる。4人目の選手はトレーラーとして走り、リバウンドを取った選手はコート中央をセフティーとして走ることになる。

中央を進むドリブラーは、ディフェンスがついてくるまでは直進を続ける。誰もディフェンスに来なければ、そのままレイアップシュートしてしまえばよい。他のレーンを走る選手は、全員がドリブラーよりも先行して走らなくてはいけない。選手には自分が進むレーンを声に出して走らせるように指導する。そうすれば、5つのレーンが埋まりやすくなる。ドリブラーはレイアップシュートまで持ち込めなければ、フリースローラインでドリブルを止める。ウイングを走る2人の選手がディフェンスを広げてくれれば、理想的な3対2の状況が作り出せる。

もし3人の選手で攻め切ることができなければ、トレーラーがフリースローラインから走り込み、ウイングからのパスを受けて攻めることもできる。

KEYS TO A SUCCESSFUL FAST BREAK
速攻を成功させるためのキーポイント
1. できるだけパスの回数を少なくすること。
2. パスでレシーバーを走らせること。
3. 適切なスペーシングを保つこと。
4. アウトナンバーの状況でなければ、速攻をあきらめること。
5. ドリブラーよりも、ウイングが先行すること。

LESSONS FROM THIS LEGEND...

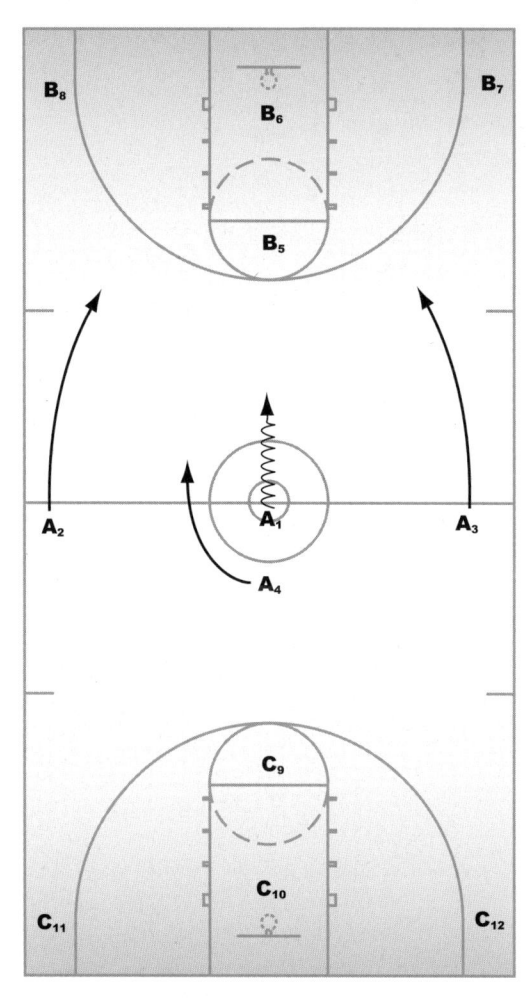

Conradt 1.0

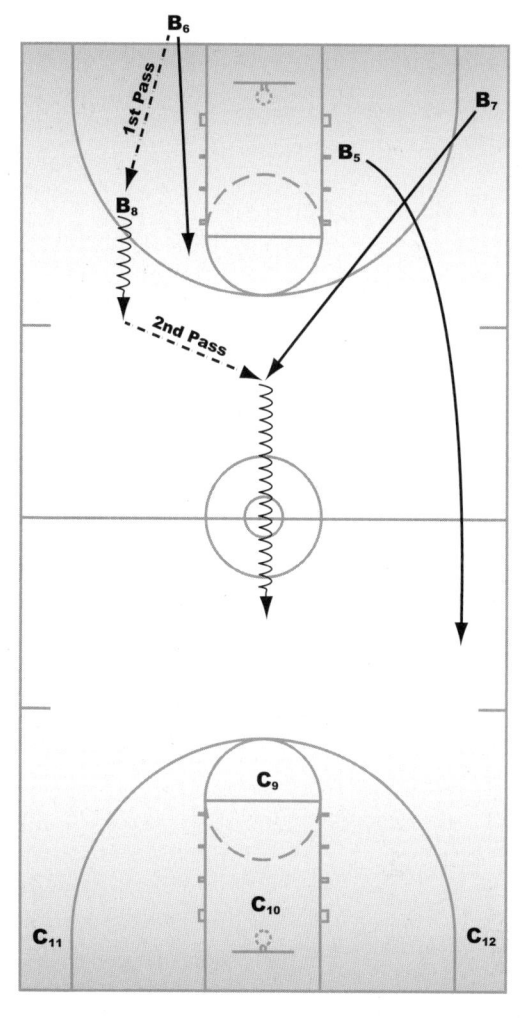

Conradt 1.1

6. 必要があれば、ドリブラーがプレーを止めること。
7. いつでも可能であれば、ボールを中央におくこと。クロスコートのパスはしない。
8. 常にレイアップシュートへ行こうとしないこと。ゴール近くからのジャンプシュートも十分に高確率である。リバウンドで有利ならば、このようなシュートはなおさら有効になる。
9. 話すこと。チームメイトに自分がどこにいるのか、何をしているのかを知らせよう。
10. 無理に速攻を出さないこと。
11. たえず前に動くこと。
12. トレーラーを使うこと。
13. 常にコントロールすること。

FOUR-ON-TWO DRILL
4対2のドリル

このドリルには12人が理想的な人数である。もし12人よりも少ない場合は、1つの組が3対2でプレーするとよい。12人よりも多い場合は、1つの組に4人以上の人数を配分して、交替しながらプレーする。

図1.0に示されているように、このドリルはAの組がボールを進めるところから始まる。ボールはB5、B6の正面に進んでいる。B7とB8はAのオフェンスが終わるまで、つまり得点するか、ボールの保持を失うまで、プレーには参加しない。

Aの組が得点した場合、B6がボールをインバウンドして、B8にパスが渡る。B8からコート中央へカットしてくるB7へパスをつなぐ。B5は走って左のレーンを埋める。そしてB6はトレーラーとして走る。Bの組がボールを運んで、Cの組に対してオフェンスを行うのである。

SOURCE
出典

・ジョディ・コンラッド（1986）、ファストブレイク・オフェンス、マックグレガー・フラッシュバック・ノートブック Vol. XII。

LEGACY OF
Charles "Chuck" Daly

- 個性豊かな選手たちをまとめて、チームを優勝に導く指導に長けている。

- デトロイト・ピストンズを率いて、1989年と1990年のNBA 2連覇を達成した。

- ディフェンスと攻撃的なリバウンドが勝利へのカギだと信じている。

- NBA優勝とオリンピック金メダル獲得を果たして殿堂入りした初のコーチである。

- 1992年オリンピック、ドリームチームのコーチとして世界中に知られる。

- バスケットボール界で、最もおしゃれな服装をするコーチの1人である。

LESSONS FROM THIS LEGEND...

ATTACKING ZONE DEFENSES

By Chuck Daly

もしあなたのチームに良いアウトサイドシューターがいて、リバウンドからのセカンドショットができるのならば、ゾーン・オフェンスはとても単純なものになるだろう。しかし、私が関心を払っていることは、どのようにディフェンスを崩すことができるのか、それについて可能な限り理解を深めることである。良いゾーン・ディフェンスをするチームは、一度しかシュートをさせてくれないだろう。シュートが入らずに、リバウンドも取れなければ、その日の試合は敗戦になってしまう。

ZONE OFFENSIVE CONCEPTS
ゾーン・オフェンスの基本的な考え方

これから私は、特別なオフェンス・システムの話をするよりも、ゾーンを攻撃するための基本的な考え方について話をするつもりだ。そのほうが、あなた自身にとって明らかに有益であろう。なぜならば、あなた個人と私たちは、異なるからである。これから話すことによって、あなた自身が自分の考え方を発展させて、私たちや他人のオフェンスをそっくり持ち込むのではなく、自分自身のオフェンスを創造してくれることを期待する。

TWO PLAYERS IN THE LANE
ペイントエリアに2人の選手

セカンドショットを得ることは重要なので、我々はいつでもペイントエリア内に2人の選手を配置したいと思っている。ゾーン・ディフェンスのトライアングルの中に、2人を配置するとよい（**図1.0参照**）。基本的に、私の話すことはすべてのゾーンに対する内容なので、トライアングルはそれぞれ異なるだろう。もしもトライアングルの中に2人の選手がいなかったら、セカンドショットを得ることができないので、勝つことはできなくなる。

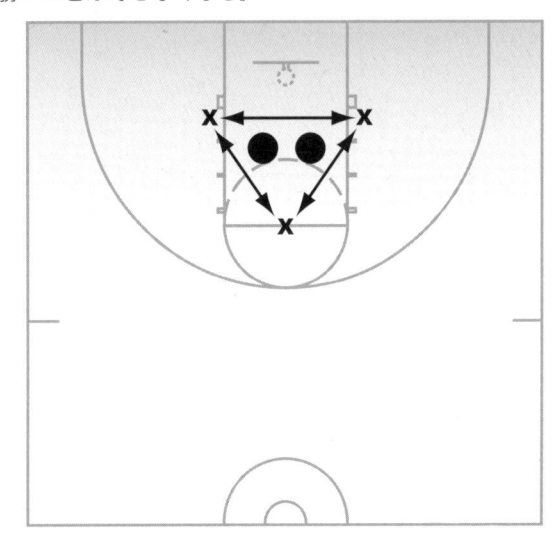

Daly 1.0

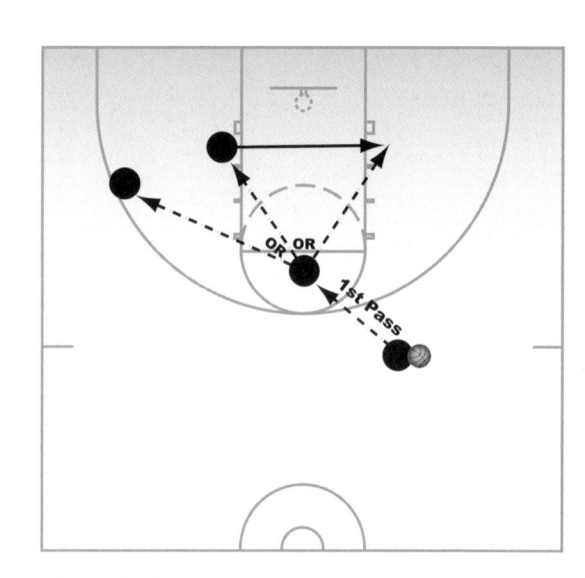

Daly 1.1

INSIDE-WEAKSIDE-LOW EXCHANGE
インサイド・ウィークサイド・ロー・エクスチェンジ

ペリメーター（※）からポストへどのようなパスが入っても、ハイポストにボールが入ったらローポストは必ずウィークサイドに向かって、レーンを横切るようなカットをさせている。ハイポストの選手はパスを受けたら、必ず走り込むローポストの選手を見る（**図1.1参照**）。

※ペリメーター＝周囲、外側、オペレーションゾーンですぐにシュートが放てる地域、ペイントエリアの外側を指します。

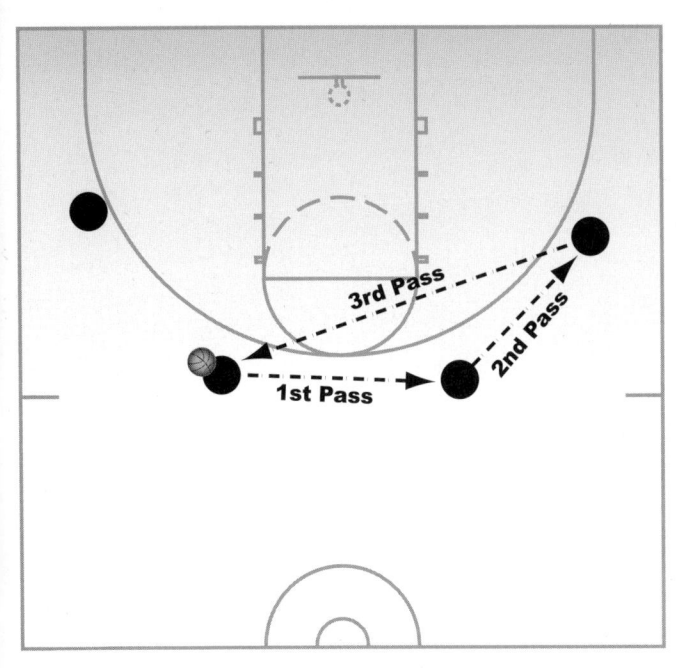

LESSONS FROM THIS LEGEND...

Daly 1.2

SKIP PASSING
スキップパス

3つめの考え方は、スキップパスである。スキップパスはゾーンを攻撃するだけでなく、マンツーマンを攻撃するときにも有効なパスになる。なぜならば、ヘルプサイドのポジション取りを強調することになるからだ。図1.2では単純なスキップパスの状況を示している。

BASELINE ATTACK
ベースライン・アタック

最後の考え方は、私のチームが昔から取り組んできたプレーについてである。現在、ほとんどのゾーン・オフェンスはコート中央のラインからベースライン方向に向かって、攻撃が組み立てられている。我々は、攻撃はベースラインから始まるべきであり、ディフェンスの背中にオフェンスがいることによって、攻撃がさらに効果的になると信じてきた。コーナーとペイントエリアの中間に選手を配置して、かかとがベースラインを踏みそうなくらいのポジションを占める。ここを我々は「グレイエリア」と呼んでいて、ゾーンで守ることが非常に難しい場所である。なぜならば、多くのコーチがこのエリアからのスライドを指導するからである。このポジションにいる選手は、次のことができる。1）オーバーヘッドパスを受け取る。2）オープンの味方にパスを出す。3）ゴール近くからの高確率なシュートをする。図1.3では、このポジションから出すべきパスの方向が示されている。驚くべきことに、ベースラインと平行のパスを出すことも可能である。ベースラインと平行なパスをウィークサイドに出すことができたら、多くの場合、それは簡単なシュートにつながる。

Daly 1.3

LESSONS FROM THIS LEGEND...

OUR ZONE ATTACK
我々のゾーン・オフェンス

我々のチームでは、通常の1－2－2セット・オフェンスを使用している。センターはペイントエリアの近くに配置する。背の高いガードの選手には❷のポジションでプレーしてもらい、大きなフォワードの選手は❸でプレーすることになる。ボールを運ぶのは❶のポジションである（図1.4参照）。

攻撃する方法はいくつかある。ウイングへエントリーパスが出されたら、ウィークサイドにいるフォワードがディフェンスの後ろを走り、オープンになる（図1.5参照）。ハイポストでパスを受け取ったら、すぐにインサイドを向いてローポストの選手へのパスを考える。

Daly 1.4

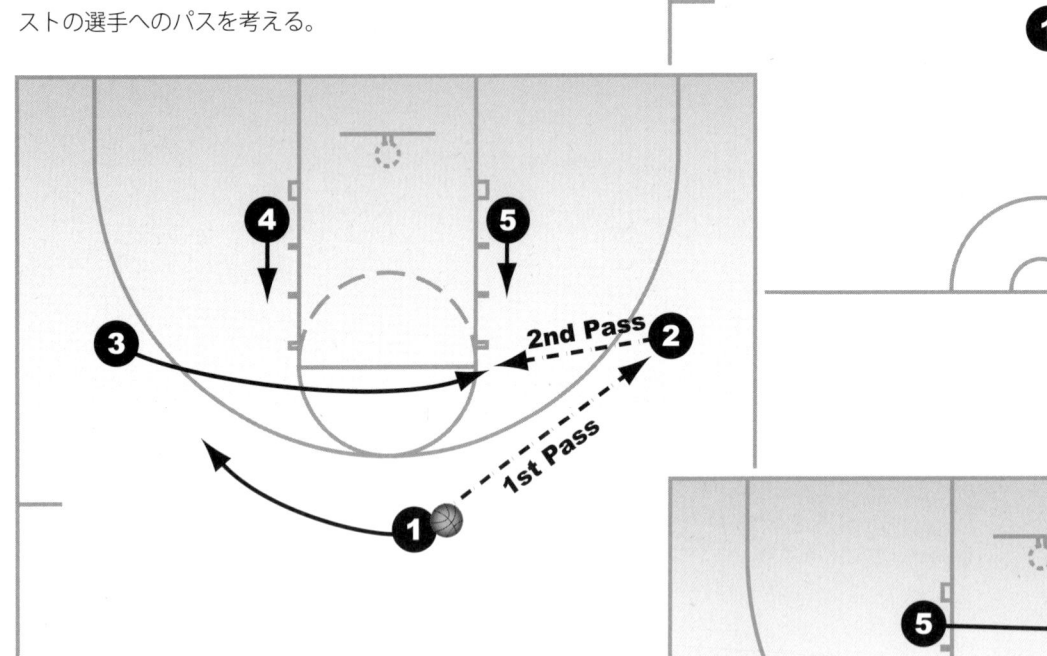

Daly 1.5

もう1つのゾーン・オフェンスは、スキップパスを使うことである。正直に、私はこのプレーが優れたものだと信じている。プリンストン大学はスキップパスを多用するが、彼らはコートを広く使って、アメリカ内で最もパスの上手なチームである。図1.6では、プリンストン大学のオフェンス・システムが示されている。ポストマンがインサイドをカットしている間、ペリメーターの選手たちは完璧なスペーシングを保っている。そしてスキップパスを繰り返して、インサイドを見ながら、シュートすべきタイミングでシュートをする。スキップパスをすることで生まれるプレーはもう1つある。

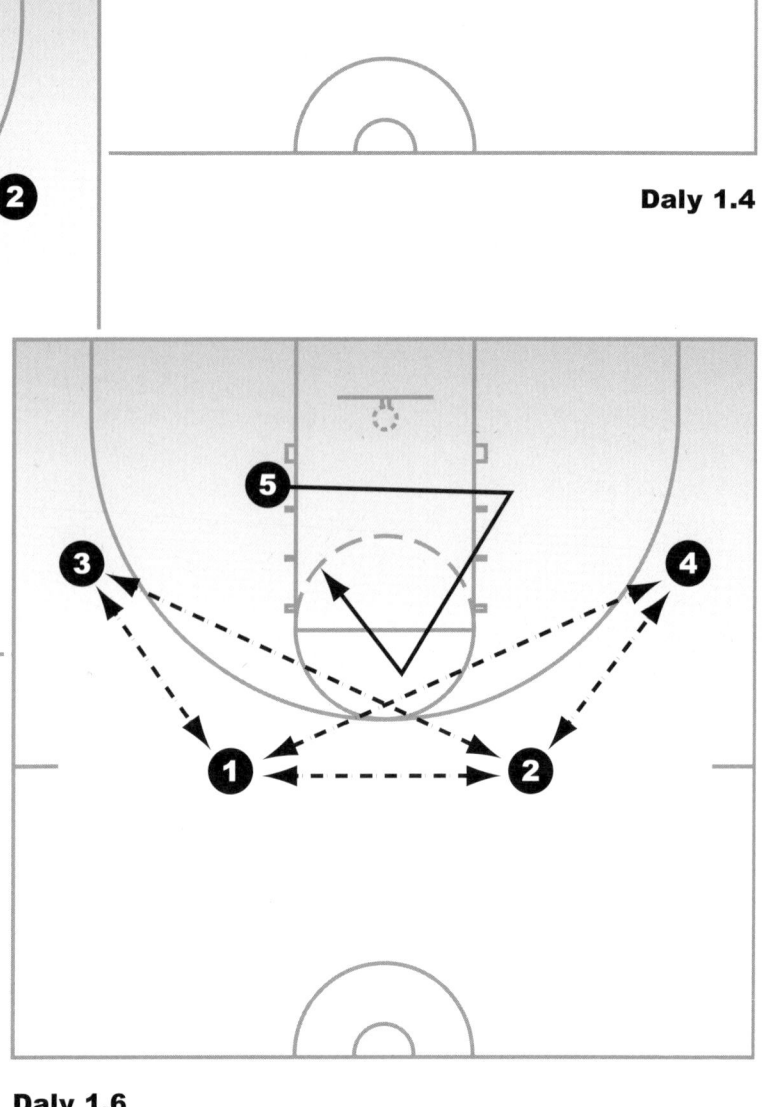

Daly 1.6

LESSONS FROM THIS LEGEND...

それはインサイドにパスを入れることである。スキップパスをすることでどれだけコートの中央が広がり、インサイドにパスを入れやすくなるかということに、驚かされる（**図1.7参照**）。スキップパスはゾーン・ディフェンスにとって対応しにくいパスであり、ディフェンスの中にボールを入れれば、ゾーンを崩すことができる。

次に狙うべきプレーは、ベースライン・アタックである。❺をベースライン間際のポジションに配置する。図1.8に示されているのは、❺へのパスである。❸がパスをもらおうとペイントエリアを横切って走った。そこでパスがもらえなければ、私が「スライスムーブ」と呼んでいる動きを行って、ペイントエリアを縦に走る。この動きから多くのレイアップシュートを作り出すことができる。この動きと同時に、❷はボールと反対側にフレアーに動いて、ベースライン側に広がっておく。そして、❶が逆方向にフレアーする。❺は❸にパスできるが、同時に❷や❶へのパスも狙うことができる。

「スライスムーブ」を守るために、多くのゾーン・ディフェンスがボールラインまで下がるようにするはずだ。そうなったら、❶がオープンになるのでスキップパスを出せばよい。

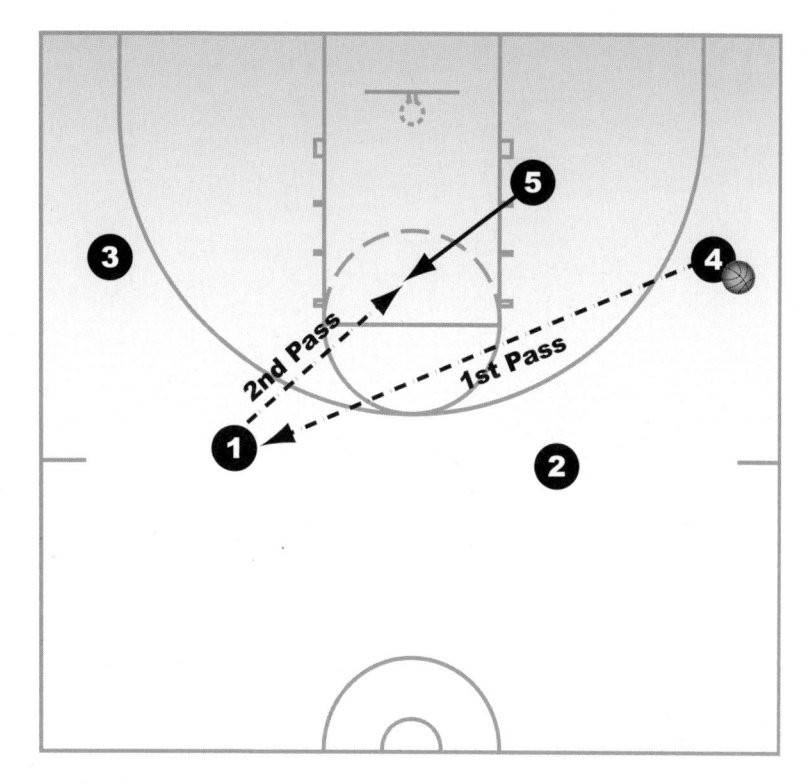

BE CREATIVE
創造的になること

多くの人の話を聞き、自分自身のチームに何が役立つのかを決断して、自分の考え方を持つこと。それが大切だと信じている。私たちの話に従ってくれる仲間たちが多いと感じているが、真に必要なのは、バスケットボールを作り出す創造的なリーダーである。自分の状況に合わせて、ベストと思われるものに取り組んでほしい。

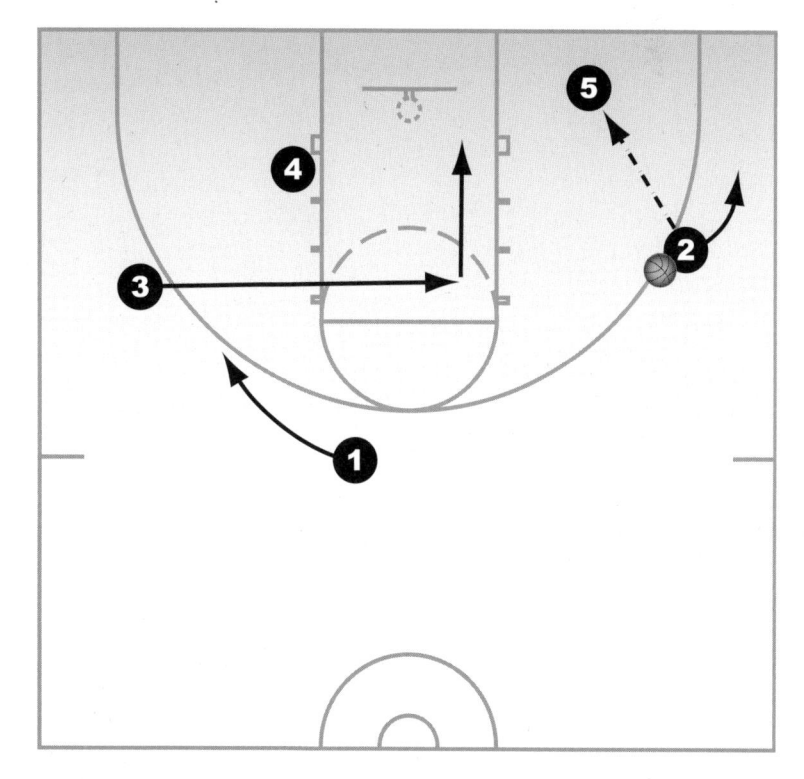

Daly 1.7

Daly 1.8

SOURCE
出典

・チャック・デイリー（1975年9月）、ゾーン・ディフェンスに対する攻撃、バスケットボール・ブルテン。
・チャック・デイリー（1976）、ゾーン・オフェンスの考え方、メダリスト・フラッシュバック・ノートブック。

LEGACY OF
Edgar "Ed" Diddle

- 速攻法の先駆者であり、ウエスタン・ケンタッキー大学の名を全米中に広めた。

- 42年のキャリアにおいて、759勝と32回のカンファレンス優勝を達成した。

- ウエスタン・ケンタッキー大学を3回のNCAAトーナメント出場、そして8回のNITトーナメント出場に導く。

- 1つの学校で1000試合をコーチした、バスケットボール史上初の指導者である。

- 歴代コーチの中で、最も華やかなコーチとして知られる。

- 赤いタオルがトレードマークであり、サイドラインでタオルを振り回したり、噛んだり、投げたりしていた。

- ウエスタン・ケンタッキー大学のコートは、E.A.ディドル・アリーナと名づけられている。

LESSONS FROM THIS LEGEND...

SHOOTING DRILLS
By Ed Diddle

筆者注釈
コーチ・ディドルは自作のチャートに試合中のすべてのシュートを記録していた。フロアのどこからシュートが放たれて、その確率はどのようなものかを知ることが非常に大切であると、ディドルは信じていた。

ファンダメンタルがバスケットボールである。シュート、パス、ジャンプ、ピボット、走る、ドリブル、ボディバランス、フェイント、フェイクなど、これらを習得することが良いチームを作るための唯一の方法である。このような基本的な局面を指導することに多くの時間を費やさなければ、コーチとしての仕事をしたことにはならない。

ファンダメンタルをよく習得しており、情熱と身体能力が備わっていれば、優れた選手になることができるだろう。ファンダメンタルの知識は、選手を安心させ、リラックスさせて、自信を与える。すべてファンダメンタルに基づいてプレーすべきである。うまくできることが1つしかない選手は、偏ったバスケットボール選手になってしまう。

ファンダメンタルの練習方法は、チームが行うオフェンスやディフェンスのタイプに関連している。たとえば、あなたのチームが速攻を使用するのならば、そのためのプレーを練習するのである。プレス・ディフェンスがしたければ、プレスが上達するためのドリルを選択すればよい。そして、練習は多くの時間を費やして繰り返し行わなければならない。

多くのファンダメンタルドリルは、競争的要素が含まれている。2人の選手が共に、正確にファンダメンタルを行い、パートナーがより良くプレーするために競争的なドリルを行うことが最適である。

SHOOTERS ARE DEVELOPED THROUGH HARD WORK
シューターはハードな練習によって上達する

良いシューターとは、練習を早く始めて、すぐにゴールへ向かい、シュートが簡単になるまで繰り返し練習を行うものである。全員が優れたシューターになれるわけではないが、もし選手がゲームに対して強い情熱を持つならば、その成果はあらゆる局面で表れるだろうと確信している。そのような選手は繰り返し練習することによって、良いシューターになることができるだろう。

すべての偉大なシューターたちは、シュートの練習に多くの時間を費やしていることがわかる。そして自分自身の弱点を分析して、修正しようとしている。私は生まれながらのシューターという選手はいないものと思っている。彼らは熱意と懸命な努力によって作られるのだ。選手は自分のシュート能力に対する自信を身につけなければならない。自分のシュートは必ずゴールを通過するものだと信じなければならない。もし失敗をしたら、そこから何かを感じて、次のシュートに生かすようにする。

LENGTH OF SHOOTING DRILLS
シューティングドリルの長さ

我々は毎日の練習で30分間はシューティングドリルを行っている。全員が1つずつボールを持ち、自分が実際の試合でシュートするであろう場所からシュート練習を行うこのようなシューティングを15分から20分間行った後、チームで決められたシューティングドリルを行う。ドリルにはいくつかの種類があり、日によってそのドリルを入れ換えて、いつも新鮮な気持ちで行えるようにしている。

学習において、反復することは最も重要なことであり、すべてのドリルにこの原則を含めるようにしている。新任のバスケットボール指導者に覚えておいてもらいたいことは、繰り返しの練習こそが大切であり、反復によって練習は実を結ぶということだ。

選手たちには、すべての練習でいつも全力を尽くすように強調すること。練習で全力を尽くせば、試合でも同じようになる。練習でハードにプレーしていれば、自然と試合でのプレーもハードになるはずだ。

WHAT TO SHOOT AT
シュートはどこを狙うのか

多くの選手たちが、シュートはどこを狙うべきなのかを知らないでいる。リングの奥を狙うべきなのか、それとも手前を狙うべきなのか、またはバックボードに当てるべきなのかを知らないのである。我々のチームでは、シュートはリングの手前を狙って、ボールがゴールに落ちていくようにしてほしいと思っている。そしてシュートにはバックスピンを利かせて、ボールをコントロールできるようにする。ボールが指先から離れるようにすればよい。

レイアップシュートやゴール下の斜めからのシュートは、バックボードを利用するようにしたい。このような距離、角度のシュートは、バックボードを利用することでシュート成功率が倍増すると思っている。

LESSONS FROM THIS LEGEND...

SHOOTING DRILLS
シューティングドリル

AROUND THE WORLD
アラウンド・ザ・ワールド

チームを2つの組に分けて、それぞれをベースラインに配置する。シュートのレベルが近いグループで行うことで競争としては競り合ったものになる。最初のシュートはゴール下から始めて、シュートをミスするまで放ち続ける。シュートミスをしたら、次の選手がシュートする番である。シュートを外した選手は、そのポジションに止まらなければならない。または「テイク・チャンス」で、2度目のシュートをしてもよい。もしそのシュートが成功すれば、次のポジションに進む。もし失敗すれば、スタートのポジションに戻らなければならない。すべてのシュートを成功させて、「アラウンド・ザ・ワールド（世界を周る）」を最初に成功した選手が勝者になる。最後のシュートは、右コーナーからのシュートになる（**図1.0参照**）。

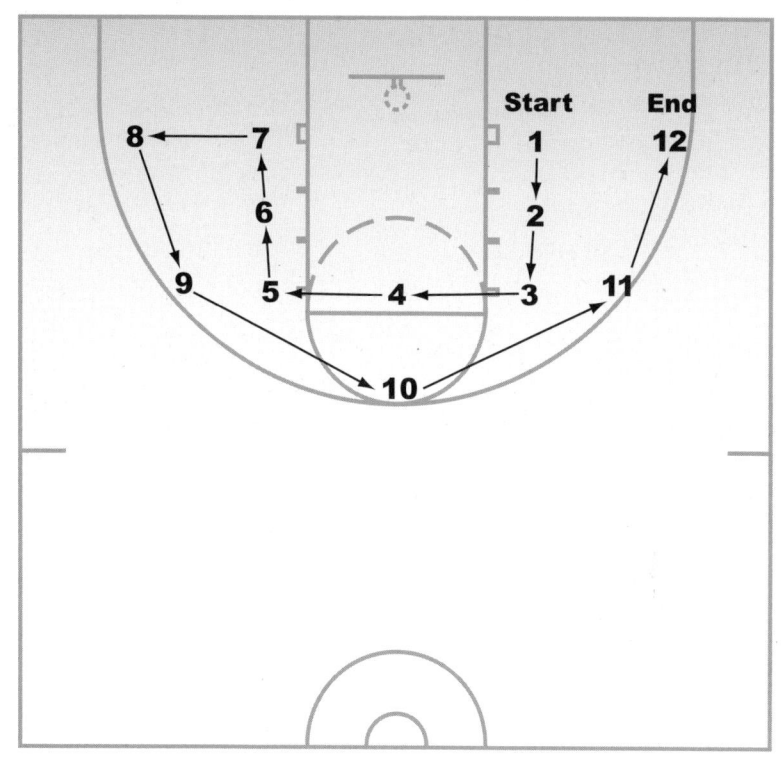

Diddle 1.0

TEAM 21
チーム21

組分けをして、各チームにボールを持たせる。チーム A_1 は A_2 と競争する。B_1 は B_2、C_1 は C_2 とそれぞれ競争する。コーチが「始め」の合図を出したら、先頭の選手がシュートする。長い距離のシュートは2点、リバウンドを取ってのゴール下のシュートは1点とする。いずれかのシュートを成功させたら、並んでいる次の選手にパスを出す。そして列の後ろに並ぶ。コーチは得点を数えて、最初に21点を獲得したチームが勝者になる。すべてのポジションからゲームを行い、合計で3回行うことになる。先に2勝したチームを勝ちとする（**図1.1参照**）。

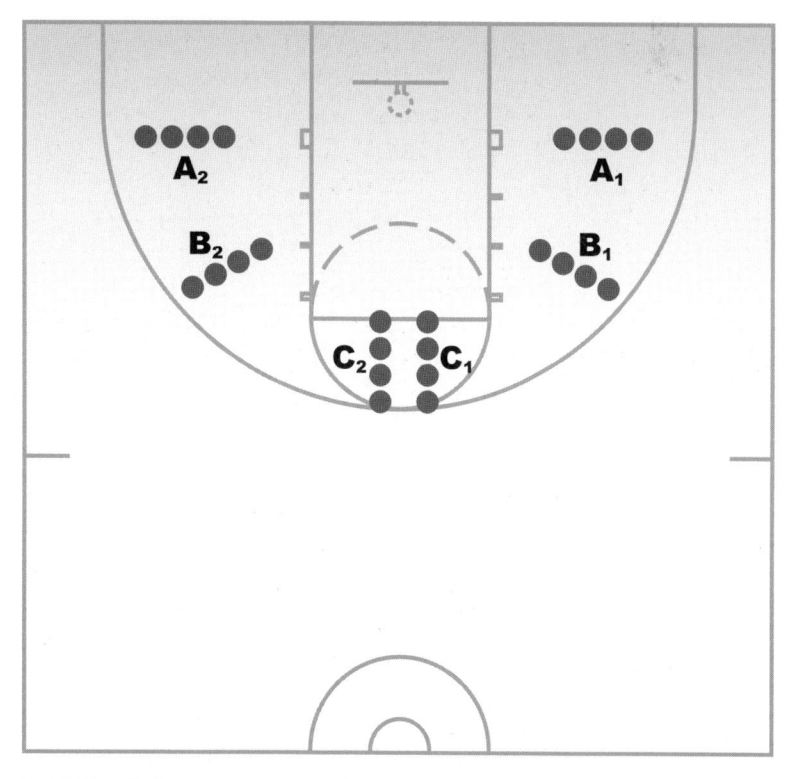

Diddle 1.1

65

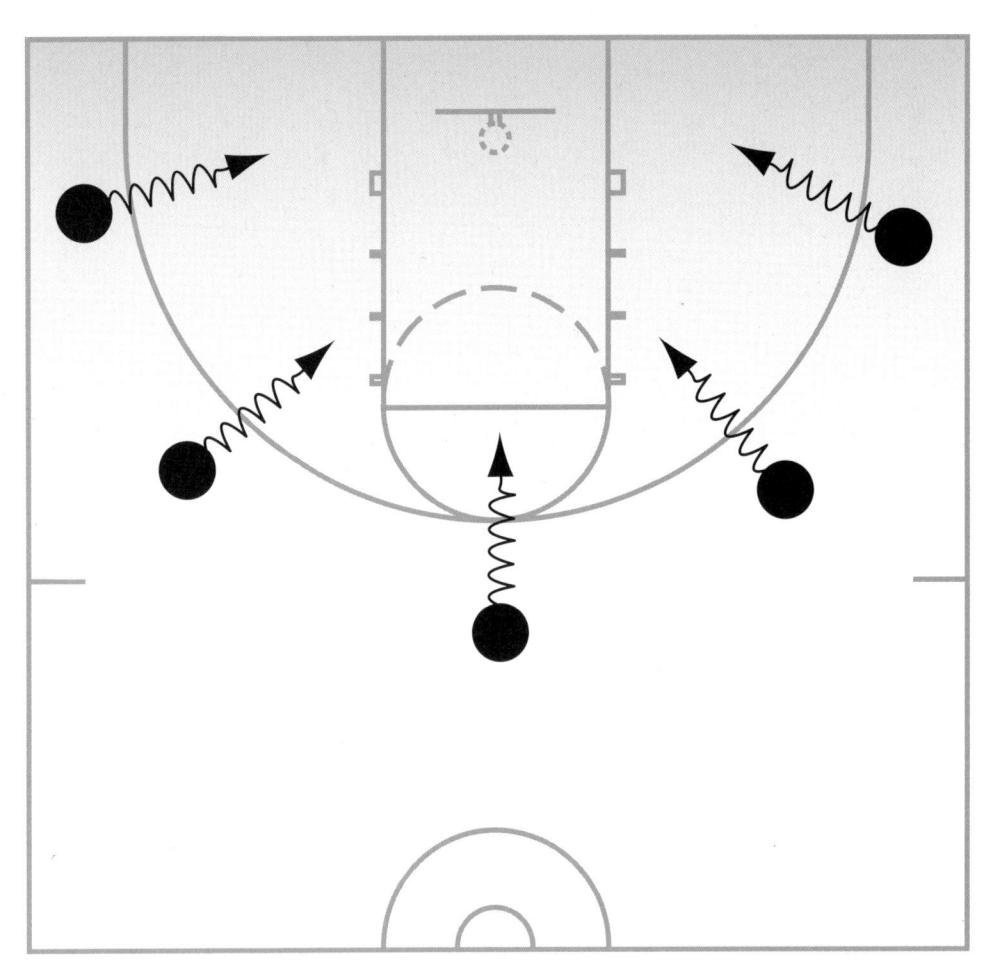

LESSONS FROM THIS LEGEND...

Diddle 1.2

BUMP DRILL
バンプドリル
このドリルは選手にシュートの集中力を教えるためのものである。たとえファウルをされて「ぶつかった」としても、シュートに集中することだ。このシューティングドリルは、インサイドでもアウトサイドでも行うことができる。図1.2に示されているように、あらゆる方向からゴールに向かっていく。そして選手たちがシュートする場所にコーチたちが立っているようにする。シューターはドリブルでコーチに近づいてからシュートをする。このとき、コーチはシュートする選手の尻や肩を軽く押すようにする。このことで「ぶつかった」感覚を覚えて、集中してシュートを決められるようになる。

LESSONS FROM THIS LEGEND...

SHOOTING OVER THE SCREEN DRILL
スクリーンを使ってのシュート

このドリルを通じて、選手たちは味方のスクリーンを利用してシュートするプレーを経験することができる。シュートのために、フォワードがガードにスクリーンをかけることができるし、逆にガードがフォワードにスクリーンをかけることもできる（図1.3参照）。

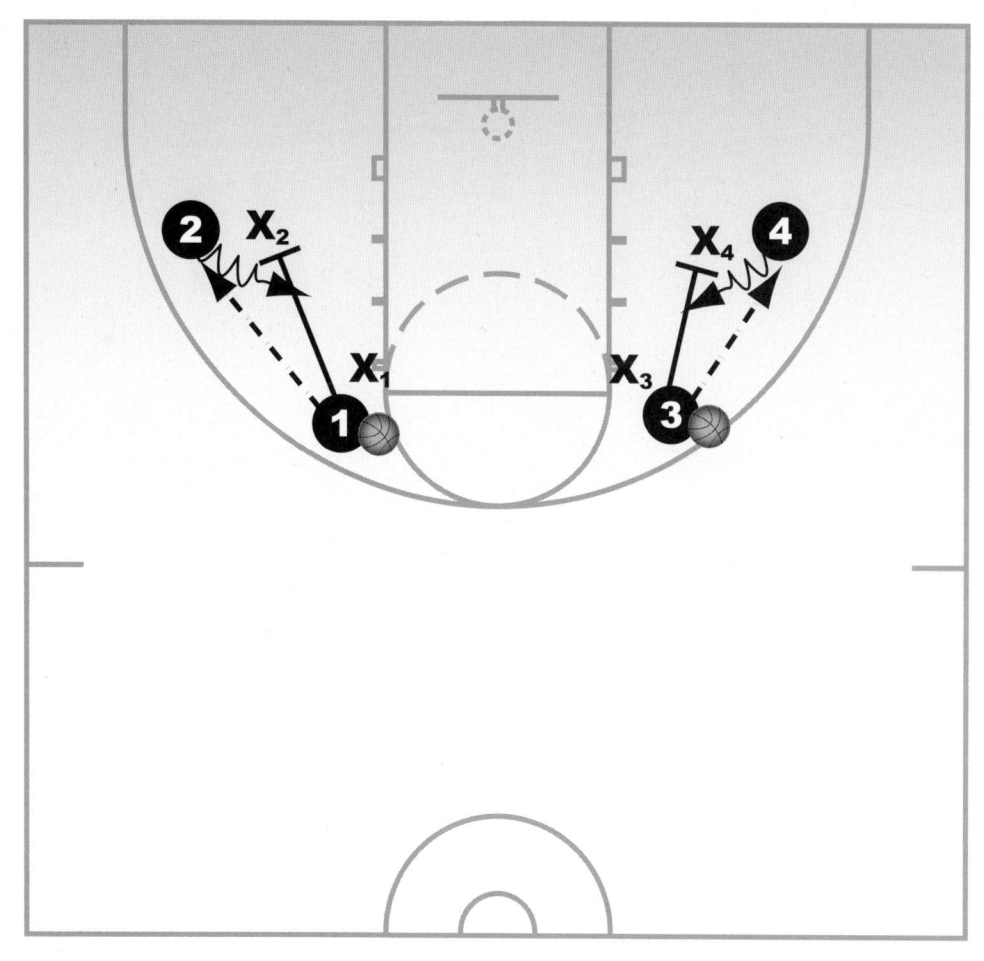

Diddle 1.3

SUMMARY
まとめ

私の意見としては、あなたがどのような年代のチームを指導するにしても、プロのチームを指導するにしても、コーチとして成功したいと熱望するのならば、多くの時間をファンダメンタルの指導に費やすべきである。ファンダメンタルに多くの時間を費やすことには、優れたコーチになるための2つの意味が含まれている。1点目は、バスケットボールの熱心な研究者になることができるということだ。いつも選手の才能を最大限に発揮させることを考える。クリニックに出席して、他のコーチと意見を交換し合い、書物を読んで、コート上で役立つものを見つけ出す。もう1点は、選手にお金では買えない心構え、「熱意」を教えることができることである。もし優れた能力を持っていても、熱意がなければ良い選手にはなれない。私はそう思っている。

SOURCE
出典

・エド・ディドル（1965）、オフェンシブ・ファンダメンタル・イン・バスケットボール、イン・ハーディン・マクレーン（ed.）、チャンピオンシップ・バスケットボール・12人の偉大なコーチ、エングルウッド・クリフス、NJ：プレンティス - ホール。

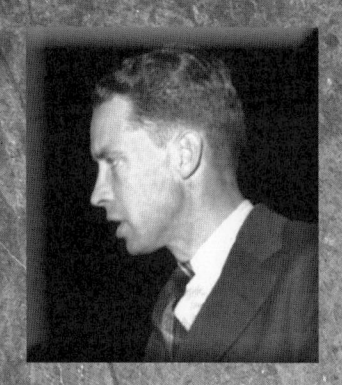

LEGACY OF
Bruce Drake

- 5人が連続して動く「シャッフル・オフェンス」を発明した。

- 1940年代、ゴールテンディングの反則を全米中に広める運動を行った。

- 1956年、金メダルを獲得したアメリカ代表チームのアシスタントコーチを務めた。

- スポーツマンシップの精神と、品格のある振る舞いをすることで知られる。

- ウィチカ・ビッカーズ（チーム名）を1957年のナショナル・インダストリアル・リーグ優勝に導く。

- オクラホマ大学では、選手としてオールアメリカンを受賞した。

LESSONS FROM THIS LEGEND...

THE DRAKE SHUFFLE OFFENSE

By Bruce Drake

コーチたちはオフェンス・システムについて様々な考え方を持つと思うが、5人全員が動き続けるオフェンスが良いという考え方については一致している。全員が動くことによって、それぞれが自分のディフェンスを引きつけるということが、マンツーマンの攻撃はもちろん、ゾーンやスイッチ・ディフェンス、そしてプレス・ディフェンスに対しても大切なことになる。

オクラホマ大学を5年間指導した経験から、オフェンスを改良してきた。可能なかぎりスタッフ間でのミーティングを重ねて、試みるべきことは試みて、完璧に近づけてきた。私はこのオフェンスを「ドレイク・シャッフル」と名づけている。なぜならば、選手たちが動きはじめれば、動いている本人以外にはその動きを予測することができないオフェンスだからである。

ADVANTAGES OF THE SHUFFLE OFFENSE
シャッフル・オフェンスの利点

1. 通常のマンツーマンに加えて、スイッチ・ディフェンスに対しても有効である。
2. (我々が行っているように) センターに1人の選手しか配置しなくても、センターにボールを入れる必要がないために、オフェンスが成功的なものになる。
3. プレス・ディフェンスやゾーン・ディフェンスに対しても有効である。
4. オフェンスリバウンドの隊形を作りやすい。
5. セットのパターンの中から、フリーランスのプレーに発展させることができる。
6. 相手チームがスカウティングしにくい。
7. バランスの良い攻撃であり、ペリメーターからのシュートやドライブを増やすことができる。
8. 5人の選手が絶えず動くことができる。
9. 大きな選手がいないチームには最適なオフェンスになる。
10. ディフェンスはゾーンをしない限り、相手がやりたいディフェンスをさせないことができる。
11. 悪いパスミスを最小限にすることができる。
12. 単純なオフェンスであり、簡単に覚えることができる。

INITIAL ALIGNMENT AND DESIGNATED FLOOR SPOTS
最初の配置とフロア上のスポット

シャッフル・オフェンスを習得するために、最初はゆっくりと動きながら、全員に役割を理解させることが非常に大切になる。選手たちはそれぞれの番号によって動きが決まっている。その番号とは、選手がフロア上のどの

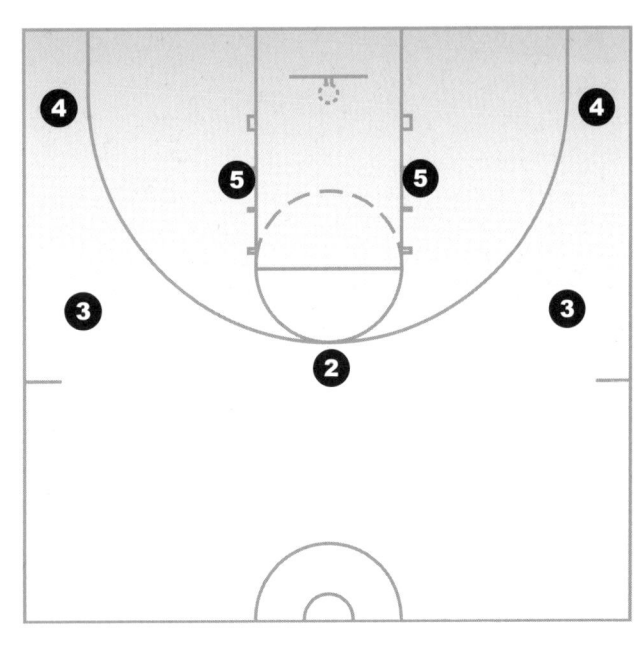

Drake 1.0

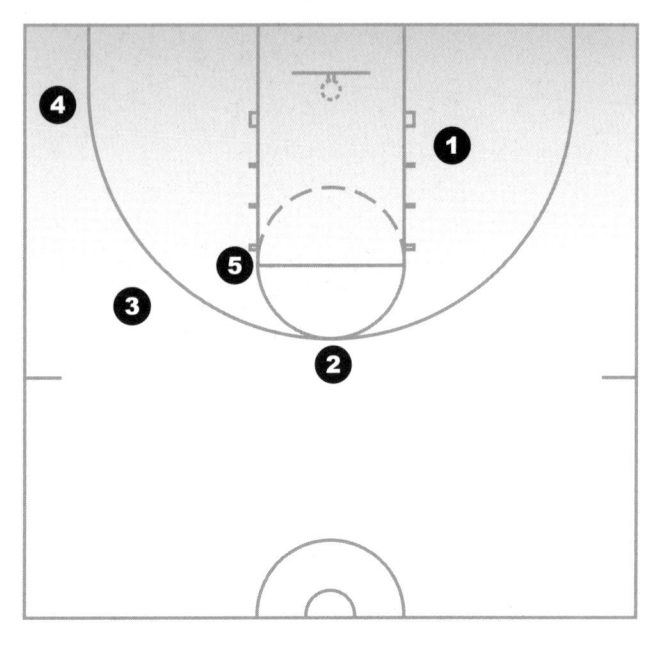

Drake 1.1

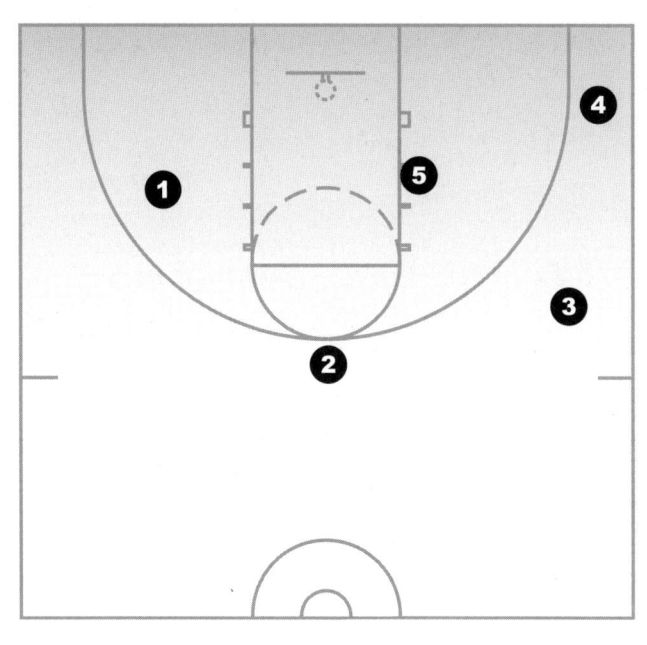

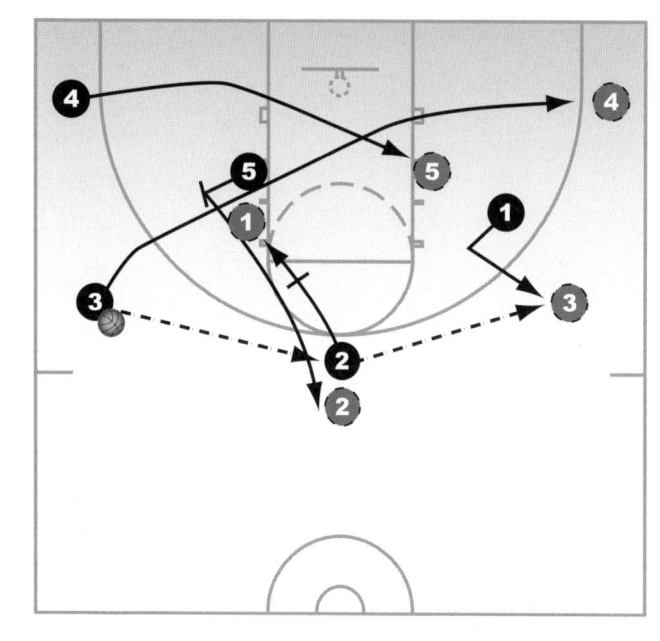

LESSONS FROM THIS LEGEND...

Drake 1.2

Drake 1.3

スポットを占めているのかによって決まる。図 1.0 には、フロア上の各スポットとその番号が示されている。ちなみに、左右のサイドは関係なく、どちらのサイドで考えてもかまわない。選手たちは動くことによって、次の番号のスポットを占めることになる。

図 1.1 には、我々のチームが使用しているシステムの番号を、左サイドを例として示している。❶を「ウィークサイド」の選手と呼んでいて、その理由は単純に、そのサイドには❶が 1 人しかいないからである。❷は常にトップ・オブ・ザ・サークルに位置する。❺は左右どちらのサイドでもポストでプレーする。コーナーでのプレーは❹が行い、ウイングのプレーは❸が行う。図 1.2 では、右サイドでそれぞれの番号が示されている。

これらのスポットを覚えることで、後に選手たちに番号によって指示を与えることができるようになる。番号を言えば、選手が占めるべきスポットを指示することになるからだ。

CHANGE-OF-SIDES SERIES
チェンジ・オブ・サイド・シリーズ

我々のチェンジ・オブ・サイドのプレーは、左サイドのオーバーロードから開始して、右サイドのオーバーロードで終わるプレーになる。そして、パターンは連続して行うことができる。

図 1.3 に示されているように、❸が❷にパスを出してから、❺のスクリーンを利用する。そのとき、ボールは❷から❶へパスされる。第 1 の選択肢は、❶から❸へパスを出して、レイアップシュートするプレーである。もし❸がオープンになっていなければ、❶はドリブルして 3 番のスポットまで移動する。そのとき同時に、❸は 4 番のスポットまで移動する。

❸が 4 番スポットまで走り抜けたあと、❹はベースライン方向に向かう動きをしてから、5 番のスポットまで走り抜ける。❷は❶にパスを出した後、ペイントエリアの方向に向かってカットして、❺のためにスクリーンをセットする。❺はトップの方向へ行き、2 番スポットを埋める。これらのプレーが終わると、すべてのポジションが左サイドから右サイドへ移行することになり、チェンジ・オブ・サイドのプレーを今度は右サイドから開始することができるようになる。

チェンジ・オブ・サイドのプレーは、他のどのプレーを追加するよりも先に、習得すべきプレーである。選手たちはすべてのポジションをプレーするようにして、プレーの過程を学ぶこと。私は自分のチームを指導するときに、以下の順序をガイドラインとして教えている。

- ❸が❷にパスをして、最初のカットを行い、4 番スポットに移動する。
- ❹は第 2 のカットを行い、5 番スポットに移動する。
- ❶は❷からのパスを受けて、3 番スポットに移動する。
- ❷は❶にパスを出して、❺にスクリーンをセットする。そして、1 番スポットに移動する（ウィークサイド・プレーヤーになる）。
- ❺は❷のスクリーンを利用して、2 番スポットに移動する。

OTHER KEY TEACHING POINTS IN THE CHANGE-OF-SIDES SERIES
チェンジ・オブ・サイド・シリーズの指導における、その他のポイント

- ❸から❷、そして❶へ展開される、外回りのパスはすばやく行うこと。
- ❺はフリースローラインの延長線上で、ペ

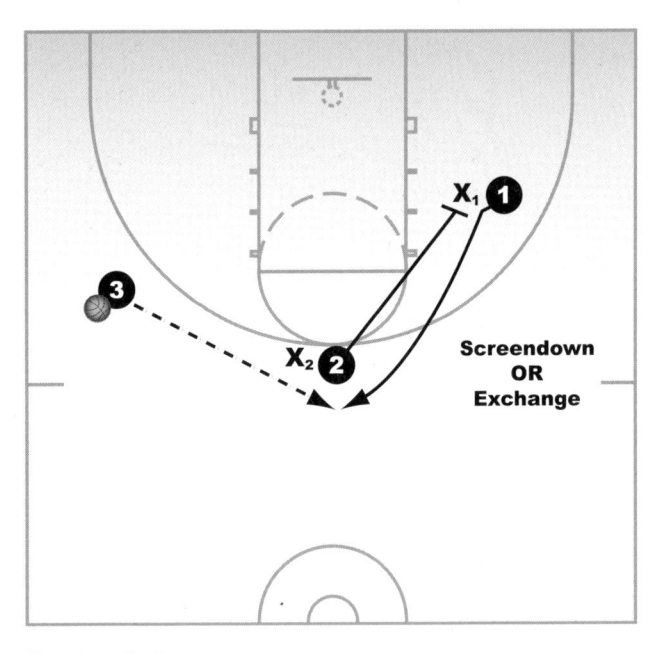

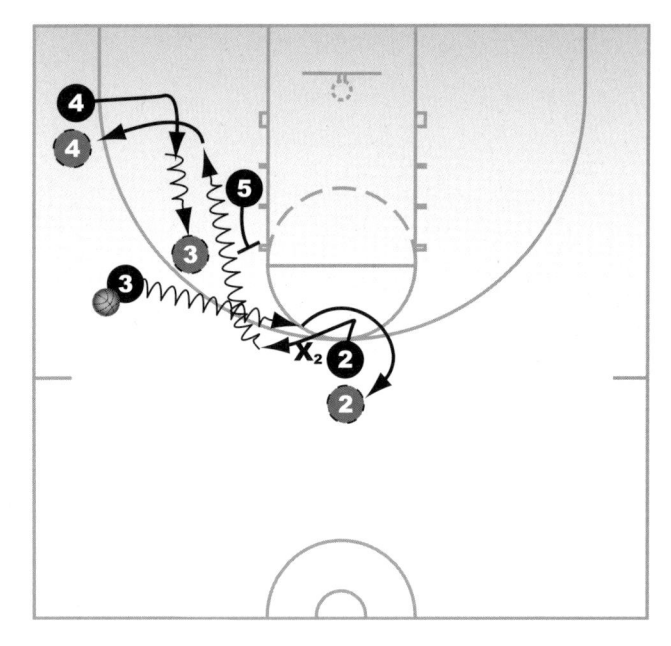

LESSONS FROM THIS LEGEND...

Drake 1.4

Drake 1.5

イントエリアから5フィートほど離れたところにポジションを取る。

- ❸は❺のスクリーンが来るのを待ち、ディフェンスをスクリーンにぶつけるようにする。ディフェンスがどこにいるのかによって、自分はどのようなカットをすべきなのかを考える。
- ❶はペイントエリアの近くで❷からのパスを受ける。あまりゴールから遠いところでパスを受けると、カットしてくる❸にパスを出すことが難しくなる。

このシンプルな動きの中ですばらしいことは、❺にマッチアップしているディフェンスを必ずだますことができるということだ。ディフェンスが何をやろうとも、うまくいかないはずである。チェンジ・オブ・サイドのオフェンスを行うと、必ず毎回、トップの位置で❺がオープンになる。ディフェンスが通常のマンツーマンを行っても、スイッチを行っても、結果は同じである。これは私が大切にしている部分で、このプレー自体がオフェンスの有効性を表している。この基本パターンさえ習得すれば、他のオフェンスは簡単に覚えることができるようになるだろう。

OPTIONS AGAINST PRESSURE DEFENSE
プレッシャー・ディフェンスに対するオプション

ドレイク・シャッフルを行っていれば、悪いパスをしてしまう理由は見当たらないはずだ。ここで我々が使用している4つのプレッシャー・リリースのプレーを紹介しよう。❸から❷にパスを出そうとしたが、❷が激しくディナイされていてパスが出せない、このような状況だと仮定してほしい。我々のチームでは、X₂にインターセプトさせないためのプレーを3つ用意している。

1) SCREEN AWAY OR EXCHANGE POSITIONS
1）スクリーン・アウェイ、またはエクスチェンジ・ポジション

❷にX₂が密着してディフェンスしているとき、❷は❶にスクリーンをセットするか、❶とポジションを入れ替わる動きをすればよい。❶は2番スポットに移動して、❷の役割を果たすことになる。このような動きをすれば、図1.4に示されているように、❸からのパスが出せるようになり、ボールを移動させられる。

2) DRIBBLE HAND-OFF
2）ドリブル・ハンドオフ

次に考えられるプレーは、❸がドリブルをして❷との手渡しパスを行うことである。このプレーは図1.5に示されているように、3人のスクリーンプレーに展開される。❷は❸がドリブルを始めて、自分の方向に向かってくることを確認しても、ドリブラーが自分と3フィートの距離に近づくまで、パスを受けようとして動いてはいけない。同時に、❸がドリブルを開始したら、❺はフリースローライン近くでポジション取りをする。

このプレーを行うときは、フリーランスによる動きで、いつでも得点するつもりでプレーすること。たとえば、❷がドリブルで突破してレイアップシュートできるかもしれないし、❹が❷のスクリーンを利用してシュートをするかもしれない。このプレーが進行している間は、コート上のあらゆるスポットが埋められるようになり、いつでもチェンジ・オブ・サイドの攻撃に展開することができる。

図1.5では、❸が❷の役割をしている。というのも、❸は移動した結果、❷のスポットを埋めているからである。❷は❸が最初にいたスポットでプレーするが、❹とスクリーンプ

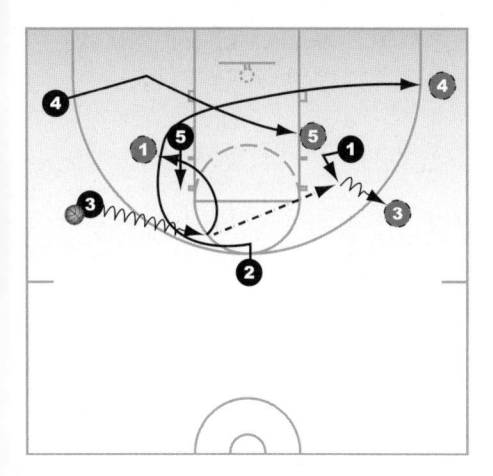

LESSONS FROM THIS LEGEND...

Drake 1.6

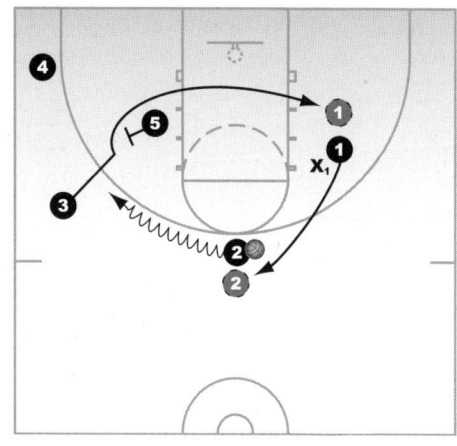

Drake 1.7

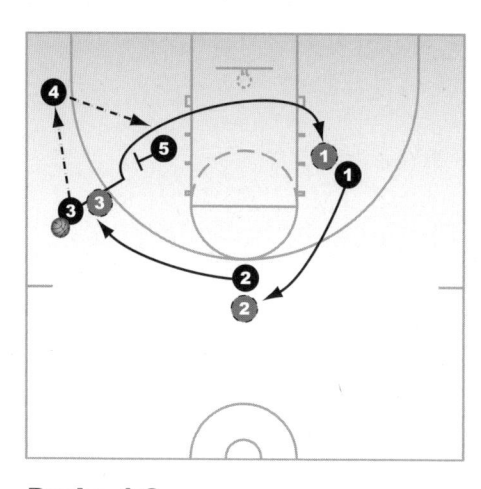

Drake 1.8

レーをすれば、ポジションが入れ替わる。つまり、❷が4番スポットを占めるので、❹の役割を果たすことになる。❷からパスを受けた❹は、3番スポットを占めて❸の役割を果たすことになる。

3人のロールは自然な形で多くのスクリーンを作ることができて、フロアバランスを保ちやすい。❺がフリースローラインの近くにポジションを取って、❷へのスクリーンをセットすることがとても大切になる。このスクリーンは、❸が2番スポットに向かってドリブルを始めるのと同時にセットするとよい。

図1.5で示されているように動けば、全員がスピードを出して動いても、すべてのスポットを埋めることができる。3番スポットでボールを受けた❹は、そのまま2番スポットにいる選手にパスを出すことができるので、このパスからチェンジ・オブ・サイド・シリーズのプレーにつなげることが可能となる。

3) "Go" Cut
3) "ゴー" カット

プレッシャーを回避するための第3のプレーは、図1.6に示されている。プレーが始まる前に、❸がドリブルをして❷の方向に進む。しかし、❸は❷にボールを渡すのではなく、❷に「行け（ゴー）」と声で伝える。同時に、❸は❷へパスを出すフェイクをして、実際には❶にパスをする。通常とは異なるが、

これらの動きをすることによって、チェンジ・オブ・サイドのプレーを始める準備が整ったことになる。

さて、チェンジ・オブ・サイドのプレーを始めても、最後まで攻め切れないことがたくさんある。たとえば、❸が❷へパスを出してカットしても、次の❷から❶へのパスが出せないときがある。このようなとき、チェンジ・オブ・サイドのプレーは形を変えて遂行しなければならない。我々はこの状況のプレッシャー・リリースを、2メンロールと呼んでいる。

4) Dribble to the Corner for the Two-Man Roll
4) 2メンロールを行うために、コーナーへ向かってドリブル

もし❷が❶へパスを出せなかったら、❹のいるコーナーへ向かってドリブルするという選択肢がある。これが2メンロールの始まりの動きになる（図1.7参照）。❶は❷からのパスが来ないと判断したら、❶はすぐに2番スポットを埋めるように動く。そしてフロアバランスを保つのである。カットする❸は1番スポットまで走り、ウィークサイドでの役割を果たす。

いつでも動く準備をして、常にスポットを埋めることは、このフォーメーションを機能させるために大切である。❶へのパスがいつも通るとは限らないので、そのことを理解する

必要がある。タイミングを合わせる意味からも、❷は❶へのパスがすぐ出せないこともあることを意識すべきだ。

❷が遅れたときは、パスを出さないようにする。なぜならば、そのときはすでに、❸へのパスが遅れてしまっているからである。チェンジ・オブ・サイドのプレーを成功させるためには、❸から❷、そして❶へのパス回しがすばやく行われることが大切になる。

Solo Cuts
ソロカット

ゴールに向かってのソロカットを、我々のチームではフリーランスで行うようにしている。図1.8に示されているように、❸が❹にパスを出して、❺のスクリーンを利用しながらゴールへカットする。もしディフェンスを振り切ることができていれば、❹は❸にパスを出してレイアップシュートにつなげる。

ソロカットを行った後は、スポットを埋めるため、カッターの隣の選手が動かなければならない。❷は3番スポットを埋めて、❶は2番スポット、そして❸は1番スポットをそれぞれ埋める。❺は自らのポジションにとどまる。このようなソロカットを行えば、ディフェンスは常にオフェンスの正面にマッチアップせざるを得なくなるだろう。

LESSONS FROM THIS LEGEND...

CLOSING

終わりにチェンジ・オブ・サイド・シリーズ、ロール、そしてソロカットなどはいずれも簡単なプレーであるが、オフェンスに柔軟性を与えてくれる。これは、どの選手もすべての番号をプレーして、5人が動き続けるオフェンスである。私が指導してきた中で、最も興味深く取り組むことのできるオフェンスである。このオフェンスを高校や大学など、あらゆるレベルのコーチたちに触れてもらい、その必要性を感じてもらいたい。

SOURCE
出典
・ブルース・ドレイク（1966年1月）、ザ・オリジナル・シャッフル、バスケットボール・ブルテン。

LEGACY OF
Clarence "Big House" Gaines

- 「黒人コーチの父」であるジョン・マックレドンを師として、大学バスケットボールのコーチング界から人種の壁を取り除いた第一人者である。

- 同じ学校を47年間指導して、ウィンストン・セーラム大学のコートはC.E.・ゲインズ・センターと名づけられている。

- 大学バスケットボール史上、歴代2位の勝利数を記録したコーチである。

- ゲインズの指導のもと、彼のチームはテンポの速い、速攻法を武器としたチームとして全米中から賞賛された。

- 1967年、ウィンストン・セーラム大学をNCAAカレッジ・デビジョン優勝に導いた。

- 生徒や選手を心から気づかうことのできる指導者として、尊敬された。

LESSONS FROM THIS LEGEND...

FAST-BREAK BASKETBALL

By Clarence "Big House" Gaines

バスケットボールにおいて、速攻は広く認知されている攻撃方法であり、攻撃するゴールに向かってボールを前進させるために使用される。速攻の目的は、ディフェンスに対してアウトナンバーの状況を作ることであり、ディフェンスがハーフコートに戻ってから体制を整える前に、高確率なシュートをすることである。

Fast Break Situations
速攻の状況

速攻は次のいずれかの状況から作り出される。
- ルーズボールの状況。
- パスをインターセプトする。
- スティールする。
- フリースロー失敗後。
- フリースロー成功後。
- フィールドゴール失敗後。
- フィールドゴール成功後。

The Main Components of the Fast Break
速攻の主な要素

Defensive Rebound
ディフェンス・リバウンド

ディフェンス・リバウンド速攻はディフェンス・リバウンドの奪取から始まることが多い。リバウンドの瞬間から、どのような状況であっても、速攻を作り出す可能性がある。リバウンドに次いで、速攻を開始する状況になり得るのは、フリースローやフィールドゴールの成功後である。

Outlet Pass
アウトレットパス

アウトレットパスとは、リバウンドを取ってから最初に出されるパスであり、速攻を組織する上で最も大切なプレーになる。リバウンドからパスを出すのが上手い選手は、どのポジションにパスを受ける味方がいて、どのような投げ方をすればパスはつながるのかをすばやく判断することができる。また、パスを投げるのが右手でも左手でも、同様に投げることができる。特にフォワードとセンターの選手が、この技術を身につけなければならない。アウトレットパスは、それを受ける味方がいる場所に正確に投げるべきである。リバウンドのボールを取ったときがコートの右サイドであれば、右サイドの味方にパスを出すようにする（ここでの右サイドとは、リバウンドを取った選手が攻める方向のゴールを向いての右側という意味である）。また、リバウンドが左なら、左サイドの味方にパスをすべきだ。

Outlet Receiver
アウトレットレシーバー

アウトレットパスを受けるのは2人のガードが行う。このポジションは動くべき範囲が広く、ベースラインのコーナーから、トップの位置、さらにはサイドラインまで動くことになる。相手チームのオフェンスリバウンドが強くなればなるほど、ディフェンスはベースライン側のポジションを維持しなければならない。

Guard Opposite the Outlet-Receiving Guard
反対サイドのガードの動き

アウトレットパスを受けていない、反対サイドにいるガードが走り込んでくることである。できるだけ速く走り込み、ゴールの近くで立ち止まるようにしたい。この動きの目的は、ディフェンスを引きつけてコートの中央にスペースを作り、ボール運びを楽にすることだ。すばやいパスが通れば、そこからドライブして得点にもつなげることができる。この役割の選手は体力が必要であり、とても重要な役割を果たす。

Third Man in the Fast Break
速攻における3人目

速攻における3人目の選手は、このシステムの中で非常に大切である。ディフェンス・リバウンドに参加したが、ボールが自分のところに来なかったのでリバウンドを取ることができなかった選手がこの役割を果たすことになる。この場合は、アウトレットパスが出されると同時に、アウトレットパスを受けた選手の外側を全力疾走する。つまり、ドリブラーの左右を通り抜けて先行する形になる。しばしば、アウトレットパスを出した選手が、そのままパスした方向を追いかけるようにして走り、3人目の役割を担うこともある。

LESSONS FROM THIS LEGEND...

TRAILERS
トレーラー

リバウンドに参加した3人のうち、残る2人はトレーラーである。トレーラーの役割は次の通りである。速攻をゆっくりと追いかけて、バックコートを守る。すばやく速攻を追いかけて、シュートチャンスを作り出す。パスを受けてゴール下でのシュートができるように走り込み、4対3の状況を作り出す（4人目のレーンとはコート中央とペイントエリアの端の間のレーンである）。オフェンスリバウンドに飛び込み、得点チャンスを広げる。速攻が止められてしまった場合に、すばやくセットオフェンスのポジションにつく。

FAST BREAK FACTS
速攻の要素

主にガードがボールを扱うこと。3人目の選手と中央を走るドリブラーが得点を挙げることが多くなる。ドリブラーはアシストパスを出す役割になる。大きな選手はリバウンド、リターンパスをもらってのドライブおよびアシストを出す以外は、原則としてボールを扱わないこと。

ドライブしてのレイアップが速攻での重要なシュートである。ドライブしたらシュートを決めるか、ファウルをもらうようにしたい。ドライブに次いで重要なシュートは、センターレーンを走るガードによるトップからのジャンプシュートである。

速攻を止めた瞬間は、ディフェンスが体制を整えなおす瞬間なので、多くの得点チャンスが生まれる。ボールをコントロールしてチャンスを見計らうことは欠かせない。

速攻法は最も単純なオフェンスであるが、ドリルは計画的に行われなければならない。全速力で走りながら正確にボールをコントロールすることが求められる。基本のフットワークとパスの練習によって、それらは身につく（特にトラベリング防止になる）。

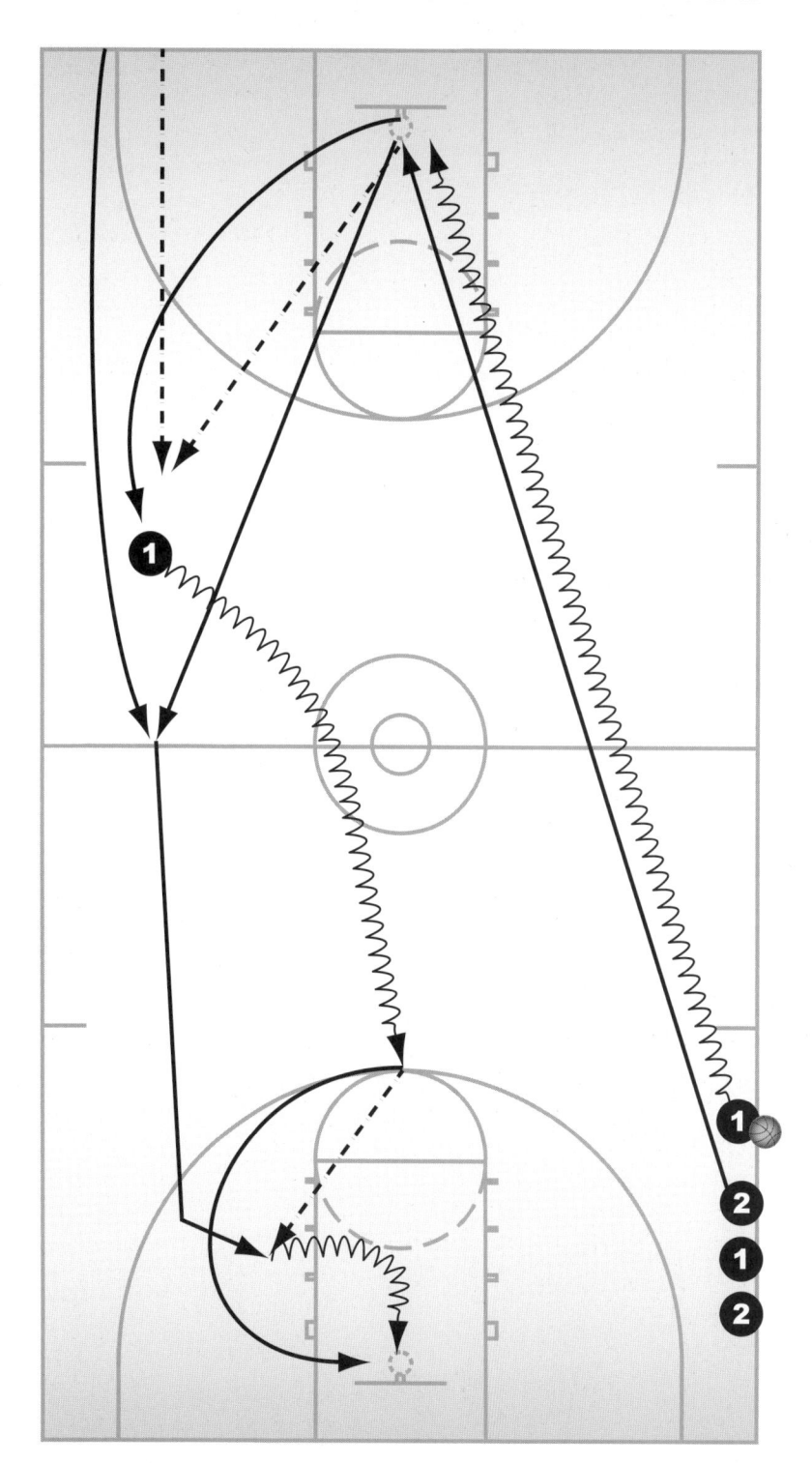

Gaines 1.0

LITTLE MAN-BIG MAN DRILL
リトルマン・ビッグマン・ドリル

サイドライン沿い、コートの外に一列で並ぶ。ガードの選手はボールを持ち、センターはガードの後ろにポジションを取る。ガードはドリブルをしてコートを進み、右手のレイアップシュートもしくはジャンプシュートを行う。センターはガードの後ろから走り込

LESSONS FROM THIS LEGEND...

み、リバウンドを行う。（もしシュートが失敗して）センターがリバウンドを取ったら、そのままシュートする。シュートを決めた後、ガードにパスをして右のサイドライン沿いを走る。もしガードのシュートが成功したら、ガードはサイドラインにポジションを取って待つ。コートの中央で止まらないこと。ビッグマンが（成功したシュートの）リバウンドを取ったらガードは走り、ビッグマンがコートの外から投げるロングパスを受ける。その後、ガードはトップ・オブ・ザ・サークルまでドリブルして進み、走るビッグマンにパスを出す。パスを受けたビッグマンはドライブしてレイアップシュートを行う（**前頁、図 1.0 参照**）。

LITTLE MAN-BIG MAN, PLUS ONE
リトルマン・ビッグマン、プラスワン

3人目の選手（多くの場合はフォワード）を加えて、ガードとセンターの後ろに配置する。この選手はディフェンスを行う役目で、速攻でドライブしようとする2人を守らなければならない。つまり、次のことを試みようとする。

1. シュートが失敗したらリバウンドを取る。
2. アウトレットパス、インバウンズ・パスを阻止する。
3. コートの端まで戻って速攻を止める（**図 1.1 参照**）。

SOURCE
出典

・クラレンス・ゲインズ（1980年、夏）、バスケットボールにおける速攻、バスケットボール・ブルテン。

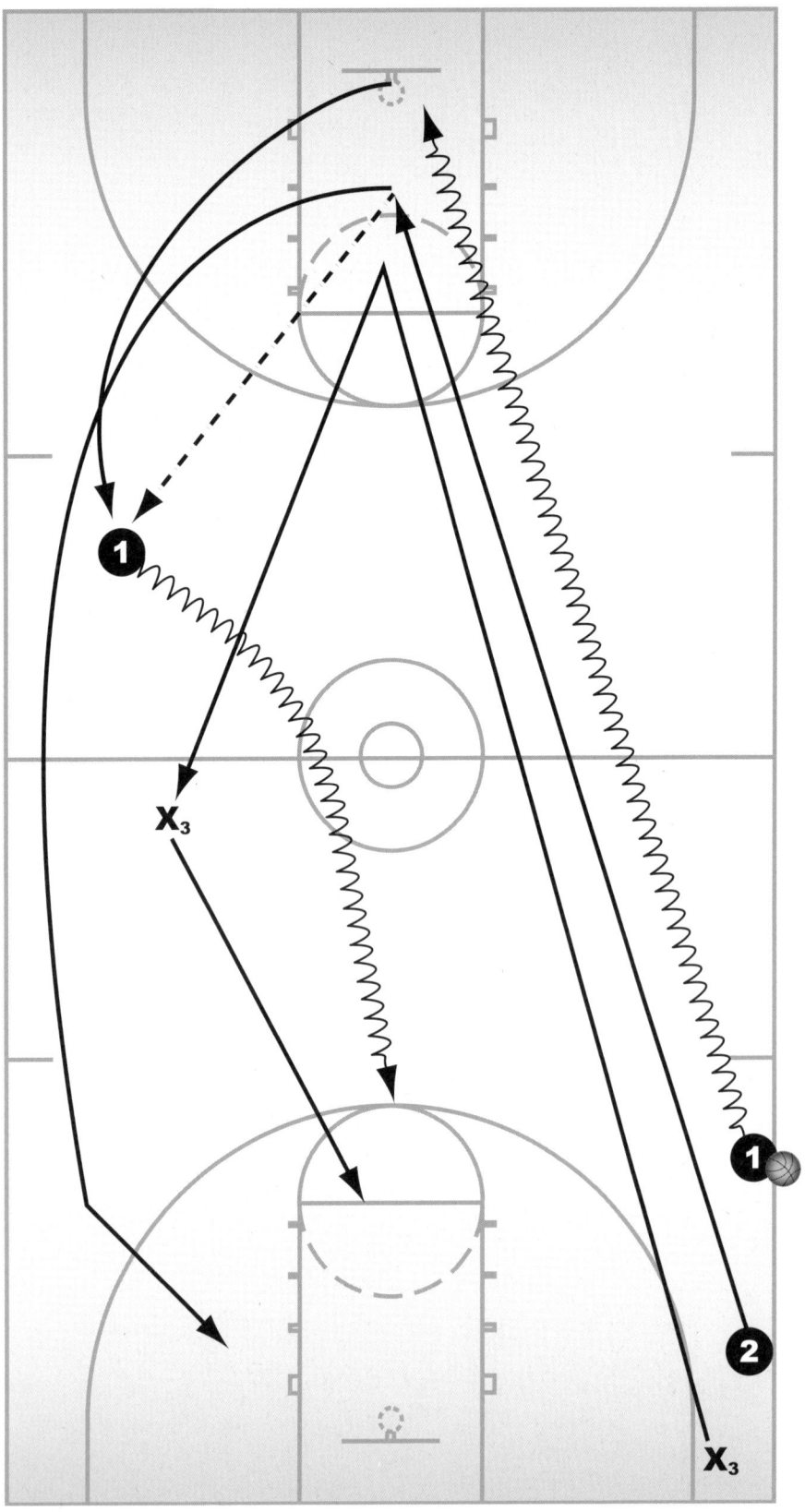

Gaines 1.1

LEGACY OF
James "Jack" Gardner

- 2つの異なる大学で、それぞれ2回以上ファイナル4進出に導いた実績を持つ唯一のコーチである。

- チームにスピード、クイックネスを養い、速攻を主にした指導を行った。

- 1951年、カンザス州立大学をNCAA決勝へ導く。

- 賢く、戦術に長けていたので「フォックス（狐）」のニックネームがついている。

- 「細かい部分が勝敗を分ける」と信じており、試合中のあらゆる現象をスコアに記録した。

- 潰瘍を悪化させないために、試合中は牛乳を飲むことが定着して、それが広く知られていた。

- リクルートの改革者であり、選手の自宅を訪れて選手勧誘を行った最初の人物である。

- カンザス州立大学、ユタ大学の新しいアリーナ設立に精力的に携わった。

LESSONS FROM THIS LEGEND...

FAST-BREAK BASKETBALL

By Jack Gardner

ユタ大学ランニング・レッドスキンズ（筆者注釈：現在、ユタ大学のチーム名はランニング・ユタズに変更されている）は、心から走ることが好きなチームだ。ユタ大学の学生やファンたちは、我々が走るのを見ることが好きである。走ってシュートを狙うバスケットボールは、プロ、大学、独立リーグから高校生に至るまで、あらゆるバスケットボール界で人気があり、速攻法は今や主流になっている。速攻を使用するためには、毎日の多大なる努力と体力が必要とされるが、選手たちは走ることを面白いと感じるものだ。自らが、または味方がゴールへ向かっていくプレーは、多くの選手から好まれている。

我々のチームでは、ボールを獲得したら必ず速攻を狙うことを目標にしている。ボールを取ったら速攻を出して、走ることによって相手にプレッシャーをかけるのが、我々のルールである。心理的に、いつ速攻を出されるかわからないと恐怖心を抱きながら相手チームにプレーさせれば、攻撃をしているときにも次の防御について考えさせることにつながる。つまり、相手チームは自分たちのオフェンスに集中できなくなるのである。

「GO！GO！」というスタイルの試合とは、ボールを獲得した瞬間に走り出すことであり、得点することができなくなった瞬間まで、相手チームを慌てさせることである。もし速攻で攻め切れなければ、そこからセットオフェンスを組み立てればよい。速攻に関する我々の考え方を以下に記す。

1. **速攻の利点**
   a. バランスよく攻めることができれば、
      ①多くのチームはそれを止めることができない。
      ②速攻でシュートを失敗しても、オフェンスリバウンドを取りやすい。
   b. 速攻は我々にとって「KOさせるパンチ」であり、
      ①試合終盤において、わずか数秒で勝負を決めることができる。
      ②自分たちに勇気を与えて、相手チームの自信を失わせる。
      ③プレスやゾーン・ディフェンスに対して、最高の攻撃は速攻である。
   c. 負けている点数差を逆転するために、
      ①短時間で多くの得点を取れる可能性がある。
      ②楽で確実なシュートチャンスを作り出すことができる。
   d. 速攻は試合を見ている人たちにとって、
      ①とても興奮する試合となる。
      ②得点チャンスが魅力的な試合となる。
   e. 速攻は選手たちにとって、
      ①すばやく得点を取るための方法である。
      ②速攻によりすばやく動くプレーをすることは、選手の自主性を認めて、それに任せて、選手の才能を存分に発揮させることとなる。
      ③プレーしていて、楽しいものである。

2. **速攻はオフェンスのすべてではないという事実**
   a. 得点の23.5%が速攻によるものである。
   b. 速攻は常に相手チームにプレッシャーを与えるものとなるが、その程度は試合によって異なる。
   c. 速攻を出すことで利益のほうが多いのか、それとも損害のほうが多いのか、その判断を正しくすることはとても重要である。
   d. 良いパスとシュートが不可欠である。私は「ただ走ってシュートが入るのを祈るチーム」にはなってほしくないと考えている。

3. **選手に必要なこと**
   a. スピードよりもクイックネスが重要である。
   b. 注意深さを持ち、予測の能力が大切である。
   c. クイックネスと予測の能力があれば、走るのが遅い選手でも優れた速攻を出すことができる。
   d. 体格とリバウンドを取る能力が不可欠である。速攻を出す前にボールを獲得しなければならないからだ。
   e. 全力で走りながら、ボールを失わないハンドリングの良さが求められる。

4. **速攻はディフェンスから始まる**
   a. いつも速攻開始をイメージしながら、ボールをスティールするチャンスを狙い続けること。
   b. ボールと自分のマークマンの両方を視野に入れてディフェンスすること。自分のマークマンがボールを持っていなくても、ボールから目を離してはいけない。
   c. 相手のターンオーバーを誘うために、プレッシャーをかけること。

5. **速攻可能な瞬間**
   a. 相手がシュートを失敗して、そのボールを取ったとき。
   b. インターセプトしたとき。
   c. 相手がフリースローを失敗したとき。
   d. 相手がシュートを成功させたとき。
   e. 相手がシュートを失敗したとき。

LESSONS FROM THIS LEGEND...

DEVELOPING FAST BREAK OPPORTUNITIES
速攻のチャンスを作る

ボックスアウトしてリバウンドを奪取している瞬間が、**図 1.0** に示されている。すべての選手がボックスアウトを行うことがとても大切である。リバウンドにおいて、最初にプレーの対象となるのは相手選手であり、ボールに飛びつくことではない。**X1** と **X2** はロングリバウンドに備えて、フリースローライン周辺にポジションを取っている。**X3**、**X4**、そして **X5** はゴールの周辺でボックスアウトして、ポジション取りを行っている。そして、ボールを獲得した瞬間から、速攻が開始されるのである。我々のチームでは、ゆっくりプレーすることなく、速攻で走ることを第1に考えている。すべての選手たちはそれぞれのコースに向かって、全力で走ってほしい。

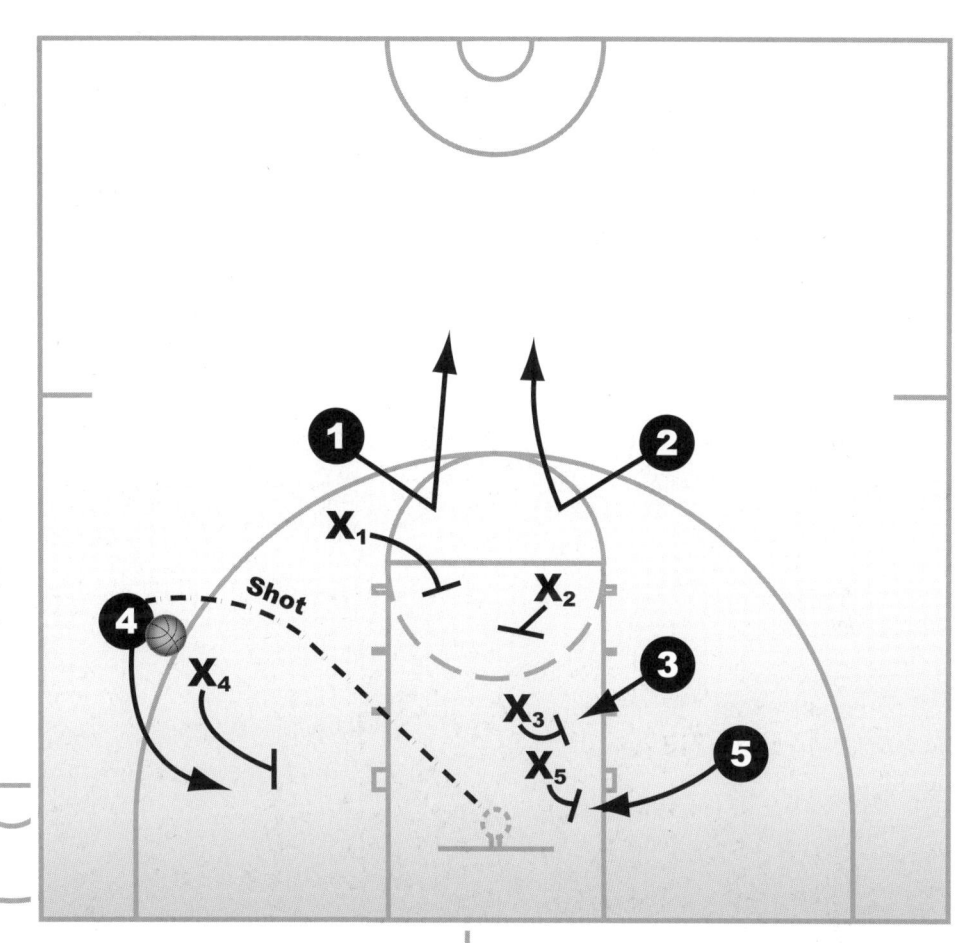

Gardner 1.0

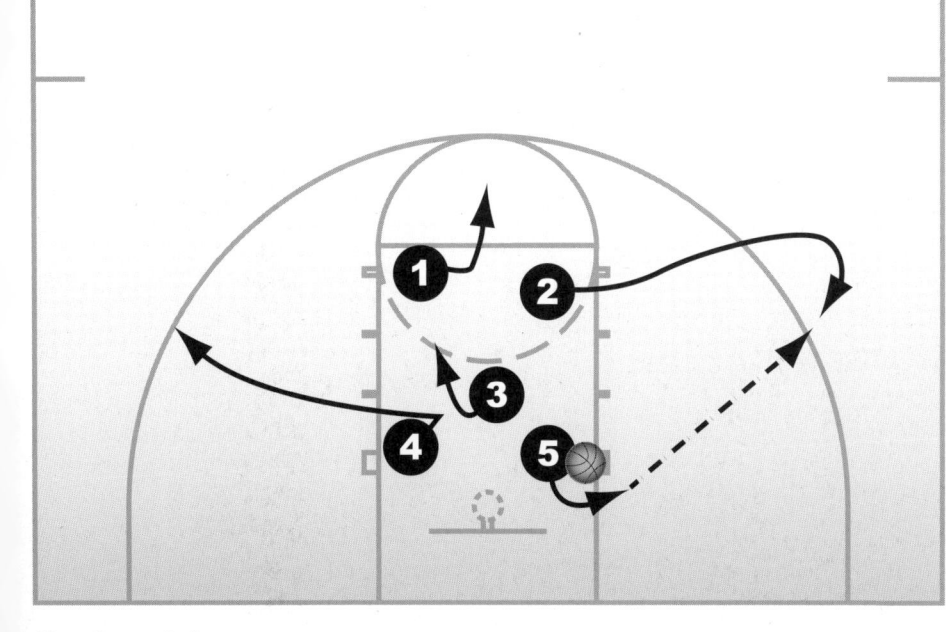

速攻における最も重要なパスは、最初のパスである。このパスは速く、そして正確に出されなければならない。ベースボールパス、またはフックパスを強調して指導すること。始まりが良ければ、終わりも良くなるものである。図1.1では、❺がリバウンドを取り、ゴール下でターンしながら❷へパスを出す瞬間が示されている。❷は右側のサイドラインに向かって走り、パスを受けようとしている。このとき❷は、必ずボールに向かってミートしなければならない。図1.2（**次頁**）では、❺が❶にパスを出している。このパスは❺にとって、第2のオプション

Gardner 1.1

81

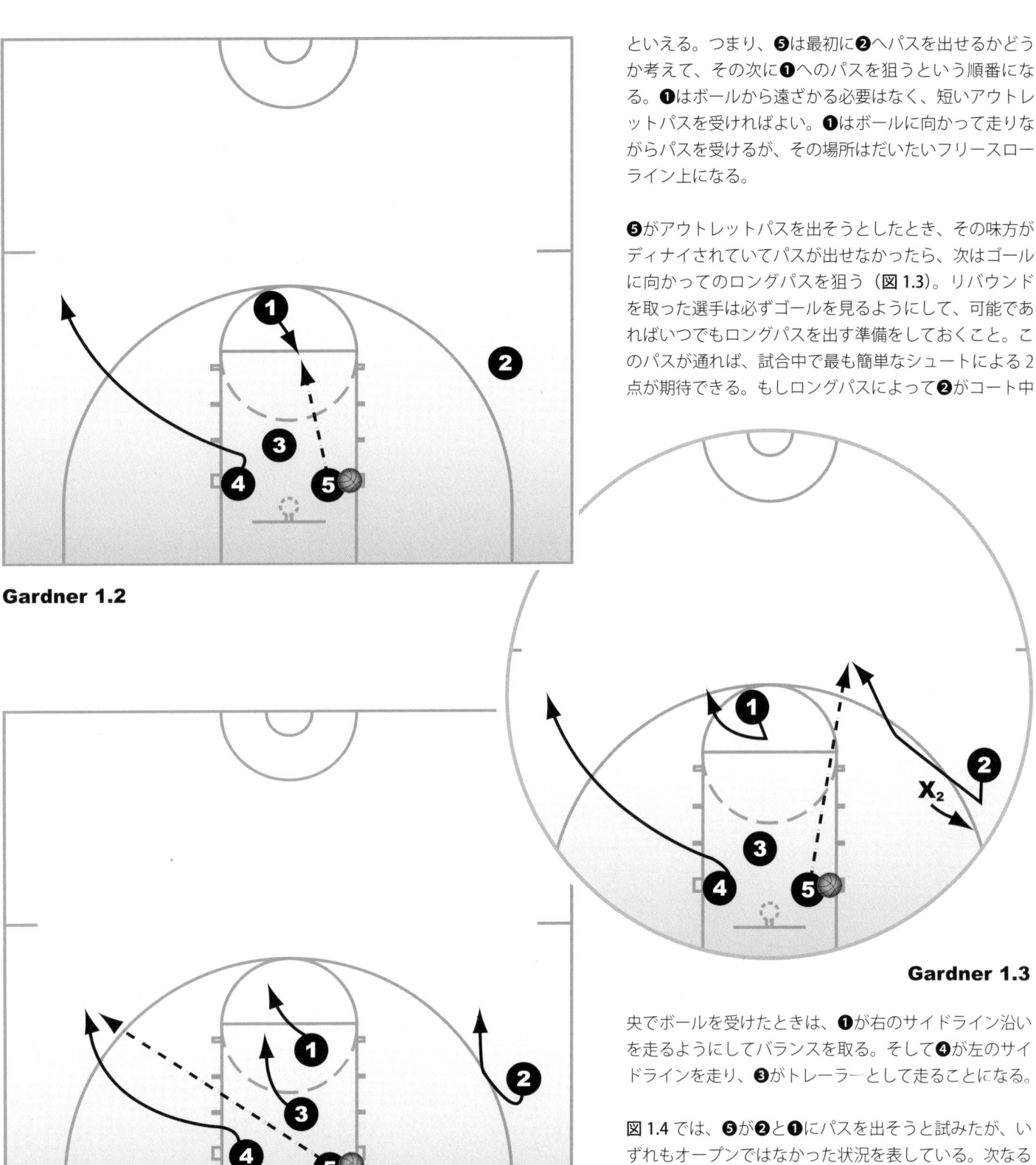

LESSONS FROM THIS LEGEND...

Gardner 1.2

といえる。つまり、❺は最初に❷へパスを出せるかどうか考えて、その次に❶へのパスを狙うという順番になる。❶はボールから遠ざかる必要はなく、短いアウトレットパスを受ければよい。❶はボールに向かって走りながらパスを受けるが、その場所はだいたいフリースローライン上になる。

❺がアウトレットパスを出そうとしたとき、その味方がディナイされていてパスが出せなかったら、次はゴールに向かってのロングパスを狙う（**図1.3**）。リバウンドを取った選手は必ずゴールを見るようにして、可能であればいつでもロングパスを出す準備をしておくこと。このパスが通れば、試合中で最も簡単なシュートによる2点が期待できる。もしロングパスによって❷がコート中

Gardner 1.3

央でボールを受けたときは、❶が右のサイドライン沿いを走るようにしてバランスを取る。そして❹が左のサイドラインを走り、❸がトレーラーとして走ることになる。

図1.4では、❺が❷と❶にパスを出そうと試みたが、いずれもオープンではなかった状況を表している。次なるオプションは左サイドを走る❹へのパスである。この長い横断パスは危険なパスであり、本来は狙うべきではないパスである。左サイドだけが大きく空いているときにだけ、このパスが許される。

Gardner 1.4

LESSONS FROM THIS LEGEND...

Gardner 1.5

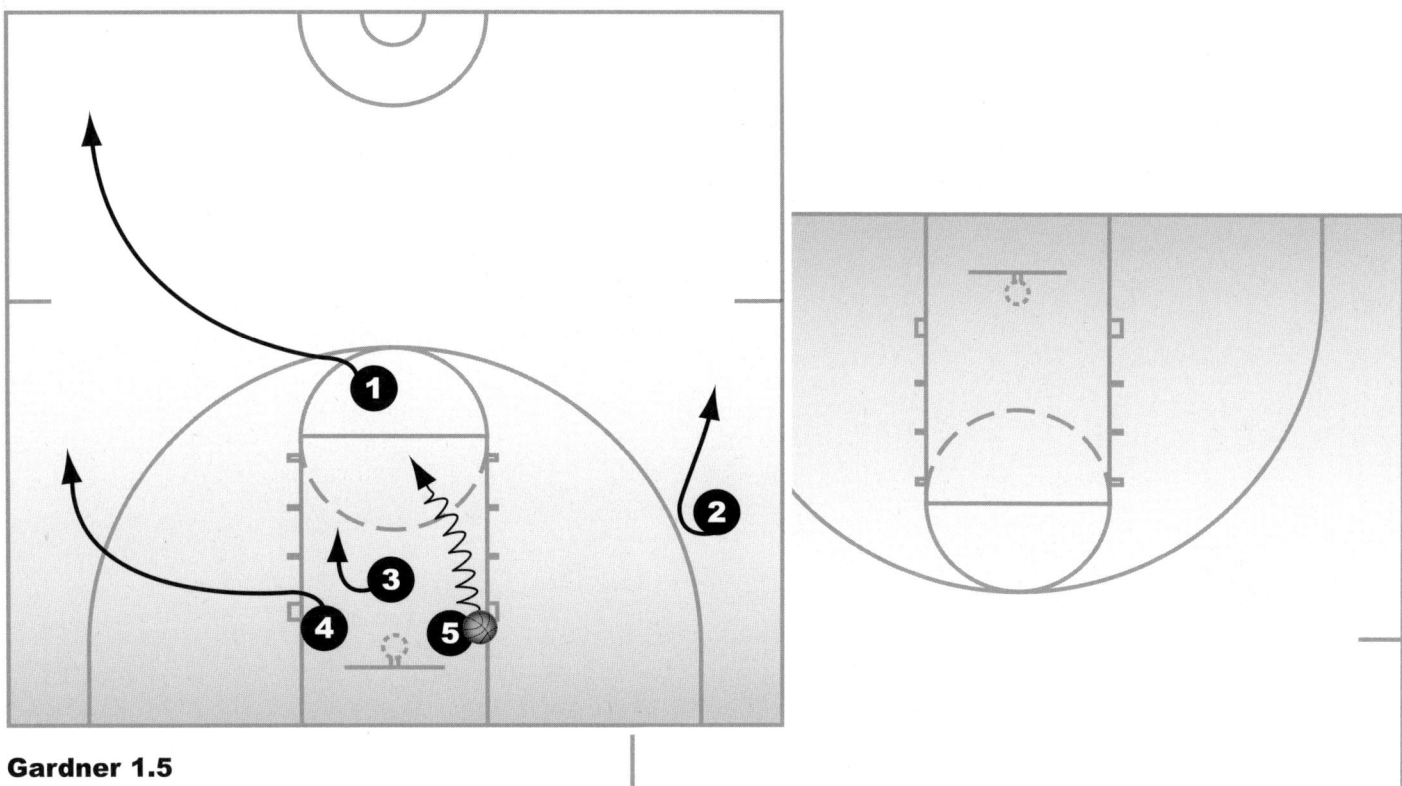

オープンの味方にパスを出すことが第1に狙うべきプレーである。なぜならば、パスを出すことが最も早く速攻を出すことにつながるからだ。しかし、もしパスを出すことが不可能な場合、リバウンドを取った❺が行うべき選択肢はドリブルで前進して速攻を開始させるプレーとなる。❺がドリブルを始めたら、それを見て確認した味方はそれぞれサイドラインを走るようにしてバランスを取る（図1.5参照）。自分がどのサイドを走ればよいのか、その判断をすばやく行うこと。一方のサイドに2人も3人も重なってしまうような状況は避ける。両サイドが埋められたら、残りの選手たちはトレーラーとして、またはセフティーとしてのコースを走る。

速攻が進められて、ボールがセンターラインあたりまで来る頃には、3線ができあがり、中央の選手がボールを持つようにしたい。図1.6に示されているように、❷がアウトレットパスを受けて、❶へパスを継続させる。❶は❹にパスを出すか、または❷へリターンパスを出すかを選択して、センターライン付近では再び❶がボールを保持するようにしてほしい。この状況が作られれば、❶は左右どちらのサイドにパスを出しても攻撃を仕掛ける体勢が整っていることになる。サイドの味方がオープンになったときにアシストパスが出せるように、❶は自らのスピードをコント

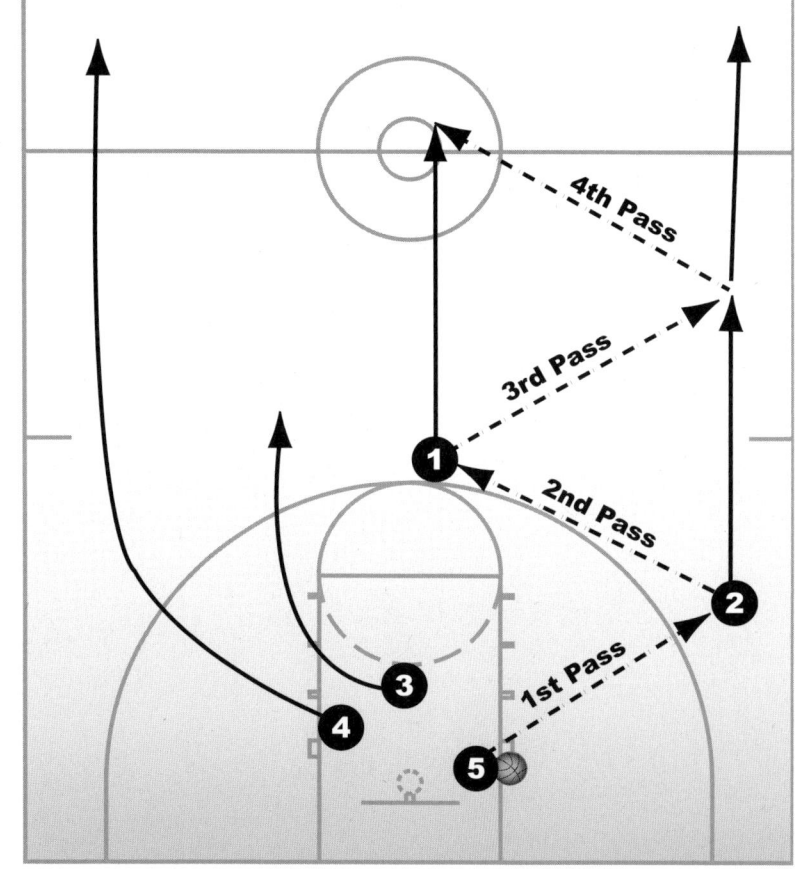

Gardner 1.6

LESSONS FROM THIS LEGEND...

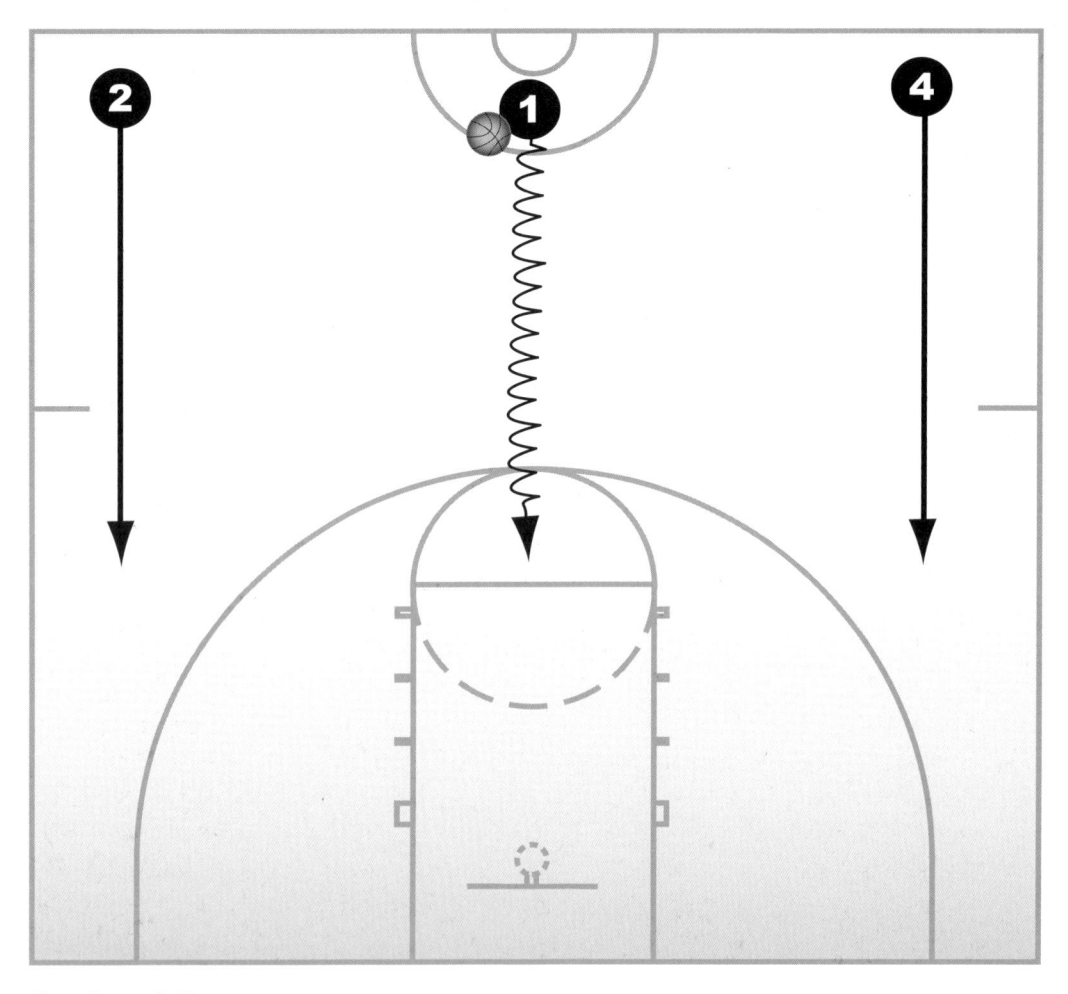

Gardner 1.7

ロールしなければならない。私は、速攻では選手たちが直線的に走ることが理想であり、クロスの動きをしたり、サイドを入れ替わったりする動きはなるべく行うべきではないと信じている。直線に走る速攻は最もスピードがある。速攻の目的はコートの終点で数的な有利、つまり2対1や3対2、4対3などの状況を作り出すことなのである。

スピードをコントロールすることは、速攻を成功させるために不可欠である。コントロールがなければ、その速攻は荒れたものになり、結果として雑なパスミスに終わることだろう。図1.7では、我々のチームが好んで行うプレーが示されている。中央の選手がドリブルで前進、フリースローラインあたりでストップする。同時に、サイドの2人はボールを先行するようにして走っている。ドリブラーの視野に、両サイドの2人が入っていることは、相手ディフェンスにプレッシャーを与える状況になる。サイドの選手は、フリースローラインの延長上まではサイドラインと平行に走り、そこからゴールに向かって斜めに走るようにする。ボールがフロントコートに入った瞬間、ドリブラーがどのようなプレーをするのかで速攻の成否が決まる。ドリブラーはフリースローラインで、完全にバランスを保った状態で止まることができなければならない。そして、どこにパスを出せば最も成功的なのかを判断する。コントロールと自信が必要になる。シュートに結びつけるパスは、速攻で2番目に重要なパスとなる。オフェンスすべてに共通していえることだが、ディフェンスを見ることで、どのようなプレーをすべきか知ることができる。ディフェンスの動きから、自分たちオフェンスが何をすべきかを読み取るのである。

SOURCE
出典

・ジャック・ガードナー（1961）、ジャック・ガードナーのバスケットボール優勝チーム、エングルウッド・クリフス、ニュージャージ、プレンティスホール社。

LESSONS FROM THIS LEGEND...
TIPS FOR ATTACKING THE PRESS
By Jack Gardner

良いパスを出す選手や、ゲームメイクができる選手が減ってきているため、以前にも増してプレス・ディフェンスが効果的な時代になった。ディフェンスにプレッシャーをかけられると、パスが苦手な選手はその弱点を露呈してしまう。そのため、ボールハンドリングの上達に多くの時間を費やして練習することになる。ボールハンドリングの能力がなければ、プレスによって打ち負かされてしまうからだ。

選手たちはプレス・ディフェンスの目的、その効果、その詳細について理解しなければならない。どのようなディフェンスにも必ず打破するための方法がある。その方法を理解して、繰り返しの練習を通じて良い習慣を身につけるのである。そして積極的な気持ちも身につけなければならない。プレス・ディフェンスを恐れれば、パニックを起こす原因となってしまい、それは致命傷といえる。

UCLAのコーチ、ジョン・ウッデンはプレス・ディフェンスの使用で最も成功を収めたコーチの1人である。彼は私に、副次的な効果こそがプレス・ディフェンスを行う真の理由であると話してくれたことがある。試合を通じて相手にプレッシャーをかけ続けることにより、相手チームの疲労は蓄積して、短時間にターンオーバーを連発する時間帯が訪れる。この瞬間が勝利を決定づける。UCLAの試合を見ていると、前半の終了間際か、後半の中盤に勝敗を分ける時間帯が訪れていたと感じる。

プレス・ディフェンスを攻撃するためには、できるだけ単純な攻撃法を準備することが必要だ。ここ数年のユタ大学では、マンツーマン・プレス・ディフェンスに対する攻撃法とゾーンプレスに対する攻撃法を、それぞれ1つだけ習得させていた。実際、シーズン中には様々なコンビネーション・ディフェンスと対戦することになるが、どのような種類のディフェンスに対しても基本のプレス攻撃に柔軟性を持たせることで対応ができる。我々のチームでは、ゾーンプレスに対する攻撃法が最も効果的で、好んでいる攻撃法である。シーズン中、プレスのゾーン・ディフェンスと対戦することは多いが、それに対する攻撃はよく成功している。これはシンプルな攻撃であり、あまり多くの時間を必要としない。それぞれのディフェンスに対して、どのようなオフェンスをするべきなのか、分解的に練習するのである。

プレシーズン期の2週間では、プレス攻撃法の概要を理解させるためのドリルを行う。我々のチームでは、シーズンを通じて様々なタイプのプレス・ディフェンスに対する攻撃法の練習を行っている。それらは、練習計画を立案する上で最も大切な項目である。選手たちが自信を持てば、相手チームのプレス・ディフェンスに対して落ち着いて、パニックを起こすことなく攻撃することができるだろう。ドリブルの最も得意な選手にボールを持たせて、彼にずっとドリブルを続けさせるような日もある。また、プレス・ディフェンスを仕掛けられる位置も、ベースラインからや、センターラインからなど、様々な位置が考えられるので、それぞれに対する練習も必要となる。ディフェンスの第1線は、いつどこからでもプレス・ディフェンスを仕掛けても良いことにして、日頃の練習から突然プレス・ディフェンスを仕掛けられた状況の準備をしておくのである。

チームには基本となるプレス攻撃のパターンを教えるが、選手の能力に応じて柔軟性を持たせて、フリーランスな部分を許すことも大切である。プレス・ディフェンスとは種類によって、その長所や短所が千差万別であり、自分たちのオフェンスが常に先手を取りたいと考える。そのため、選手個々の能力を大切にしてプレーしてほしいのである。平静さと単純さ、この2つが成功へのカギである。

以下にプレス攻撃に関する心得を記す。

1. すばやくボールを進めろ。相手ディフェンスに体制を整えさせる時間を与えるな。
2. 適切なフロアのスペーシングを保て。
3. ボールをディフェンスに近づけるな。ボールがディフェンスに近づけば、トラップされる危険がある。
4. すばやく、しかし、あわてるな。
5. 安全なパスコースを作るために、フェイクを使用せよ。
6. ボールを持たない選手が動け。
7. すべてのパスにミートしろ。
8. いつでもバランスを保ち、自分の身体をコントロールしろ。
9. トラップされる前に、オープンの味方にパスを出せ。
10. オープンの味方を探せ。プレス攻撃の最大の目的は、安全にボールを運ぶことである。
11. パスしたらボールに寄らずに走れ。
12. バックドアカットを狙え。ディフェンスがオーバープレーをしてきたなら、バックドアのチャンスである。
13. ウィークサイドの動きを使用せよ。ウィークサイドにいる選手が動くことで、簡単にボールをゴール下まで進めることが可能になる。
14. マンツーマンプレスに対しては、ドリブルがうまい選手に1人でドリブルさせろ。
15. ゾーンプレスに対しては、ドリブルよりもパスで攻めろ。ゾーンプレスはドリブルを食べようと待ち構えているのである。
16. プレスを破ったら、そのままシュートまで持ち込むつもりで前進せよ。
17. そのままシュートまで行けなければ、す

LESSONS FROM THIS LEGEND...

ばやくハーフコートオフェンスの準備に切り替えろ。

18. 絶対にパニックになるな！冷静な頭で、熱い試合をしよう。

SOURCE
出典
・ジャック・ガードナー（1971）、プレスをどのように攻略するか、NABC・コーチ・クリニック・プログラム。

LEGACY OF
Alexander "Alex" Hannum

- 選手個人の才能を混ぜ合わせて、チームプレーを身上とするチームを作り上げた。

- 低迷するチームを率いて、優勝チームに育てる指導力は傑出していた。

- 彼が持つベンチでの雰囲気、それは厳しく、緊張感があり、集中している状態だったが、チーム全体に好影響を及ぼすものだった。

- NBAとABAの両方で優勝経験のある最初のコーチである。

- 1967年の76ersはレギュラーシーズンで68勝を記録して、NBA創設から35年間で選ぶ、最強のチームに選出された。

- 1964年にNBAコーチ・オブ・ザ・イヤー、そして1969年にABAコーチ・オブ・ザ・イヤーを受賞している。

- 後にネイスミス・バスケットボール殿堂入りを果たす選手を13人指導している。

LESSONS FROM THIS LEGEND...

DOUBLE-SCREEN OFFENSE
By Alex Hannum

私はUSCにて殿堂入りコーチ、サム・バリーのもとでプレーした。そこで教わったことを生かして、ダブルスクリーン、トリプル・スクリーンを取り入れたオフェンスを指導している。私はそれぞれのオフェンスに「ロール」シリーズと「B」シリーズという名前をつけた。どちらもマンツーマン・ディフェンスに対して非常に効果的な攻撃法であり、確率の高いシュートチャンスを作り出すことができる。

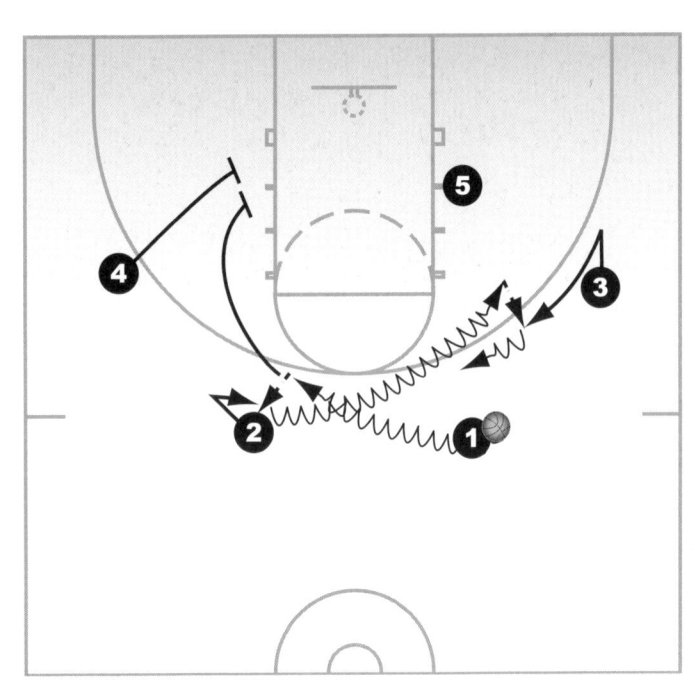

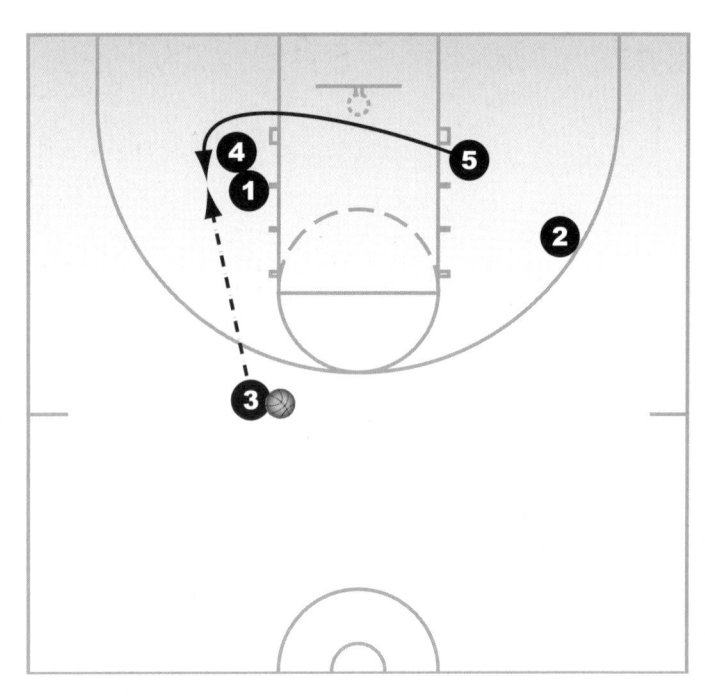

Hannum 1.0

Hannum 1.1

"ROLL-EM" SERIES
「ロール」シリーズ

1. DOUBLE SCREEN
1. ダブルスクリーン

図1.0に示されているように、❶は左にドリブルで進み、❷に手渡しパスを出す。❶はパスを出した後に、左サイドで❹と共にダブルスクリーンをセットする。❷はドリブルで右サイドに進んで❸に手渡しパスを出す。パスを受けた❸は左サイドにドリブルで進み、「ドリブルロール」を連続させている。

❶と❹のダブルスクリーンがセットされたら、❺はゆっくりと右サイドから動き出す。そして、スクリーンを利用して❸からパスを受ける。❺はスクリーンを利用してジャンプシュートしてもよいし、ドライブしてシュートしてもよい。またはウィークサイドにいる❷へパスを出したり、❸にパスを返したりすることもできる（図1.1）。

LESSONS FROM THIS LEGEND...

2. TRIPLE SCREEN
2．トリプル・スクリーン

❸がスクリーンを利用する❺にパスが出せなければ、ウィークサイドにいる❷にパスを出す。パスを出した後、❸は3人のスクリーンを利用して、右サイドのポストにポジションを取る（図1.2）。

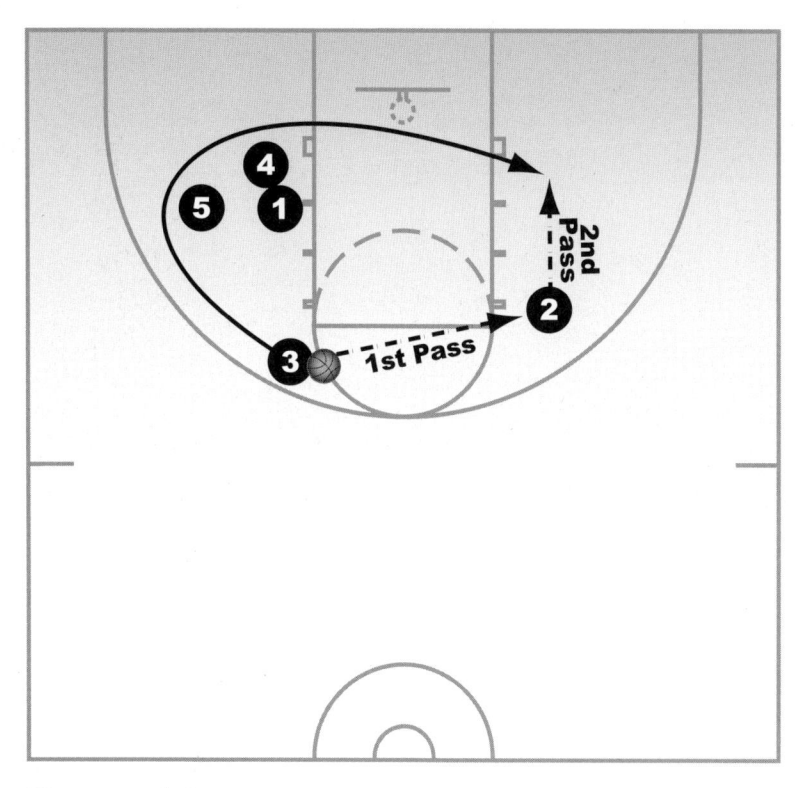

Hannum 1.2

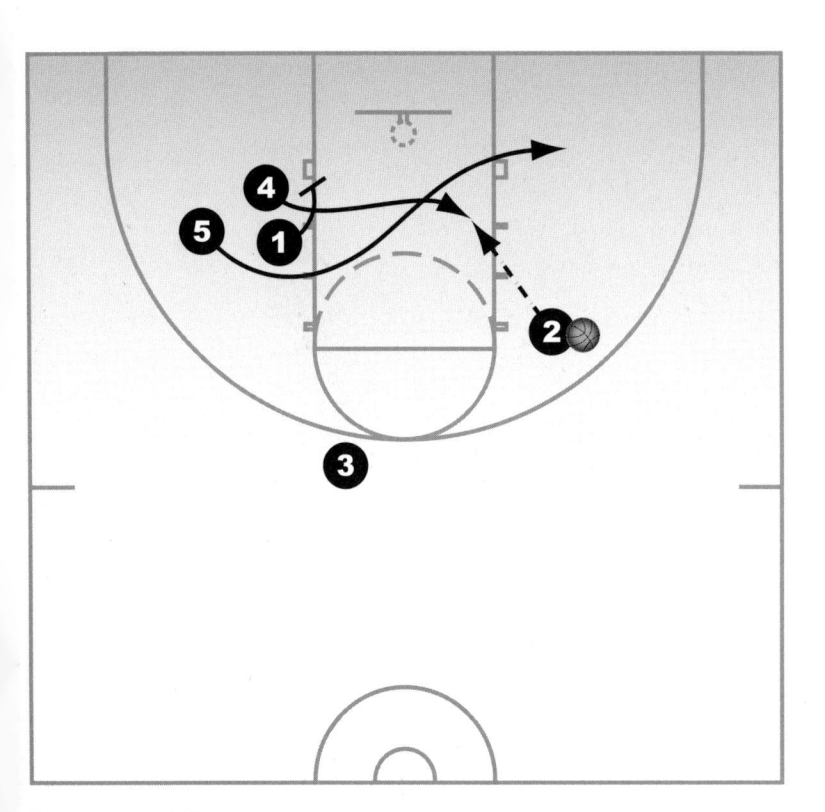

もう1つの方法として、❸が❷にパスを出した後、❸は動かないという選択肢もあり得る。かわりに、❺が❶と❹のスクリーンを利用してペイントエリアを横切るカットを行うのである。❺が動き出したら、❹が❶のスクリーンを利用して走ると、ペイントエリアの中でパスをもらえるかもしれない（図1.3）。

Hannum 1.3

LESSONS FROM THIS LEGEND...

"B" SERIES
「B」シリーズ

1. DOUBLE SCREEN
1．ダブルスクリーン

❶はドリブルをして、ロールの動きを開始する。❶は❷に手渡しパスを出した後、左サイドで❺と共にダブルスクリーンをセットする。❷はドリブルして❸に手渡しパスを出した後、コーナーまで走る。❹はダブルスクリーンを利用してカット、❸からのパスを受けようとする（図1.4）。

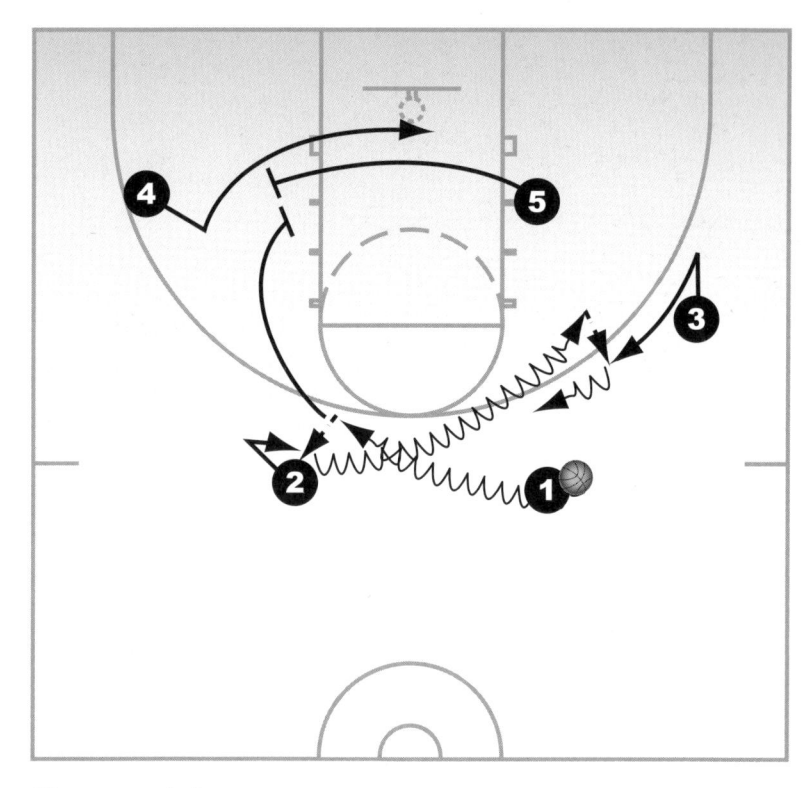

Hannum 1.4

2. REVERSE AROUND DOUBLE SCREEN
2．リバース・アラウンド・ダブルスクリーン

ダブルスクリーンを使った❹が、❸からのパスを受けられなかった場合、❹は逆方向に走って、再びダブルスクリーンを使うこともできる。そして❸は、逆方向にダブルスクリーンを利用した❹にパスを出す（図1.5）。

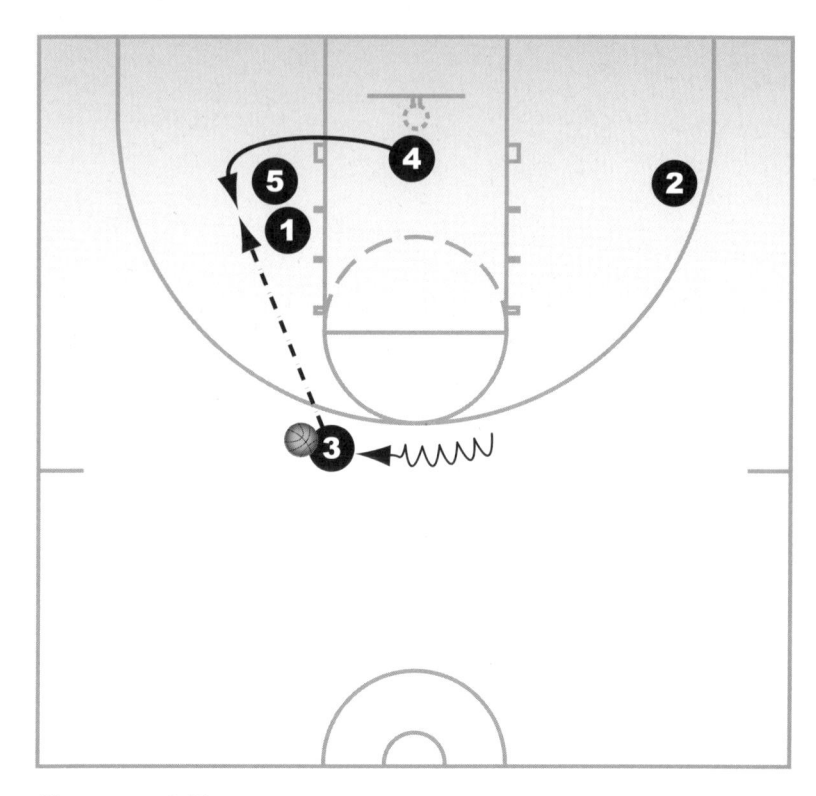

Hannum 1.5

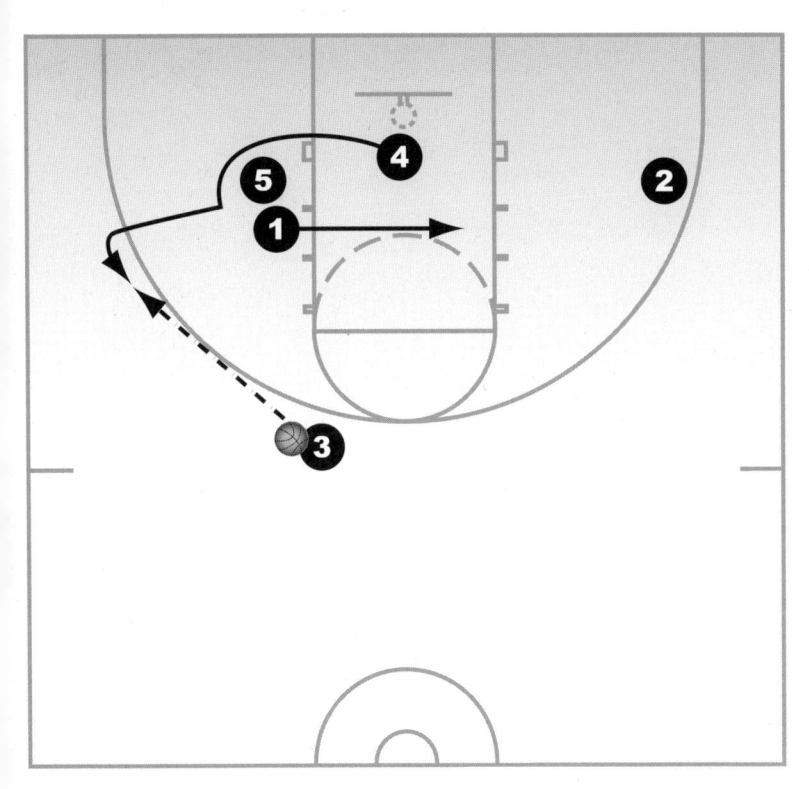

LESSONS FROM THIS LEGEND...

Hannum 1.6

3. FADE AND PASS TO PIVOT
3.「フェイド」とポストへのパス

ダブルスクリーンを逆方向に使った❹が、なおも❸からのパスを受けられなかった場合、図1.6に示されているような「フェイド」の動きをすべきだ。「フェイド」の動きの目的は、ゴールから遠ざかるようにして、ウイングでパスを受けることである。ウイングでパスを受けた❹は、インサイドにいる❺へのパスを狙う。たいていの場合、このパスは簡単に成功するはずだ。というのも、❺はスクリーンの役割をしていたので、❺をマークするディフェンスは、❺を守るというよりはむしろリラックスしていることが多いからである。

4. PIVOT PLAY
4. ピボット・プレー

❶はダブルスクリーンから離れるように動き、❺がポストでパスを受けるために必要なスペースを作り出す。多くの場合、❺をマークするディフェンスは、パスコースに入ることができないので、ポストへのパスは比較的簡単に通るはずだ。

SOURCE
出典
・クリア・ビー（1963年）、ウィニング・バスケットボール・プレー、ニューヨーク、ロナルド・プレス。

Hannum 1.7

91

LEGACY OF
Marv Harshman

- パシフィック・ルサラン大学、ワシントン州立大学、ワシントン大学で通算642勝をあげた。

- 1984年にNCAAディビジョンIのコーチ・オブ・ザ・イヤーを受賞した。

- 教師として、哲学者として、また戦術家として尊敬される人物である。

- バスケットボールのプログラムに、尊厳、誠実さ、一流としての心構えなどを反映させた。

- アメリカ北西地域で、マッチアップゾーンを普及させた第一人者である。

- 考案した「ハイロー・システム」を用いた指導をした、オフェンス戦術の天才。

- 1959年、パシフィック・ルサラン大学をNAIA決勝戦へ導いた。

- アメリカ代表オリンピック委員を1975年から1981年まで務めた。

LESSONS FROM THIS LEGEND...

HIGH-LOW POST OFFENSE
By Marv Harshman

著者注釈

このオフェンスはコーチ・ハーシュマンが1947年、パシフィック・ルセラン大学を指導していたときに考案したものである。そして2003年、右記の「イントロダクション」を記述した。

Introduction
イントロダクション

このオフェンスは、私がパシフィック・ルセラン大学を指導していたときに考案したものである。当時私のチームには、運動能力に長けた選手がほとんどいなかった。そのチームには、シンプルであり、選手に役割を与えて、相手のプレッシャーに対してカウンターの動きができるオフェンス・システムが不可欠であった。私はこれから紹介するような選手の配置により、動きの中で2対1の状況を作り出すようなオフェンスを指導したのだ。

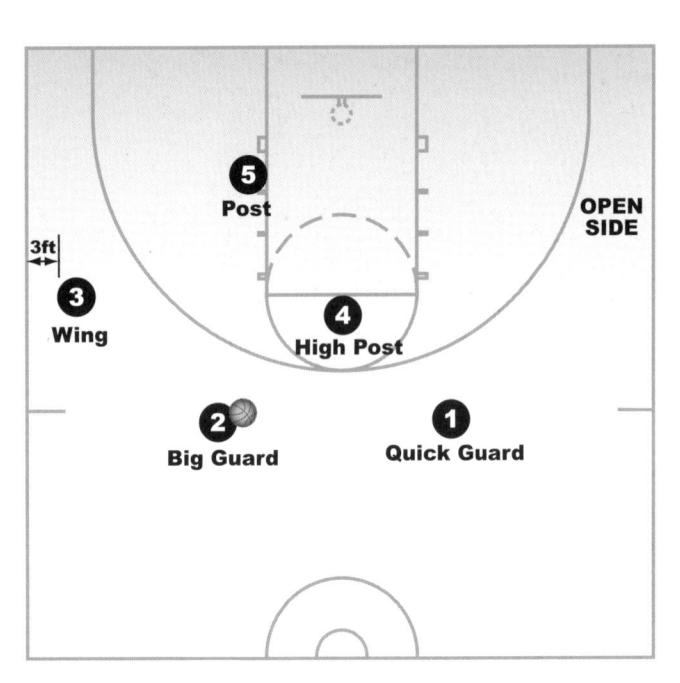

Harshman 1.0

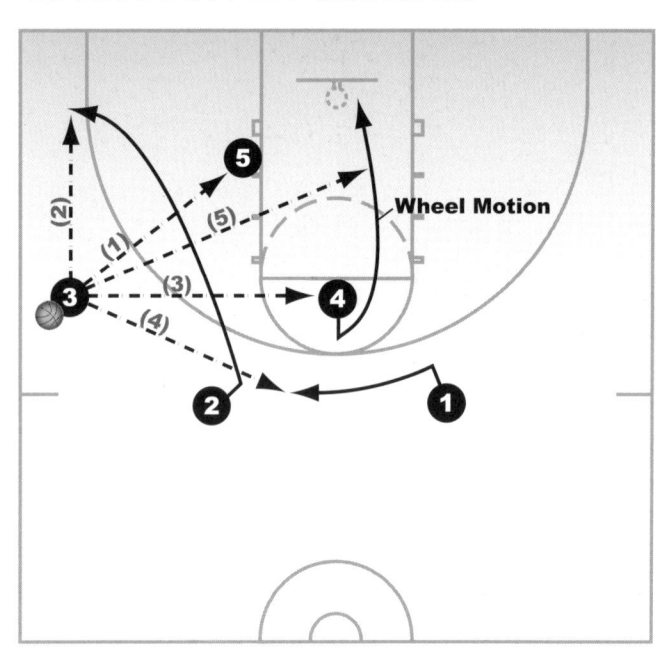

Harshman 1.1

Basic Set
基本のセット

図1.0に示されているのが基本のセットである。それぞれのプレーの選択肢は下記の通りになる。

1. ❷から❸へ、ウイングへのパスエントリー。
2. ❷から❹へ、ハイポストへのパスエントリー。
3. ❷からウイングの❸へパス、そしてポストの❺へパス。
4. ❸から❶への横断パス。クイックガード（❶）にボールを展開して、ベースライン方向へドライブするプレー。

Wing Entry
ウイングエントリー

❸は❷からパスを受けたら、下記の選択肢を考える（図1.1参照）。

1. インサイドの❺へパス。
2. コーナーにカットしてきた❷へパス。
3. ハイポストの❹へパス。
4. トップの❶へパス。
5. 「ホイールムーブ」をする❹へパス。「ホイールムーブ」とは、❹がディフェンスにオーバープレーされたときに使用する動きである。

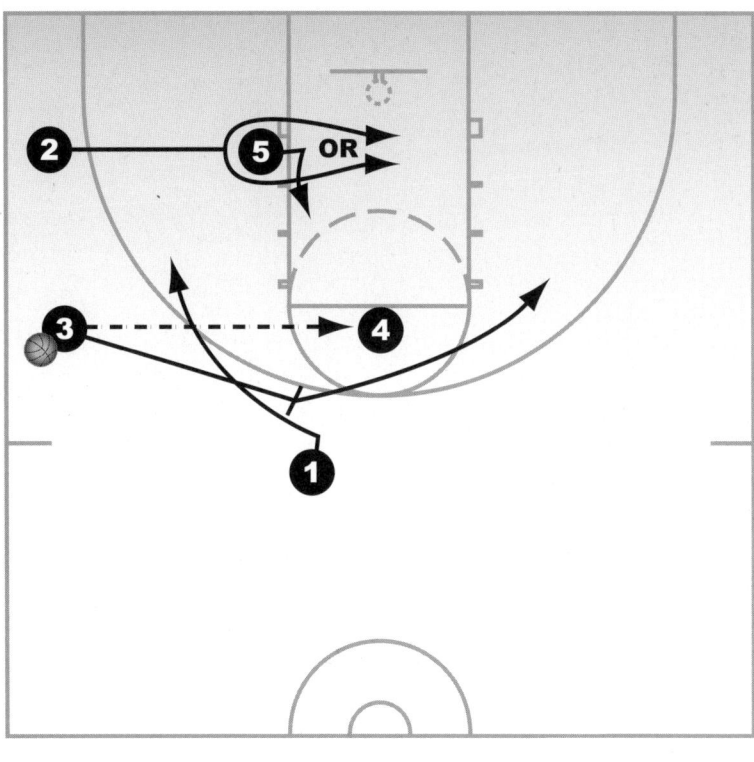

LESSONS FROM THIS LEGEND...

Harshman 1.2

WING TO HIGH POST OPTION
ウイングからハイポストへのオプション

④は❸からパスを受けたら、ゴール方向に振り向き、下記の選択肢を考える（**図1.2参照**）。

1. ❷は❺をスクリーンとして利用して、ベースラインでのシャッフルカットを行う。その❷へパスを出すか、スクリーン後に「ダック・イン」してポストアップする❺へパスを出す。
2. ❸のスクリーンを使って、ゴールへカットする❶にパスを出す。
3. ❶へのスクリーンをセットした後、❸はスペースのある逆サイドにスリップする。そこへパスを出して、可能であれば❸はシュートを狙う。

COUNTERS
カウンター

ディフェンスが何かを仕掛けてきたことに気がついたら、オフェンスはその逆をつくべきである。ディフェンスを読み、動くことができれば、それがカウンターの攻撃になる。カウンターの例としては、❷が行う「セカンドサイド」のカットである。これはハイポストにパスを出して、「スプリット・ザ・ポスト」の動きに対してディフェンスがスイッチしてきたときに使用するカウンター攻撃だ。

重要になる動きは「セカンド・ガード・アラウンド」であり、ディフェンスがスイッチしようとする逆に動くプレーである（**図1.3参照**）。

もう1つ重要なことは、どのオフェンスにも共通して言えることだが、スペーシング、タイミング、リバウンド、そしてフロアバランスなどの要素である。これらのことは選手の才能に応じて、練習の積み重ねによって習得することが必要だ。重要なことは「ディフェンスが何をすべきか教えてくれる」という考え方である。

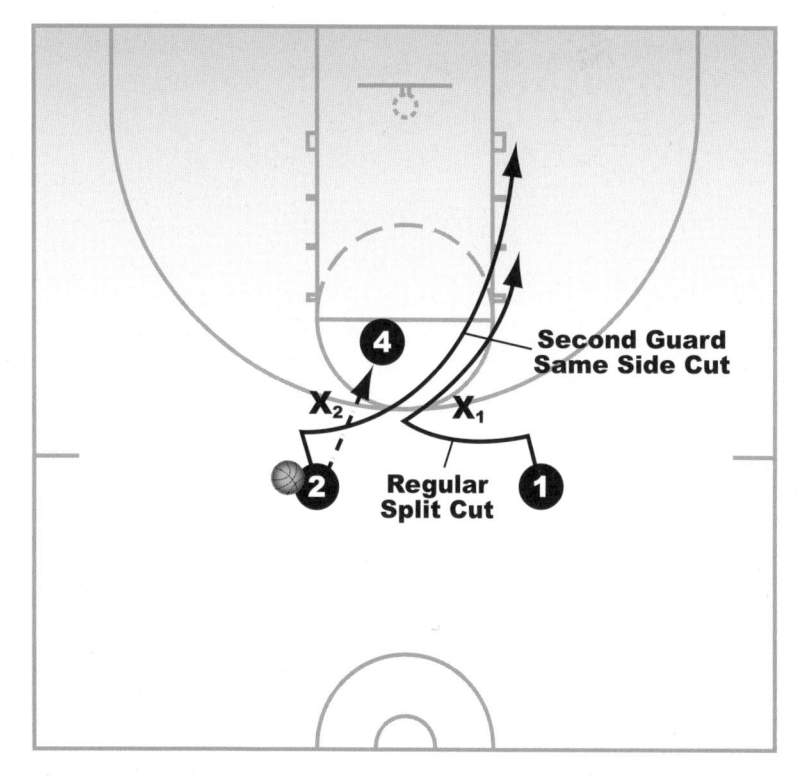

Harshman 1.3

95

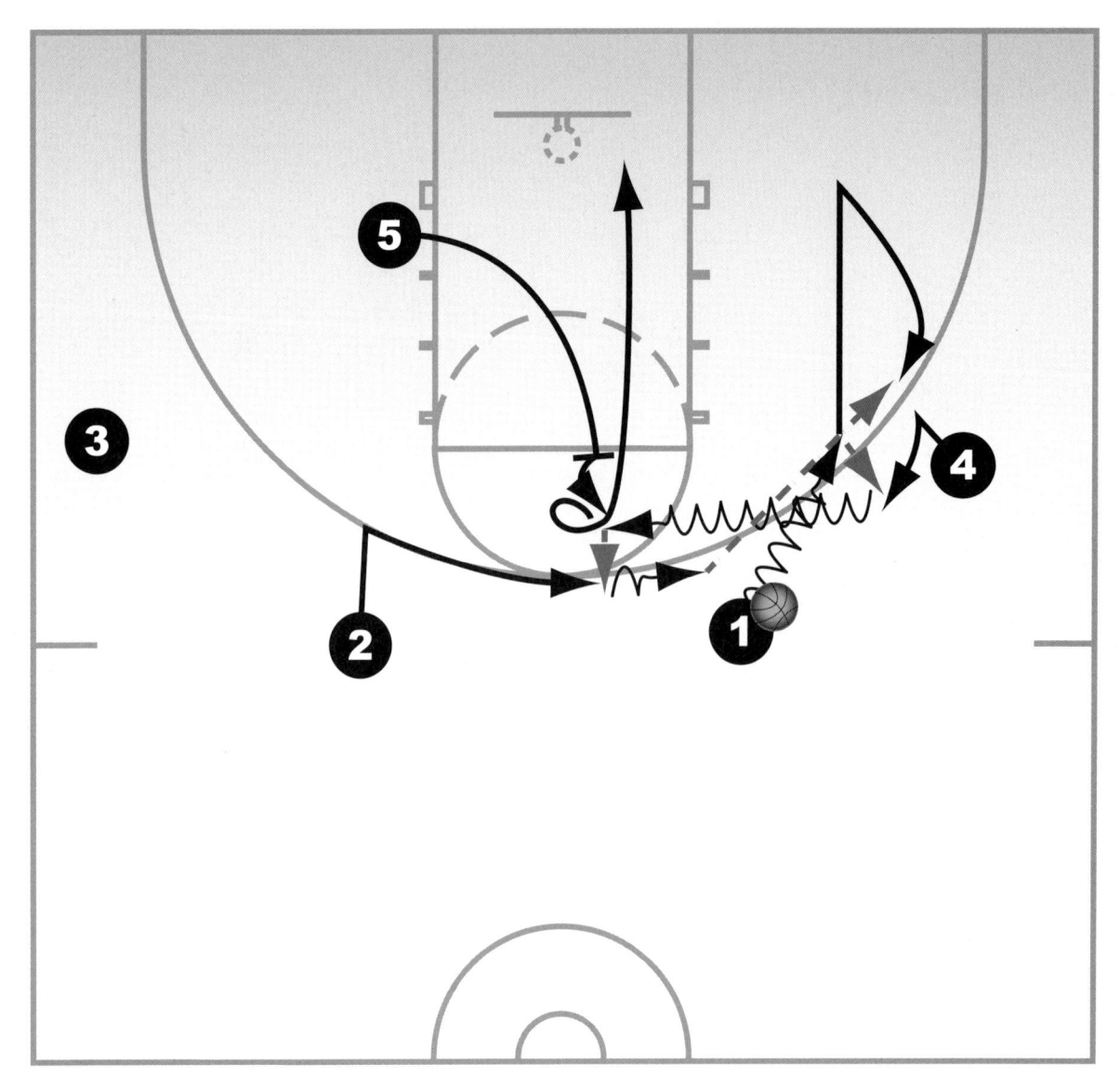

LESSONS FROM THIS LEGEND...

Harshman 1.4

HIGH POST TO OFF WING OPTION
ハイポストからウイングへのオプション
ハイポストからウイングへ展開させる連続的なプレーは下記の通りである（図1.4参照）。
1. ❶がドリブルでペネトレイトして、❹に手渡しパスを出す。そしてベースラインに向かって走る。
2. ❹がミドルに向かってドリブルして、❷に手渡しパスを出す。
3. ❺はローポストから動いて、❹にバックスクリーンをセットする。
4. ❶はウイングに動いて、❷からのパスを受ける。
5. ❹はリバースターンのピボットを踏み、❺のスクリーンを利用する。
6. ❹はゴールに走っているので、そこへのパスを❶は狙う。

LESSONS FROM THIS LEGEND...

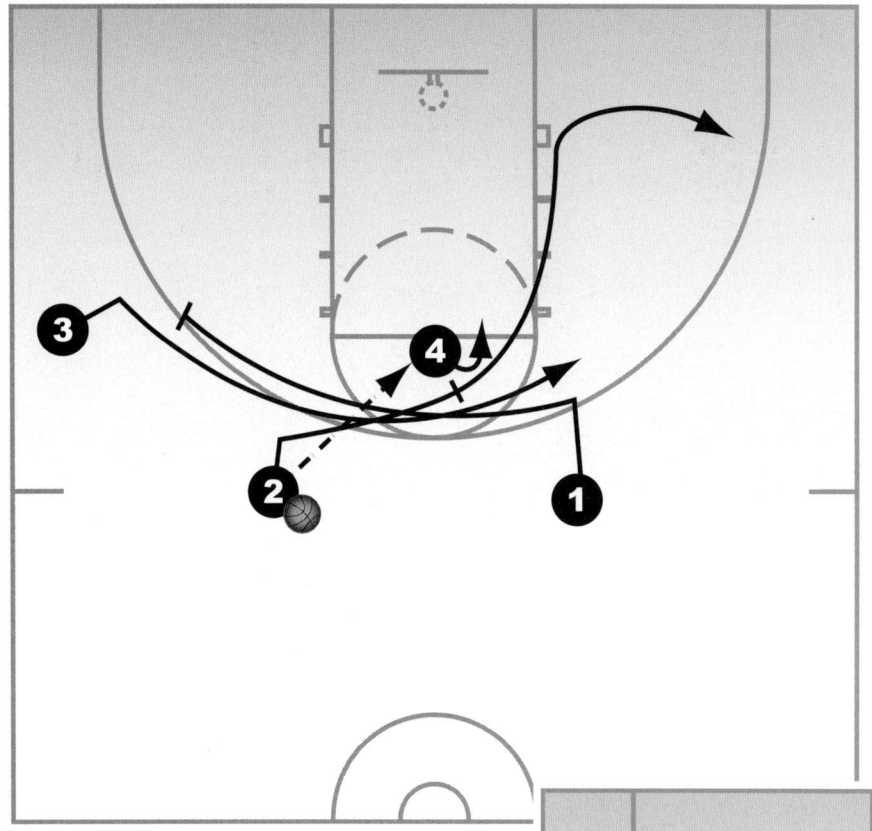

HIGH POST SPLIT
ハイポスト・スプリット

ハイポスト・スプリットの連続的な動きは、下記の通りである（図1.5参照）。

1. ❷はハイポストの❹にパスを出す。
2. パスを受けた❹は、ピボットを踏みゴールを見る。
3. ❷が第1のカットをする。そしてスペースの広いサイドへ向かう。
4. ❶はバックドアカットのフェイクをしてからハイポスト（❹）に向かってカットする。これら❷と❶の動きが「スプリット・カット」である。
5. ❶は❹からパスを受けられなかったら、そのまま動いて❸にスクリーンをセットする。❸はスクリーンを利用してハイポストに動き、可能ならばパスを受けてシュートする。
6. オープンサイドの❸にパスを出した後、❹は❺にダウンスクリーンをセットする。スクリーン後はロールして、パスをもらおうとする（図1.6参照）。

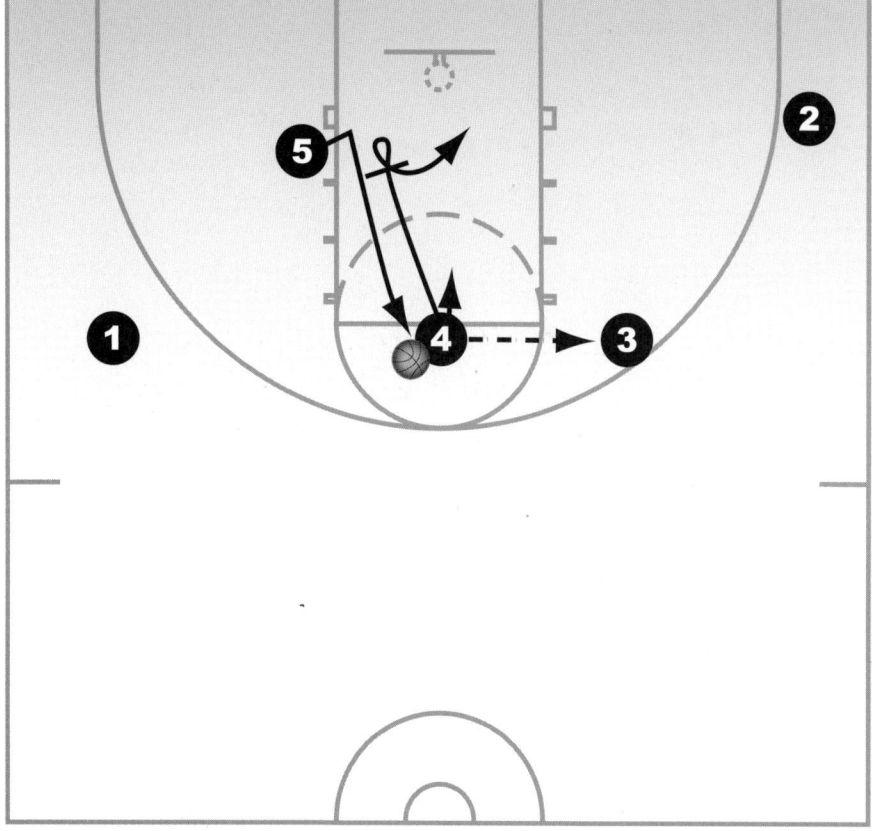

Harshman 1.5

Harshman 1.6

LESSONS FROM THIS LEGEND...

WEAKSIDE ENTRY TO HIGH POST
ウィークサイドからハイポストへのエントリー
図1.7に示されているように、ウィークサイドのガード❶からハイポストの❹へパスを出した後のプレーは、下記の通りである。

1. ❶はバックドアカットをして、リターンパスをもらおうとする。
2. ❶はパスが受けられなければ、そのまま走って❺へクロスコートスクリーンをセットする。
3. ❺はペイントエリアを横切ってスクリーンを利用、❹からのパスを受けようとする。
4. ❸は❶にダウンスクリーンをセットする。
5. ❶はウイングに走り、❹からのパスを受けようとする。
6. ❸はダウンスクリーンの後、「ダック・イン」してゴール下で❹からのパスを受ける準備をする。

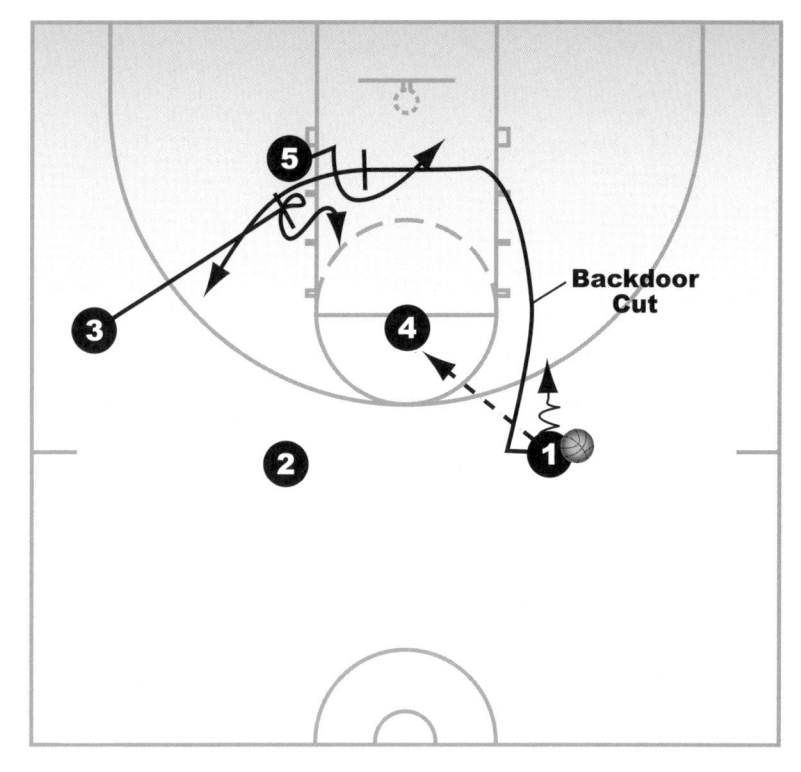

Harshman 1.7

OVER PLAY
オーバープレー
❸がディナイされてウイングにパスが出せないとき、可能となるプレーは下記の通りである（図1.8参照）。

1. ❺がハイポストのエルボーに向かって走る。
2. ❷は❺へパスを出して、❶へアウェイスクリーンをセットする。
3. ❸はバックドアカットをして、❺からのパスをもらおうとする。
4. ❶は❷と❹、2人のスタッガード・スクリーンを利用して動く。
5. ❸が❹と❷、2人のダブルスクリーンを利用して動く。

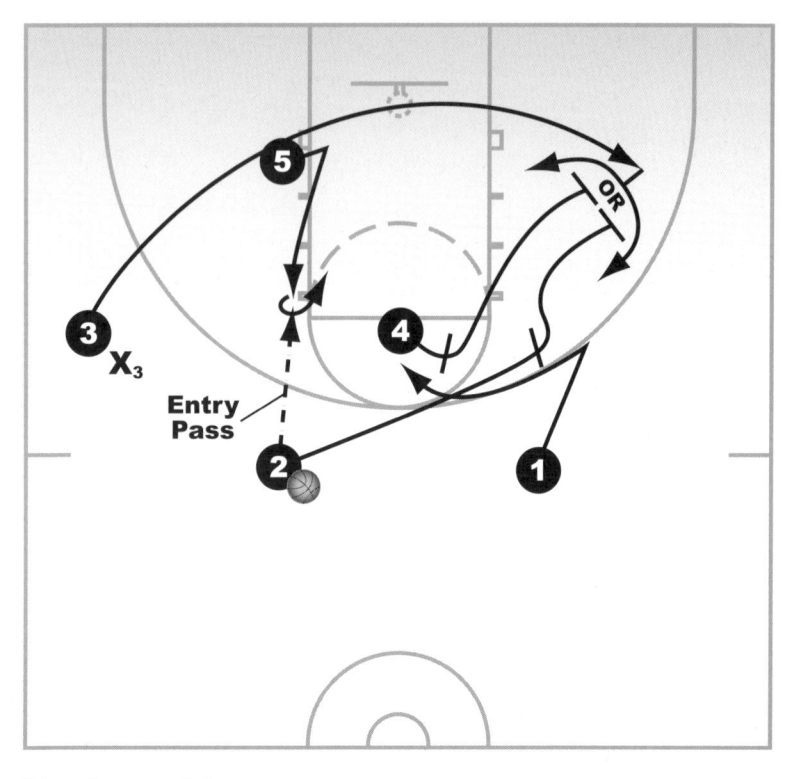

Harshman 1.8

LESSONS FROM THIS LEGEND...

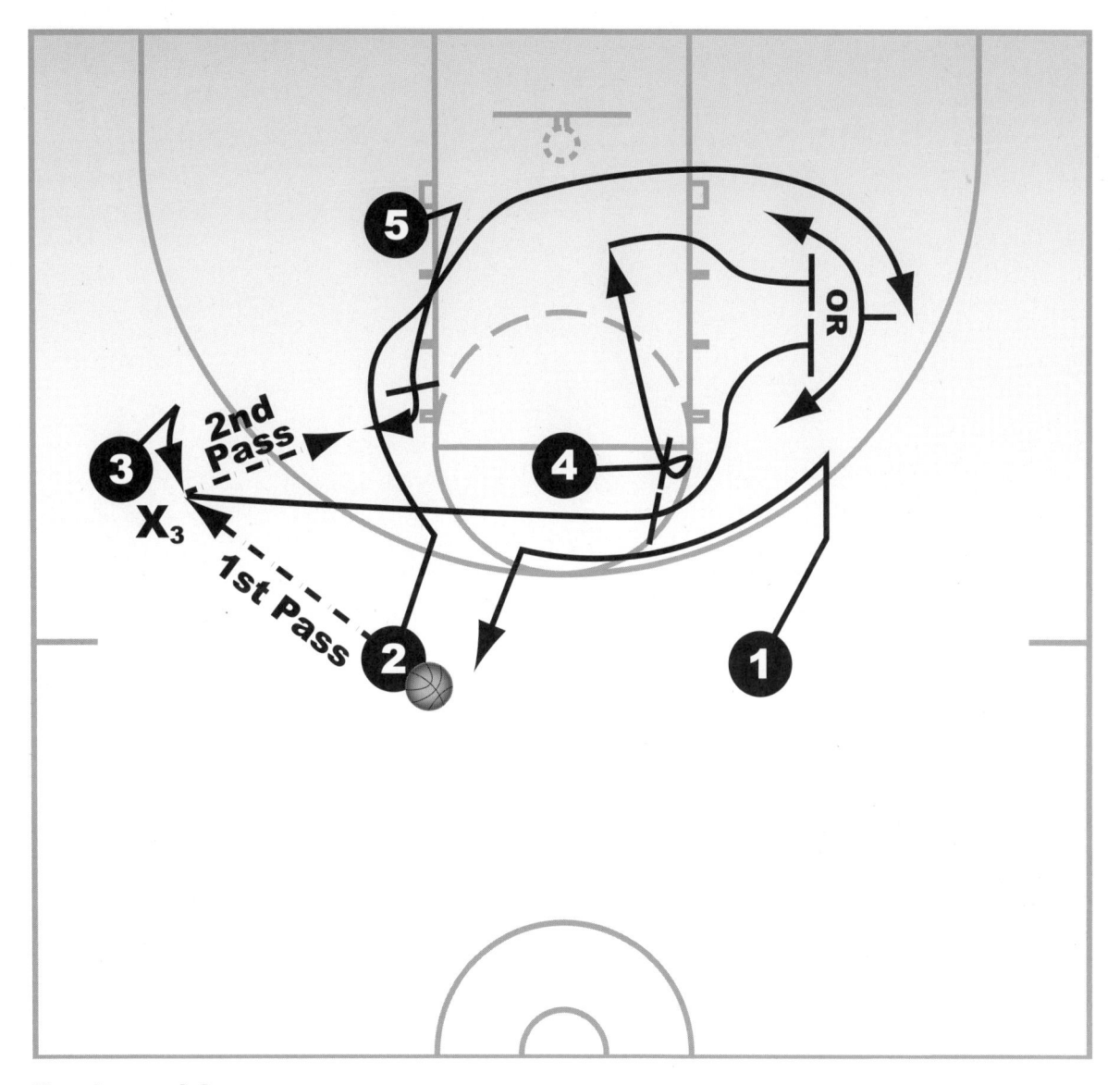

Harshman 1.9

GO-BALLSIDE SHUFFLE CUT
ゴー・ボールサイド・シャッフルカット

❷からウイングへパスをした後、自分のディフェンスが激しくマッチアップしてきた場合、次のような動きをするとよい（**図1.9**）。

1. ❷は❺のスクリーンを利用してシャッフルカットをする。そして❸からのパスを受けようとする。
2. 走る❷はブロックのところで立ち止まり、ポストアップしてパスを受けようとする。それからオープンサイドにカットを続ける。
3. ❸はハイポストの❺にパスを出す。同時に、反対のオープンサイドでは、❷へダブルスクリーンがセットされている。
4. ❸はコートを横切って走り、❹と共に、❷へのダブルスクリーンをセットする。
5. ❷はスクリーンを使って、ハイカット、ローカットのいずれを行ってもよい。
6. その他の動きとして❹は必ず「ディフェンスを読む」こと。ダブルスクリーンに対して、もし自分のマークマンが早めにカバーに動き出したら、❹は「スリップ」してゴール下でパスを受けることができる。そして簡単なシュートになるはずだ。

SOURCE
出典

・マーブ・ハーシュマン、ジェリー・クラウスによるインタビュー、2003年6月。

LEGACY OF
Edgar "Eddie" Hickey

- 優れたパスとボールハンドリングを武器にした3線速攻を主に指導した。

- セントルイス大学を1948年のNIT優勝に導いた。

- 評判を得ようとせず、自らに厳しく仕事に取り組む姿勢から「リトル・ジェネラル」という愛称で親しまれた。

- 3つの異なるチームをNCAAトーナメント出場に導いた初のコーチである。

- マッチアップゾーンを最初に考案したコーチの1人。

- 1959年、全米コーチ・オブ・ザ・イヤーを受賞。

- 組織を組み立てて、細部に気を配る指導法で知られる。

LESSONS FROM THIS LEGEND...

THE THREE-LANE FAST BREAK
By Eddie Hickey

セントルイス大学の速攻は、2つの場面に大別できる。速攻の始まり（バックコート）とスコアリングエリア（フロントコート）である。

KEY POINTS IN THE INITIAL STAGE
速攻の始まりにおける注意点

1. 速攻は以下の局面から開始することができる：ディフェンス・リバウンド、インターセプト、ルーズボール獲得、アウト・オブ・バウンズのプレー、ジャンプボール、そして相手チームのシュートが成功した後。
2. 速攻を行うのに最も適した場面は、ディフェンス・リバウンドを獲得した後である。リバウンドから速攻を出す動きの原則は、他の局面にも応用することができる。速攻法は基本的にフリーランスの攻撃であるが、動きのパターンは練習によって身につけなければならない（詳細は後述する）。
3. ボールの獲得がなければ速攻は開始できないことを明記しておく（つまり、速攻に対する最高のディフェンスは、ボールの保持である）。ボールを獲得して、アウトレットパスを出すことで速攻を出すことができる。アウトレットパスのパターンについては後述する。
4. バックコートは、アウトレットパスを考えるためにいくつかの区分をする（図1.0参照）。
   a. 右サイドのショートとロング（※）。
   b. インサイドのショートとロング。
   c. 左サイドのショートとロング。
   d. ベースラインの右と左
5. アウトレットパスはすばやく、正確に出されるべきであり、長すぎるパスはよくない。「ロング」のエリアにパスが出せるのは、長いパスが絶対に安全なときだけである。また、ベースラインエリアへの「中継パス」は時として有効である。
6. ボールを持たない選手は、アウトレットパスにすばやく反応して動くこと。そして、誰にも埋められていないレーンを見つけて、走ること。
7. アウトレットパスを受ける選手は、ボールから遠ざかるように、前方へ走りすぎてはいけない。言い換えれば、アウトレットパスを受けない選手がフロントコートに向かって全力で走るのであり、アウトレットパスを受ける選手は正しいフットワークを使用して、コートのサイドでボールをもらうようにしたい。

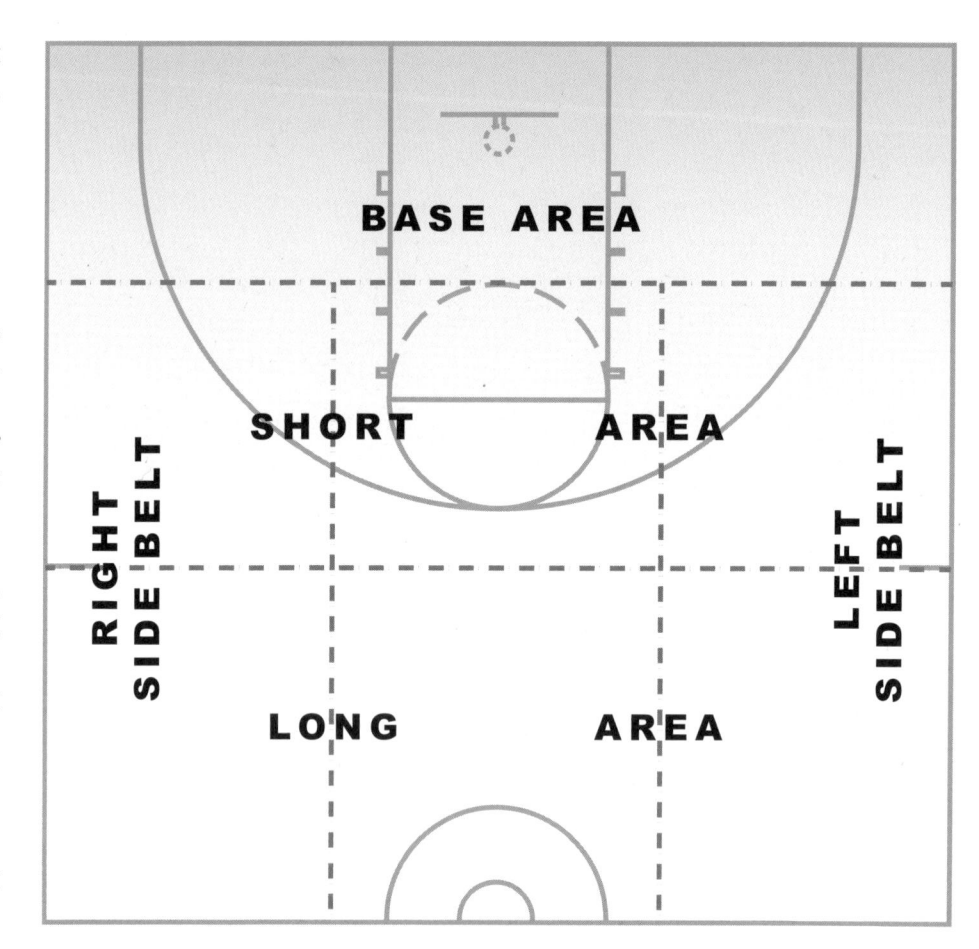

Hickey 1.0

> ※アウトレットパス時の"ショート"と"ロング"について
> アウトレットパスは、ファストブレイク時に大きく影響するパスです。"ロング"はリバウンドの逆サイドのゴール下へパスするような長いパスを意味します。対して、"ショート"は、リバウンダーのすぐ横のサイド、もしくはトップでボールをレシーブするような短いパスを指します。

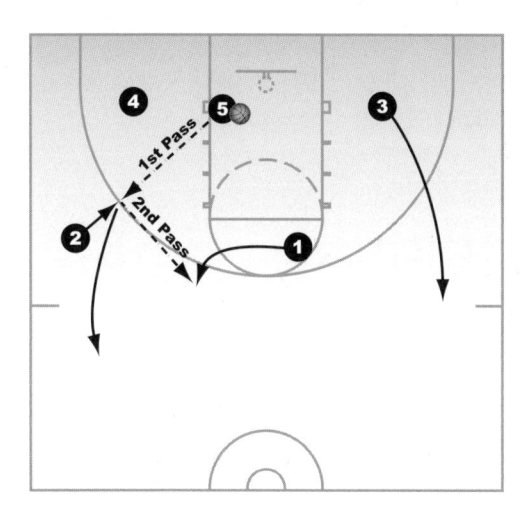

LESSONS FROM THIS LEGEND...

Hickey 1.1

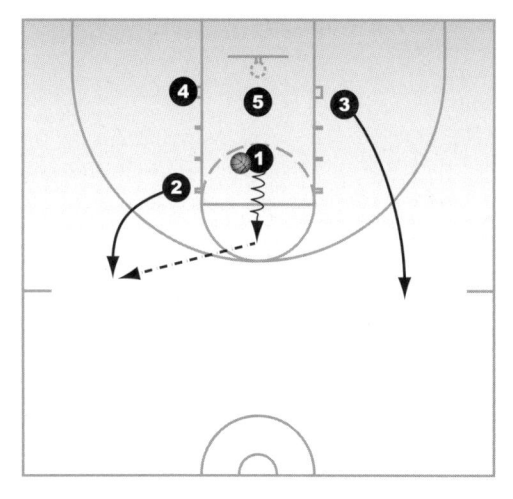

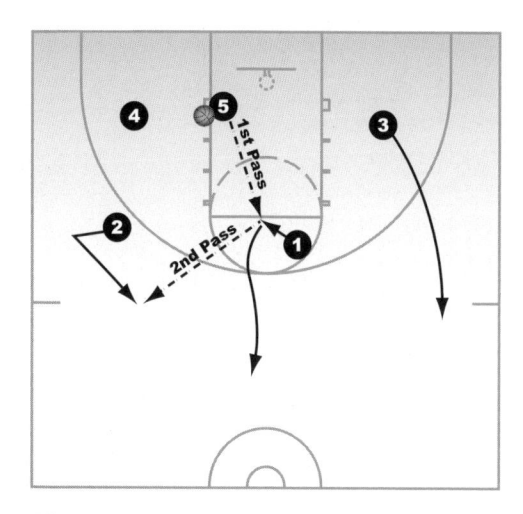

Hickey 1.2

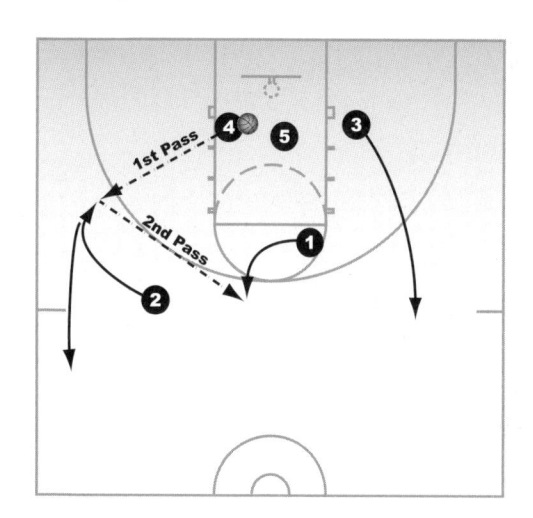

Hickey 1.3

Hickey 1.4

PLAY PATTERNS FROM A 2-3 DEFENSE
2－3ディフェンスからのパターン
2－3ディフェンス（センター1人）からの動きには、以下のパターンがある。

1. "A" PATTERN
1.「A」パターン
図1.1に示されているように、センターがリバウンドを取り、サイドにいる❷がアウトレットパスを受ける。

2. "B" PATTERN
2.「B」パターン
図1.2に示されているように、センターがリバウンドを取り、インサイドにいる❶がアウトレットパスを受ける。

3. "C" PATTERN
3.「C」パターン
図1.3に示されているように、❶がリバウンドを取り、サイドにいる選手にアウトレットパスを出す。

4. "D" PATTERN
4.「D」パターン
図1.4に示されているように、❹がリバウンドを取り、サイドにいる❷にアウトレットパスを出す。そして、❷はミドルにいる❶へパスをつなぐ。

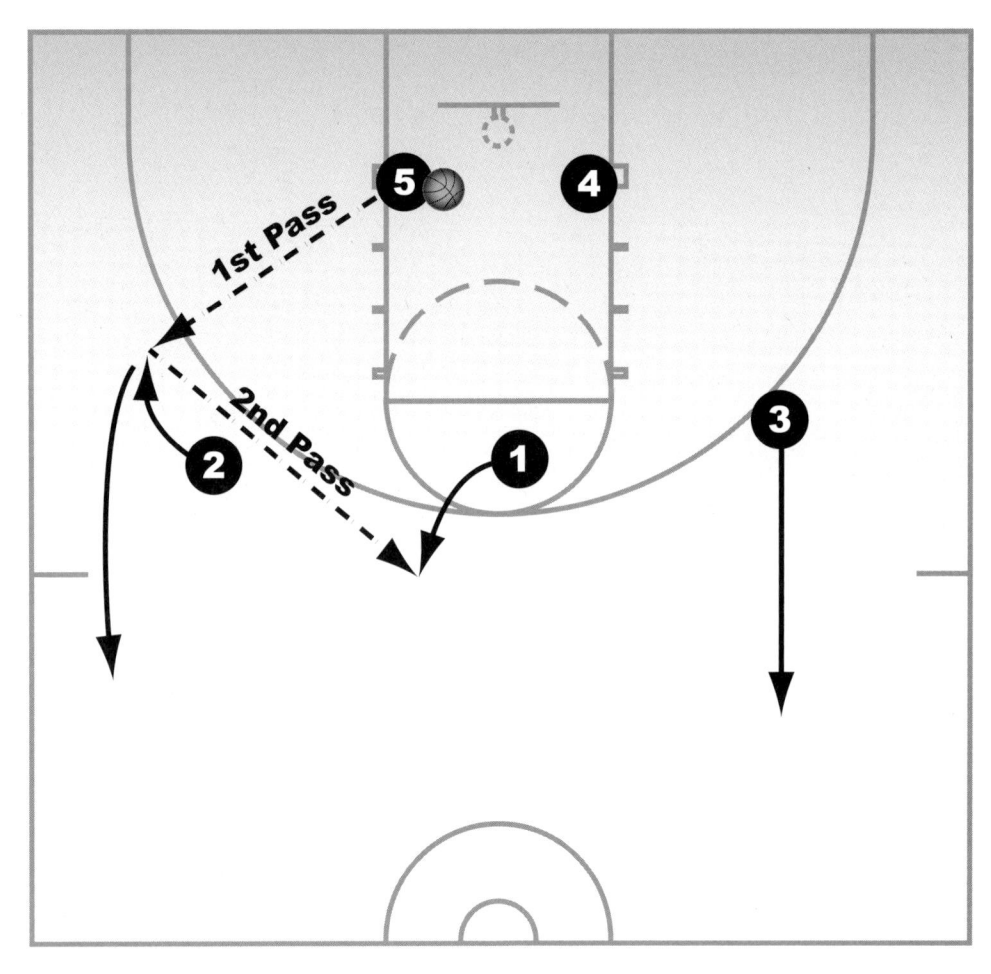

LESSONS FROM THIS LEGEND...

Hickey 1.5

PLAY PATTERNS FROM A 3-2 DEFENSE
3－2ディフェンスからのパターン
3－2のディフェンスは、速攻を出すために適した陣形といえる。なぜならば、前線の3人が広がっているため、すでに速攻のレーンが出来上がっているからである（**図1.5参照**）。このタイプのディフェンスから出す速攻は、レーンを埋めるという意味からは、あまり多くのパターンはない。ディフェンス・リバウンドを誰が取ったのかによって、先に述べた「A」、「B」、「C」、「D」のパターンを使用すればよい。

KEY POINTS IN THE SCORING AREA (FRONTCOURT)
スコアリングエリア（フロントコート）での注意点
1. 広がった状態でコートを前進すること。
2. 相手選手と同じスピードで走らないこと。より速く走って、ディフェンスよりも先行しなければならない。もし先行することができなければ、チェンジ・オブ・ペースを利用して、パスコースを作り出すようにする。
3. 3対1や3対2の状況にならなければ、速攻をあきらめる。速攻はコントロールして行うプレーであることを忘れない。
4. ミドルレーンの選手よりも、サイドレーンの選手が先行して走ることが望ましい。
5. ミドルレーンの選手は、ボールを持っている、いないにかかわらず、トップ・オブ・ザ・サークルの位置でストップすること。以下に記す状況下でのみ、ゴールに向かって走ることが許される。
   a. ボールを持っている自分自身に得点チャンスがある場合。
   b. 誰かがシュートした後、リバウンドに飛び込む場合。ただし、ゴール下が込み合っているときは、ミドルマンは後退してゴール下に向かうことを控える。
6. サイドから逆サイドへの長いパス（クロスコートパス）は避ける。ゴール近くで行うことは別として、基本的にはクロスコートパスは使用しない。
7. 自分の後ろで3線が完成しているとき

LESSONS FROM THIS LEGEND...

（つまり、ボールを持つミドルマンと両サイドを走る3ラインよりも自分が先行して走っている場合）、そのまま走り続けてからコートの外側を大きく回って、トレーラーのポジションにつく。途中で止まらないこと。途中で止まってしまうと、後ろから3線で来る味方の邪魔をしてしまうことになる。

8. 「ブラインド」サイドのレーン（ボールと逆側のウイング）を遅れて走るときは、声を出して自分が走っていることをミドルマンに伝える。ミドルマンには自分の後ろを走るサイドの選手が見えないので、声で存在を知らせることにより、パスの選択肢を増やすことにつながる。多くの場合、ブラインドサイドの選手はシュートする直前まで、ボールを持つことはないだろう。

9. できる限りドリブルをしないこと。以下に挙げるときだけ、ドリブルの使用が許される。
   a．ボールの保持を安全にするため。
   b．タイミングやスペーシングを保つため。
   c．味方をオープンにする方法として、自分自身にディフェンスを引きつけるため。
   d．ディフェンスからシュートをチェックされたとき（またはボールのスティールを狙われたとき）、それをかわすため。
   e．パスを出そうとした味方が、ディフェンスにカバーされてしまったとき、ドリブルによってパスの角度を良くするため。
   f．ドリブラー自身がドライブするため。

10. 速攻がただ走るだけの雑なプレーにならないようにすること。コントロールして速攻を行えば、良いシュートチャンスが作り出せることを理解する。ボールはスローダウンさせて、シュートチャンスがなければボールを保持していればよい。

11. スコアリングエリアに入ったとき、ボールはミドルマンが持っていることが望ましい。

12. すべてのシュートがレイアップシュートである必要はない。オープンであり、確率の高いシュートであればよい。特に、リバウンドで有利な状況ならば、なおさらである。

13. ディフェンスの人数を確認して、それを声によってお互いが確認すること。「3対1」、「3対2」、「3対3」などという言葉を発するべきである。

14. 無理に速攻で得点しようとしない。悪いパス、シュートをするくらいなら、スローダウンさせたほうがよい。

15. 速攻の最中は、ボールが常に前進するようにすること。

16. フリーランスの攻撃チャンスが多く生まれる。シュートチャンスを狙い続けること。そして、チャンスを逃さないこと。

17. 3線の後ろには必ず2人のトレーラーが必要である。この2人は、先行する3線に近づき過ぎないようにする。トレーラーの役割は、ディフェンスのセフティーと、速攻が攻め切れなかった場合に攻撃の幅を広げることである。

18. トレーラーの2人は、コートを3分の1に分割した仮想線（サイドラインから約5m）の両サイドを走る。2人は均等に広がっておくこと。

SOURCE
出典
・エディ・ヒッキー（1955年12月）、セントルイス大学のコントロール・3レーン・ファストブレイク、スコラスティック・コーチ。

LEGACY OF
Paul "Tony" Hinkle

- バトラー大学にて、フットボール、バスケットボール、そして野球のコーチを務めた。3種目合計の通算勝利数は1000勝以上である。

- 「ヒンクル・システム」と呼ばれた攻撃法を考案した。ヒンクル・システムとは、常にボールを動かして、スクリーンを使い、高確率のシュートを放つオフェンスである。

- 選手の能力を最大限に発揮させる指導法は、周囲から尊敬された。

- バトラー大学バスケットボール部を1929年の全米大会優勝に導く。

- バスケットボールの色を現在使用されているオレンジ色にする、という考えを広めた。

- 引退時に「インディアナ州、大学コーチ界の祖」と呼ばれた。

- バトラー大学には「トニー・ヒンクル記念運動場」が設立されて、そこでは長年、インディアナ州の高校生大会が行われている。

LESSONS FROM THIS LEGEND...

THE HINKLE SYSTEM

By Leroy Compton

筆者注釈
本文は、1971年にプロビゾ・ウエスト高校（イリノイ州）のロレイ・コンプトンが説明したヒンクル・システムの詳細についてである。

ヒンクル・システムとは、トニー・ヒンクルが考案したオフェンスの戦術である。ハーブ・ショウメイヤーという、ヒンクルのもとでプレーし、その後6年間ヒンクルのアシスタントコーチを務めた人物がいるが、彼はヒンクル・システムを「ボールにかかわる2人が常に動き続けるオフェンス」だと表現した。特に、パスを出した選手がすぐにカットすることによって行われる2メンゲームがオフェンスの軸になっている。そしてその2メンゲームには、ディフェンスにスクリーンをセットするプレーが含まれているのである。このオフェンスの目的は、高確率のシュートチャンスを作り出すことにある。全員がポジションを入れ替わり、全員が動き、全員がボールを持ち、全員がシュートする。そして全員に走るべきスペースがあり、ボールも絶えず動いている。これらのような考え方が根底にあるオフェンスだ。

オフェンスの軸となる2人のプレーのドリルは、年間を通じて毎日の練習で行われる。繰り返し練習をすることによって、身体が自動的に動けるようになり、ディフェンスの状態を判断して、正しいプレーが行えるようになる。インディアナ出身の選手は、どのようにプレーすればよいのかを理解しているし、インサイドとアウトサイドのプレーも理解している選手がたくさんいる。そのようなオールラウンドにプレーできる選手のためのオフェンスであるといえる。

ヒンクル・システムを行うことの利点について、以下の項目にまとめる。

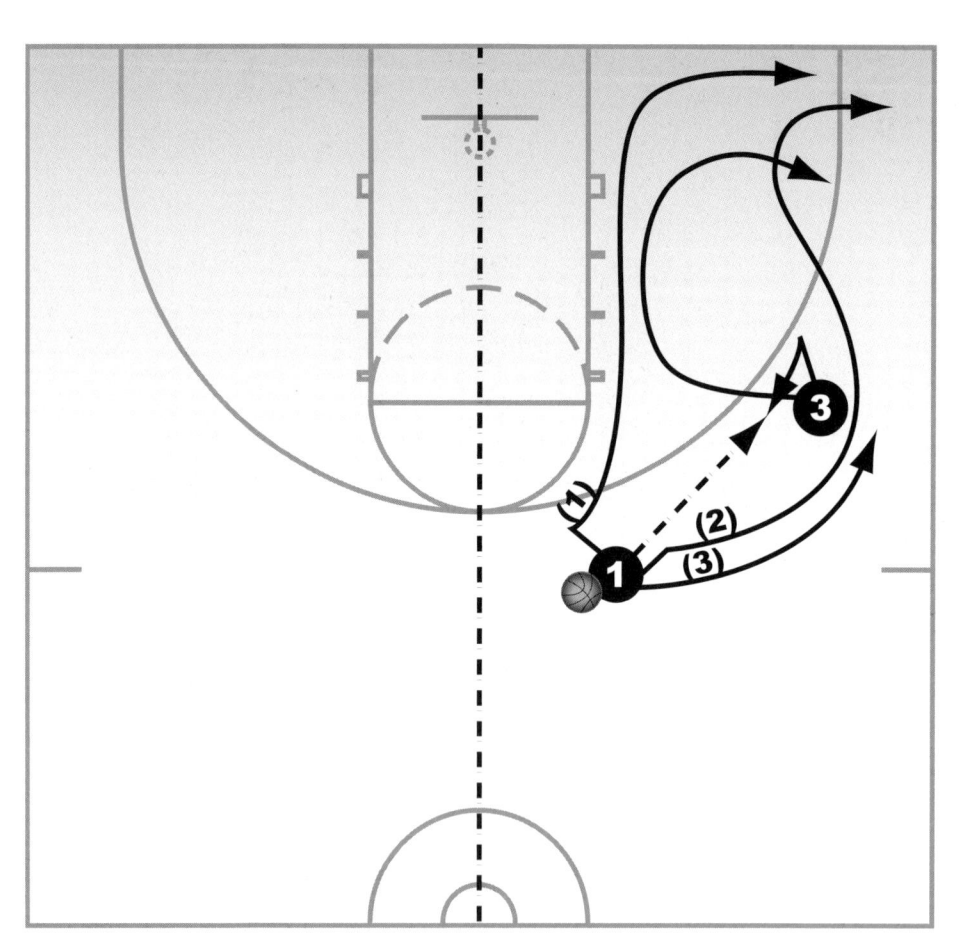

Hinkle 1.0

1. すべての選手にチャンスが生まれる。
2. すべての基本技術が含まれている。
3. 個人の長所を生かすことができる。
4. オフェンスがディフェンスの弱点を利用することができる。
5. 効果的なオフェンスリバウンドが期待できる。
6. ディフェンスに戻るための、トランジションに優れている。
7. あらゆるタイプのディフェンスに効果的である。
8. それぞれの選手が、すべてのポジションを学べる。
9. 選手とコーチたちに、オフェンスへの自信と確信を与えることができる。
10. インサイドの得点チャンスを作り出すことができる。
11. アウトサイドの得点チャンスを作り出すことができる。
12. ドライブのチャンスを作り出すことができる。
13. ディフェンスのミスマッチを利用する

LESSONS FROM THIS LEGEND...

ことができる。
14. ストロングサイドとウィークサイドにそれぞれオプションがある。
15. ディレイゲームとしても適応できる。

指導上のシステムとして、ヒンクルは毎日のドリルを推奨している。まずはマンツーマンに対する攻撃法を（すべてのバリエーションで）練習して、次にコンビネーション、プレス・ディフェンス、ゾーン・ディフェンスに対する攻撃法を練習する。ディフェンスの状況が、オフェンスの正解を教えてくれるものである。常にディフェンスを読み、ディフェンスがどのような状態になっているのかによって、正しく反応をすることを身につけなければならない。

2メン・プレーを行うにあたって、次の3つのルールがある。
1. 「セイム（同じ）サイド」のカットを行うときは、コートの1／4のみを使用して行う。リターンパスを受けられなかった場合は、そのままセイムサイドカットを行うこと（**左頁、図1.0参照**）。
2. 「スルー（通り過ぎる）」カットを行うときは、反対サイドのコート1／4に向かうこと。カットを始めたら、逆サイドに向かって走るようにする（**図1.1参照**）。
3. パスアウト（ゴールとは逆の方向にパスすること）をしたときには、パスを受けた選手とゴールから、遠ざかるようなカットをすること（**図1.2参照**）。

2人組みの動きは両サイドで同時に行うことができて、それらがプレーを作り出すことにつながる。第1の攻撃シリーズは「ガード・アラウンド」と呼ばれるプレーである。これはガードからフォワードへのパスが出された時点から始まるプレーだ（**次頁、図1.3参照**）。すべての攻撃は2－3のセットから始まるが、この「ガード・アラウンド」も例外ではない。パスを出した選手が「パス・アンド・カット」を行って、ボールを持った❸は❶がコーナーにたどり着いたとき、可能であれば❶にパスを出す。または、❹が逆サイドからカットしてきた後に、❷へパスを返してもよい。この❸から❷へ「パスを返す」とい

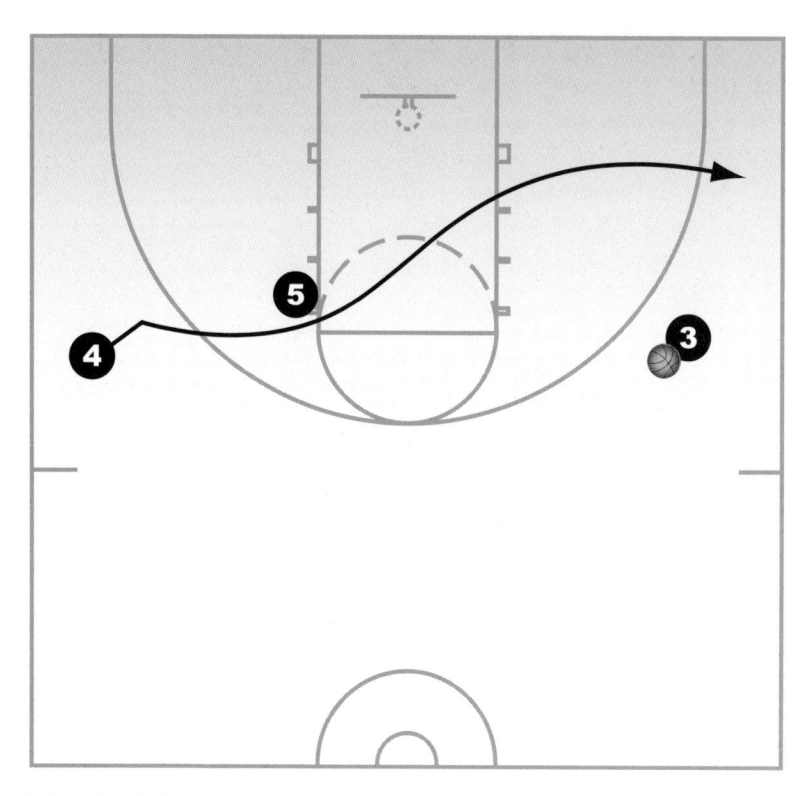

Hinkle 1.1

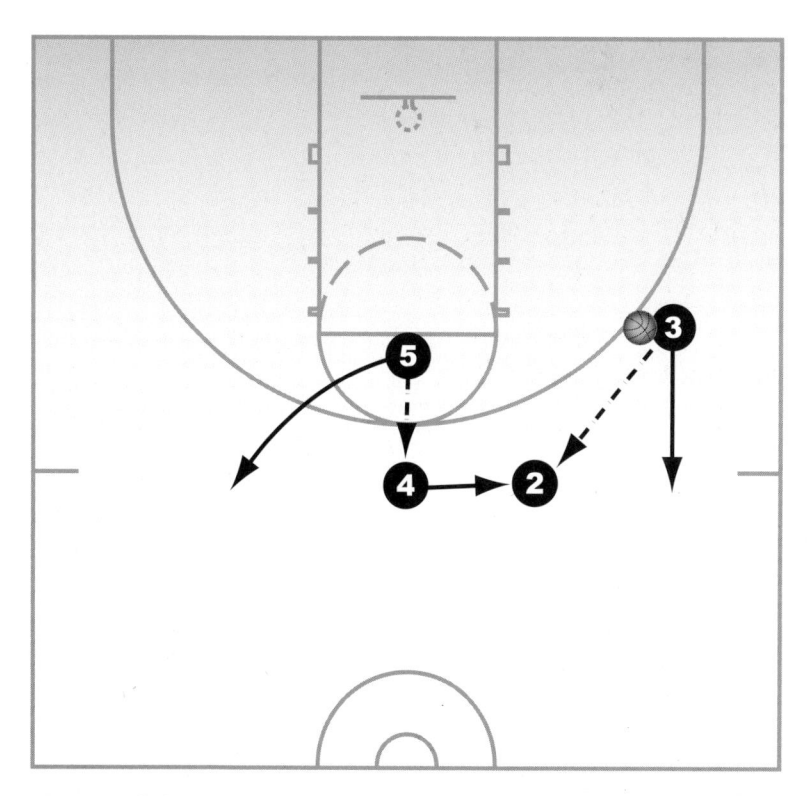

Hinkle 1.2

109

LESSONS FROM THIS LEGEND...

Hinkle 1.3

Hinkle 1.4

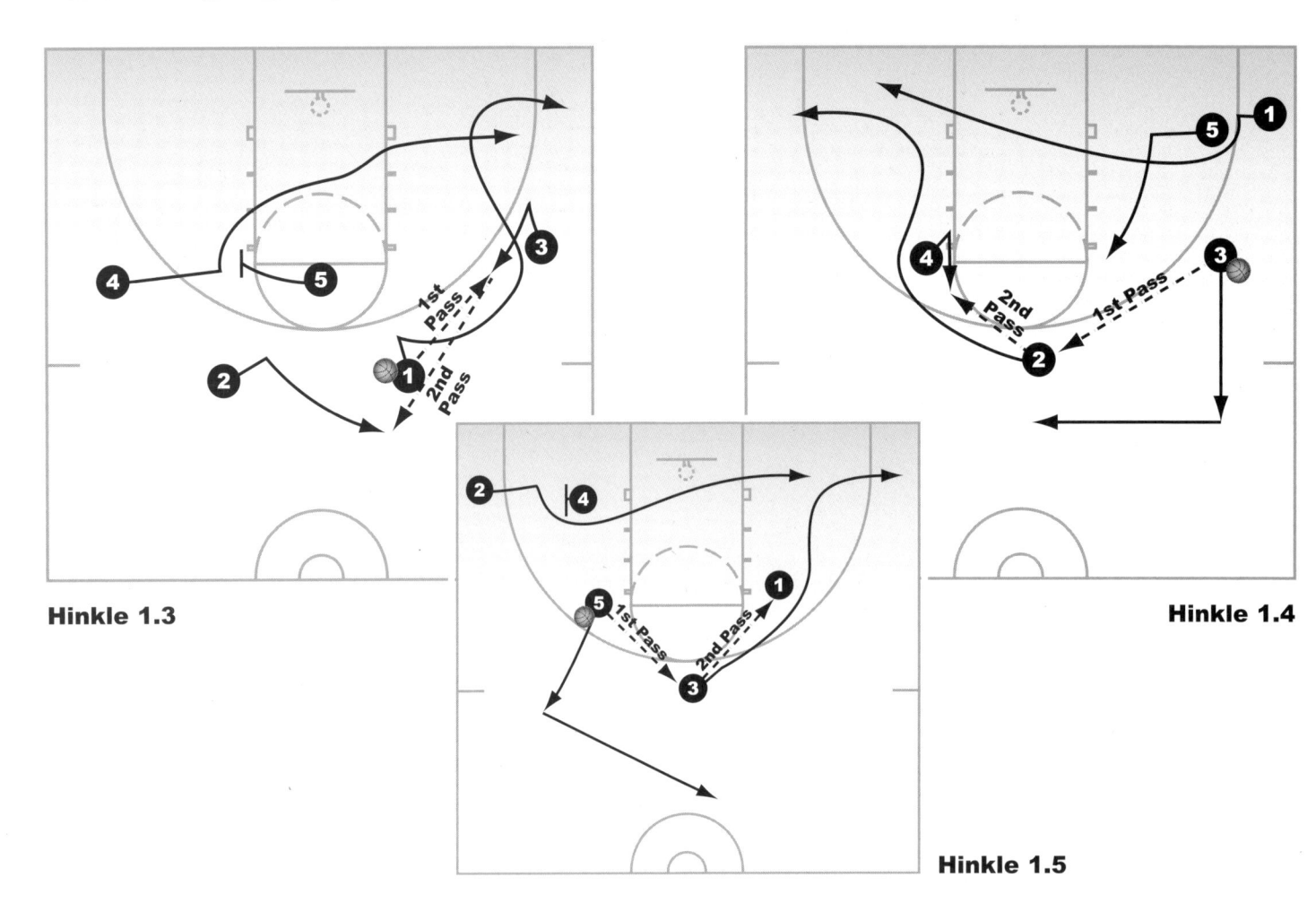

Hinkle 1.5

うプレーが、逆サイドでの「ガード・アラウンド」、そして「逆サイドへのカット」を行うためのきっかけとなる（**図1.4参照**）。これらのプレーは、ボールを展開し続ければ、**図1.5**に示されているように何度でも連続的に行うことができる。

次なる攻撃パターンは、「ガード・ハンドバック」と呼んでいるプレーである。これはガードからフォワードへのパス、そしてフォワードからガードにパスを返すことで「ガード・アラウンド」を行うチャンスを作り出すオフェンスである（**図1.6参照**）。「逆サイドへのカット」、そして「パスアウト」の原則は、先と同様に行われている。

ガードからフォワードへパスを出すエントリーについては、ディフェンスの状況によって、次のような選択肢が考えられる。
1. ガードからフォワードへのエントリーパス、またはバックドアのパス。
2. ガードがドリブルをして、フォワードが動き、「ハンドバック」の攻撃に移行する。
3. もう1人のガードと合わせて動き、ドリブル・ウィーブ（※）を行う。
4. ドリブルで中央突破をしてゴール下にパスを出す「ドリブル・アンド・ダンプ」。
5. ハイポストでのガードからガードへのエントリー。

エントリーパスを受けたフォワードにも、ディフェンスの状況によって以下のような選択肢が考えられる。
1. フリースローラインの延長線上あたりでガードからのパスを受ける、通常のエントリー。
2. ディフェンスがオーバープレーしてきたら、バックドアカットをしてガードからパスを受ける。
3. パスを受けたらゴールを向き、即シュートかドライブイン（ミドル方向とベースライン方向のいずれも可能）。
4. ディフェンスがオーバープレーしてきたら、ハイポストのセンターとポジションをチェンジする。
5. カットするガードにリターンパスを出す。
   ・ガード・ハンドバックの攻撃へ移行する。
   ・ギブ・アンド・ゴーの動きをするガードにリターンパス。この動きはディフェンスがオーバープレーをしてきたときに有効である（**図1.7参照**）。

さらに、ガードとフォワードには「ガード・ハンドバック」のプレーについて、以下のような選択肢が考えられる。
1. ガードはフォワードから手渡しのリターンパスを受ける。そしてポストアップ、もしくはコーナーまでカットをするフォワードにパスを出す（**図1.6参照**）。

LESSONS FROM THIS LEGEND...

Hinkle 1.6

Hinkle 1.7

Hinkle 1.8

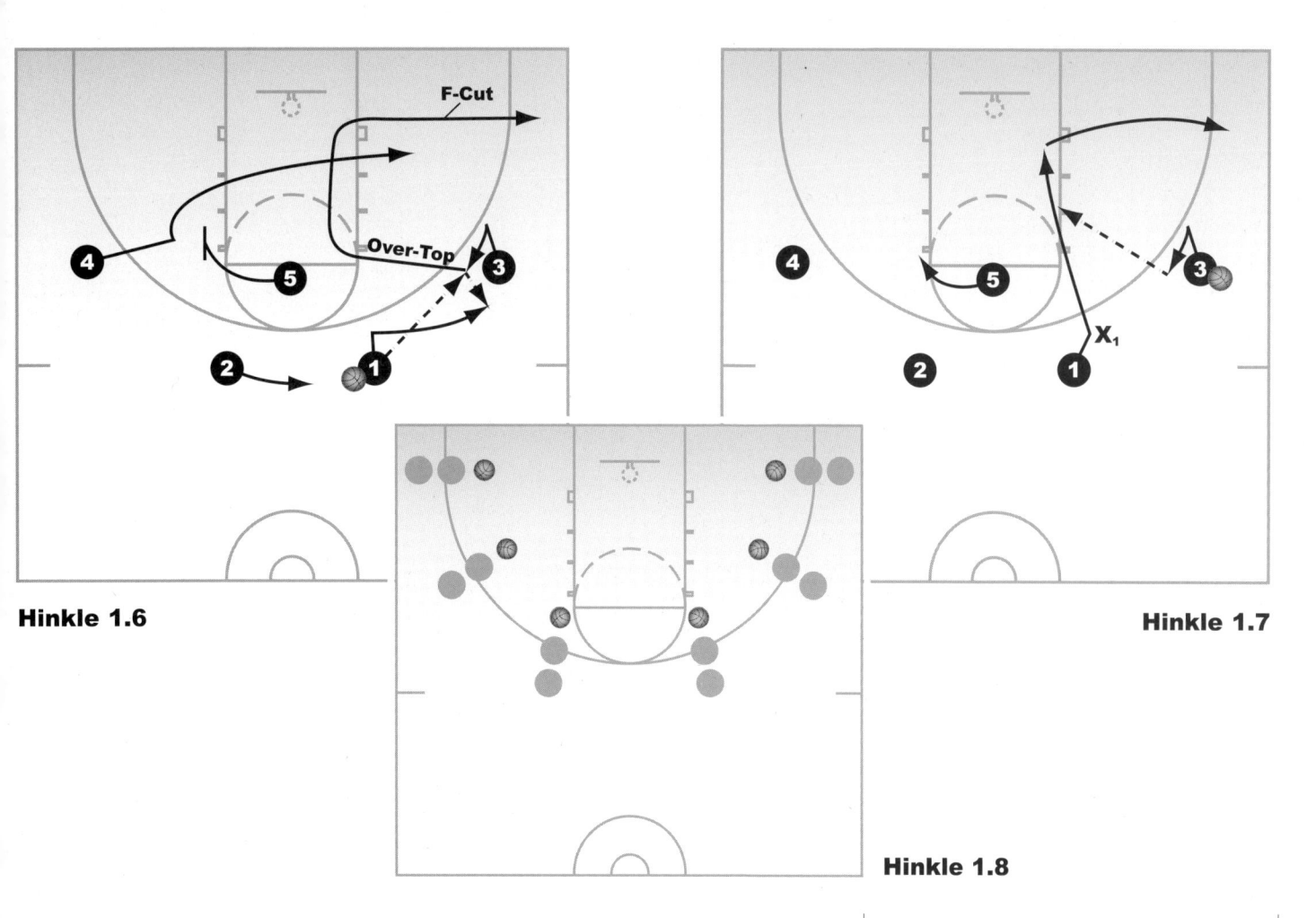

2. ガード自身がシュートかドライブをする。
3. ウィークサイドのフォワードが「逆サイドのカット」をしてくるので、そこへのパスを出す。
4. ボールをパスアウトして、逆サイドへ展開させる。

すべての攻撃の中で、センターの選手には次のようなプレーの選択肢が考えられる。
1. ハイポスト付近での、ガードからセンターへのエントリーパス。パスを受けたら、
   ・ゴールに向き、シュートを狙う。
   ・バックドアカットをするフォワードへパスを出す。
   ・スプリットポスト（※）の動きをするガードへパスを出す。
2. ウィークサイドのフォワードへスクリーンをセットする。またはスクリーンをセットするふりをしてゴールへ走る。
3. ウィークサイドのリバウンドに備える。

以上に説明したように、ヒンクル・システムには14通りの2メン・プレーが基本として含まれている。システムを成功させるためのキーは、ボールを持った選手がディフェンスの状況を読み取り、どのようなプレーをすべきなのか、正しく選択することである。

さて、ハーブ・ショウメイヤーは、ヒンクルが毎回の練習で行っていたシューティングドリルも教えてくれた（**図1.8参照**）。このドリルでは、3人組のグループが6つで、それぞれシュートやドライブを行うのである。すべての選手がすべてのポジションからシュートするため、ヒンクル・システムの中で必要なシュートをあらゆる角度、位置から練習することができるドリルである。

※**ドリブルウィーブ**＝ドリブルを使ったプレーヤーのポジションチェンジ。オンボールスクリーンとも呼ばれ、ドリブルをしているボールマンが盾（遮蔽物、シールド）になり、味方を優位にし、手渡しパスによりオープンを作るプレーを指します。2対2のプレーを指すことが多いです。

※**スプリットポスト**＝ Splitとは、仕切りとか、区分と言う意味です。又はクロスする（クリスクロス）、シザースカットすると言う意味を持ちます。ですからここでは、ハイポスト等にガードがボールをフィード（ポストにえさを与える感じです。日本ではパスをする意味にとらえられています。）、そして2ガードが、シザースカットするようなイメージです。その行為をさします。ハイセットでよく出てくるようなプレーを指します。

SOURCE
出典
・ハーブ・ショウメイヤー（2003年7月）、個人のノートより。

LEGACY OF
Nat Holman

- 1920年代の国民的ヒーローであり、「ミスター・バスケットボール」のニックネームがつけられた。

- オリジナル・セルティックスでプレーした経験を持つ。当時オリジナル・セルティックスは、地方巡業をしていて最も人気のあったチームである。

- パスとゲームメイクに優れた選手であり、バスケットボール史上初のスーパースターであった。

- プロのバスケットボール選手であると同時に、大学のコーチを務めた。

- ニューヨーク・シティ・カレッジ（CCNY）を37年間指導して、421勝190敗の成績を残した。

- NITとNCAAの優勝を同年に成し遂げた唯一のコーチである（1950年 CCNY）。

- CCNYは、ストリート流のバスケットボールが特徴であり、「シティゲーム」という名で有名になった。

LESSONS FROM THIS LEGEND...

THE PIVOT PLAY
By Nat Holman

どのスポーツでも、技術の革命的な変化というのは、何回もの修正を加えながら発展するため、長い時間が必要となる。たとえば、フットボールの前方へのパスが初めて行われたときも、多くの議論が持たれたのだ。前方へパスを出すことは、オフェンスの戦術において様々な選択肢を増やした上に、ディフェンスをさらに困難なものとすることができたのだが、この「前方へのパス」も長い年月を経て、現在のような一般的な技術として認められるようになった。さて、この例と同様に、これから紹介するピボット・プレーも考案されてから、バスケットボールの戦術に多くの変化をもたらすプレーとなった。

世界一の強豪であるプロ・バスケットボールチーム、オリジナル・セルティックスがピボット・プレーを初めて行ったのは、1925年のことであった。このプレーは、一夜のひらめきで生まれたものではなく、長い年月をかけながら改良を加えて、現在のような形になった。過去にセルティックスは、次のようなプレーを試合でよく行っていた。それは、1人の選手がコートを横切るように、フリースローライン付近へゆっくりと動いてパスを受け、その位置からすばやくターンしてリターンパスを狙うというプレーであった。このプレーはムービング・ピボット・プレーと呼ばれるプレーである。だが、実際の試合中は、コートを横切るように動いてフリースローラインでパスを受ける動きが、敵によって阻止されることもある。また、コートを横切るという余計な動きによって、無駄に体力を消耗してしまうデメリットもあった。そこで、最終的にはフリースローライン付近に誰か1人が立ち止まり、そこへパスを出すことからプレーをスタートさせるという形に変化させた。パスを受ける場所は、コートの中央である。以上のような経過があって、ピボット・プレーは現在の形になった。オリジナル・セルティックスの"ダッチ"・ディナートが初めて行ったこのプレーは、相手にとって最もダメージを与える攻撃法となり、現在でもこのプレーで多くの成功を収めている。

プレーそのものはシンプルであるが、その効果は様々であり、バスケットボールの発展を感じさせる。基本としては、昔から行われてきた「5人全員で動くオフェンス」ではなく、1人のカッティングによって成立するプレーであることが斬新な面であろう。そしてこのカットするプレーヤーが、正しくターゲットハンドを出して、ゴールに向かってしっかりと走れるかどうかで、プレーの成功が決定される。プレーのスピードと注意深さがとても大切である。また、パスを出す側のピボット・プレーヤーにも得点チャンスはある。ピボットするポジションから選手のサイズ、ピボットのスピードを十分に生かして、ゴールを狙うのである。いずれにしても覚えておくべきことは、どちらの選手が得点しようとも、ピボット・プレーはチームプレーであり、誰が得点をしたのかに執着すべきではないということだ。

REQUIREMENTS FOR THE PIVOT POSITION
ピボット・ポジションに求められること
- ピボットする選手は、正しくボールをキャッチして、ボールを保持することが不可欠になる。
- パスをすばやく、正確に出せる選手であること。いつも冷静であり、ボールハンドリングが良いことが求められる。そして最も重要なことは、パスが出せる一瞬のチャンスを見逃さない能力である。

HOW TO GET INTO PROPER POSITION IN THE PIVOT
どのようにピボットのポジションを占めるのか
- ピボットする選手は動く必要はなく、フリースローライン付近に立ち止まっていれば良い。
- 最も効果的な方法は、一度サイドに行くふりをしてから、フリースローラインに向かえば、ディフェンスを振り切ることができる。

PASSES TO THE PIVOT PLAYER
ピボットマンへのパス
- 最も効果的なパスはバウンズパスである。バウンズパスは、インターセプトされる危険性が最も少ない。
- パッサーはピボットマンが安全にパスを受けられるときにしかパスを出してはいけない。
- パスはすばやく正確に出すこと。そして、ピボットマンが望んでいるような、取りやすいパスを出すべきである。
- パスが出されたら、ピボットマンはボールに向かってダッシュしてパスを受けること。すばやく2歩ステップを踏むことである。

THE PIVOT PLAYER'S PASS TO CUTTERS
ピボットマンからカッターへのパス
- ピボットマンがボールを持ったら、コートの状況がどのようになっているのかを見極める必要がある。カットしてくる味方に必ずしもパスを出さなければいけないわけではない、ということを覚えておく。カットする味方がオープンならパスを出すべきだ

LESSONS FROM THIS LEGEND...

し、もしカバーされていればパスを出さない。この判断をすることが大切だ。
・ピボットマンは、パスを出した後も大切な役割がある。たとえば、カットする味方が左側にいるのでパスを出したとする。左側にパスを出した後は、自分は右サイドを走り、リターンパスを受けるか、リバウンドを取るために準備しなければならない。

PIVOT PLAY OPTIONS
ピボット・プレーのオプション

図1.0では、❶がバウンズパスを出してから、ピボットマンの横を通り抜けるつもりでカットしている。❶は❷からのリターンパスをもらおうとしているのだ。❷を壁として利用し、ディフェンスをブロックするために、❶は❷のすぐ真横を走り抜けなければならない。すべてのプレーに共通して言えることだが、ピボットマンはパスを出した後、逆サイドを走ってリターンパスに備える、またはシュートが外れたときのリバウンドの準備をすることが大切になる。

図1.1では、❶はパスを出した後、直線的に進むようなフェイクをして、逆サイドに走っている。このような場合には、❷から❶へのリターンパスは、バウンズパスが適している。

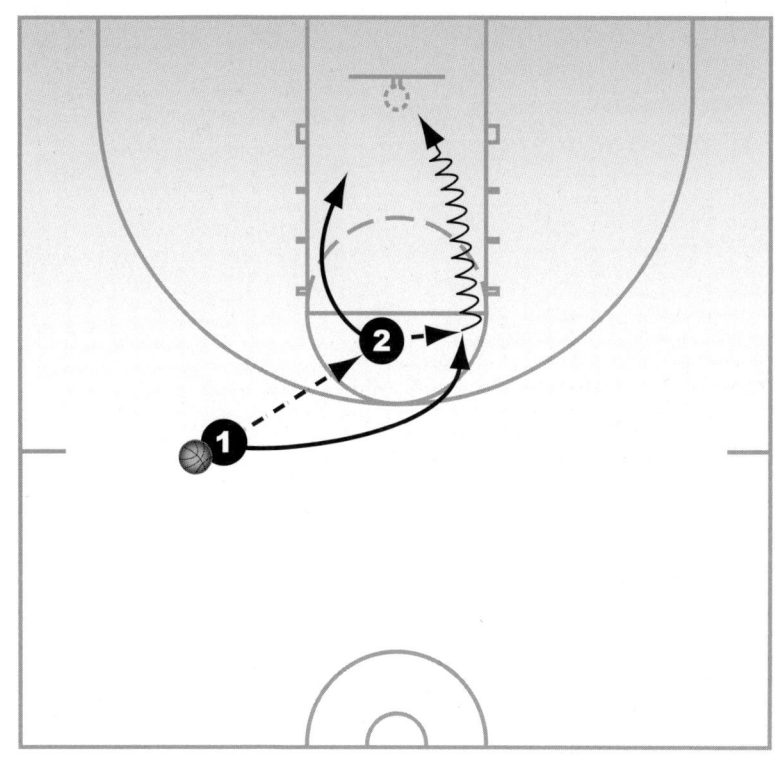

Holman 1.0

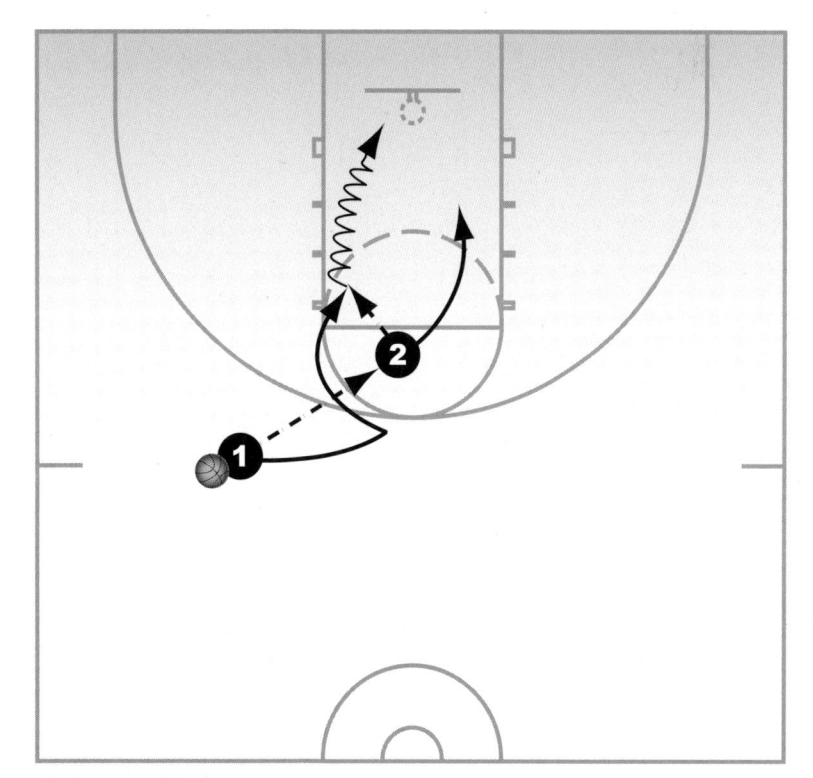

Holman 1.1

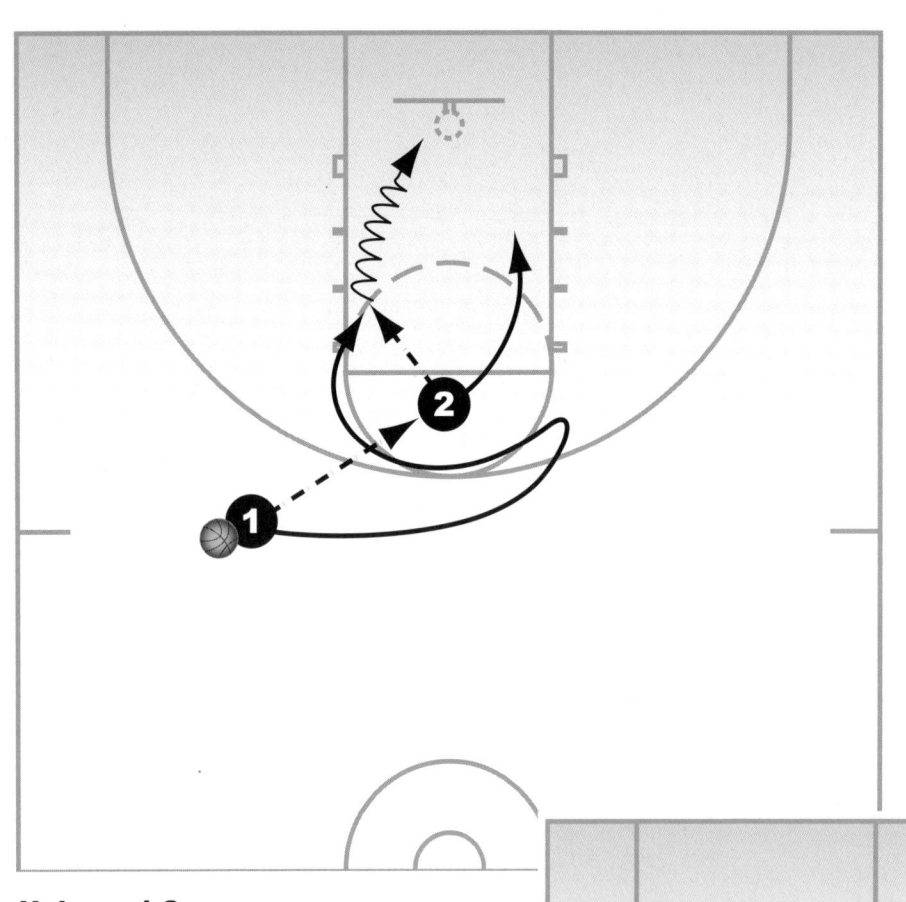

LESSONS FROM THIS LEGEND...

図1.2では、❶は❷にパスを出した後、(❷から見て) 左サイドに行くと見せかけて、右サイドに大きく方向変換している。ダッシュしてから急ストップ、そしてサイドを変えてカットするプレーである。

Holman 1.2

図1.3では、❶が❷にパスを出した後、❶と❸が交差するようなカットをしている。ボールを持ったピボットマンは、どちらの味方がオープンなのかを判断してパスを出す。

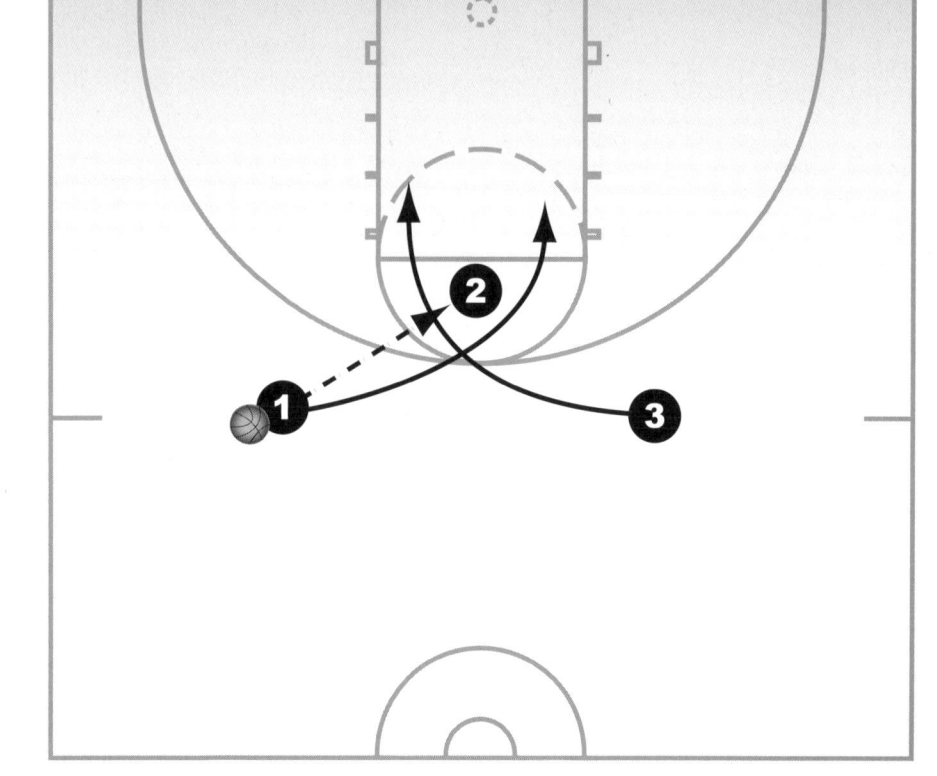

Holman 1.3

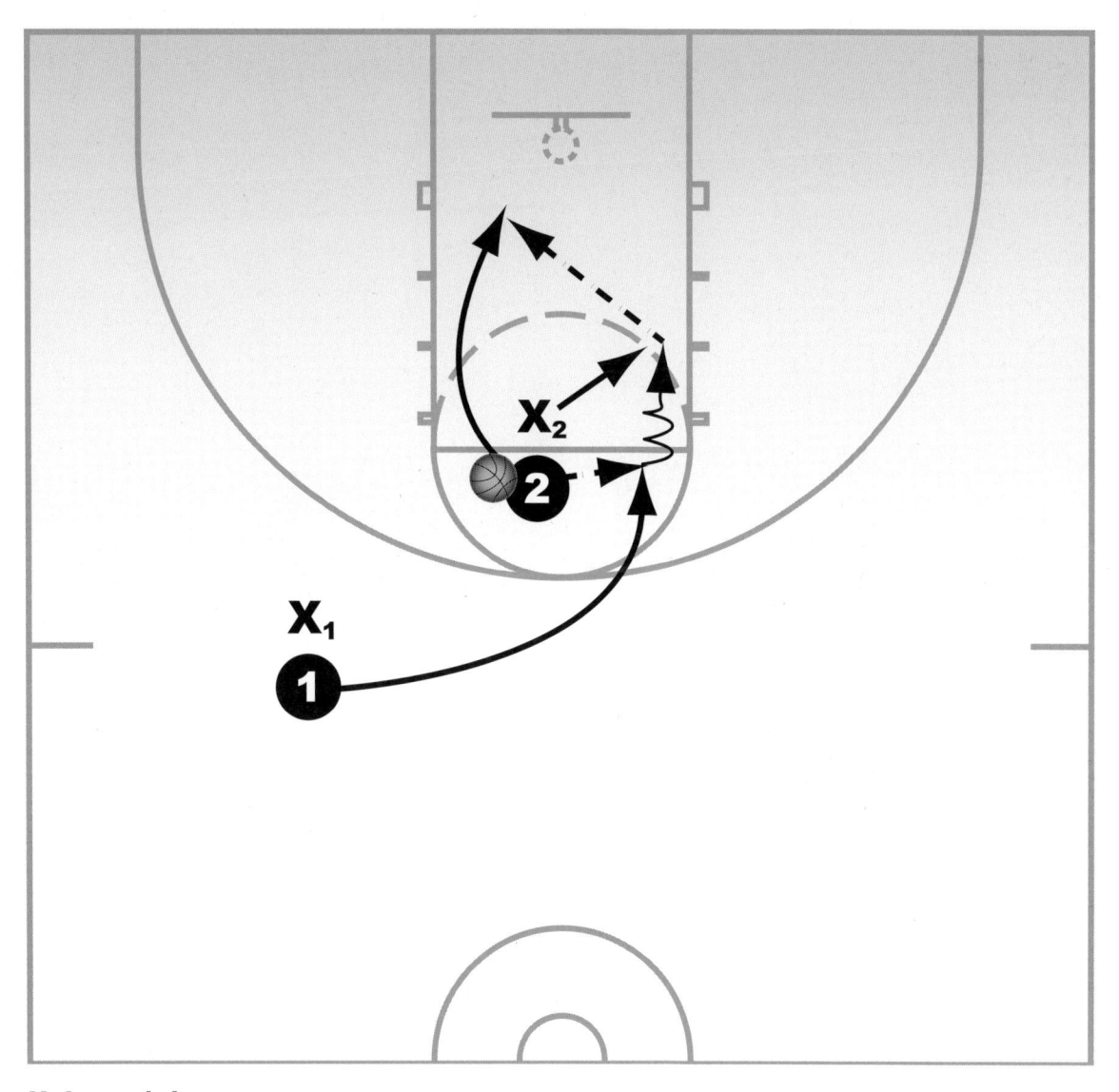

LESSONS FROM THIS LEGEND...

Holman 1.4

図1.4では、❷のディフェンスがカットする❶をカバーしに出たときの対応である。リターンパスを受けた❶に、ディフェンスがカバーしてきたら、❷はすぐターンをしてゴールに走れば、❶からのループパスを受けることができるだろう。

ら行うことであり、ディフェンスがピボットマンへのパスをインターセプトしようと狙っているならば、ピボット・プレーは使わないという選択をすることである。

SUMMARY
まとめ

以上から、ピボット・プレーの全体を見てもらえたことと思う。ピボットマンには、数々の選択肢を頭に入れてプレーすることが要求される。正しい判断をすばやく行えれば、ディフェンスを置き去りにすることができるだろう。しかし、ピボット・プレーをより効果的に行うためには、従来から行われてきた5人でのオフェンスを織り交ぜなが

SOURCE
出典

・ナット・ホールマン（1932年）、ウィニング・バスケットボール、ニューヨーク：チャールズ・スクリブナーズ・サン。

LEGACY OF
Frank Keaney

- 「速攻法の父」と呼ばれている。

- 当時のバスケットボールはゆっくりとした慎重な試合が一般的だったが、フランクはフルコートでのプレッシャー・ディフェンスと速攻を用いて高得点の試合に変貌させた。

- 彼は風変わりな、想像性のあるショーマンシップで有名だった。

- 「カーネイズ・リム」の発明者である。これは、リングの内側につけて、ゴールの直径を2インチ狭くする装置である。

- 1939年、彼の指導するロードアイランド大学は、その年で唯一、平均50点以上を獲得したチームだった。また、1943年には、1試合平均約81点を記録した。

- ロードアイランド大学を1946年のNIT決勝に導いた。

LESSONS FROM THIS LEGEND...

FIRE-HORSE BASKETBALL

By Frank Keaney

バスケットボールの試合に勝つためには、放ったボールがリングを通過しなければならない。そのために、コーチとしては、リングへ向かうという目的を示して、次にコートについて考え、そしてボールを前進させるために必要な方法を説明するのだ。言い換えれば、選手に教えるためには最終的な目標を先に示して、そこから細部について必要な要素を分解していくような指導を行うということだ。

BASKETBALL ESSENTIALS
バスケットボールに必要不可欠なもの

バスケットボールの試合を行うために必要不可欠なものは、パス、カット、ドリブル、そしてシュートである。これらのファンダメンタルは、選手が自然に上手く行えるようになるまで、毎日反復練習を行う。私のフィロソフィーはシンプルだ。選手に体力をつけさせて、相手が疲れきるまで走る。そして、シュートできるときはシュートすべきだ、というものである。

GETTING THE BALL UP THE FLOOR USING THE "FIRE-HORSE" METHOD
ボールを前進させる「ファイヤーホース」法

「ファイヤーホース」とは、ボールをゴールまで前進させるための1つの方法である。「ファイヤーホース」と呼ばれているこの方法は、5人全員で激しく、スピードを出してフロアを走り、ゴールを目指すスタイルである。もしこの方法をあなたのチームで採用するのなら、習得するために多くの練習時間が必要であるとわかるだろう。一見、簡単そうなシステムだが、コーチとしては方法を教えて、間違いを修正するために多くの時間が必要なのである。

図 1.0 では、コートをおおよそのポジションに分割した図が示されている。相手チームがシュートを成功、または失敗して、そのボールを獲得した瞬間、自チームの選手たちは即座にこのポジションの中でプレーすることになる。

KEY POINTS IN FIRE-HORSE BASKETBALL
ファイヤーホース・バスケットボールのキーポイント

1. できるだけパスの回数を少なくして、ボールを前進させること。
2. ゴールへ直線的なパスを投げること。クロスコートのパスを出してはいけない。
3. ブレット（弾丸のような）パスを投げること。ボールが手から離れる瞬間、手首のスナップを十分に効かせる。
4. レシーバーがボールを頭上で受けられるようなパスを投げること。
5. 可能なときはいつでも、コート半分の距離のパスを出すこ

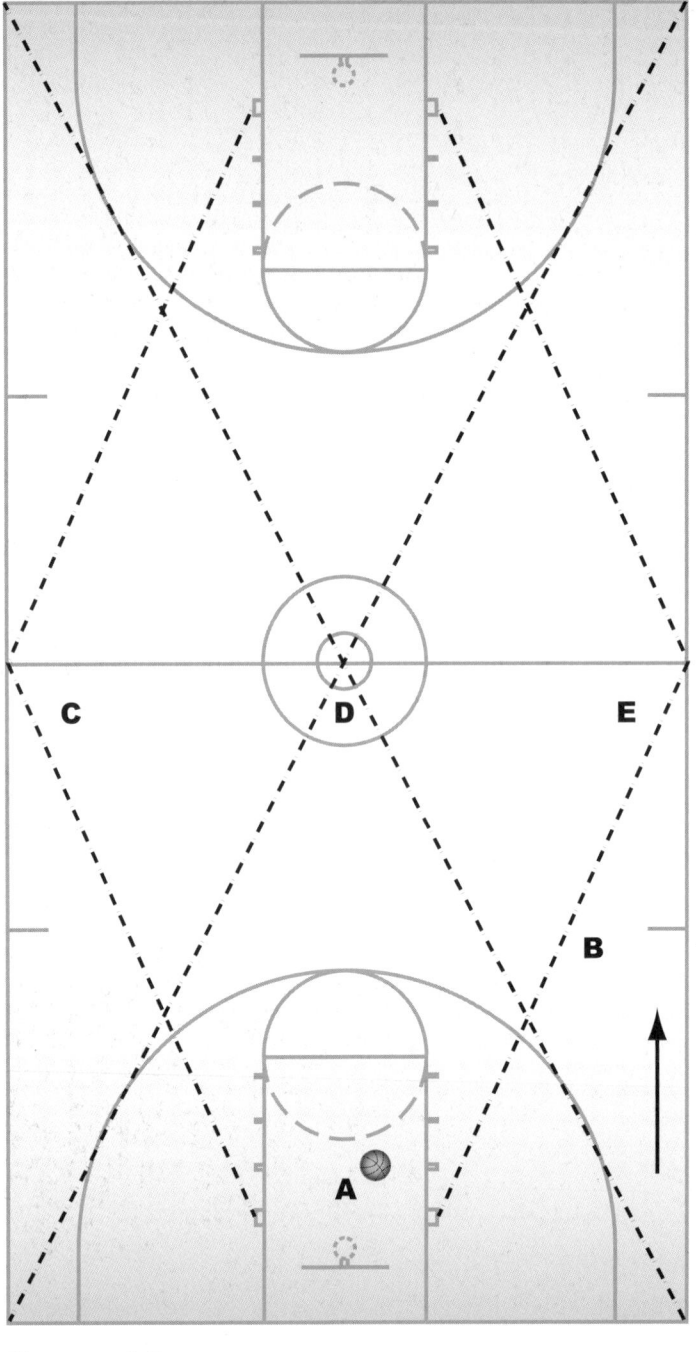

Keaney 1.0

LESSONS FROM THIS LEGEND...

と。
6. レシーバーはパスを受けるときに、両足を広げて、指を広げること。
7. ボールをキャッチしたら、すぐにピボットを踏むこと。つま先を床につけて、かかとを上げる。そして、オープンの味方を探すこと。
8. コート全体を見ること。常にゴールの方向を見て、視野を広く保ち、オープンの味方を見つけ出すこと。
9. シュートをミスした後はリバウンドを取るが、リバウンドの瞬間にそれぞれのポジションは戦術的に決められているので、そのポジションにつくこと。

FIRE-HORSE OPTIONS
ファイヤーホースのオプション

再び図1.0を見てほしい。選手Aがリバウンドを取るか、または相手チームがシュートを決めた後のスローインのためにボールを持っているとする。この選手は、コーナー方向へドリブルをしてはいけない。そして広い視野を持ち、コート全体を見渡すようにする。選手Aが行うべき選択肢は、次の通りである。
1. C、D、Eへの長いパスを出す。
   ・C、D、Eがディフェンダーを振り切れる場合、このパスは有効になる。
   ・長いパスは練習が必要であるが、時間をかけて練習する価値のあるパスである。
2. Bへパスを出す。
   ・パスを出した後は、AはBの後ろにカットする。
   ・パスを受けた後、Bはすぐにピボットを踏み、C、D、Eへロングパスを出すことを狙う。
   ・前方にいる味方がオープンでなければ、BはAへボールを返す。そしてBはAの後ろにカットする。ちなみに、Aは前方へのロングパスを狙う。

ALL PLAYERS MOVE WITH SPEED
全員がスピードを出して動くこと

読者の皆さんが、なぜこの戦法が「ファイヤーホース」、または「レースホース」と呼ばれているのかを理解してほしいと思う。ボールを獲得したら、数回のパスによってシュートまで持ち込む。選手全員がスピードを出して動くのである。相手チームがシュートをミスしたらリバウンドを取り、即座にポジションにつく。ときには、選手が多くのミスを犯すかもしれない。だが、読者の皆さんが、この戦法にトライしてもらえるものと思っている。

ADVICE TO YOUNG COACHES
若いコーチへのアドバイス

速攻法を「がむしゃらに、でたらめに走り、思いつきでシュートする攻撃」だと考えているならば、それは忘れてほしい。私は速攻に何年もかけて取り組んできた。正しい方法論を発見するまで、試行錯誤の連続だった。選手たちにプレーの原則を指導することは不可欠である。バスケットボールにおける速攻の原則を、以下に5つ挙げておく。
1. パスを強く速く正確に投げることのできるガードが、少なくとも3人は必要である。私はどの選手にも、コート半分の距離はパスが投げられるようになってほしいと思っている。
2. 優秀なプレーメイカーを育てる必要がある。成功へのカギとなるプレーは、ロングパスである。彼はチームプレーヤーであり、片手でのパスを最低でも12〜13mは投げられる選手であること。また、必要なときはすばやいドリブルでボールを前に進めることも求められる。プレーメイカーは、コート全体を見ることができなければならない。優れたプレーメイカーは、オフェンス時に多くのアウトナンバーの状況を作ることができるだろう。
3. ゴールへ前進して、ボールをキャッチし、シュートを決められるフォワードの選手も必要である。フォワードにはシュートに持ち込むタイミングと、「優しいタッチ」でレイアップシュートすることのできる能力が求められる。
4. 選手全員がいつ、どのように速攻は出せるのかを理解していなければならない。5対4、4対3、3対2、2対1などの状況をすぐに把握できるようになること。
5. 速攻に必要なのは足の速さと、頭の回転の速さの両方だということを覚えておく。走るフォワードにロングパスを出すか、プレーメイカーにパスを出す。できるだけ早くゴール下にボールを運ぶことが良いと考える。多くのパスや多くのドリブルをすることは時間がかかる。また、ドリブルするよりもパスの方が速いということを覚えておくこと。

LAST BUT NOT LEAST
最後になるが、最も重要なこと

私は「頑固者」だとか、「古い頭の人」だとか呼ばれることがある。妻は私のことを「夢想家」だとか「人生を愛する人」などと呼ぶ。そんな私から、若いコーチたちにいくつかの言葉を贈りたい。

1. 選手全員に「勝つための意志」を植えつけるべきだ。
2. 成功への近道はない。
3. 試合に負けると思えば、実際に負けるだろう。
4. 最高のコンディショニングなくして、成功はない。良いコンディショニングではなく、最高のコンディショニングが必要であり、それはすべてのコーチの義務である。
5. 試合をする前から、負けてはいけない。
6. 注意深い努力に、運は味方する。
7. 直感、説明力、霊感、決断力などを最大限に発揮すること。

SOURCE
出典

・フランク・カーネイ（1944年12月）、ファイヤーホース・バスケットボール、アスレティック・ジャーナル。
・フランク・カーネイ（1956年9月）、フランク・カーネイ、速攻の概要、バスケットボール・ブルテン。

LEGACY OF
John Kundla

- ミネアポリス・レイカーズを率いて5年間で4回の優勝を果たし、NBAで初の王朝を築き上げた。

- バスケットボールのパワーフォワードというポジションを確立した。

- レイカーズを6回の優勝に導いた（NBL・1948年、BAA・1949年、NBA・1950年、1952年、1953年、1954年）。

- 1965年、ワールド・ユニバーシティ・ゲームスにて、アメリカ代表のコーチを務めて、金メダルを獲得した。

- 異なる選手の才能をひとつにまとめて、優勝チームを育てる指導法は、多くの人々から尊敬の念を抱かれた。

- NBA史上、「10人の偉大なコーチ」の1人として選出された。

- 控えめで、静かなコーチとして知られて、コート上であっても品行を失うことのない人物だった。

LESSONS FROM THIS LEGEND...

MY FAVORITE PLAYS
By John Kundla

これらのセットにおいて、ジョン・カンドラのチームにはポストにジョージ・マイカンがいた。マイカンは「NBA創設から50年間で最も偉大な選手」に選出された人物で、優れたスコアラーであり、パッサーであった。

図1.0で、❶は❸にパスを出してから、アウトサイドにカットする。❸は❶へリターンパスを出すフェイクをしてから、❷にパスを出す。❷はボールに向かって走る❹へパスを出す。❹は、ポストマンである❺のスクリーンを利用してペイントエリア内にカットしてくる❸へのパスを狙う。

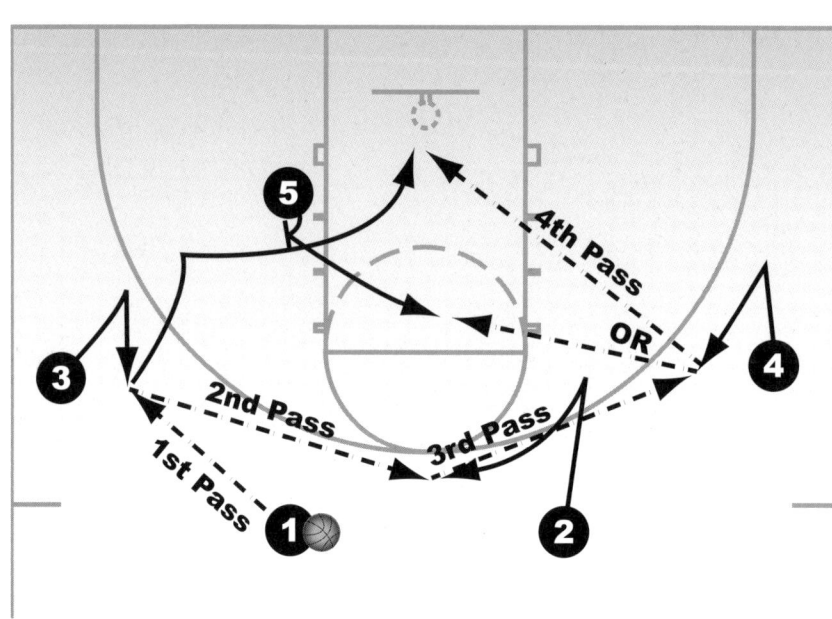

Kundla 1.0

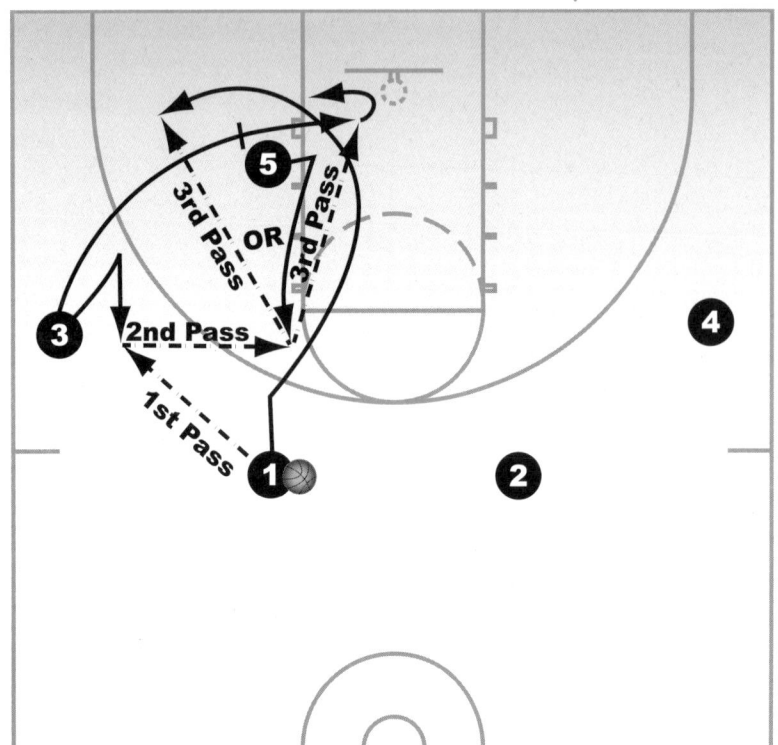

図1.1では、❶は❸にパスを出して、ポストマン❺のいる方向へカットする。❸はボールの方向に走ってくる❺へパスを出す。パスを受けた❺は、すぐにゴールの方向に正対すること。❸はペイントエリアの横で、❶のためにスクリーンをセットする。そのスクリーンを利用して、❶はボールをもらうための動きをする。もし❶がオープンになり、シュートするチャンスがあるのならば、❺は❶にパスを出す。

Kundla 1.1

LESSONS FROM THIS LEGEND...

図1.2では、❶は❸にパスを出してから、アウトサイドにカットしている。❸はすぐに❷へパスを出して、❶のためにスクリーンをセットする。ポストマンの❺は、ボールに向かってダッシュして、❷からパスを受けようとする。❶は❸のスクリーンをしっかりと利用して、ポストマン❺からパスを受ける。または、❺自身にチャンスがあれば、シュートしてもよい。

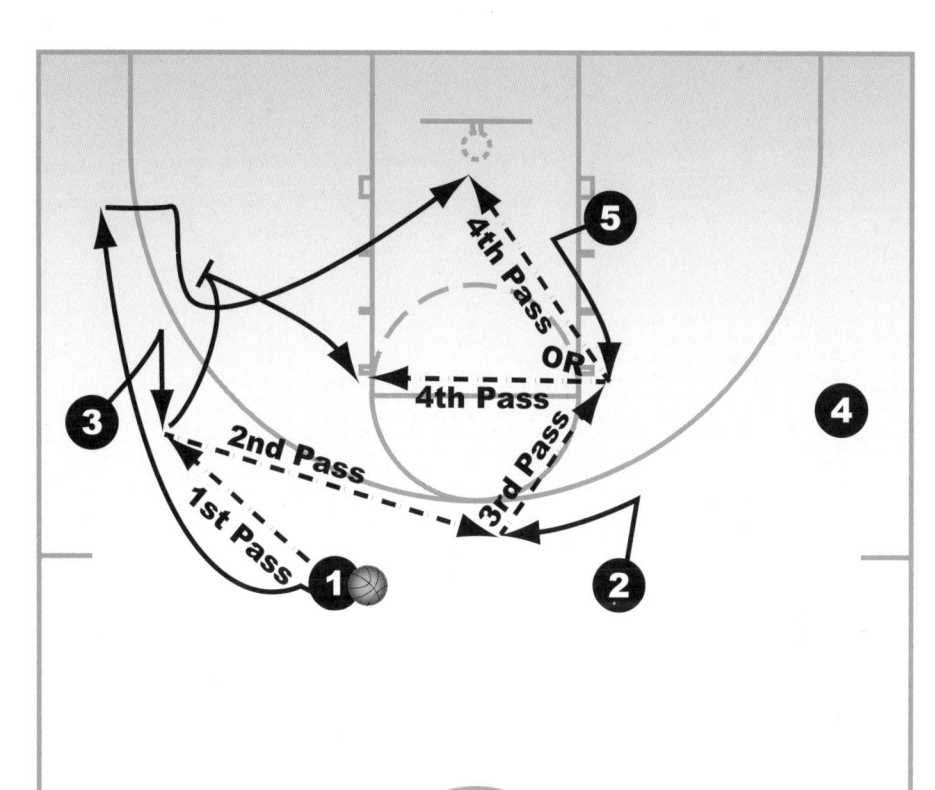

Kundla 1.2

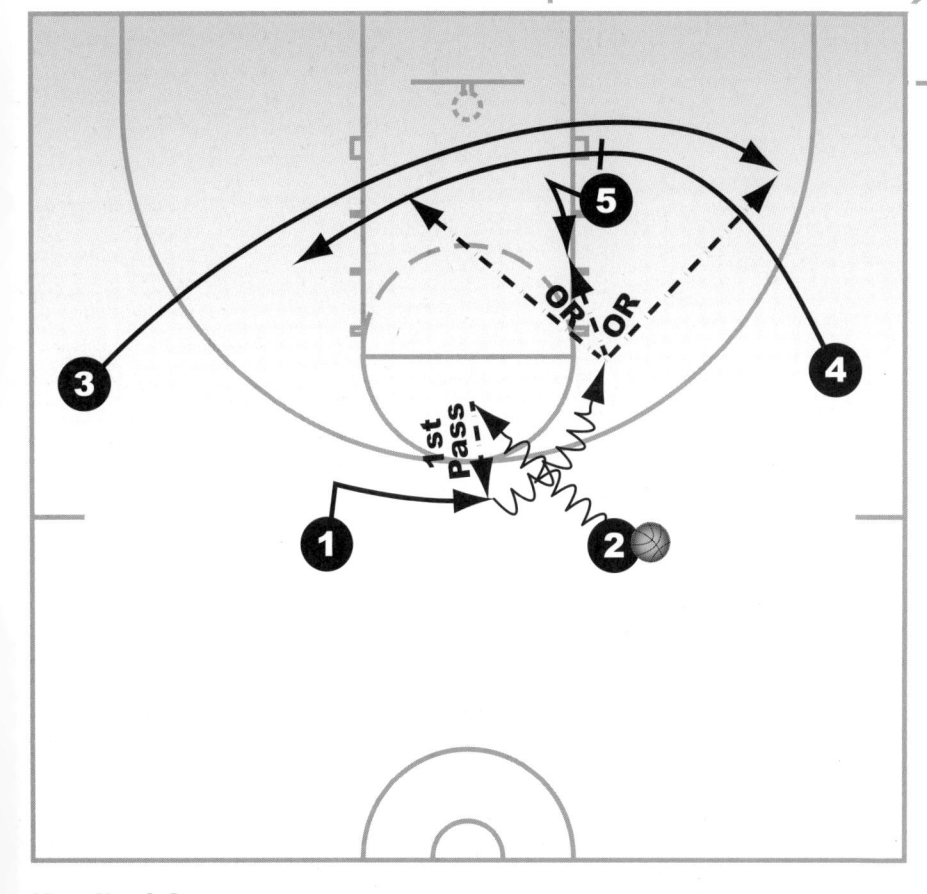

図1.3では、バックコートの❶と❷がドリブルによってポジションを入れ替わるような動きをする。❶はボールを受けたら、右のサイドラインにいる❹の方向へドリブルする。そのドリブルに合わせて、❹はペイントエリアの横で❺と共にダブルスクリーンをセットする。❸はそのダブルスクリーンを利用して、❶からパスを受けてシュートする。

SOURCE
出典

- クリア・ビー、ed.（1963年）、ウィニング・バスケットボール・プレーズ、ニューヨーク：ローランド・プレス。

Kundla 1.3

LEGACY OF
Ward "Piggy" Lambert

- 中西部における速攻法の先駆者であり、彼のシステムは「レースホース・スタイル」バスケットボールとして知られた。

- サイズ（ディフェンスリバウンドを支配すること）とスピード（すばやくボールを前進させること）でチーム作りをした。

- パデュー大学を29年間指導して、ボイラーメイカーズ（チーム名）を11回のカンファレンス優勝に導いた。

- パデュー大学を1932年のヘルムス財団全米優勝へと導いた。

- ベンチでエネルギーあふれる采配をして、チームには正確さと徹底を求めた。

- 「プラクティカル・バスケットボール」の著者であり、この本は伝説的なバスケットボールの教科書として知られている（後に教え子であるオールアメリカンの選手、ジョン・ウッデンは不朽の名著『プラクティカル・モダン・バスケットボール』を書き著した）。

LESSONS FROM THIS LEGEND...

TEAM OFFENSE
by Ward Lambert

> **筆者注釈**
>
> この章で取り上げるのは、ランバートの功績そのものである。それは攻撃的な速攻法であり、彼が好んだオフェンスの基本技術が含まれている。ランバートの著書「プラクティカル・バスケットボール」の「チームオフェンス」(これは本書のテーマでもある)の項目には、ランバートのオフェンスに関する考え方や速攻法について詳細に述べられている。序文で述べられているのは、次の一文である。「速攻はセットオフェンスに比べて、選手が自主的に行う攻撃法である。もしコーチがそれを行おうとすれば、速攻は理想的なシステムであろう、と私は考える」。これから紹介する文章は、速攻法の原点と呼ぶべきものなのである。

TEAM OFFENSE AND FAST BREAK
チームオフェンスと速攻

HISTORICAL DEVELOPMENT
歴史的発達

バスケットボールが考案されてから初期の頃、現在のようにチームオフェンスを組織するという考え方はなかった。そのかわりに、ボールを持っている選手がすばやく味方にパスを出すことによって攻撃を仕掛けていたのだ。ディフェンスはマンツーマンで役割が明確にされていて、ガードはフォワードを守り、フォワードはガードを守った。また、センターはセンターを守っていた。ボールの所有を失ったら、すぐに自分のマークマンを捕まえて、コートのどこへでもついて行き、マークマンが立ち止まれば自分も立ち止まるようなディフェンスをしていた。

ゲームが進化すると、チームでオフェンスを組み立てることが始められた。目的はディフェンスを破ることである。オフェンスの発展に従い、ディフェンスも新しいタイプのオフェンスに負けないように、組織でディフェンスする方法が考え出された。マンツーマン・ディフェンスの弱点を突くために、オフェンスは様々なブロックの方法を編み出した(訳者注釈:ここで言う「ブロック」とは、「スクリーン」の意味をしていると思われる)。ブロックを利用して、コートを縦横に走るプレーによってゴール下のシュートチャンスを作ることに成功したシステムに対して、その効果を相殺するためにゾーン・ディフェンスが考案された。新たなオフェンスの出現がディフェンスを発展させて、その逆も行われていったのである。オフェンスが先んじている時代は得点が増えて、ディフェンスが先手を行く時代はディフェンス中心の試合が増えた。オフェンスとディフェンス、双方の発展は、ルール改正の影響もあり、次第にバランスが取れていった。そして、バスケットボールは科学的な発展を遂げていくのだった。

ゲーム発展の「イタチゴッコ」は続き、現在は完成が近づきつつある。その最終段階として、オフェンスが有利な競技になっていると思われる。

GENERAL ESSENTIALS
必要不可欠な要素

どのようなチームオフェンスを行うにしても、共通して必要不可欠になる要素がいくつかある。以下にそれらを述べていきたい。以下の項目を中心に、既述のように、チームオフェンスは発展を遂げたのである。

BREAKING
速攻

ディフェンスのチームが相手のファンブル、パスのインターセプト、リバウンドの奪取などによってボールを獲得した瞬間、そのチームはオフェンスのチームに変わる。ゴールへ攻撃するテンポが速いか遅いかは、コーチがどのような練習をさせて、チームにどのような習慣が身についているのかによって異なる。速攻の習慣を身につけさせたければ、コーチは「すばやく前を見よ、ドリブルは最後の手段だ」、「すぐにパスをして、走れ」などの言葉を日頃から強調すべきだろう。

パスをインターセプトした直後は、必ず速攻を出すべきである。インターセプトは、速攻を出すのに最も適した状況である。なぜならば、相手チームはディフェンスに戻るためのバランスが整っていないからだ。このようなときは2対1、3対2、4対3などの状況を作り出すチャンスである。私の考えでは、ボールを持ったらまず速攻を狙うことが、チームオフェンスの大切な部分であると思う。速攻を狙う習慣はとても有益なものであり、ディフェンス、オフェンス共に大切な反応を養うことができる。

CONTROL OF THE BALL
ボールのコントロール

ボールを所有したら、そのボールを保持し続けることがいかに重要か、コーチは選手たちに強調するべきである。それと同時に、オフェンスにおけるパスの重要性もしっかりと教える必要がある。中でも、オフェンスを開始させる第1のパスは正確に出されなければならない。

第1のパスを失敗すれば、オフェンスはそれ

LESSONS FROM THIS LEGEND...

で終わりである。特に、相手ゴールの真下を横切るようなパスは絶対に出さないようにする。このパスは、インターセプトされる危険性が最も高いパスである。インターセプトされないために、最初のパスはサイドライン方向に5～6mのパスを出すか、即シュートにつながるロングパスを出すようにする。

第1のパスを正確なものにするために、ボールを取ってからパスを出すまでの練習をくり返し行うとよい。もし第1のパスをサイドライン沿いで受けることができそうならば、パスを受ける選手はサイドラインまで走って行き、そこでパスを受ける。サイドラインでパスを受ける選手には、インターセプトを狙っているディフェンスがいて、もし安全にパスを受けることができても、速攻を遅らせようとしてディフェンスが張り付いてくると思っていなければならない。サイドラインからパスを受けにミートするときは、ドリブラーとディフェンスの間に自分の身体を入れるようにして走り、決してインターセプトされないようなポジション取りをすること。オフェンスを開始するときは、1つか2つのパスで、インターセプトされそうな危険なエリアから、シュートまで持ち込めるエリアまでボールを進めてしまうことである。この1つ、2つのパスをくり返し練習すれば、速攻法は上達するだろう。もし、最初のパスが出せなくて、コーナーまでドリブルで進むことでボールをキープすれば、その攻撃は遅れたものになる。

常にチームでプレーする習慣が身についている選手がいれば、チームオフェンスは成り立つ。チームメンバーの特徴をよく理解した上で、チーム作りを行うべきである。

良い習慣が身についている選手がいながら、互いの特徴が理解できないのであれば、コーチは選手たちの特徴が発揮できるようなシステムを与えなければならない。これはコーチの仕事である。そして、コーチの指導によって身につける習慣は、必ず良い習慣であるべきだ。悪い習慣は、すぐに身についてしまうものである。バスケットボールはまさに習慣のスポーツであり、その習慣の良し悪しは、日頃の指導成果なのである。

Foundation of Fundamentals
基本を身につける

どのような試合においても、たくさんの得点を得ることに成功しているチームは、基本を徹底的に行うことによってのみ、オフェンスを成功させているのだ。いわゆる「戦術」と言われる部分は必要ないのである。客観的に言えば、勝利の決め手となるのは基本の徹底が習慣化されているかどうかであり、フォーメーションが決め手になるのではない。指導において、強調されるべき基本とはパス（ボールにミートすることやパスを出す前の視野なども含まれる）、シュート、ドリブル、オフェンスのフットワークなどである。これらの基本が動作として正しく行われること、そしてそれが習慣として身につくことを指導するのである。正しい技術が習慣になれば、それはオフェンスのシステムそのものであるといえる。そして、選手たちが基本を身につけたら、次はそれらの基本をどのようにしてチームプレーにつなげるのか、ということを理解すればよい。

Coordination of Offense and Defense
オフェンスからディフェンスへの切り替え

コーチが指導するオフェンスのシステムには、選手の配置やポジションなどが大切になるが、その中には「切り替え」の部分も考慮されなければならない。オフェンスからディフェンス、またはその逆の切り替えである。オフェンスとは、相手ディフェンスの領域に入り込む努力をすることだが、切り替わった瞬間、オフェンスはいち早く戻り、ディフェンスを組まなければならない。オフェンス、ディフェンス共にバランスよくプレーすることが大切であり、バランスを失うと、切り替えの瞬間に苦しむことになってしまう。

> **筆者注釈**
> これは現在で言われる「トランジション」を意味している。

Developing Psychological Reactions
心理的な反応を養う

ほとんどのオフェンス・システムは、パスとパスにミートする動きが含まれている。パスが前方に出されたとき、ボールの方向にミートすると同時にゴールを向くようにするとよい。このようなミートの方法は、選手に積極性やゴールへ向かう気持ちを身につけさせることになる。コーチが動きの説明をするのではなく、ドリルによる反復練習によって前向きな気持ちを養うのだ。もし、攻撃を仕掛ける前にパスを返してしまう練習を繰り返せば、選手から積極性やゴールへ向かう気持ちは失われてしまうだろう。

距離の短いシュートは、長距離のシュートよりも確率が高いので、オフェンスを組み立てる上で、ゴール下にボールを集める計画をすることは必要不可欠なことである。ゴール下に立ち、そこからパスをミートすれば、ディフェンスを引きつけることができるだろう。この動きによってディフェンスを引きつければ、ゴール下にスペースができるので、味方がそこに走り込み、パスが通ればゴール下でシュートすることができる。もし、ディフェンスを引きつけることができなければ、パスを受けた選手はどうにかしてディフェンスを引きつける心構えを持たなければならない。

これから述べるオフェンスのパターンは、すべて前述の要素が含まれていることに気がつくだろう。速攻やセットのフォーメーションを有利に行うため、今まで述べたような事柄が含まれるべきなのである。

Coaching Advice
コーチング・アドバイス

バスケットボールのチーム作りを経験して感じることは、コーチは第1に教師でなければならないということだ。バスケットボールはハビットゲーム、つまり習慣のスポーツであるということを理解するべきだ。同時に、悪い習慣はすぐに身につくということも理解しなければならない。悪い習慣は選手たちが正

LESSONS FROM THIS LEGEND...

しい技術を行うことを確実に妨げてしまう。また、バスケットボールは心理面が大きく影響するスポーツでもあるので、コーチ（教師）は適切なメンタルトレーニングを実施しなければならない。私の経験から、選手は少しずつ成長するという事実を知っている。コーチたちは我慢強くなければならない。言い換えれば、選手たちが十分に練習を理解する前に、多くの基本技術を教え込もうとしてはいけないのである。「宙ぶらり」という言葉があるが、これをチーム作りに置き換えれば、練習によって十分な基本の徹底と、適切な心理面を身につけることができていない状況を意味する。指導において非常に危険なことの1つに「教えすぎ」がある。経験の少ないコーチ、また若いコーチが陥りがちなのは、選手たちにすべての知識を教えようとすることである。若い選手たちは、ほとんどが多くの知識を理解できないはずだ。教えすぎるということは、教えないということよりも危険である。

Molding Individuals into a Team
個人をチームの形にする

適切なドリルを行い、パスやフットワーク、シュートなどの正しい基本技術を身につけさせながら、コーチは個々の特徴をチームとして形にする指導をすべきである。プレーのシステムを教えて、それをチームオフェンスにつなげていく。コーチは言葉での説明、図解、コート上での模範などにより、オフェンスのシステムを選手たちに理解させなければならない。チームのシステムをプレーするという考え方を理解した上で、選手たちは動くべきなのである。選手たちがプレーを理解した後は、ゲーム形式の練習を行い、基本が正しく行われているのか、タイミングが合っているかどうかを確かめる。

チーム内で適切なポジションを決めることは、とても重要なことである。ポジションの決定はコーチが判断を下すことの中で最も重要な1つだが、以下の考え方はきっと役に立つだろう。

第1に、バスケットボール選手にとって共通して求められる能力を考える。それは勇気であり、身体能力ではなく精神面である（これはバスケットボール以外の競技にも共通の事実である）。コーチは選手たちに、勇気とは精神の安定から生まれるということを教える。相手がどうであれ、自分の努力でいつでも全力を尽くすことができる、という事実に気づかせるべきである。戦うことは精神の問題であり、肉体の問題ではない。当然のこととして、選手のコンディションを最高に保つことは重要である。だが、頭脳と性格は最も大切な財産なのだ。優れた頭脳と性格の持ち主は、自らの能力を十二分に発揮し、極限の中でも自分のレベルをさらに高めることができるだろう。

身体能力、または賢さが特別優れていないことは問題ではないが、勇気を持つことや考えることをしない選手は、いくら努力しても成長しない。身体的なサイズは重要だが、コーチは選手のサイズに対して寛容的な考えを持つべきだ。すばやく動ける選手なのに、小さいからという理由だけでその選手を排除してはいけない。小さな選手の多くは、試合で十分活躍できるはずである。たしかに、ゴール下では小さいためにハンディはあるだろう。だが、それ以外の局面では、大きい選手と同等に戦えるのだ。

The Placing of Players
選手たちの配置

センター

センターは、試合中にとても大切な役割を果たす。誰をセンターにするのかを考えるときに、決して身長だけを基準にしてポジションを決めてはいけない。背の高い選手をセンターにすれば、センタージャンプのときに有利になる可能性はある。だが、センタージャンプに勝つために、センターというポジションが存在するわけではない。長身選手は多くの場合、ゴール下での積極性に欠く選手が多い。たとえば、リバウンドからのシュートや、ゴール下でのディフェンスで、積極的にプレーしない傾向がある。それらのプレーが、センターの役割であるにもかかわらず

だ。また、パスやシュートの正確性に欠く選手も多い。そして、センターには高くジャンプする能力も求められる。

フォワード

フォワードは第1に、良いシューターでなければならない。リバウンドを取ってからのシュートを考えれば、身長は低いより高い方が有利である。もし、スピードや、フットワークの能力、またはディフェンスの力が同等であれば、背の高い選手をフォワードでプレーさせるべきである。

ガード

どのようなディフェンスのシステムを行うにしても、背が高く、力強くて、積極性のあるガードの選手が1人は必要なはずである。背の高いガードの選手は、いち早くゴール下に戻り、相手のイージーシュートを防いだり、リバウンドを奪取したりする。そして、これらのディフェンスから自分たちのオフェンスは始まる。良いガードの選手が2人いれば、チームのディフェンス力はさらに向上するはずであり、特にゴール下が強力になるはずだ。また、リバウンドも確実に取ることができるだろう。ガードを選ぶときに身長は大切だが、フットワークのスピードについても、十分に考えなければならない。身長だけに着目して、フットワークをおろそかにしてはいけないのである。ガードというポジションは、「フロアガード」、「ランニングガード」という名称でも呼ばれるように、システムの中では、ディフェンスだけに責任を持つのではなく、オフェンスにおいても大切な役割を果たすべきポジションなのである。フロアガードを務める選手には、すばやさが求められる。積極的な気持ちと、優れたボールハンドリング能力も必要だ。システムの中で、ときにはシュートを放ち、良いパッサーであり、プレーの状況判断が的確にできる選手にガードをさせたいと考える。

「教えすぎ」がバスケットボールの指導において有害であることは前述した。いくつかの力強いプレーを教えて、それが十分に行えるまで反復練習をすることが大切だ。たくさんのプレーをさせて、どれも徹底して行えない

LESSONS FROM THIS LEGEND...

状況は好ましくない。オフェンスでもディフェンスでも、正しいフロアバランスの中で、力強いプレーができるように指導すべきである。

選手の特徴、チームの特徴を最大限に生かしてオフェンスするために、コーチは公式戦で直面する相手ディフェンスのパターンを考えて、それに対する準備をしなければならない。相手が突然行う「サプライズ・ディフェンス（驚かせるディフェンス）」に対する練習は、可能であればシーズンの初期から練習をしておくべきである。事前に注意を促して、具体的なオフェンスの動き方を指導しておけば、選手たちは本番の試合でも正しくプレーすることができるだろう。どの形のオフェンス・システムが最高なのかについては議論が持たれる部分だが、ゾーン・ディフェンスに対しては特別なオフェンス方法が必要になる。同様に、どのようなオフェンスに対しても、特別なディフェンス方法は存在する。特別なディフェンスに対する攻撃方法は、しっかりと指導されるべきである。

個人技術を指導した後に、それらをチームプレーへつなげる段階では、最初にディフェンスをつけないで練習させるとよい。ディフェンスはプレッシャーを与えずに、オフェンスはそれぞれの動きを覚えるのである。最初は正確性を求めて、次第にスピードを加えていくようにする。このような指導を行った後、実戦に限りなく近い状況での練習、つまりゲーム形式のスクリメージを行うとよい。

スクリメージを行っている間、コーチは下記のような注意点を与えて、プレーの基本がおろそかにならないように指導する。

1. ドリブルをするときは、サイドラインから少なくとも1.5 mは離れること。
2. ゴール下では短い距離のパスをするな。シュートせよ。
3. 正確性の欠いたパスをしてはいけない。最初は「見る」ことであり、ドリブルは最後の選択肢である。
4. 雑なシュートをするな。
5. サイドライン方向に、長いパスを出してはいけない。
6. ボールにミートせよ。
7. パスを受けるために、サイドラインから走ってくること。
8. パスをインターセプトしたら、速攻を出せ。

SELECTING A STYLE OF TEAM OFFENSE
チームオフェンスのスタイルを選択する

チームオフェンスに不可欠な要素やオフェンスを発展させるためのアドバイスなどはすでに述べた。今度は、チームオフェンスの詳細について考えていきたい。速攻であれ、セットオフェンスであれ、オフェンスはディフェンスを拡散させて、シュートチャンスを作り出すことを目的として計画されなければならない。

オフェンス・システムの詳細を解説するにあたり、理解しておいてほしいことがある。パデュー大学で行われているシステムの中には、一般的なファンダメンタルの原理原則が十分に含まれているということだ。オフェンスのシステムそのものの重要性を批判するつもりはないが、システムだけ行えばプレーは上手くいくという勘違いを読者の皆さんにはしてもらいたくない。システムは動きであり、実際にはディフェンスがいるということを頭に入れて、オフェンスの長所と短所を理解してもらえばいっそう効果があると思う。選手の能力を鑑みてオフェンスのシステムを選択すると同時に、大学バスケットボール界の流行から考えて、公式戦で相手が行うであろう特殊なディフェンスに対する攻撃方法を準備しておかなければならない。バスケットボールの指導者は、「これはシステムでしかない」という言葉を発することは珍しいが、いつでも柔軟な考え方を持ちながら指導をすること。私は、選手の能力やチーム状況によって、常に柔軟な考え方を持ち、システムに修正を加え続けている。

FAST-BREAK
速攻

オフェンスで不可欠な要素について考えてみると、速攻はオフェンス・システムの大切な一部であることがわかる。速攻を上達させるためには、速攻を出せるのか、それとも出せないのかの判断を選手自身ができるようにしなければならない。もし速攻が出せないのであれば、ゆっくりとボールを運んでくればよい。速攻を行うには、正しい状況判断が必要だ。2対1、3対2、または4対3という状況になれば、速攻を出すことで有利な展開が生まれる。速攻を出そうとすれば、おそらくミスが増えることになるだろう。しかし、それは速攻の「副作用」みたいなものである。速攻を増やせば、いくらかはミスが増えてしまうものだという事実を理解しよう。問題なのは、速攻を出すことによる成功と失敗の得失を正しく判断して、指導することである。

コーチの中には、ミスをすることが敗戦につながると考えているので、ボールは常にゆっくりと運び、セットオフェンスを主体に戦うことが好きなコーチもいる。たしかにこれは一理ある考え方で、意見の分かれるところだ。私は経験上、速攻を狙う方が良いと考えている。2対1や3対2、4対3といった状況を見落としてプレーすることになってしまうからだ。選手たちに速攻を出すという習慣が身につけば、有利な状況というのはいくらでも見つかるはずである。ゆっくりとボールを運んでセットオフェンスする方法は、フリースローラインあたりからオープンで放つ外角のシュートが多くなるだろう。しかし、そのようなシュートは、速攻を行っても作り出すことができるのだ。

速攻が成功するかどうかは、選手たちが速攻を出す習慣がどれほど身についているのかによって決まる。また、相手のディフェンスが速攻を止めることに慣れていなければ、速攻を出すことができるだろう。だが、最も大切なことは、日頃の練習から速攻を出すための習慣を身につけているのかどうかである。毎日のドリルによって反復練習をしておかなければ、実際の試合で効果的な速攻が出せるようにはならない。ディフェンスからリバウンドを奪取して、速攻を狙い、パスを出すとい

LESSONS FROM THIS LEGEND...

う一連の動きを習慣にするのである。
速攻はディフェンスでボールを取った瞬間から始まる。ボールを取ったとき、ドリブルをしてからパスをする習慣がついている選手が多く、その動作が速攻のチャンスを潰してしまう。そのため、リバウンドを取ったらドリブルせずにピボットを踏み、速攻を開始するアウトレットパスができるように、ドリルを繰り返しておくとよい。

リバウンド以外で速攻を出すチャンスは、相手がファンブルしたとき、またはパスをインターセプトしたときが考えられる。このような状況についても、ドリルを通じて練習しておくべきである。ボールを奪ったら、即座にパスを出すか、ドリブルによってドライブして、ゴールに向かうこと。速攻は、よほどの練習量を積まない限り、試合では成功しない。オフェンスが動きを理解して、習慣としてプレーできるようになるまでは、ディフェンスをつけずに練習をするとよい。

LONG PASS FAST-BREAK
ロングパスの速攻

これから、ロングパスによる速攻と、短いパスのクロス・コンビネーションによる速攻について解説していきたい。ロングパスによる速攻を使用する際に考えるべきことは、チームの年代についてである。つまり、高校や大学のチームはプロのチームとは異なるので、プロが行うような正確なロングパスを期待することはできないのである。

若い年代の試合というのは、パスが正確に出せないだけでなく、シュートの確率も低いものである。私たちのチームが試合をすると、シュート率は20～40%ほどになる。相手チームも、だいたい4本シュートして1本成功する程度だ（1920年代～1930年代当時）。そのため、リバウンドを取ってからロングパスで速攻を出す練習をしておけば、試合中に簡単なゴール下でのシュートチャンスを作り出せる可能性が高い。選手たちには、速攻で走ったときは、ロングパスが自分に投げられると思って走れと指導している。自分たちのセンターをゴール下に居残らせておき、ボールを取ったらすぐにロングパスによる速攻を狙えば、相手チームは同じようにセンターの1人をセフティーとして残すに違いない。その結果として、相手チームはオフェンスを4人で行わなければならない状況になるだろう。ロングパスは、アメリカンフットボールの「パント」に似た役割を果たしている。ディフェンスしているサイドのゴール下から、攻撃するゴール下に直接ロングパスが通ることは、即得点につながり、相手にとっては非常に危険を感じるプレーになる。理論的には、相手のオフェンスが5人いて、自分たちのディフェンスが4人しかいないのであれば（自チームのセンターは、ロングパスを受けるためにゴール下に残っている）、相手チームは必ず得点ができるはずである。しかし実際の練習では、相手がシュートを失敗しても、ボールを取ったらロングパスを出すようにしている。ロングパスを狙うことによって、相手チームもセンターをセフティーとして残らせざるを得なくなるのだ。

速攻を狙うことと、ボールを所有することの大切さ、その両方を理解することも大事なことだ。選手たちには、速攻を出すべきなのか、動きをスローダウンさせてセットオフェンスを行うべきなのか、その判断ができるようになってほしい。コーチが強調すべきことは、スピード、正確さ、そしてフットワークである。ファンブルが起こってしまったら、プレーを止めてくり返し練習させる。このような指導を通じて、選手たちはファンブルすることが罪であるという意識を持つようになるのだ。

SOURCE
出典

・ワード・ランバート Ｉ（1932年）、プラクティカル・バスケットボール、シカゴ：アスレティック・ジャーナル・パブリッシング。

LEGACY OF
Kenneth "Ken" Loeffler

- 連続性のあるチーム・オフェンスをもとに、「刺激によるバスケットボール」と呼ばれたオフェンス・システムを考案した。

- 選手たちは全員が多面的な動きをして、すべての技術をマスターすべきだという信念を持っていた。

- ラサール大学を1952年にNIT優勝へ導き、1954年にはNCAA優勝を果たした。

- 自分自身がバスケットボールの先見の目を持っていると信じて、プレーの主導権を得るためにはボールをコートの中央に集めるべきだという考え方を広めた。

- 未来のバスケットボールはスピードとクイックネスが重要になると信じた。

- 自分の意見を表現して、華があり、多くの才能を持った人物だった（バスケットボールのコーチだけではなく、法律家、詩人、音楽家、作家、野球のスカウト、テレビキャスター、そしておしゃれな牧場主としても活躍した）。

LESSONS FROM THIS LEGEND...

THE SCREEN-WEAVE OFFENSE

By Ken Loeffler

私はセットオフェンスの信奉者ではない。セットオフェンスだけを行うことは、簡単にディフェンスされてしまう。それに、セットオフェンスを組むということは、選手に（たとえばピボットマンなどという）特定の役割を与えてプレーさせることを意味する。オフェンスは優れたバランスの中で行われるチームプレーであるべきだ、と私は考えている。1人や2人を中心に考えたオフェンスを行えば、その他の選手たちはプレーすることに興味を失ってしまうだろう。もちろん、これから紹介する「刺激に対するバスケットボール」では、この問題も解決することができる。「刺激に対するバスケットボール」は、すべての選手たちに得点チャンスが与えられているシステムである。

A CONTINUITY OFFENSE NEVER ALLOWS THE DEFENSE TO REST
連続性のあるオフェンスでディフェンスを休ませない

動きのパターンが決まっているセットオフェンスを行うとき、それがどのような動きの含まれているオフェンスであっても、誰かが動かなければオフェンスのバランスは必ず崩れるだろう。セットオフェンスに失敗して、もう一度オフェンスを組み立てなおそうとすれば、その時間は相手ディフェンスにとって休むことのできる時間となり、もう一度ディフェンスを組み立てなおすための余裕を与えてしまうことになる。本来、オフェンスの目的は、ディフェンスを混乱させて、その構えを崩すことのはずだ。連続性のあるオフェンス（コンティニュティ・オフェンス）を使用すれば、ディフェンスに考える時間を与えず、休ませることもなく、攻撃を仕掛けることができる。

セットオフェンスの弱点としては、相手のディフェンスもしっかりとセットさせてしまうことにある。だが、スクリーン・ウィーブのようなコンティニュティ・オフェンスを行えば、ディフェンスがマッチアップをする前に攻めきることもできる。最初のシュートチャンスで攻められなくても、流れの中で第2のシュートチャンスが訪れるのだ。コンティニュティ・オフェンスによって、オフェンスもディフェンスも動き続けることになる。動きの多い試合は観客によって好まれるし、選手にとっても、成長を促すことができるシステムだといえる。

SET PATTERNS AS A SUPPLEMENT TO YOUR CONTINUITY OFFENSE
コンティニュティ・オフェンスにセットのパターンを加える

誤解を招かないように言わせて頂くが、バスケットボールにおいてセットのパターンとは、必ず必要になるものだ。たとえば、速攻法がそうである。だが、パターンというのは、コンティニュティ・オフェンスに付け加えて使用するべきだと思う。セットのパターンは、若くて経験の少ない選手たちが、パス、ドリブル、シュート、カット、ボールの展開、スクリーンなどの基本技術を身につけるために適している。また、セットオフェンスを行うことによって、あらかじめ決められたプレーを全員が理解して、より良いチームプレーが行えることにもなる。特に、コンティニュティ・オフェンスの導入としては最適だ。セットプレーでディフェンスを打ち破り、コンティニュティに移行するのである。覚えておくべき大切なことは、パターンを付け加えたコンティニュティ・オフェンスにより、常にディフェンスを動かし続けることだ。ディフェンスを動かし続ければ、ディフェンスは混乱して、オフェンスが先手を取って攻撃を仕掛けることができるだろう。

SCREEN-WEAVE PATTERN
スクリーン・ウィーブ・パターン

スクリーン・ウィーブ・フラッシュ・ピボットのパターンは、セットプレーとランダムに動くプレーの中間である。セットプレーは、ディフェンスに動きを読まれてしまい、容易に防がれてしまうところに弱点がある。一方、ランダムに攻撃すれば、それぞれの選手が違うことを考えて動くため、お互いが邪魔をしてしまう恐れがある。そこで、両者の長所を取り入れたオフェンスとして、私はスクリーン・ウィーブ・パターンを考案した。

どのような攻撃をするにせよ、バランスは最も重要である。5人の選手たちがコート上に広がってスペースを作り、ディフェンスを拡散させる必要があるからだ。片方のサイドに4人が偏ってしまうオフェンスは、バランスが悪いといえる。このようなアンバランス状態では、動こうとするときにスペースが狭くなってしまう。その結果として、混み合った状態で攻撃すれば、攻撃を展開できる方向が制限されてしまうことになる。

ウィーブ・パターンを5人で行うにしても、4人でも3人でも、大切なことはできる限りボールをコートの中央に集めることである。理論的に考えると、攻撃を左右の両サイドから仕掛けることは、片方のサイドのみで攻撃するよりも、相手ディフェンスを困らせることができるはずである。私のチームではウィーブ・パターンを始めるときに、5人が1つの円になるように配置する。センターの2人を両サイドのコーナーまで広げて立たせるのである。このオフェンスでは、いくつかのス

LESSONS FROM THIS LEGEND...

Loeffler 1.0

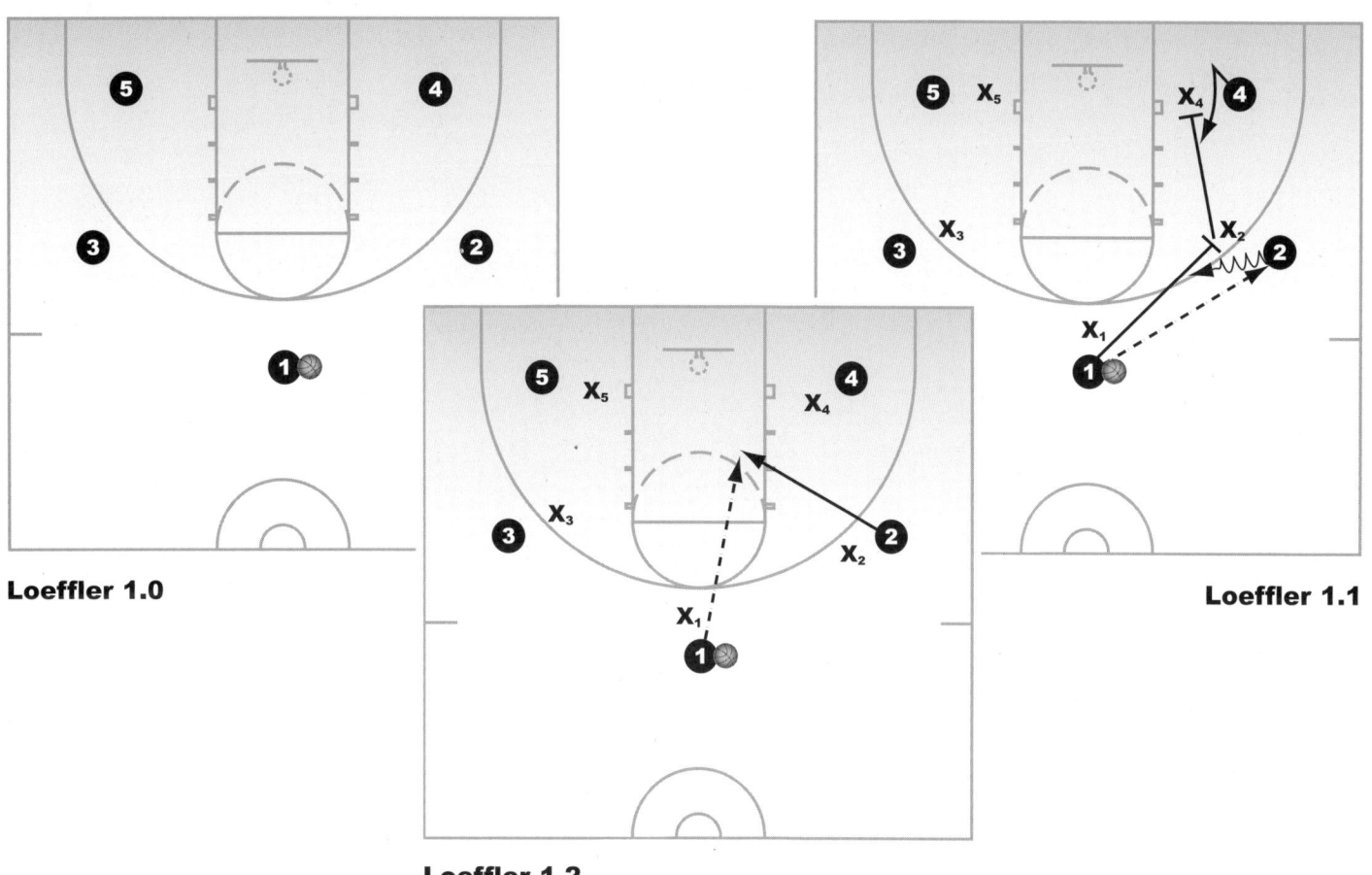

Loeffler 1.2

Loeffler 1.1

クリーンやギブ・アンド・ゴー、セットシュート、ピボット・プレーなどの選択肢から攻撃を組み立てるようにしている。

スクリーン・ウィーブ・パターンを行うにあたり、考慮すべき要素は以下の4点である。(1) 個人能力。(2) 相手ディフェンスの長所。(3) 自チームと相手チームの体力を比べて、どのくらい長い時間プレーできるか。(4) 相手チームのファウル数と得点差（もし相手チームに4回ファウルしている選手がいれば、その選手をファウルさせ、退場させるための攻撃を組み立てる）。

5人全員がスクリーン・ウィーブを行うためのファンダメンタルを習得しているのであれば、5人でパターンを行う。一方で、もし誰か1人が不得意なプレーを持っているなら、例えば外からのシュート力がなく、スクリーンが上手くないが、リバウンドやコーナーからのシュートなら期待できる選手がいたとすれば、その選手の動きを制限して4人でウィーブ・パターンを行う。ウィーブを行うのに適さない選手が2人いる場合は、その選手たちにはインサイドでフラッシュ・ピボットとコーナーでのシュート、またリバウンドに集中してもらう。ウィーブ・パターンを行う選手が5人でも、4人でも、3人だとしても、大切なことはコートの中央を広く開けておき、ドライブするためのスペースを作っておくことだ。これこそが、刺激によるバスケットボールの基本的な考え方である。

OPTIONS IN THE SCREEN-WEAVE PATTERN
スクリーン・ウィーブ・パターンのオプション

1. 最初の配置
スクリーン・ウィーブ・オフェンスでは、5人の選手がアウトサイドに位置することから始める（図1.0）。

2. パスして、ドリブラーにスクリーン
❶は❷にパスを出して、X₂に対してスクリーンをセットする。その後、❶は動いて❹のためにスクリーンをセットする。❹は頭を振ってフェイクをして、自分のディフェンスを❶にブラッシュするように動く（図1.1）。

3. ❷によるバックドアカット
❶から❷へのパスを、X₂がディナイしたとする。この場合、❷はゴールに向かって走り、パスを受けようとする（図1.2）。

LESSONS FROM THIS LEGEND...

Loeffler 1.3

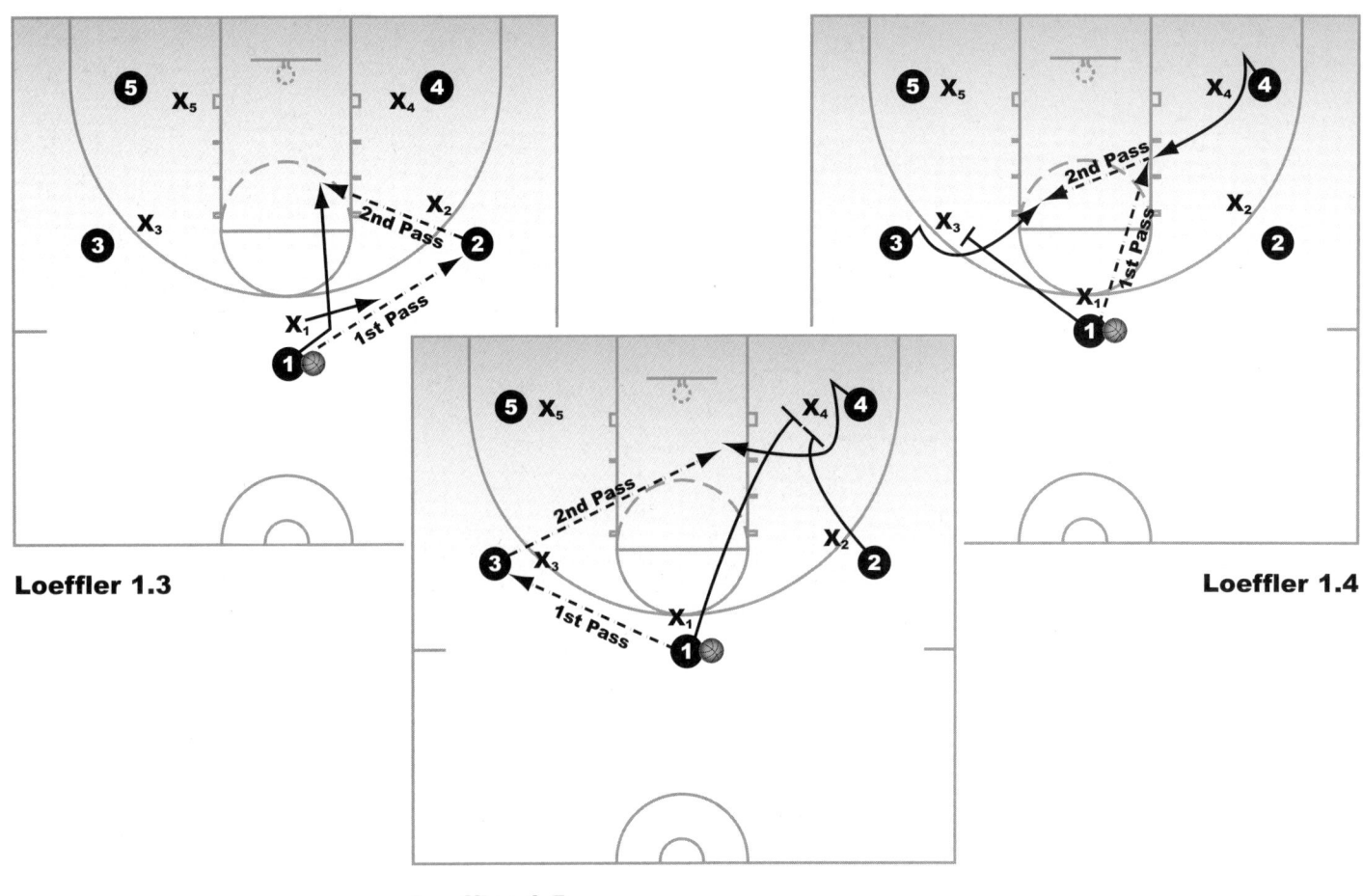

Loeffler 1.4

Loeffler 1.5

4．❶によるバックドアカット
❶が❷にパスを出す。X₁は、❶がX₂へスクリーンをセットするために動くだろうと予測して、ディフェンスしたとする。このとき、❶はディフェンスの動きを読んで、ゴールに向かって走る（図1.3）。

5．❹によるフラッシュ・ピボット
❶がポストに走る❹へパスを出して、❸へスクリーンをセットする。❸はスクリーンを利用して動き、❹からのパスをもらおうとする（図1.4）。

6．ウィークサイドにパスを出して、ダブルスクリーン
❶は❸にパスを出す。そして❶は❷と共に、❹へダブルスクリーンをセットする（図1.5）。

KEY TEACHING POINTS IN THE SCREEN-WEAVE PATTERN
スクリーン・ウィーブ・パターンを指導するための重要事項

私たちのスクリーン・ウィーブ・パターンでは、パスを出した選手が、すぐにスクリーンをセットするために動くようにしている。パスの種類が短いパスでも、手渡しパスでも、このことは共通である。ボールを持った選手が、2つの選択肢を持ち、常にプレー（動く方向）を選べる状態にしたいと考えている。このことは、スクリーンプレーを成功させるために、とても重要になる。パスを出す選手は味方を見るのではなく、次に自分がスクリーンをかけるディフェンスが、どこにいるのかを見ながらパスを出すことも大切である。ボールを持った選手は、瞬時に正しい状況判断ができるようにすること。フォワードへのパスを例に考えると、ポイントガードの選手は、フォワードへのパスを狙いつつ、可能であればコーナーからポストへ走る選手へパスが出せるかもしれないし、自分がオープンなら、ゴールに向かってドライブすることも必要になる。驚くかもしれないが、シュートフェイクをしてからゴールにドライブするとき、広いスペースがあれば、6m（20フィート）くらいの距離ならばドリブル1回だけでゴールまで届くはずである。スクリーン・ウィーブ・パターンを行うときには、ドリブルは1回か2回しか使わなくても、ほとんどのプレーが成功する。もしドリブルをするのであれば、必ずトリプルスレットの姿勢からドリブルを始めることも大切なことである。

ボールを持たないときに動けることは、良いバスケットボール選手の大切な要素である。ジム・ポラード、ジョージ・マイカン、ボ

LESSONS FROM THIS LEGEND...

ブ・クージー、そしてトム・ゴラなどの偉大な選手たちは、ボールを持たないときに動く能力が大変優れていた。

しかし、「ボールを持たないで動く」ことの指導は、大学のコーチたちにとって、とても大きな問題となる。その理由は、高校時代に活躍した選手たちは、ほとんどの場合、ボールを持ったプレーで活躍した経験を持っているからである。つまり、シュートやパス、ドリブルやリバウンドなどの技術で高い能力を発揮して、大学に入学してくる選手たちを指導する難しさがあるのだ。彼らを大学界で、もう一段高いレベルの選手に成長させるためには、ボールを持たないときの動きを指導して、その重要性を心から理解させる必要がある。今や大学バスケットボールのレベルでは、ボールを持つ、持たないにかかわらず、絶えず味方と協力して動ける選手でなければ、活躍はできないと言える。

ボールを持たない選手は、相手ディフェンスに対して頭を振るフェイク（ヘッド・フェイク）を行うべきである。その理由は、1）ディフェンスをスクリーンにぶつけるため、2）リバウンドに有利なポジションを取るため、3）適切なピボットの姿勢を作るため、4）カットやスペースを埋めるための動きを行うため、などである。

ドリブルは、必要なときに使えば実に効果的な技術であるが、ドリブルしすぎは悪影響をもたらすこともある。多くのファンはドリブルを好むようだが、実際はそれほど多くのドリブルを使用しないほうが、良い攻撃ができるものだ。なぜならば、ドリブルのしすぎは、オフェンスを個人プレーによって崩してしまう恐れがあるからである。そして個人プレー中心になると、他の選手たちに心理的な悪影響を及ぼしてしまうことにつながる。たいていの選手は、周りをよく見ないでドリブルを続ける選手に苛立ちを感じる。ドリブルによってボールを独り占めしていると感じて、周りの味方選手は動こうとしなくなってしまう。今パスを受ければオープンになるという瞬間があっても、たぶんドリブルを独り占めしている選手は、自分を見つけてはくれないだろう、といった思考の悪循環が始まるのだ。そのため、ドリブルは以下に述べるいくつかの状況によってのみ、使用するとよい。1）トラベリングを防止するため、2）スクリーンやパスを行おうとして、良いポジションへ移動するため、3）ゴール下に入り込み、レイアップシュートするため。私たちのスクリーン・ウィーブ・パターンでは、特にフロントコートに入った後は、目的のないドリブルはしない。そして、ほとんどドリブルを1回か2回しか使用しないで攻撃をするようにしている。

Summary
まとめ

私たちのチームは、普段は試合の最初に5人のスクリーン・ウィーブ・パターンを行い、試合の流れに応じて、4人や3人のパターンに変化させている。コートの中央は常に広くスペースを取り、ドライブするチャンスを作り出している。もし、相手チームの中にディフェンスの苦手な選手を見つけることができたら、その弱点を突くようにウィーブを展開する。バスケットボールの理論で大切なことは、ディフェンス力の劣る選手を見つけて、そこをオフェンス力の優れた選手に攻撃させることである。この理論に従ってプレーできれば、おそらくほとんどの試合に勝つことができるだろう。

スクリーン・ウィーブ・オフェンスを行うときは、ポストにフラッシュしてピボットする選手を除いて、全員がゴールに向かって正対できることが大切である。常にゴールを向くことで、オフェンスの脅威を生み出すのである。おそらく、このゴールに向くという技術が、スクリーン・ウィーブを指導する上で、最も困難な部分になるであろう。しかし、一度教えることに成功すれば、選手たちは常に攻撃的になり、特定の選手がダブルチームされたとしても、それをチーム全体で攻略することが可能になるはずだ。誰かがダブルチームされるということは、逆に考えれば、ディフェンスのシステムを崩すことに成功したとも言える。トム・ゴラは偉大な選手であったが、彼が偉大でいられたのは、味方選手が彼を高めてくれたからである。つまり、チャーリー・シングリー、チャーリー・グリーンバーグ、アロンゾ・ルイス、フラン・オマーレー、フランク・ブラッチャー、ボブ・メイプルズなどの味方が、常に攻撃的な姿勢でいたからこそ、トム・ゴラの偉大な活躍があったのだ。

SOURCE
出典

・ケン・ロエフラー（1955年）、ケン・ロエフラーのバスケットボール、プレンティスホール、エングルウッド・クリフ社、ニュージャージ。

LEGACY OF
Frank McGuire

- 2つの異なる大学をそれぞれNCAA決勝に導いた最初のコーチである。

- 通算成績は550勝235敗で、15回のポストシーズン出場を果たす（NCAA8回、NIT7回）。

- 1957年全米選手権決勝で、ノースカロライナ大学を率いて、ウィルト・チェンバレンを要するカンザス大学と対戦し、再々延長の末に勝利する。

- アメリカ内で最も優れたバスケットボール選手はニューヨーク出身の選手であるという信念を持つ。そしてニューヨークからのリクルート方法を確立して、「地下鉄のリクルート」と呼ばれる。

- エクスワイヤー誌に登場するほど、カリスマ性があり、自信を持ったコーチだった。

- 心理学者であり、モチベーションを向上させるコーチとして知られた。

- 良いチームは、最強の対戦相手と敵地で戦う、不利な状況の中でのみ、偉大なチームになることができるという信念を持っていた。

LESSONS FROM THIS LEGEND...

WEAVE, POST, AND PIVOT OFFENSE

By Frank McGuire

我々がノースカロライナ大学で行っているオフェンスは、一般的に「イースタン・スタイル」と呼ばれているフリーランスの攻撃である。アメリカ東部、中部でプロのチームが昔から発展させてきたオフェンスであり、すべての選手たちが個人技術を駆使する攻撃法だ。ボールハンドリング、ドリブル、フェイク、そしてフットワークなど、個人技術を最大限に生かすことが可能な戦術である。

「フリーランス」と言っても、「思いつき」でプレーするという意味ではない。一定のパターンがあり、そのパターンに柔軟性を持たせて、個人技術を発揮するようにしている。基本として、3－2型に広がる配置からプレーを始める。図1.0に示されているような配置である。3人の選手がコート中央に広がり、両コーナーに1人ずつ選手が配置されている。

❶はチームで最もパスの上手な選手が務める。クォーターバックであり、プレーメイカーだ。❷と❸は外からのシュート力があり、ドライブできることが求められる。❹と❺はコーナーでプレーする選手だ。彼らはポストでのピボット・プレーができて、リバウンドに強くなければならない。

この基本的な配置から、ウィーブの動きに入る。数年前にセントジョーンズ大学のコーチをしていて、現在はノースカロライナ大学で私のアシスタントをしてくれているバック・フリーマンは、このオフェンスを発展させてくれた人物だ。あるコーチはこのオフェンスを「連続ウィーブ」と呼び、またあるコーチは「フィギュア・エイト」と呼んでいるようだ。私は、このオフェンスを「フィギュア・エイト」を呼ぶことは、間違っていると思う。フィギュア・エイトとは、ピッツバーグ

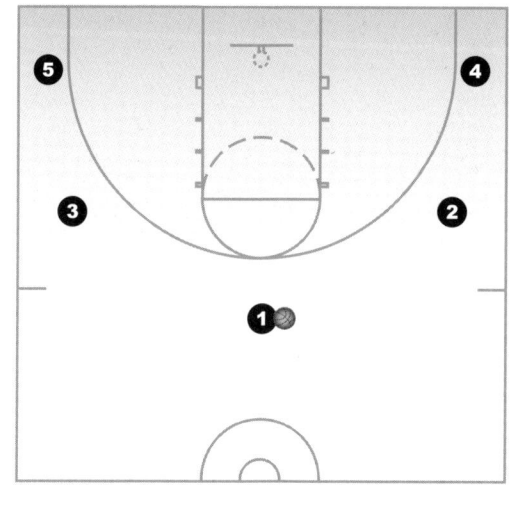

McGuire 1.0

大学の偉大なコーチ、H.C.カールソン博士によって考案されたオフェンスの名称だからだ。私はオールアメリカン・バスケットボール・スクールにて、カールソン博士からオフェンスを教わった。また、コーチ、クリア・ビーからも夏に指導を受けた経験がある。だからこそ言えるのだが、我々が行っているオフェンスは、ウィーブとフィギュア・エイトの中間的なものであり、独自の攻撃法である。

図1.1に示されているように、プレーメイカーである❶は、パスによってウィーブを開始させる。左右どちらのサイ

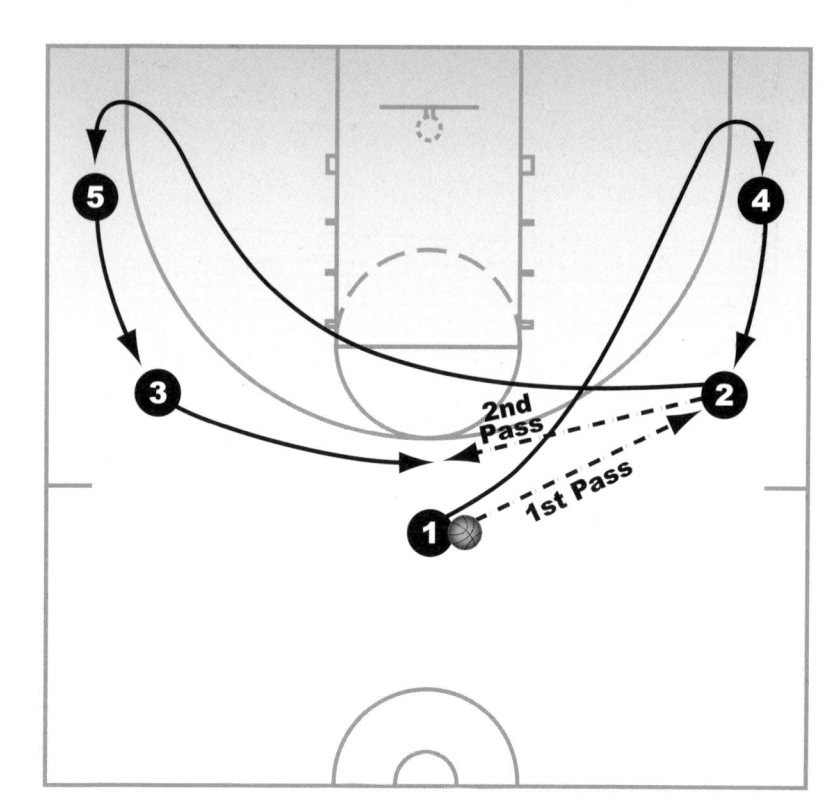

McGuire 1.1

LESSONS FROM THIS LEGEND...

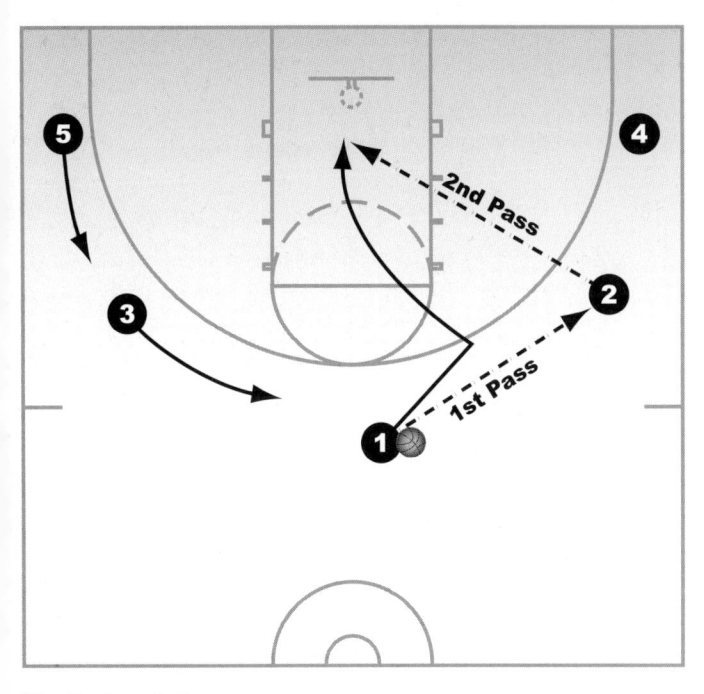

McGuire 1.2

ウィーブの動きの中で、アウトサイドのシューターにスクリーンをセットすることができる。この位置でのスクリーンからシュートを放つプレーは、とても効果的であると感じている（図1.3参照）。外からのロングショットをしたときは、ウィーブの動きを連続させることで、リバウンドのためのトライアングルを作ることに動きがつながる。日頃の練習を積み重ねることで、選手たちはいつスクリーンをセットして、いつシュートすべきかを理解することができる。

相手のディフェンスがマンツーマンで、スライドやスイッチなどをあまり行わないタイプのマンツーマンならば、ウィーブ・オフェンスは非常に効果的な攻撃になる。ノーマルのマンツーマンなら、ウィーブを行うことで、ディフェンスはお互いがぶつかり合い、お互いが邪魔しあうような状況を作ることができる。相手ディフェンスにとって、味方同士が邪魔でオフェンスを止められないことは、他の何よりも苛立つはずだ。

このフォーメーションで、もう1つ利点がある。それはコートの中央、つまりゴール下に常にスペースが空いていることだ。このことは、カットやドライブを行う上で非常に大切なことである。カットやドライブなどのプレーは、ゴール下に広いスペースがあって、初めてその効果を発揮する。

ゴール下でピボット・プレーを行うこともある。この場合は、ゴール下に広いスペースを作ることができないが、ディフェンスがスイッチを行えば、ゴールに向かってドライブするチャンスが生まれる。コートの中央にスペースがあることで、ドライブのプレーが生きてくるのだ。

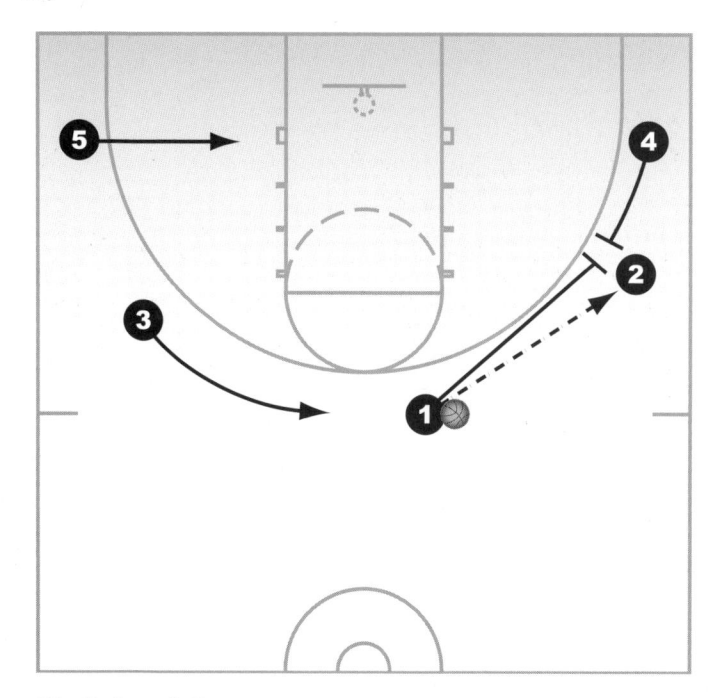

ドにパスを出したとしても、パスを出した後は、インサイドへのムービング・スクリーンをするために走る。なお、このインサイド・スクリーンだが、昔は「接触しないで行えるピック」と呼ばれていたこともあった。

次は、❶からのパスを受けた❷の動きである。❷は❸にパスを出す。そして、パスを出した方向にインサイド・スクリーンをするために走る。❷がパスを受けた場所、つまりフォワードのポジションは、コーナーにいた❹が走って埋める。スペースを埋めることで、❹は❸からのパスを受けることもできる。❹はパスを受けたら、コーナーからスペースを埋めに走る❺へパスを連続させる。

以上の動きは、我々が行っている「ホース・シュー」というウィーブの基本形である。注目すべき点は、選手たちの番号順にパスが連続されるということだ。つまり、❶は❷へパス、❷は❸へパス、❸は❹へパス、❹は❺へパスを出すという流れになっている。

ボールを動かす最大の目的は、レイアップシュートの機会を作り出すことだ。ゴール下にボールを集めることができなければ、繰り返しウィーブを行う。

ときには、ディフェンスと並んだ場合に、チェンジ・オブ・ディレクションを行うことで、簡単にゴール下にパスを通すことが可能になる。図1.2に示されているプレーは、とてもシンプルなものだ。アウトサイドの選手が、すばやく方向変換して、ゴールに走り込んでパスを受けている。

McGuire 1.3

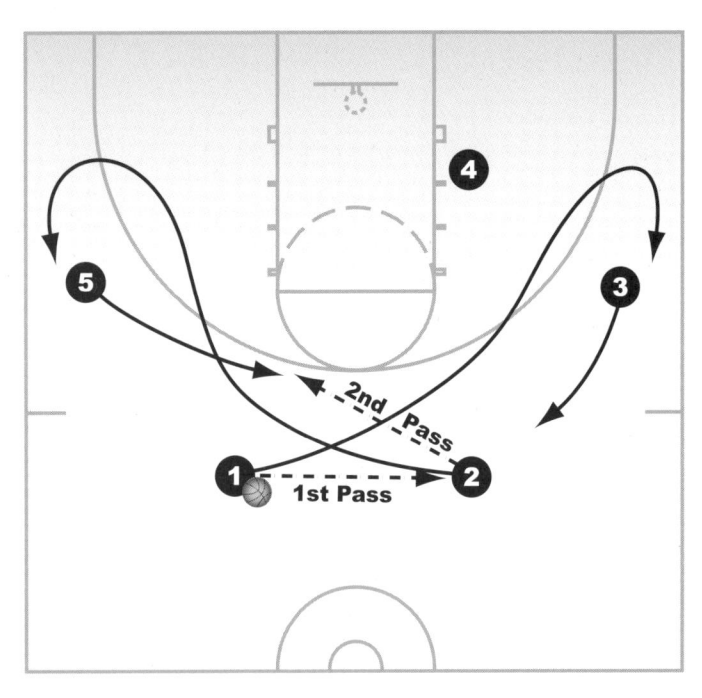

LESSONS FROM THIS LEGEND...

McGuire 1.4

ウィーブを連続的に行っているうちに、ギブ・アンド・ゴーのプレーを成功させる可能性も高まる。事実、この3－2型のフォーメーションは、ギブ・アンド・ゴーに適しているのだ。いくつかのチームが、我々と同じ3－2型のフォーメーションで行うギブ・アンド・ゴーを武器にチーム作りをしている。例えば、デュディ・ムーア率いるデュキュエンス、ドギー・ジュリアン率いるダートマウス、ナット・ホルマン率いるニューヨーク・シティ・カレッジ、そしてベン・カーナバル率いる海軍士官学校などである。

今まで私が述べたことをまとめると、ウィーブ・オフェンスを、コート中央にスペースができる配置から始めるということだ。このスペーシングは、インサイドを攻撃するために不可欠な考え方となる。インサイドの攻撃に成功すれば、次はスクリーンを利用してのジャンプショット、ギブ・アンド・ゴーなどの攻撃が可能になるはずだ。

次に紹介するプレーは、図1.4に示されている、シングル・ピボット・ロール・オフェンスである。左右どちらのサイドであれ、センターがゴール下のペイントエリアにポジションを取ったら、彼にシュートするチャンスが生まれる。周りの選手たちはインサイドにポジションを取ったことに気づき、パスを出し、センターを活用しなければならない。

我々のチームでは、ピボット・プレーを次のように整理して考えている。(1) ポストフィードのパスをして、そこでのシュート、(2) パスして走るプレー、つまりクロスカットやシザース・カットなどのプレー、(3) カットする選手に対してディフェンスがスイッチした場合の攻撃。

もし、ディフェンスがスイッチした場合は、ドライブしようとパスを受けた選手が、ピボットマンにリターンパスを出せばよい。ピボットマンはパスを出した後、必ずボールを見ながら、ゴールに向かって走ること（ボタンフック）。パスした後に走れば、いつでもリターンパスが受けられるはずである。

また、ピボットマンには、パスをもらったらすぐにリターンパスを出す技術を覚えてもらいたい。つまり、アウトサイドの選手からパスをもらい、ディフェンスがカバーに来た瞬間にリターンパスを出せば、アウトサイドの選手はオープンであり、ジャンプショットが放てるようになるからである。

私は、ピボットマンには常にゴール周辺を8の字に動きなさいと教えている。ウィークサイドからストロングサイドへ、またはその逆へ、絶えず動くのである。現代のバスケットボールでは、インサイドへのディフェンス方法が発達しているので、ピボットマンが立ち止まったままパスを受けることは不可能になっている。だからこそ、選手に動くように教えて、良いポジション取りをしてもらいたいのだ。図1.5では、ゾーン・ディフェンスに対してのシングル・ピボット・オフェンスを示している。ピボットマンが動くことで、効果的なトライアングルが描けていることがわかる。

次に紹介したいオフェンスは、ポスト攻撃である。これはポストの選

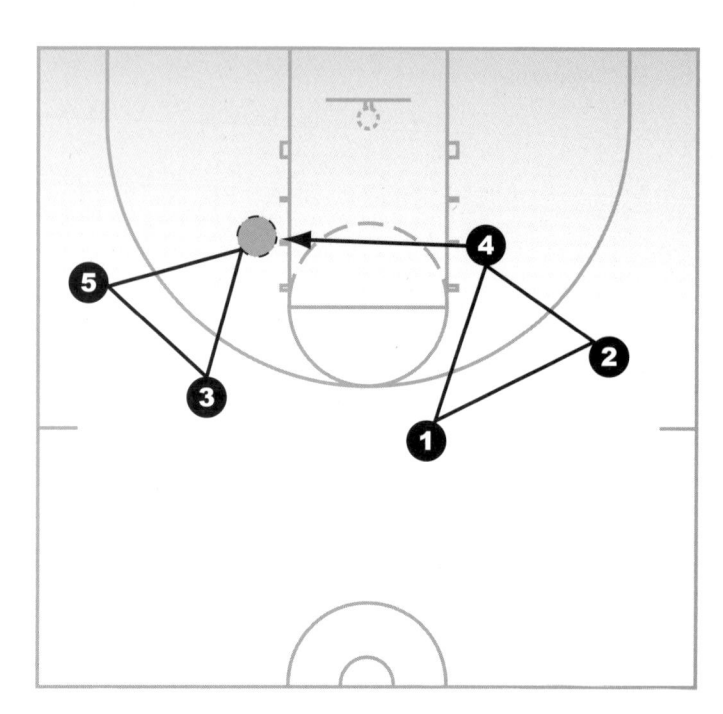

McGuire 1.5

LESSONS FROM THIS LEGEND...

手が、リバウンドを取った後や、ゴール周辺でパスを受けた後、ゴールに背を向けて攻撃を仕掛ける方法である。上手くいけば、ポスト攻撃によってファウルを誘い、フリースローをもらうことができるだろう。

ポストの選手がゴール下でボールを持つには、いくつかの選択肢がある。(1) クロスカットのプレー、(2) ダブル・クロスカットのプレー、(3) シングルカットのプレー、(4) プレシーズン期の練習によって身につけた個人技術。以上これらのプレーによって、良いポスト攻撃が可能になる。

シングルポストのフォーメーションに、個人のポスト攻撃が加わることで、より多くのチャンスが生まれることになる。良いポストプレーヤーは、その攻撃により、相手チームのファウルを誘ってフリースローをもらうことができるだろう。これはディフェンスを非常に困らせることになり、ポストの攻撃を止めるためには、アウトサイドからカバーに来なければならない。カバーに来れば、アウトサイドの良いポジションにいる味方選手がオープンになる。また、ポストプレーヤー自身も、フリースローライン周辺からのジャンプシュートを正確に身につけておくことが大切だ。

さて、ほぼすべての大学がチームとしての速攻法を使用しているが、それは私たちも例外ではない。私たちのチームでは、一般的に言われる「ディフェンシブ・トライアングル」というリバウンドの形から、ボールを奪取して、速攻につなげるという形を使用している。良い速攻を出すためには、リバウンドの奪取が不可欠になる。

リバウンドを取った選手は、左右どちらのサイドでも、ウイングの味方にパスを送る。パスを受けたウイングは、ミドルマンにパスを出す。そしてこのミドルマンが、速攻ではカギを握る選手となる。

私のチームでは、全員がミドルマンをプレーできるように指導しているが、実際の試合では、ドリブルの最も上手いクォーターバックの選手がミドルマンになることが望ましい。ミドルマンには、2つの選択肢がある。1つは、ドリブルで直進する方法である。スピードを出してドリブルで進み、フリースローライン辺りで一度スピードを緩める。もしディフェンスが自分をマークしに来なければ、レイアップシュートやジャンプシュートをして、自らが攻撃をする。もしディフェンスが自分を守りに来たら、ウイングの選手にパスを出せばよい。ウイングの選手はコーナーに向かってまっすぐ走り、ゴール近くに来たら、正しい角度でゴールに向かって走ること（図1.6 参照）。

速攻法でもう1つの選択肢は、シフト・パッシング・エクスチェンジと呼ばれるもので、

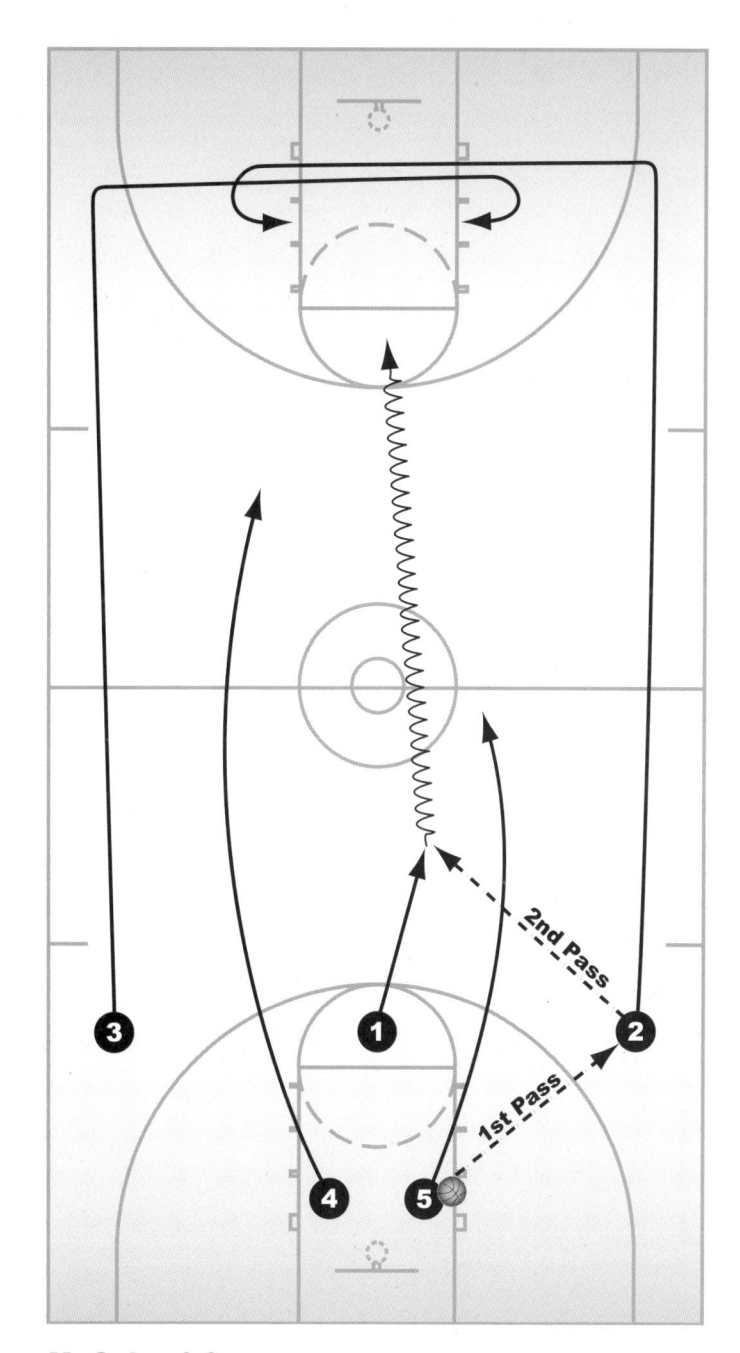

McGuire 1.6

LESSONS FROM THIS LEGEND...

セントルイス大学（中心選手はエド・マックレイだった）のコーチ、エド・ヒッキーが有名にした速攻法である。ミドルマンとウイングは、ミドルマンがフリースローラインにたどり着くまでの間、リターンパスを繰り返す。リターンパスを繰り返しているうちに、ミドルマンとウイング、どちらかにチャンスがあればシュートする。そして、フリースローラインのボールが進んでもシュートチャンスがなければ、両ウイングがゴール下で入れ替わるように走り、ポジションを入れ替える。

これまで、私は自分の考えるオフェンスの戦術すべてを紹介してきた。ウィーブ、シングルピボット、動きながらのピボットとポスト攻撃、そして速攻法である。これらを基礎としてフリーランス・オフェンスを発展させることで、効果的なマンツーマン・オフェンスを作り上げることができると信じている。

SOURCE
出典

・フランク・マグイヤー（1954年）、「ノースカロライナのウィーブ、ポスト、ピボット」、1954年 - 1955年シール・オー・サン・バスケットボール・コーチズ・ダイジェスト、ハンティントン、インディアナ、ハンティントン・ラボラトリーズ。

LEGACY OF
John "Johnny Mac" McLendon

- バスケットボールにおいて、人種差別を廃止に向かわせる先駆者であり、黒人社会に貢献した。

- テネシー A&I 大学（現在はテネシー州立大学）を3年連続で NIT 優勝に導く（1957年、58年、59年）。

- 25年間の大学コーチ生活で、通算成績は523勝165敗である。

- カンザス大学にて、ジェイムス・ネイスミス博士のもとで学んだ。

- 1961年、ABL のクリーブランド・ピッパーズを指導したが、ABL では初の黒人ヘッドコーチとなった。

- 速攻法の提唱者であり、常に強靭な体力と、プレッシャー・ディフェンスを武器にチーム作りを行った。

- バスケットボールに対する豊富な知識と、熱心に努力する人間性を兼ね備えた人物であり、バスケットボール界の大使的な役割を果たした。

- クリーブランド州立大学は、バスケットボールのアリーナに、彼の名前がつけられている。

LESSONS FROM THIS LEGEND...
FAST BREAK CHAMPIONSHIP STYLE
By John McLendon

バスケットボールをプレーする方法が無数にあるのと同じように、コーチの数だけ指導法は存在する。そしてそれらを、過去のコーチたちがそれぞれの経験、哲学、原理や現象などを整理して、様々な戦術や戦略を考案してきた。オフェンスやディフェンスのシステムも進化を遂げている。その中でも、速攻法を主としたオフェンスは、様々なコーチが研究対象としている分野だ。選手たちによってプレーされ、またコーチたちによって指導されて、速攻法の長所や短所が研究されてきた。試行錯誤を重ねて、正しい速攻法とはどのようなものか、その答えが出されつつある。多くのコーチや選手たちは、正しい速攻法をプレーするためには、システムの中に含まれる多くの技術を習得することによって、試合での成功があると考えている。私が現在考える速攻法は、良いものを試みて、無駄なものを省き、相手のディフェンスがどのような対応をしても、必ず成功する方法を練習によって追求した結果である。

コーチや選手たちは、ある意味、試合におけるプレーによって試されているといえる。コーチの考えるシステムがあり、そのシステムは相手チームによって試されるわけである。システムは正統派のものか、異端なものか。堅実なプレーか、ギャンブル性の高いプレーなのか。相手チームのプレーに対応することで、答えが出る。システムを貫き、長所を生かしながら、同時に柔軟性を持たせつつ、相手に対応していけることがコーチの武器になる。これは私の経験から語っているのである。おそらく、他のコーチたちも同じことを考えているだろうと確信している。

バスケットボールはいまだに変化している。様々な種類のディフェンス・システムが考案されて、どのチームでも戦術として数種類のディフェンスを使い分けている。そのディフェンスに対抗するために、オフェンスはシステム自体が大切というより、システムをディフェンスに合わせて適応させることが大切である。だが、どのようなシステムを行うにしても、基本がおろそかになってはならない。基本が身についていないと、ディフェンスの戦術が突然変化しても、それに気づくことができない。オフェンスの原則は、相手がどのようなディフェンスを行おうとも、常に先手を取ることだ。私のチームでは、何年もの間、速攻法を使用してきたが、いつも同じ問題に直面していた。いろいろなディフェンスに対してシステムを変化させて、正しい基本技術をしっかり行うことで、速攻の動きを続けられるようにしてきた。いくつかの技術は、対戦する相手によってアレンジさせなければならない。試合によって使える技術は異なるし、場合によっては、1つの試合中でも対応しなければならないときもある。だが、本来の速攻法の目的は見失わないようにする。速攻の目的は、できるだけゴールに近づいて、確率の高いシュートをすることだ。そのために、ディフェンスの人数よりもオフェンスの人数の方が多い状況を作り出すことである。

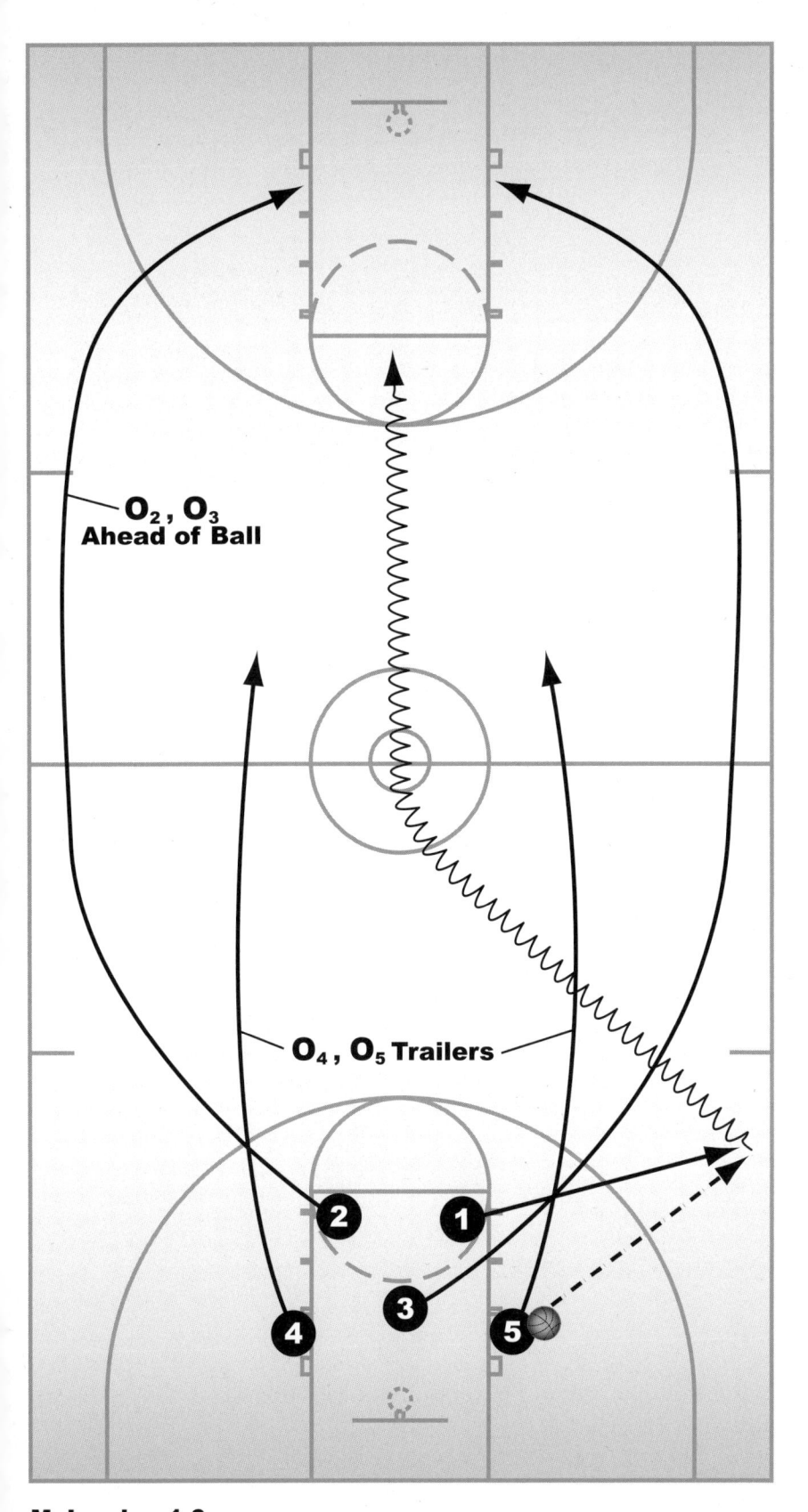

LESSONS FROM THIS LEGEND...

速攻の全体像を解説するにあたって、下記に記す原則を忠実に守ることは、いつの試合でも大切なことだと思っている。相手チームがどのようなディフェンスをしてきたとしても、原則は不変なものである。それを成し遂げるためには、これから述べるような考え方を常に意識するとよい。

1. GO OUT AND GET THAT BALL!
1．ボールを取りに行け！

私たちのチームでは、フルコートのディフェンスを行っている。これは個人の能力を生かすために適したディフェンスであり、練習によって徹底的に習得すべきである。バックコートの端からボールにプレッシャーをかけるときもあるし、3クォーターやハーフコートでもプレスをかけるときがある。ボールがフロントコートに進められた後も、オフェンスに対して積極的にプレッシャーを仕掛けて、試合の流れを変えてボールを奪おうとする。もしボールを取ったら、全速力でゴールに向かい得点を狙う。私たちは常にボールを欲しがり、手に入れたボールはゴールに入れようとするのだ。

2. GET THE BALL OFF THE BOARD!
2．リバウンドを取れ！

ディフェンス・リバウンドを取るために、3人にポジション取りをさせるチームがある。中には、4人、または5人全員にリバウンドに参加させるチームもある。いずれにしても、リバウンドを取ったら、必ず速攻を狙いたいので、速攻のことも考えた上でリバウンドのフォーメーションを計画するとよい。この計画に失敗すると、速攻を出す可能性は半減してしまう。

3. GET IT OUT!
3．広がれ！

リバウンドを取ったとき、ボールがどこにあるのかによって、アウトレットパスが出されるサイドが決まる。（ゴールに向かって）左側でリバウンドを取ったら、アウトレットパ

McLendon 1.0

LESSONS FROM THIS LEGEND...

スは左のサイドラインに出す。右側でリバウンドを取ったら、パスも右側になる。アウトレットパスを受ける選手が、コーナーからコートの中央までの間で、どこでパスを受けるのかは、様々な状況によって決定される。相手ディフェンスの種類や、身長、力強さ、相手がオフェンス・リバウンドに積極的に参加したかどうか、などによって最も良いポジションを見つけてパスを受けるようにする。どのような状況でも、アウトレットパスを受けるための場所を見つけること。アウトレットパスはとても重要なので、このパスを確実に受けるために、ガードはしっかりと動くことが大切だ。私たちのチームが最も多くアウトレットパスを受ける場所は、トップ・オブ・ザ・サークルの延長のサイドラインである。いろいろなことを考えると、この場所がアウトレットパスを受けるのに最も適していると思う。私たちのチームでは、リバウンドを取った選手が、確実にパスを出せるときにのみ、すばやくパスを出すようにしている。なお、シュートを入れられた後は、あらかじめスローインをする選手を決めておき、右サイドにスローインをすると、速攻の形につなげることができる。

4. GET DOWN COURT!
4．コートを走れ！

インターセプト、ルーズボール、スティールなど、いずれの場合でもボールを取ったら、すばやく3線速攻の形を作るようにしている。ドリブラーは中央のレーンを進み、トップ・オブ・ザ・サークル付近まで進んでから、パスを出す（前頁、図1.0参照）。ディフェンス・リバウンドを取った後や、相手にシュートを決められた後のスローインでも同じような形を作ることが可能だ。ボールの前を走ることが大切だ。

5. FILL THE THREE LANES!
5．3線を埋めろ！

中央のレーンと両サイドのレーンを3人の選手が走ること。そして、ドリブラーよりも両サイドの2人が先行して走ることが望ましい（前頁、図1.0参照）。

ガードは、アウトレットパスを受けるために、味方がボールを取ったらすぐにサイドラインへ広がることが必要だ。ボールを取った瞬間、どちらのサイドに行けばパスを受けることができるのか、瞬時に判断して動かなければならない。スピードを出して前進することで、ディフェンスをひきつけることがガードの役割である（通常は1人のディフェンスがボールを止めに来るはずだ）。また、ガードの選手が直線に走ってロングパスを受ける可能性もある。このパスは、それほど頻繁に通るパスではないが、ときとして効果的な速攻になる。

アウトレットパスを受けるために準備するガードは1人でよい。というのも、結局は中央のレーンは1人しか走ることができないからである。実際の試合では、ガードは2人が同時に出場しているはずだ。そこで、常にアウトレットパスを受けるガードと、常に前に走るガードとを指定して、その役割を明確にしておくとよい。もちろんのことだが、ガード陣の走る能力を見極めて、その役割を決めること。どちらか1人のボールハンドリングが良くなければ、試合中にその役割を交代することは難しいが、2人とも能力のあるガードがそろっていれば、役割を変えてもよい。

1人が中央でボールを運び、もう1人がサイドを走るが、3人目のレーンもまた非常に大切な役割を果たす。逆サイドに3人目が走ることで、初めて3対2の状況を作り出すことが可能になるからだ。実際の試合では2対1や3対1という状況も考えられるし、このような状況の方がオフェンスにとっては望ましいのだが、通常は2人のディフェンスがいち早くゴール下に帰陣するはずである。そのため、2人のディフェンスを破る速攻を出さなければいけない。

2人のセフティーマンで、速攻に対するディフェンスをされる以上、速攻は3人で作らなければシュートすることができないはずだ。そして速攻は、残り3人のディフェンスが戻ってくる前に、シュートできるようなシステムで行われなければならない。

3人目のレーンは、リバウンドのトライアングルを作る選手のうち、最も走るのが速い1人が走るようにする（または、レーンに最も近い人が走るという約束事をチームで決めてもよい）。例えば、相手ディフェンスの中で、スタミナの消耗が激しく、ディフェンスの動きが鈍っている選手がいたとする。このようなときは、彼にマークされる選手を3人目のレーンに走るように指示を出してもよい。または、速攻でのシュート技術の優れた選手に走らせることも1つの考え方である。

6. TRAILERS, FOLLOW UP!
6．トレーラーはフォローせよ！

速攻を5人で考えると、リバウンドを取った選手はアウトレットパスを投げたのと同じ方向に走る。リバウンドを取った選手は、コート全体が見えるので、どのコースを誰が走るのかを確認することができるはずだ。そしてリバウンダーの2人は、先行する3人の後を追いかけて、4人目、5人目としての役割を果たす。彼らトレーラーの役割は、速攻が攻め切れなかったときにパスを戻してもらったり、自らが走りこんでシュートチャンスを作り出したりすることだ。または、前の3人がシュートしたボールを、オフェンス・リバウンドとして拾い、セカンドシュートを行うことも大切だ。なお、トレーラー自身のシュートは中距離でチャンスが生まれることが多い。

7. FREE LANCE!
7．フリーランス！

今まで述べたような手順で速攻のチャンスを作り出しながら、フリーランスの動きが加わることで、結果としてゴールを決めることができる。速攻の終わりは、アーリー・オフェンスの始まりだと言える。つまり、ディフェンスは戻って速攻を止めたけれど、はっきりと自分のマークマンを捕まえることができていない状態になっているのだ（ディフェンスは形を整えるのに忙しいはずである）。そこをついて攻撃すべきだ。速攻からフリーランスで攻撃して、セットオフェンスに移行する。このように流れの良いオフェンスは、相

LESSONS FROM THIS LEGEND...

手ディフェンスにとって脅威となるはずだ。

8. FATIGUE IS A PSYCHOLOGICAL PHENOMENON!
8．疲労とは、精神的な問題である！

シーズンが始まってから3～4週間は、陸上トレーニングによる走り込みで体力作りをしておくことが必要不可欠だ。相手チームの方が個人能力で勝っているチームと試合をするとき、私は走り回ることで相手を疲れさせて、ミスをさせて勝つためのゲームプランを立てる。しかし、速攻を出して走り回ることは、自らも疲労が蓄積して、プレーの質が下がることもまた事実だ。これを解消するための唯一の方法は、選手の心構えを強くすることだ。選手が心から勝ちたいと思っているときは、疲労を感じないものである。我々が体力作りをする目的は、選手たちが40分間、フルコートのオフェンスとディフェンスをプレーするためである。このことが可能な選手作りに成功したら、どのような試合にでも戦うことができる。

SOURCE
出典

・ジョン・マクレンドン.Bjorn（1965年）、ファストブレイク・バスケットボール、ウエスト・ニャック、ニューヨーク、パーカー・パブリッシング。

LEGACY OF
Billie Moore

- 現代における、女子バスケットボール界の先駆者。

- 1976年、オリンピックでアメリカ女子代表チームを初の銀メダルに導いた。

- 2つの異なる大学で、女子の全米選手権制覇をした唯一のコーチ（1970年のカリフォルニア州立大学フラートンと1978年のUCLA）。

- 24年間の通算成績は、436勝196敗。そのうち、16回は全米選手権の出場を果たした。

- 女子バスケットボール殿堂設立のとき、最初に殿堂入りしたメンバーの1人である。

- 優れた教師であり、講習会には定評があった。

- 成功へのカギは、向上心、細部に注意を払うこと、そして規律であるとの信念を持っていた。

LESSONS FROM THIS LEGEND...

1-4 ZONE OFFENSE
By Billie Moore

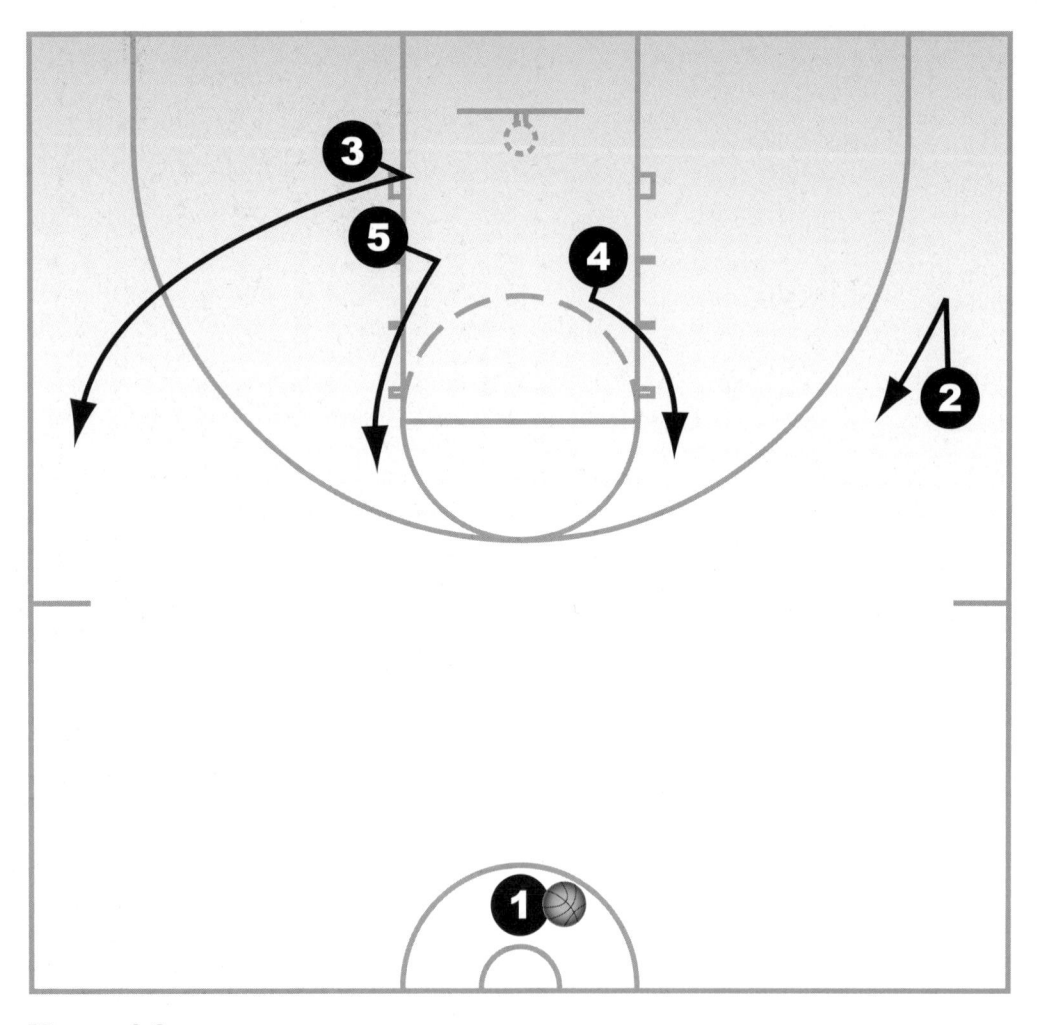

Moore 1.0

コーチが直面する大きな問題の1つとして、指導するオフェンスの形を決めるということがある。チームのオフェンスを決定する際には、選手たちの能力を注意深く評価して、その能力が最大限に生かされるようなシステムを作らなければならない。そして、オフェンス・システムは、マンツーマンを攻撃するものと、ゾーンを攻撃するものの両方を準備する必要がある。ゾーンを攻撃するための基本的な考え方は、ミスマッチやオーバーロードを作るようなオフェンスの配置をすることで

ある。そして、1つの攻撃方法で、すべてのゾーン・ディフェンスに対応できる形が望ましい。いろいろなディフェンスの形によって、特別なオフェンスを準備することが無意味であるとは思っていない。しかし、できるだけ1つのシステムを主として、あとはディフェンスのシステムによって若干の修正を加えるという方が、指導としては効果的であろう。

私たちUCLAは、ゾーン・オフェンスとして

1-4のセットを準備している。そして、このオフェンスは、あらゆるタイプのゾーン・ディフェンスに対して有効である。そのためにオフェンスの精度を増し、タイミングを合わせて、いくつかのパターンを指導すればよい。

1-4・ゾーン・オフェンスの目的は、選手の動き、ボールの動きによって、オーバーロードの状況を作り出すことだ。パターンはとても基本的なものであり、パスの方向によっ

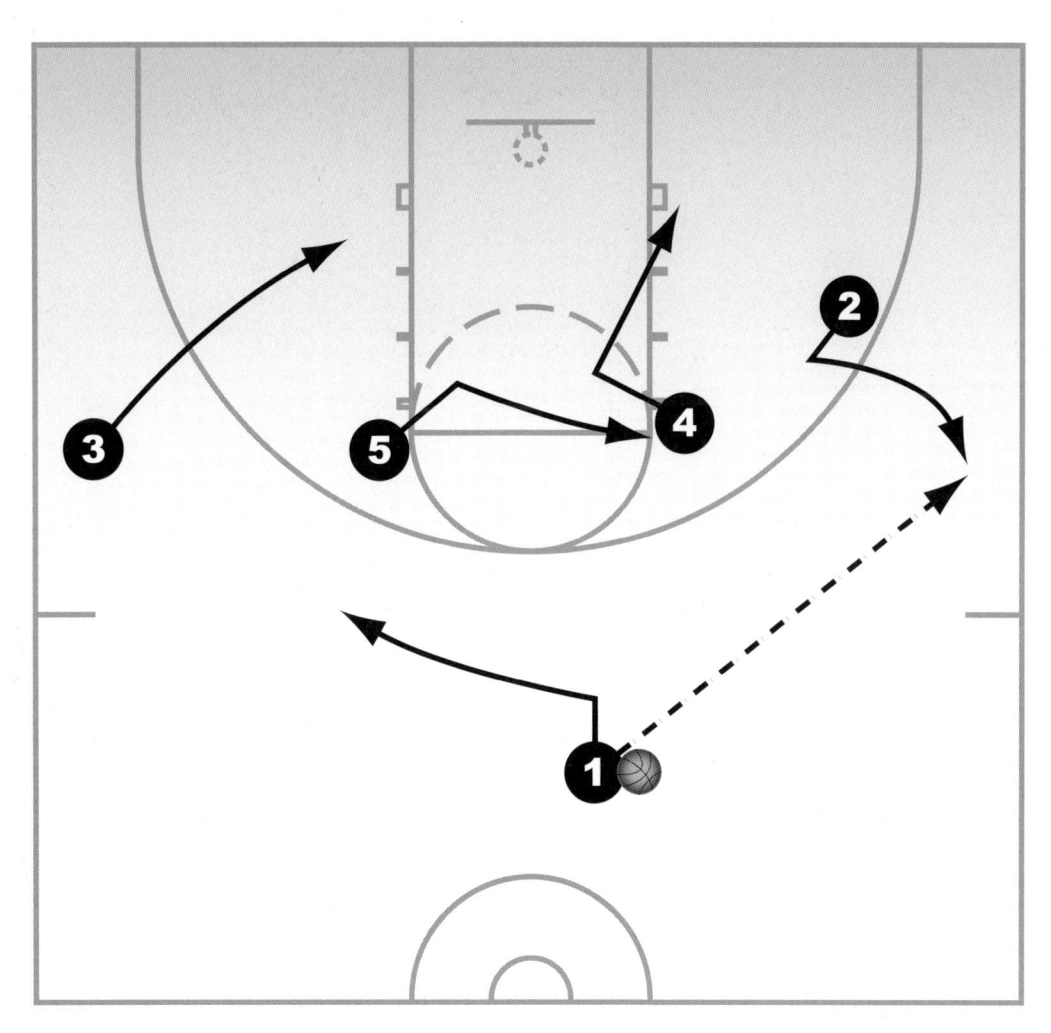

LESSONS FROM THIS LEGEND...

Moore 1.1

ていくつかのオプションがある。このオフェンスは、コンティニュティ・オフェンスのようなもので、選手の配置をほとんど変えることなく、セットし直すこともできる。

基本のセットは図1.0に示されている。図1.0中の❷、❸、❹、❺は、それぞれどこのポジションから始めてもかまわない。図1.1では、最初のパスが❷に出されている。フリースローラインの延長線があるとして、その線が大事な役割を果たす。この線の上に選手4人を配置することで、ゴール下に広いスペースを作ることができる。そのため、バックドアのプレーや、ゴール近くのシュートチャンスが生まれることになる。なお、最初のセットの状況で、誰をどこのポジションに立たせるのかは、選手たちの特徴に応じて決めていけばよい。

図1.1では、❶から❷へのパスが出されている。このパスに反応して、❹と❺がそれぞれのエリアにカットする。❹と❺のカットに対して、❸は（❷から）パスがもらえそうなエリアを探して、ゴール方向に動く。ボールを持つ❷は❸、❹、❺へのパスを

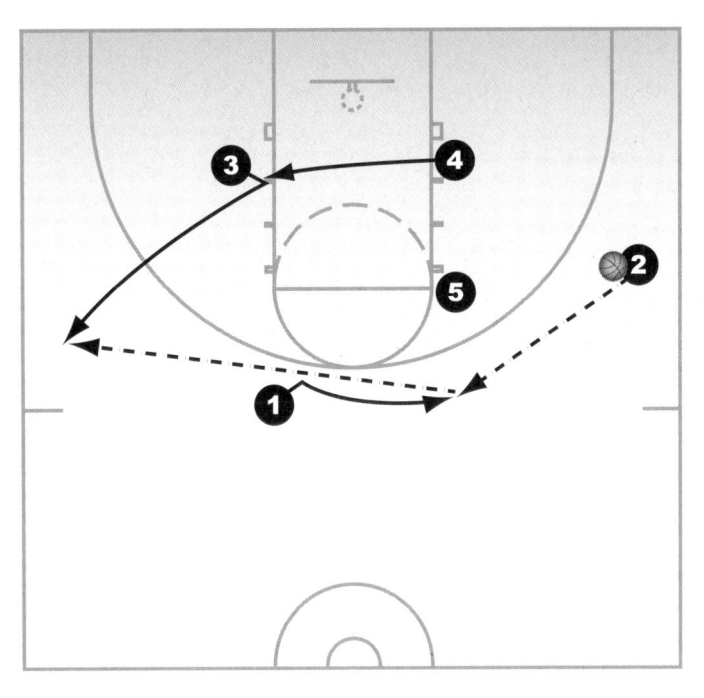

LESSONS FROM THIS LEGEND...

Moore 1.2

Moore 1.3

狙う。そして、どこにもパスが出せなければ、❶にパスを戻す（図1.2参照）。

❶はパスが戻されたら、すぐにボールを❸へ展開させる。パスを受けた❸がシュートをする必要はない。❸はローポストのポジションにカットしてくる❹へのパスを狙う（図1.3参照）。❹がオープンでなかったら、パスを再び❶に戻す。そして❹はハイポストにポジションを取り直す。すると、図1.3に示されているように、再び1－4のセットを組むことになる。

❶から❷、❸の間でパスを回しているときは、図1.0～図1.3に示されている動きを連続させる。❶から❸にパスが出されたときは、図1.1と同じように動けばよい。パスに反応して、❹と❺がインサイドにカットすることが重要だ。ボールから一番遠くにいる逆サイドの選手は、ゴール下でパスを受けるために動き、もしボールが❶に戻されたら、すばやくゴール下からアウトサイドまで出てくること。

この基本となる動きは、オフェンス全体の土台である。それぞれのカットを正しく、タイミング良く行う。そして、それぞれのパスに関連して動きを行うことは、オフェンスを成功的なものにするために不可欠である。❶から❷、❸に出されるパスと、それぞれの動きは、1－4・ゾーン・オフェンスの中核をなす部分である。

次のオプションは、❶からハイポストの選手（❹、❺）にパスを出すことである。❷、❸へのパスがディナイされたとき、❶はハイポストへのパスを狙う（図1.4参照）。

❹へのパスが通ったら、❷はバックドアカットを行う。❷へのパスを狙うと同時に、❺は斜めにカットしてペイントエリアを横切る。❺がカットしたら、カットによってできたスペースに❸が走り込む。❹はそれぞれのパスを狙うが、どこもオープンができなかった場合は、パスを❶か❷、または❸に戻す。もし、パスが❸に戻されたら、すぐに図1.4の元の形に移行しなければならない。パスによる動きの反応は、すばやく行うこと。つま

り、❸にパスが入ったら、❹はペイントエリアをスライドして、❺はハイポストにカットをして、セットを組みなおすのである。

今までに、1－4・ゾーン・オフェンスのオプションを2つ紹介した。冒頭にも述べたが、このオフェンスは非常に基本的で、シンプルなものである。オフェンスが成功するかどうかは、タイミングが合うかどうか、そして相手のディフェンスに対応した動きができるかどうかで決まる。適切なスペースの中でプレーできれば、オフェンスが有利になり、ディフェンスの弱点をつくことが可能なはずである。

さて、相手のディフェンスの形によって、オフェンスを少し修正することは大切だ。たとえば、（❹と❺）がインサイドのカットする角度を変えたり、バックドアの動きを変えたりするのだ。カットする角度は、ディフェンスの配置によって決める。ゾーンが2－3、1－3－1、2－1－2、1－2－2など、その形により動きを修正するのである。また、ウイングの選手たち（❷、❸）も、ゾーンの

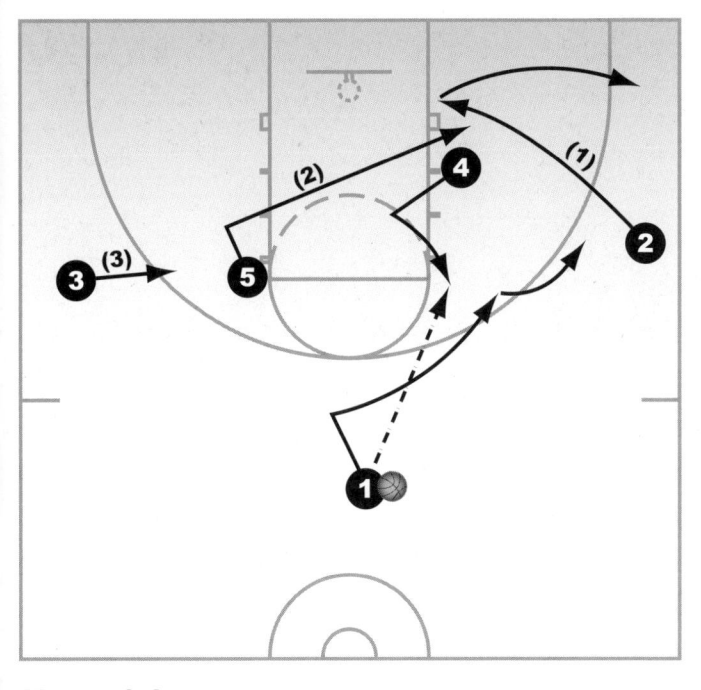

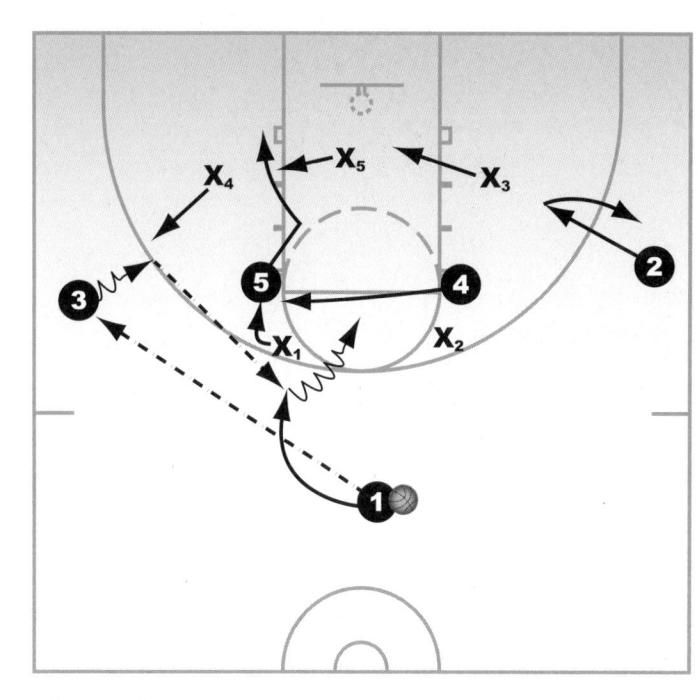

LESSONS FROM THIS LEGEND...

Moore 1.4

Moore 1.5

配置によって動きやパスの狙いどころが変わってくる。ゾーンの形は何か、そしてその弱点は何かに気づき、動きを変化させる能力が求められる。

選手たちが基本の動きに慣れて、それぞれのゾーンの形と弱点を見破ることができるようになれば、プレーのオプションは限りなく広がるだろう。もう一度言うが、大切なことは選手たちがディフェンスを読み、それに対応して動くことである。

それぞれのオプションは正しくプレーされなければならない。これを確かめるためには、パスに応じて動きを確認するドリルを行えばよい。たとえば、最初のパスをウイングに出せば（図1.1、1.2 参照）、重要になるのは❹と❺の動きである。どのポジションに動けばオープンでパスを受けて、シュートにつながるのか。それを理解することだ。図1.4 にも、パスによる全員の動きが示されている。練習の中では、ポジションを入れ替えたり、左右を逆にしたりしてプレーさせ、理解を深める必要もある。

また、同じようなオプションは、図1.5 に示されているような方法でプレーすることもできる。

繰り返しになるが、選手たちのポジションを入れ替える、左右逆のサイドで練習することが大切だ。反復練習によって、選手たちは正しいタイミングを身につけることができる。特定の技術を抽出してドリル化し、それを繰り返し行うことによってプレーのタイミングが習得される。そして、オフェンス全体の成功につながるのである。

SOURCE
出典
・ビリー・ムーア（1982年）、1−4・ゾーン・オフェンス、メダリスト・フラッシュバック・ノートブック。

LEGACY OF
Pete Newell

- バスケットボール界で初の「三冠王」を達成したコーチ。「三冠王」とは、1949年のNIT優勝、1959年のNCAA優勝、そして1960年のオリンピック金メダルである。

- バスケットボール史上、最も偉大な指導者として知られる。

- カリフォルニア大学を4年連続のパック8優勝に導く。そして、1959年、1960年、2年連続でNCAAトーナメント決勝進出を果たす。

- 1949年、サンフランシスコ大学をNIT優勝に導く。

- アメリカで「バスケットボールの神」、または「コーチの中のコーチ」として認知されている。

- 1960年、全米コーチ・オブ・ザ・イヤーを受賞している。

- 1987年、カリフォルニア大学のコートは「ニューウェル・コート」と名づけられた。

LESSONS FROM THIS LEGEND...
REVERSE-ACTION CONTINUITY PATTERN

By Pete Newell

バスケットボールは本質的に、確率が大切なゲームである。そして、基本技術の習慣化が確率を支える土台となっている。基本を理解した上で、実際の試合では、それらを感性で表現することが求められる。良い習慣を身につけるための方法は、たった1つ。それは多大なる反復練習を毎日の練習で行うことである。

サンフランシスコ大学では、数種類ものドリルによって、この目的を達成している。試合で行うオフェンスパターンを分解して、実際の試合で行う技術をドリル化しているのだ。試合と同じような状況を作り出すため、すべてのオフェンス練習はディフェンスをつけて行っている。

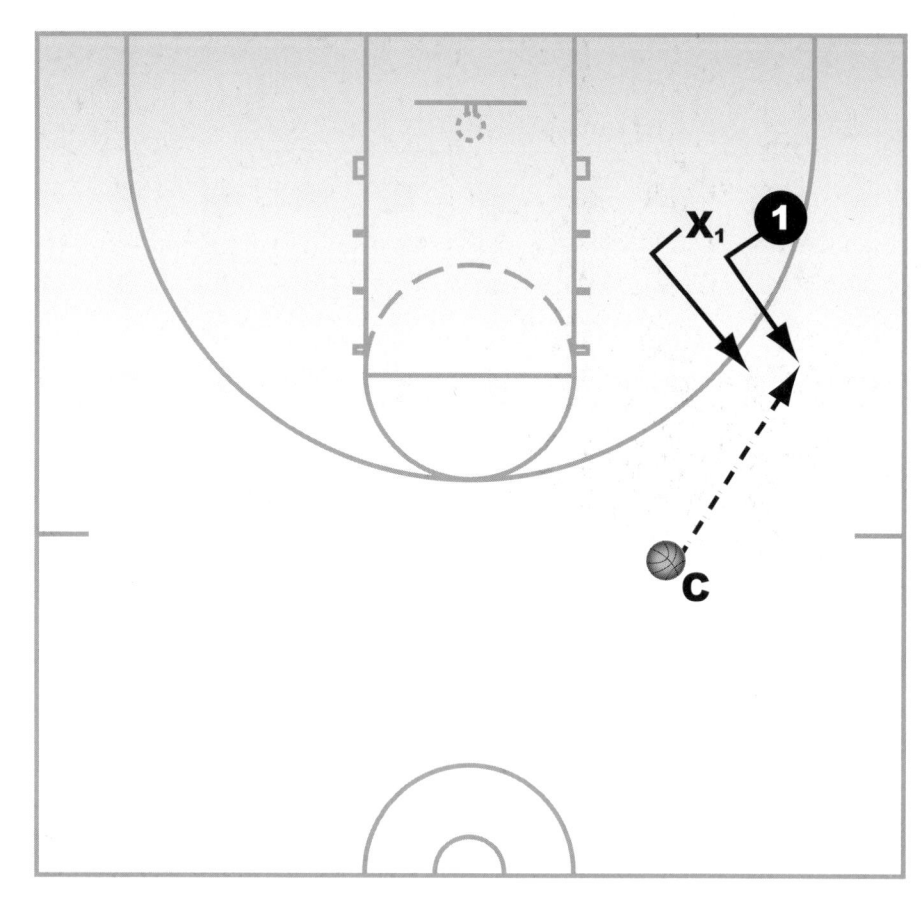

ONE-AND-ONE DRILL
1対1ドリル

1対1のドリルで最初に行うべきものは、フォワードの位置にいるオフェンス、ディフェンス、そしてパッサーという形の練習である。フォワードの位置でのプレーは、すべてのファンダメンタルが凝縮されている。そのため、コートの1/4を使用したフォワード・ポジションでの練習を行うのである（**図1.0参照**）。

Newell 1.0

ボールをもらうためには、ディフェンスを振り切らなければならない。そのためには、一度ゴールに向かってカットをして、ディフェンスを押し込んでから、ボールを受けに飛びつく動きをすること。ボールを受けたら、ファンダメンタルを駆使して良いシュートチャンスを作り出す。一方、ディフェンスはパスを予測して、確率の高いシュートをさせないようにする。

このドリルでは、以下に述べる点について、選手たちの能力を伸ばす効果がある。

- 正しいフットワークを身につけられる。ボールを受けるとき、フォワードの選手はジャンプストップをして、膝を柔らかく曲げること。そしてインサイドフットをピボットフットにすること。このようなボールの受け方をすれば、ボールを身体で守ることができる。そして、ディフェンスがプレッシャーをかけてきたら、リバースターンをしたり、ドライブしたりすることによって、ディフェンスの姿勢を崩すこともできる。
- ボールをキャッチするときの正しいボディバランスを身につけることができる。
- 上手なディフェンスに対して、様々な個人技術を使うことができる。
- シュート範囲内での、確率の高いシュートを身につけられる。

フォワードがパスを受けるときには、ディフェンスを振り切って安全なパスコースを作ら

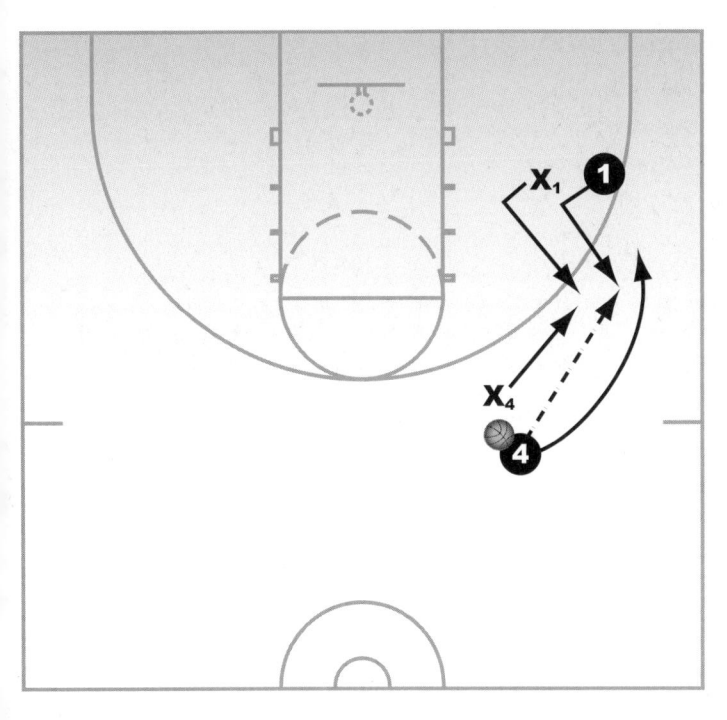

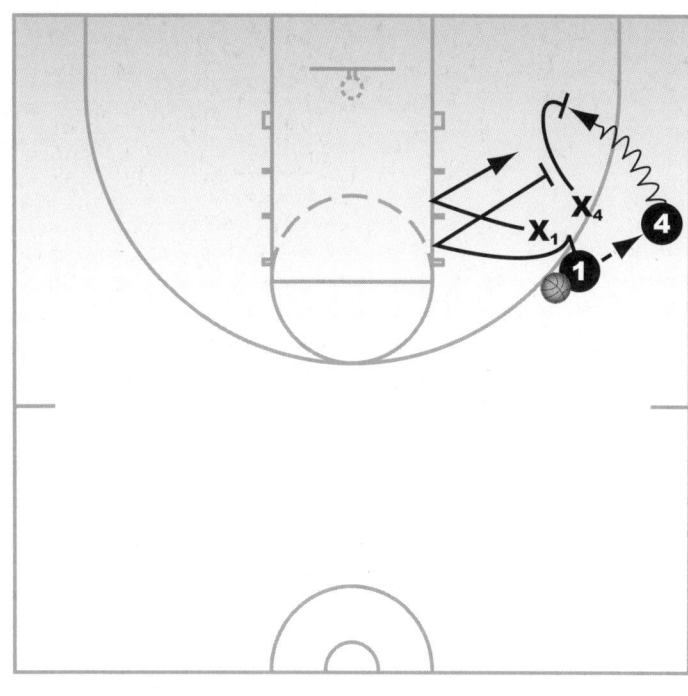

LESSONS FROM THIS LEGEND...

Newell 1.1

Newell 1.2

なければならない。これはパスを受ける選手の義務である。ディフェンスを振り切るためには、方向変換のフェイクを正しく行うこと。これは簡単なことのように思えるが、習慣化するには練習のくり返しが必要である。接戦で負けてしまう原因には、ボールにミートするファンダメンタルの欠如であることが多い。

ディフェンスの観点としては、次に述べるようなディフェンスの悪い習慣を直すように指導するとよい。
・フェイクに対して、大きく反応しすぎる。
・パスやシュートに対するディフェンスの瞬間、足の開き方が良くないためにバランスが悪い。
・オフェンスがボールを持っていても、持っていなくても、ボディバランスが悪い。
・精神的、肉体的に雑であり、落ち着きがない。

なお、スカウティングすることは、選手たちがプレーする上で、大いなる助けとなる。スカウティングといえば、相手チームのオフェンスやディフェンスのシステムだけを分析しがちだが、個々の選手たちの長所や短所を分析することも大切である。

TWO-AND-TWO DRILL
2対2ドリル

1対1の次は、ガードとフォワードの攻防による2対2を行う（**図1.1、図1.2参照**）。
2対2でも、先ほどと同様にコートの1/4のみを使用する。そしてディフェンスは、マンツーマンで行う。システム的なマンツーマンでも、ノーマルなマンツーマンでもよい。
図1.1では、❹（ガード）が❶にパスを出して、アウトサイドに走りこんでいる。この（ゴールに向かって）走るコースが大切であり、走ることで手渡しパスのプレーを狙うことができる。❶はゴール方向にフェイクしてから、パスに向かってミートすること。

図1.2では、より詳細なプレーが示されている。❶は❹に手渡しパスを出す。❹はできるかぎり遠くにドリブルで進む。同時に、❶はフリースローラインの方向へ走り、パスをもらおうとする。もし❹のドリブルがディフェンスによって止められたら、❹と❶の2メンゲームを行う。

ドリルの目的は、手渡しパスのタイミングを合わせること。そして、2メンゲームによって良いシュートのチャンスを作り出すことだ。正しくステップが踏めているか、リバースターンができているか、方向変換のフェイクができているか、などが強調すべき点である。そして、オフェンスの動きは、常にディフェンスに対応したものでなければならない。

ディフェンスでは、チームプレーを強調すること。フロントラインとバックラインが協力してディフェンスすることを練習するのだ。ドリブラーにつくディフェンスは、味方がスライドスルーしてカッターについていけるようなポジション取りをしなければならない。また、ディフェンスがシフトするときは、2人のうち後方のディフェンスが声を出して知らせること。

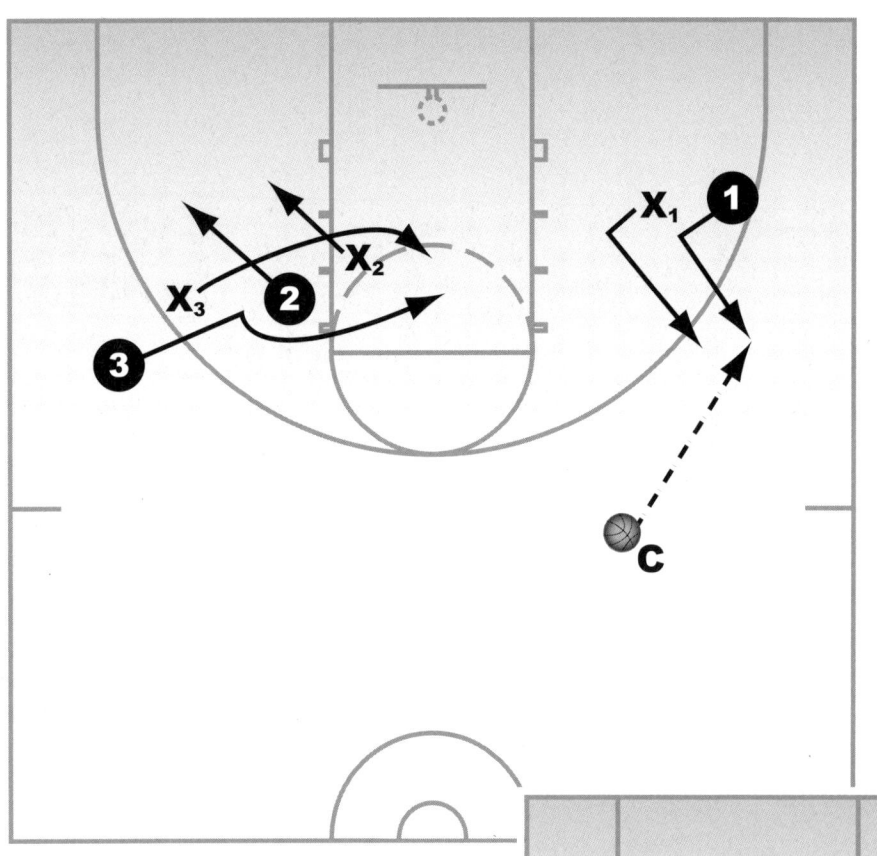

LESSONS FROM THIS LEGEND...

図1.3では、❶がボールにミートしてパスを受けている。このとき、ボールを持った❶には3つの選択肢がある。(1) 個人技によってシュートに持ち込む、(2) ❷のスクリーンを利用してゴール下にカットする❸へパスを出す、(3) パッサーにボールを戻す。❷はスクリーンプレーの後、ウィークサイドにカットする。そして、パッサーからのパスを受けるための準備をしておく。

Newell 1.3

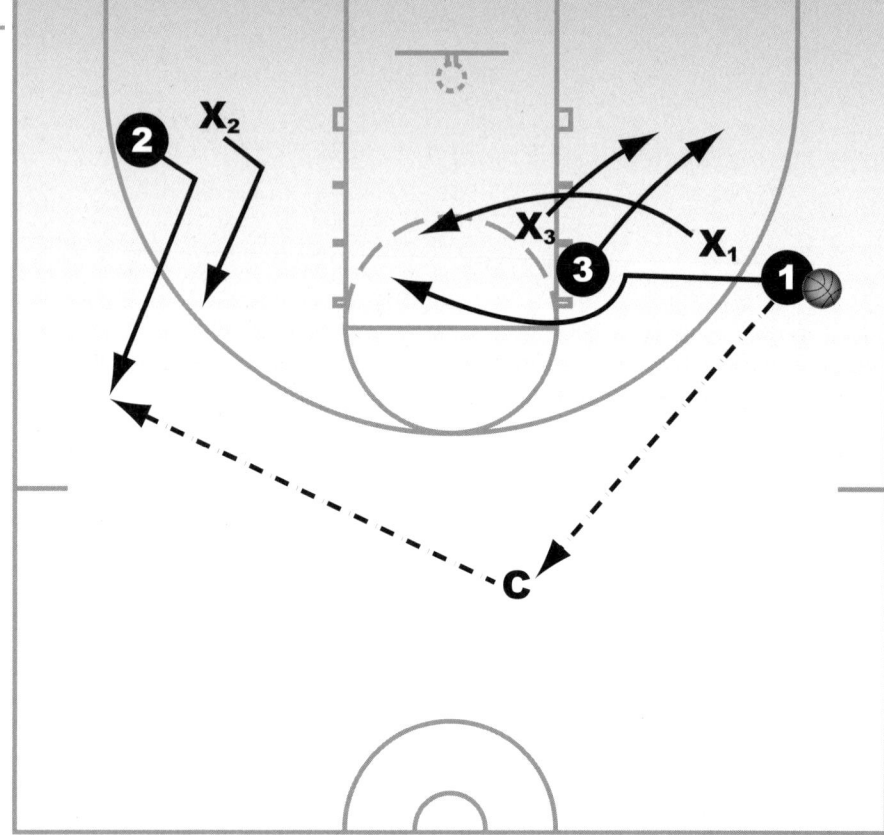

図1.4では、ボールが❶からパッサーに戻されて、そこから❷へ展開されている。このとき、❷は図1.3の❶の役割を果たすことになる。

Newell 1.4

LESSONS FROM THIS LEGEND...

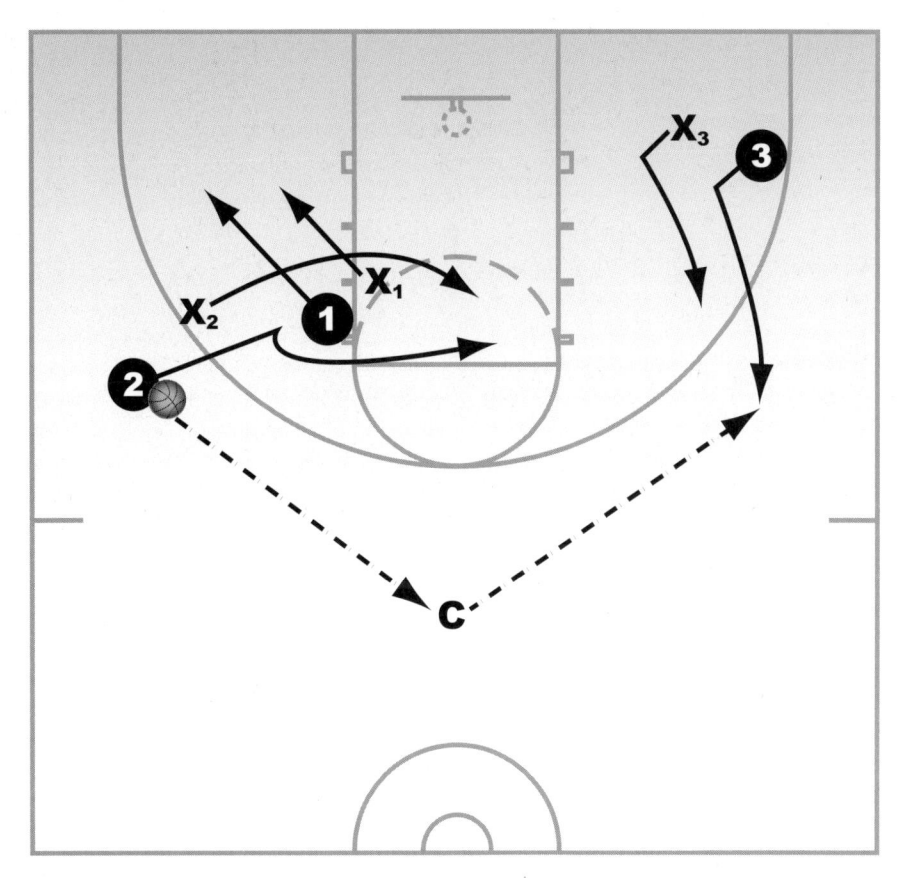

Newell 1.5

図1.5は❸が、これまでの図で❶、❷が行った役割を果たしている。

これまでの図で示されているように、3人の選手がインサイドでのポジションの交換を行うことにより、攻撃の連続性が生まれる。フロアバランスは良い状態で保たれているので、リバウンドにも参加しやすくなっている。

パスを強引に出すということは、絶対に慎まなければならない。なぜならば、常にディフェンスがいるからである。パスを出すときは、ディフェンスを読まなければならない。そして、スクリーンとはスクリーナーがディフェンスにぶつかるプレーではなく、カッターがディフェンスをぶつけるプレーである。以前にも述べたが、カッターによる方向変換のフェイクが非常に重要になる。

また、このドリルでは、リバウンドの大切さも指導することができる。シュートをしたら必ずリバウンドに入り、ディフェンスに移ることを強調するのである。ディフェンスでは、正しいビジョンを持つことをしつこく指導する。ディフェンスにおけるビジョンの取り方を、チームとして練習すれば、ドリブラーをマークするとき、カッターについていくとき、スクリーンに対してスライドスルーするとき、そしてリバウンドのときの正しいポジショニングを身につけることができるだろう。

もし、システム的なディフェンスを指導するのであれば、スイッチの声がけとすばやい反応を強調して練習を行うべきである。

LESSONS FROM THIS LEGEND...

THE DRIBBLE ROTATION DRILL
ドリブル・ローテーション・ドリル

図1.6、そして図1.7に示されているドリルを、私たちは多くの時間を費やして練習している。このドリルは、2人のガードと2人のフォワードによるチームの攻防である。ドリルの始めは、ガードがボールを持っている。

図1.6では、❹がアウトサイドにフェイクしてから、ミドル方向にドリブルで進み、❺に手渡しパスを送っている。❺は❶のいる方向にドリブルで進み、❶に手渡しパスをする。❶は、コートの中央に向かってフェイクをしてから、ボールの方向に走り、❺からの手渡しパスを受ける。ボールを受けたら、❶は❸の方向にドリブルする。このとき、❸はボールに向かって走ってくる。

図1.7では、❶が❸に手渡しパスを出したことに合わせて、❹が動き出している場面である。ちょうど図1.6と同じような動き方になる。❸は❺に向かってドリブルをして、手渡しパスを出している。これも攻撃に連続性を持たせた動きだが、大切なことは、適切なフェイクと手渡しパスのタイミングである。それぞれが個人の動きを正しく行えば、スクリーンプレーが成功する。その結果として、ディフェンスは対応できなくなり、ドライブしてゴール下でシュートすることができるだろう。

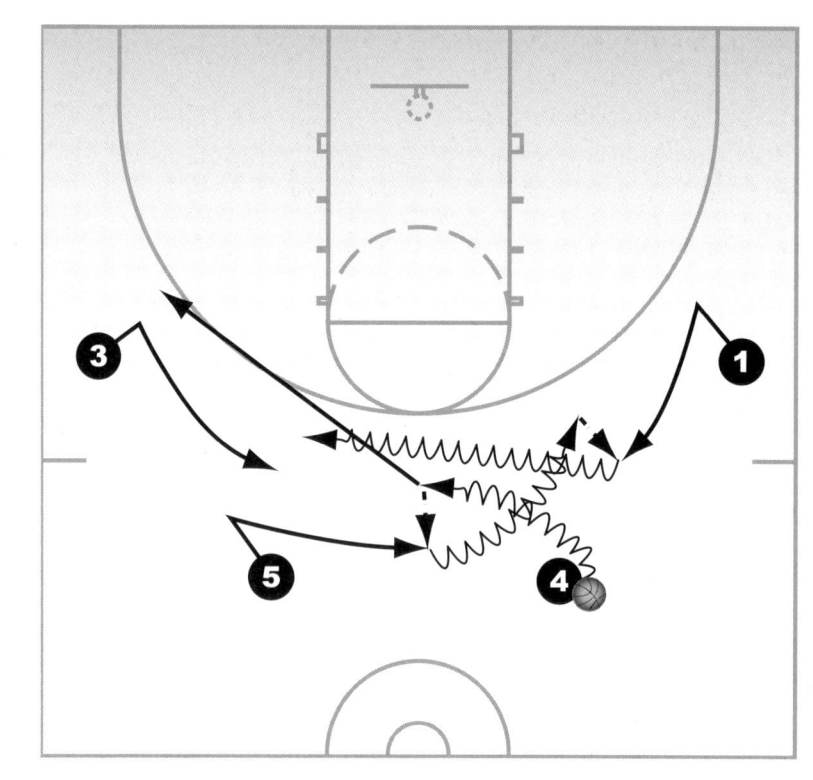

Newell 1.6

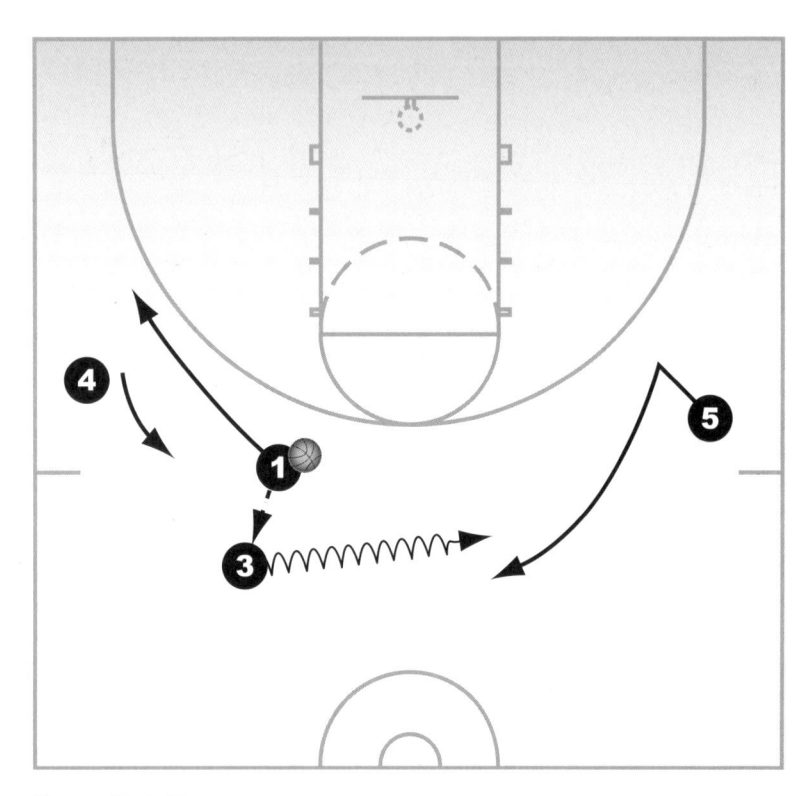

Newell 1.7

ここでも、ボールをもらう前のフェイクを指導する。また、ドリブルは外側の手で（ディフェンスから遠い方の手で）行われるべきである。手渡しパスを出すときは、指先でコントロールして手渡しパスを出すこと。そうすれば、パスをキャッチする味方は、ボールが軽く感じてキャッチしやすくなるはずだ。

ドリブル・ローテーションのプレーは、ポストプレーヤーに合わせることができる。4人がドリブル・ローテーションを行うと同時に、ポストプレーヤーはパスをもらうためのポジションを取る。動きの中でポストにパスが入れば、ディフェンスにとっては急激な対応をしなければ守れない状況になる。そのため、ポストへのパスが成功すれば、オープンでのシュートチャンスが期待できる。

このドリルをゆっくりと行うことによって、ディフェンスの間違った動きを修正することができる。スクリーンに対してスライドスルーする場合は、ボールをスナップするように指導する。ディフェンスの選手同士の協力が不可欠であり、ドリブラーのディフェンスはスライドしてボールを追いかけるように、約束として決めておく。そうすることで、味方同士の混乱を防ぐことができる。

LESSONS FROM THIS LEGEND...

ESTABLISHING SOUND HABITS
良い習慣を身につける

システムそのものが勝利をもたらすのではない。また、優れた個人の選手が勝利をもたらすのでもない。システムや優れた個人も大切だが、同様に大切なのはプレーの習慣である。技術を習慣化して身につけ、ディフェンスのプレッシャーを打ち破れるようになること。つまり、システムに柔軟性を持たせて、自分たちの長所を最大限に発揮して、相手の短所を突くような形にしておくことである。

OUR BASIC SET PATTERN
私たちのセットオフェンスの基本パターン

私たちのチームでは、セットオフェンスの基本パターンを「リバース・アクション」と呼んでいる。このパターンでは、ボールを動かすことによって、ディフェンスを動かすことを狙いとしている。もし、ディフェンスを立ち止まらせてしまえば、決して良いパスコースを作ることはできなくなる。だが、ディフェンスを動かし続ければ、ディフェンスを打ち破るチャンスは自然と生まれるようになる。

リバース・アクションでは、シングルとダブルのスクリーン、両方を利用して攻撃する。スクリーンをするときは、スクリーナーは必ず立ち止まること。そして、先にも述べたが、スクリーナーがディフェンスに対して「ぶつかりにいく」のではなく、動きの中でディフェンスをぶつけるのである。このように指導すれば、スクリーンでのオフェンス・ファウルをコールされることも減るはずだ。ガード陣がアウトサイドで動いている間、センターは常に「8の字」に動くように教えている。センターが正しく動けば、フロアバランスは保たれて、リバウンドにも参加しやすくなる。そして、もし相手にボールを取られても、ディフェンスに戻ることも容易になるはずだ。

KEY TO THE KINGDOM
勝者となるためのカギ

オフェンスでカギとなる要素は、パッサーとカッターのタイミングである。どのようなオフェンスを行うにしても、タイミングは重要になるので、毎日の練習でドリルを行う必要がある。練習中、プレーを図で表して説明することはほとんどない。いくらチョークを使って図を描いても選手たちは上達しないが、ドリルの反復練習を行うことで選手たちは上達する。

私たちのチームでは、リバース・アクションと並行して、ドリブル・ローテーションのオフェンスも行っている。図1.6、図1.7で示した4人の動きに加えて、ポストの選手が動くオフェンスである。このオフェンスにより、多くの良いシュートチャンスを作ることができるだろう。カギとなるのは、4人の選手たちのボールハンドリング能力と、ドリブル能力である。

私たちが行うシステムは、次のような原則に従って行われる。
- 高確率のシュートをする。
- オフェンス・リバウンドを取る。
- 柔軟性を持たせる。

良いショットを打つことで、リバウンドも取りやすくなる。そして、システムに柔軟性を持たせることで、相手のディフェンスに対抗する。もし柔軟性がなければ、型にはまった動きしかできない。そうなれば、賢いチームと対戦したとき、非常に苦労するだろう。

SOURCE
出典

- ピート・ニューウェル（1949年12月）、サンフランシスコ・コンティニュイティ・パターン、スコラスティック・コーチ Vol.19（4）。

LEGACY OF
Adolph Rupp

- 「ブルーグラスの男爵」というニックネームで知られる。

- 大学バスケットボール史上最多勝コーチとして、現役引退した。

- 威勢のいい、議論の好きなコーチであり、根底には「勝つためにプレーする」という考え方を持っていた。

- 基本を身につけて、速攻法を武器とするチーム作りをした。

- ケンタッキー大学の体育館は「ラップ・アリーナ」と名づけられている。

- ケンタッキー大学を4回のNCAAトーナメント優勝に導いた（1948年、1949年、1951年、1958年）。

- ケンタッキー大学での通算成績は、876勝190敗（勝率82.2%）である。

- 地元出身の選手を育成するのに長けたコーチであった。指導した選手の80%以上はケンタッキーの丘 (the hills of Kentucky) の出身者であるが、彼らを優勝チームに育て上げた。

LESSONS FROM THIS LEGEND...

KENTUCKY'S FAST BREAK

By Adolph Rupp

最近の5年間で、速攻法は多くの物議をかもし出している。あるときは、速攻法は相手に脅威を与えるオフェンスであり、すべてのチームが練習をしていると言われた。またあるときは、ボールをゆっくりと運び、プレーを組み立てることが時代の流れに即しているとも言われた。近年では、バスケットボールはますます合理的に考えられるようになったため、速攻というもの自体が完全にすたれたものである、と考えられている。

しかし、ここにきて再び速攻が注目されている。現在、試合の中で、最も多く行われているパターンプレーが速攻なのだ。プレーのテンポを速めて、得点を多く取る試合展開を提唱し続けたコーチたちに、感謝すべきである。

THREE SCHOOLS OF THOUGHT ON THE FAST BREAK
速攻に関する3つの流派

速攻法の提唱者は、速攻こそが最強の武器であると主張する。バスケットボールは、本質的に「動き」のゲームであり、動きの多いプレーは人々に好まれるからである。では、ここで速攻に関する3つの考え方（流派）を紹介しよう。

第1の流派は、ボールをゆっくり運んだ方が優れた攻撃になるという考え方である。この理由は実にシンプルだ。速攻を出そうとして走ると、ボールハンドリングのミスが出やすくなるから、という理由である。ゆっくり、確実にボールを運んで、オフェンスを計画することが望ましいと考えているコーチたちがいる。

第2の流派は、速攻こそが最も簡単に得点を取れるオフェンスだという考え方である。そのため、ボールを獲得したら、常に速攻を狙う。当然、うまく速攻が出ないときもあるが、そのようなときは相手を蹴散らしてでもシュートまで持ち込もうとする。試合中を通じて速攻を出すように指導するコーチたちの

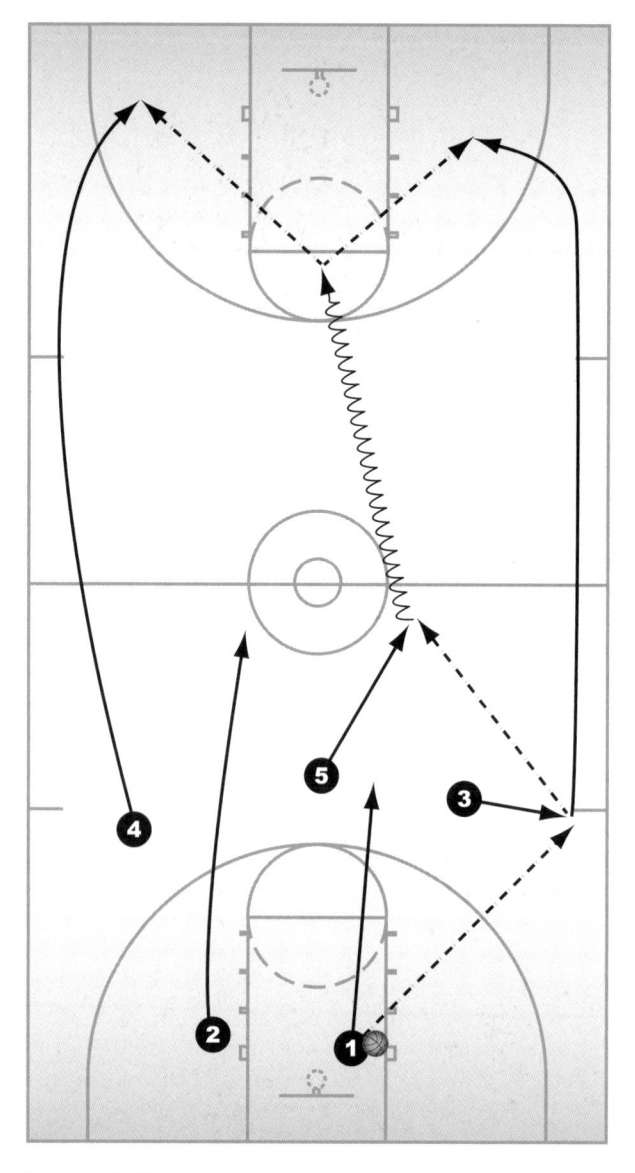

Rupp 1.0

考え方である。

第3の流派は、速攻とセットオフェンスを織り交ぜながらプレーすることで、最良の結果が得られるという考え方である。換言すれ

LESSONS FROM THIS LEGEND...

ば、チャンスがあるときにだけ速攻を行い、そうでなければ注意深く、ゆっくりとボールを運んでセットプレーを行うという方法である。

KENTUCKY'S FAST BREAK
ケンタッキー大学の速攻

私は、第3の流派の考え方を信じている。速攻を狙うが、チャンスがなければ無理をせずにセットオフェンスを行う。このように、私はケンタッキー大学で指導している。

速攻を指導するときは、最初の段階でうまくいかなくても落ち込まないこと。選手たちが速攻法を十分に理解すれば、プレーの形は確実に整うものだ。最終的には、必ず見ていて美しさを感じられるような速攻になるはずである。

図1.0では、ゾーン・ディフェンスから速攻を出す状況が示されている。この図で示されているように、3-2ゾーンを想定して考えていきたい。相手チームがシュートを放ち、そのリバウンドを❶が奪取したとする。

❶がボールを取ったら、フロントラインの3人は注意深く周囲を見渡して、アウトレットパスが誰に出されるのかを判断する。可能であれば、3人のうちの中央の選手にパスを出し、彼がドリブルで直進してくれるのが一番良い。

だが、直接中央の選手にパスが出せないことが多い。そのときはサイドライン沿いにいる選手にパスを出して、彼から中央の選手にパスをつなぐようにする。図1.0では、❶から❸にパスが出されて、そこから中央の❺にパスがつながっている。そして、❺がドリブルで進み、速攻が行われている。

図1.1は、相手チームがフリースローを放つときのポジションから、速攻を出している状況である。相手のフリースローが成功しても、失敗しても、同じように速攻を出すことができる。ボールのつなぎ方は、先ほどと同様に、サイドラインにボールを出してから、中央にパスをつないでいる。
実際の試合では、速攻を出したが良いシュートまで持ち込めないこともある。この場合はそのままボールを運び、セットオフェンスに移行する。我々のチームで行っているオフェンスは、2人のガードと1人のピボット・プレーヤーを置いた、シングル・ポ

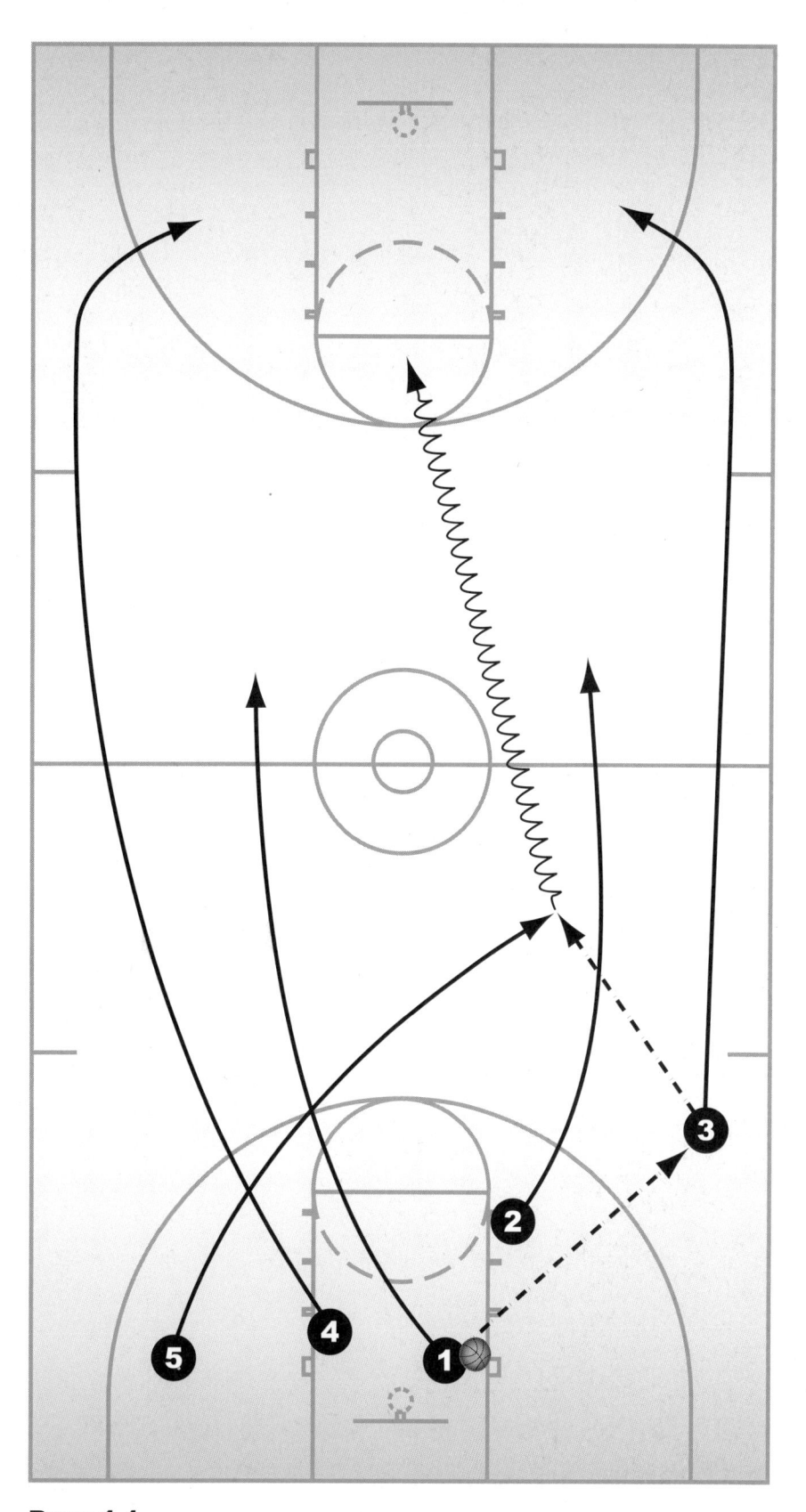

Rupp 1.1

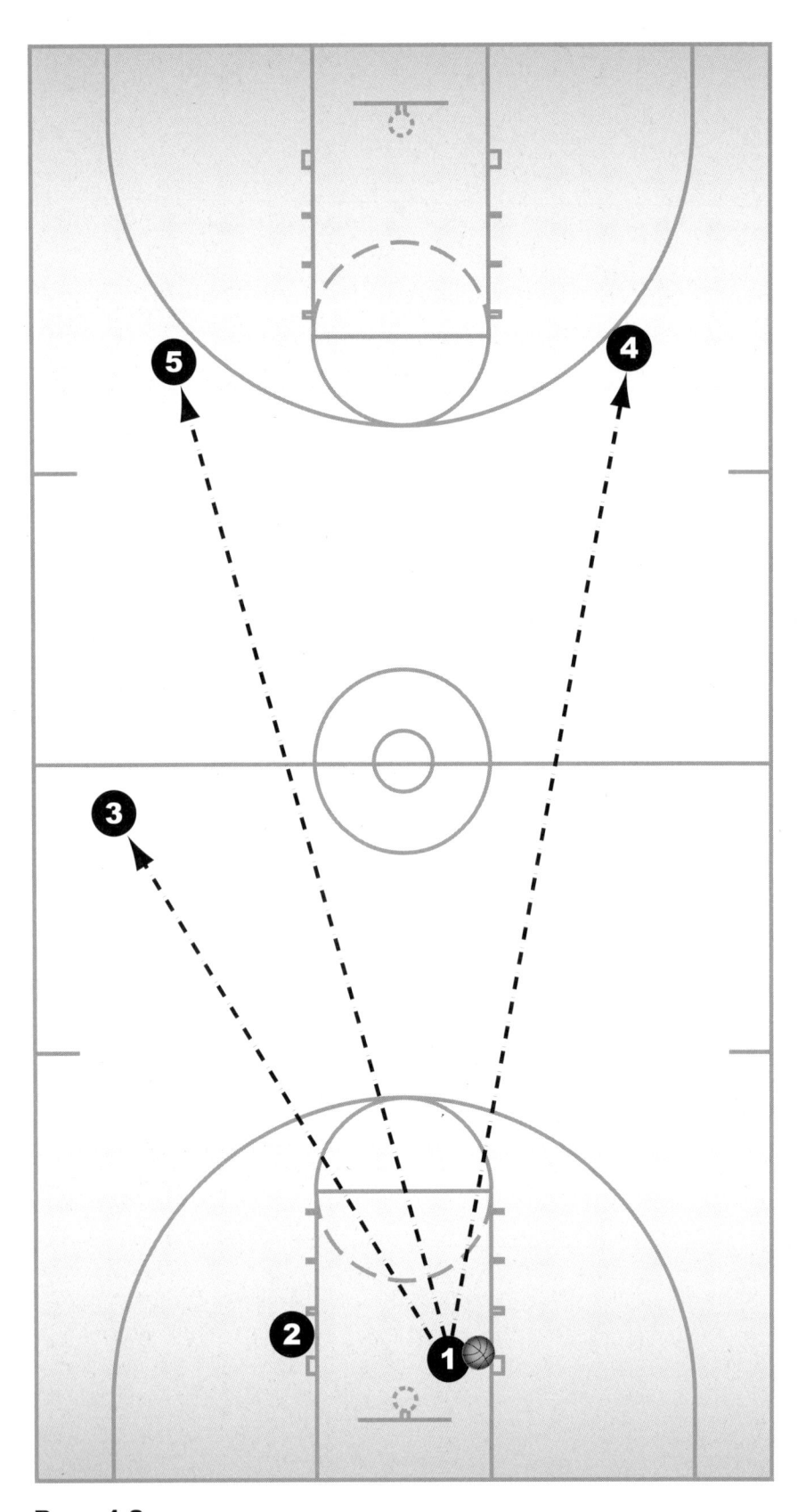

LESSONS FROM THIS LEGEND...

スト・オフェンスである。

さて、相手チームがフリースローを行うとき、私は5人全員がゴール周辺にポジションを取るように指導している。コーチの中には、1人だけは自分たちが攻める方向のゴール下に立たせておいて、ロングパスからのワンマン速攻を狙わせるコーチもいる。だが私は、図に示されているように、5人全員を固めておくことが好きである。なぜならば、人数が多い方が、ルーズボール獲得のチャンスが増すからだ。

図1.2には、フリースローのセットアップのときに、先ほどとは異なる方法が示されている。図のように大きく広がった5人の配置からロングパスを飛ばして速攻を出すことは、ディフェンス側が優位に立つための作戦である。高校のチームでは、ボールハンドリングの能力が高い選手がいる場合、このような速攻を行っているチームも多い。この速攻が成功すれば、相手のフリースローシューターに対して、精神的なダメージを与えることにもなる。

❸の選手はセンターラインに最も近い選手である。フリースローをする相手チームにとっては、この❸が気になるだろう。❸にボールを持たせないように、すばやく戻らなければならないと考えるはずだ。もし❸へのパスが通れば、❸はドリブルで直進するには最適な場所にいるので、ドリブルすることで3対2の状況を作ることができる。だが、多くのチームはこの状況を作ろうとせずに、むしろゴール下の2人にロングパスを通そうとしてしまうようである。

考えてみればわかると思うが、この図であれば、相手チームはゴール下に2人のディフェンスを配置するだろう。そのうち1人を❸がひきつけることに成功すれば、ゴール下には1人だけになる。つまり、ゴール下では2対1をつくることができるのだ。

SOURCE
出典
・アドルフ・ラップ（1951年12月）、ケンタッキー大学の速攻、スコラスティック・コーチ。

Rupp 1.2

LEGACY OF
William "Bill" Sharman

- 選手とコーチ、両方の立場としてネイスミス・バスケットボール殿堂入りを果たした史上3人目の人物である（選手としては1976年、コーチとしては2004年にそれぞれ殿堂入り）。

- 3つの異なるプロリーグを制覇した唯一のコーチである（ABLは1962年、ABAは1971年、NBAは1972年にそれぞれ優勝）。

- 現在、試合当日に多くのチームが行っている練習法「シュート・アラウンド」の発明者である。

- NBA選手として11年間プレーして、8回オールスターゲームに出場している。

- 通算のフリースロー成功率は、驚くべき88.3%であり、これはNBA歴代1位に記録された。

- 1996年、「NBA史上最も偉大な50人」の1人に選出された。

- 選手として、ボストン・セルティックスで4回のNBA優勝に貢献した（1957年、1959年、1960年、1961年）。

LESSONS FROM THIS LEGEND...
FREE-THROW SHOOTING TECHNIQUES
By Bill Sharman

バスケットボール選手、コーチ、またはファンならば、必ず一度は「フリースローが入らなくて負けた」という悪夢を経験していることと思う。シーズン中のあらゆる試合において、フリースローは勝利を決定づける重要なプレーである。特に、接戦になればなるほど、その重要性は増すと考えているコーチは多いだろう。

ほぼすべてのコーチたちは、シュート技術の中でも、フリースローが最も確実に上達するシュートだと考えている。シュートをするときの状況は、練習でも実際の試合でも、まったく同じだからである。シュートを完了するまでに5秒間（インターナショナル）、あるいは10秒間（NBA）が与えられる。ディフェンスは誰もいない。ゴールまでの距離や場所も、毎回すべてが同じである。

フリースローの技術は、必ず指導されるべきだ。私は声を大にして言いたい。シュート技術はまさに、反復動作によって筋肉に記憶された動きである。私はシュートをスピーチに例えることが好きだが、シュートもスピーチも、練習すればするほど上達するものだ。すべてのスポーツに言えることだが、努力と熱意に勝るものはないのである。

選手たちはそれぞれ独自のフォームでフリースローを放っていると思うが、そこには共通したシュート技術の原理がある。本章では、フリースローにおける心理的、技術的側面について述べていきたい。

GENERAL FREE THROW HINTS
一般的なフリースローのヒント

1. SHOOT WITH RHYTHM AND SMOOTHNESS
1．スムーズに、リズムよくシュートする

スムーズに、リズムよくシュートすることは、フリースロー上達のために欠かせないことだと信じている。もちろん、シューターは技術的な動きによってリズムを身につけなければならない。ゴルフの指導者は、スイングがスムーズであること、そして一定のリズムでスイングすることを強調して教える。これはバスケットボールのシュート、特にフリースローに関しては共通することである。あわてたり、ギクシャクしたりすることは、シュートの正確性とコントロールを失わせてしまう。

2. TRAIN YOURSELF TO CONCENTRATE
2．集中力を養う

すべてのスポーツ、行動と同じように、バスケットボール選手たちも考えながら動くことが求められる。集中することで、自分の可能性を最大限に引き出すのである。フリースローとは、ファウルされた選手に与えられるものである。そのため、フリースローを与えられた選手は、すぐに集中力を高めて、シュートのことだけ考えなければならない。フリースローラインに歩いて行き、「決めてやる」という考えを持つ。自分ができる最高のシュートをするため、自分自身を疑わないこと。これは心理的なことだが、人間は考えていることが行動に表れるのである。

3. LEARN TO RELAX AND BE COMFORTABLE
3．リラックスして、心地よい感覚を身につける

リラックスして、心地よい感覚が身につかない選手は、最高の成果は得られない。このことは特にフリースローにおいて顕著である。緊張して硬くなっていたり、疲れ切っていたりしたら、自信を失い、コントロールは乱れて、多くのミスが生まれてしまうだろう。正しい練習方法と基本技術の習得が、この問題を解決してくれる。練習でフリースローを放るとき、「この1本で勝敗が決まる」と思い込みながらシュートするべきである。そして様々な方法を試して、最もリラックスできる方法を見つけるとよい。

LESSONS FROM THIS LEGEND...

4. ESTABLISH A DEFINITE ROUTINE
4．毎回同じルーティンを確立する

それぞれの選手たちが自分なりの良いルーティンを確立することは、フリースローの成功率を高めるために最も大切なことの1つである。フリースローのたびに動きを変えて、動作と思考を統一させようとしない選手を非常によく見かける。フリースローというものは、与えられるときの状況が毎回異なるものだ。このことに選手たちは気づかなければならない。特に、試合終了間際でファウルをされたときなどは、とても疲れているはずである。そこで、毎回同じ歩き方でフリースローラインに向かい、シュートを構えることで、周囲の状況とは関係なく自分のシュートをすることができる。具体例については、下記の通りである。

・数回、深呼吸をする。
・数回、ボールを弾ませる。
・シュートする前に、ボールを回転させる。
・一番動きやすい姿勢で、審判からボールをもらう。

大切なことは、練習と試合と、まったく同じルーティンを繰り返すことである。そうすることで、いつでも同じ感覚でシュートすることができるだろう。

5. TAKE ADVANTAGE OF THE 10-SECOND TIME LIMIT
5．時間制限を有効に使う

選手たちは5秒ルール、または10秒ルールについて、その時間内にシュートしなければならない制限であると理解しているはずだ。選手の中には、シュートを狙うことに時間をかけすぎて、逆に「落ち着き」を失ってしまう者もいる。このような場合、ほとんどはシュートが短くなり、リングの手前にぶつかって落ちる。

しかし、当然のことではあるが、慌ててシュートすれば正確に放つことなどできない。自分のシュートスタイルに最も適切な時間は何秒間なのか、それを理解することが大切である。

6. DON'T HAVE TOO MANY THOUGHTS BEFORE SHOOTING
6．シュートする前にいろいろと考えない

シュートをするときに、あまりにもたくさんのことを行おうとすると、必ず悪い結果につながってしまう。自分の欠点について考え、チェックをすることは、毎日の練習で行われるべきものである。フリースローを放つときは、頭の中に技術的なポイントを1つか2つだけ思い浮かべるようにする。ただし、このことはルーティンを確立することを否定しているわけではない。

「シュートする前にいろいろと考えない」というルールは、ゴルフと似ている。スイングを始めたら1つのことだけ頭に浮かべるように、ほとんどのゴルフ指導者やプロゴルファーは言っている。そしてたいていは、体の動きがスムーズに行えるように注意を払っている。この思考は、フリースローを放つときとまったく同じであると言える。

7. LEARN HOW TO KEEP YOUR HEAD AS STILL AS POSSIBLE
7．頭をできるだけ動かさない

ゴルフとフリースローに共通する技術として、「頭をできるだけ動かさない」というものがある。パターを行うときに頭を動かさないことは、最も大切な技術の1つである。アーノルド・パルマーは、このように著書で述べたことがあった。バスケットボールの試合で放つシュートは、おそらくゴルフよりもボディバランスが大切になるだろう。しかし、フリースローに関しては、頭を動かさないという原則が、シュート率の向上に直結するはずだ。

8. KEEP BALL AIMED STRAIGHT FOR THE MIDDLE OF THE BASKET
8．ボールの狙いは、ゴールの中心部

ボールを投げるときは、ゴールの中心に向かってまっすぐ投げる。これがフリースローの鉄則である。中心を狙って投げれば、もしボールが左右にずれたとしても、ゴールを通過する可能性は高くなる。

9. LINE UP BALL PROPERLY
9．ボールのラインをしっかりつかむ

シュートをするとき、毎回ボールを同じ向きにすることは、とても大切である。指でボールのライン（縫い目）をしっかりつかむと、シュートをするときの自信が持てるようになる。

なお、シューターの手はできるだけ乾いていることが望ましい。問題となるのは、体育館内の気温が非常に高いときである。そのときは、フリースローを放つ前に、シャツやパンツ、ソックスなどで必ず手の汗を拭くこと。また、ときには審判に許可を得て、滑りやすくなったボールを取り替えてもらったり、タオルを使わせてもらったりすることも必要である。

10. WALK SLOWLY TO THE FREE-THROW LINE
10．フリースローラインまでゆっくり歩く

審判からボールを渡されるまでに、シュートするための準備が整わず、シュートを失敗してしまうことがよくある。そのため、フリースローを与えられたら、フリースローラインまでゆっくり歩いて、精神的にも肉体的にも準備を整えるべきだ。急いでフリースローラインに立ち、慌ててシュートすれば、確実にシュート率は低下するだろう。

FREE THROW COACHING METHODS
フリースローの指導方法

選手がすでにフリースローを高い確率で決められる方法を身につけているなら、コーチはそれを変えようとするべきではない。どのスポーツにも共通して言えるが、大勢とは違う、いわゆる独特なフォームで上手くプレーしている選手はいる。それはバスケットボールも例外ではない。

だが、選手に改善の余地がある段階では、コーチは指示を与えて、フォームを完璧に近づけるべきである。もし、コーチがシュートフ

LESSONS FROM THIS LEGEND...

ォームのすべてを変えてしまおうとすれば、その選手は自信を失い、上達しないだろう。ゆっくりと、段階を経て指導すれば、選手は不快感を覚えずに上達する。励ましながら指導をすることである。そして、コーチは指導する内容に、必ず理由を述べること。シュートフォームを変えることの理由を説明してあげれば、選手たちはそれを理解して練習に取り組むだろう。

コーチは、目標値としてのフリースロー成功率を、具体的に示す必要がある。意識の高い選手たちはひとりで練習することもあり、いつも誰かと競ってシュートするわけではない。そのため、毎日の練習の中で、目標とすべき成功率を教えておけば、自主練習のときも目的意識を持ってシュートすることができる。しっかりと目標を頭に入れて練習することが、フリースローの集中力を高めることにつながる。

SHARMAN FREE-THROW TECHNIQUE
シャーマンのフリースロー技術

これから述べるのは、私自身の経験を通じて得た、ファンダメンタルの集約である。私にとっては、この方法でシュートするのが最適だった。それらを1つずつ紹介しよう。

1. 全速力で走っているときにファウルをされた。このとき、私は息を整えるためにゆっくりとフリースローラインまで歩く。この時間で、息を整え、シュートに関する考えをまとめるのである。
2. いつもと同じ場所に立つ。そして、足幅や姿勢も、いつもと同じようにする。
3. 私はいつもボールを数回弾ませ、ドリブルをする。これはボールに慣れるため、そして手首を柔らかくするためである。
4. シュートをするポジションについたら、頭と体を正しい位置に保つ。
5. 1、2回の深呼吸をする。そして冷静さを取り戻す。
6. 毎回のシュートで、同じような感覚が得られるように努める。
7. ボールを数回、回転させる。これは、ボールの感覚が違うときがあるからである。つまり、ボールが滑りやすかったり、べとついていたり、毎回違うからだ。ボールを回転させることで、私は気分よくシュートを構えることができた。ゴルファーがボールを叩く直前に素振りをするようなものである。このことで、選手は柔軟でスムーズな動きができるようになる。
8. ゴールの一点だけを見つめて、集中力を高める。
9. 狙いを見つめているとき、ボールがまっすぐに飛ぶイメージをする。
10. 肘がボールの真下に来るようにする。ボールの真下に肘が来ることで、手首の位置も正しくなるため、良いシュートにつながる。
11. ボールには（成功率を高めるために）適切なバックスピンをかける。指先からボールが離れて、手首のスナップが強ければ、バックスピンはかかるはずである。
12. ボールが指先を離れる瞬間に、集中力を最大限に高める。
13. シュートの正確性を高めるために、肘をしっかり伸ばしてフォロースルーの姿勢を作る。
14. シュートをした瞬間に、そのボールがどこに落ちるのかがわかるはずである。失敗してシュートをはずしたら、次のフリースローを放つ前に修正をすべきだ。自分のシュートに対して自信を失ってはいけない。なぜシュートが外れたのかを知れば、それを直すことができると考えるべきである。

FREE THROW SHOOTING DRILLS
フリースローのシューティングドリル

フリースローのシューティングを成功させるためのキーワードがいくつかある。競争、リラックス、ファンダメンタル、プレッシャー、試合と同じ状況下、などである。フリースローを練習するときに大切な心構えについて、以下に述べる。

1. PARTNER SHOOTING
1．パートナー・シューティング

シュートを競争的に、集中して練習するための最良の方法は、2チームに分けてシュートをすることだ。シュートの得意な選手、不得意な選手が混在するチームを2つ作る。そして、練習の最後に、この2チームがフリースローで競うのである。勝ったチームは、練習が終わりになるので、シャワーを浴びに行ってよい。負けたチームはそのまま残り、負けチーム同士でもう一度競争をして、勝つまで帰れない。私は、だいたい1回の競争に30本シュートをするように命じていた。つまり、お互いのチームが30本シュートして、成功数を競うのである。1人が2本シュートしたら、次の選手に交代する方法で、30本のフリースローを行う。2回戦は、20本に本数を減らす。3回戦は10本に減らし、最終的には、負け残った2人だけの勝負になる。最後まで負けた選手は、ひとりで10本のシュートを練習してから帰る。

2. ELIMINATION CONTEST DRILL
2．脱落競争（elimination contest）ドリル

このドリルは、先に述べたパートナー・シューティングと似ているが、このドリルでは選手が2人組を作って競う。2本シュートしたら交代で、お互いが30本ずつのフリースローを放る。勝者はシャワーを浴びに行くか、残ってフリースロー以外の自主練習をする。負けた選手は、負けた選手同士で組を作って、第2回戦を行う。そして、最終的に全員が勝つまでドリルを続ける（最後まで負けた選手には、何かペナルティを与えるとよい）。

3. DAILY CHARTS
3．毎日のフリースローを記録する

個人のフリースローを毎日記録することは、とても有益なことだ。チームの中で誰が最も高確率の選手なのか、記録によって選手もコーチも知ることができる。そして、その選手は自分のシュート力に自信を持つことができるだろう。毎日、約50本のフリースローを放つことが良いと思っている。記録用紙はロッカールームに掲示すれば、選手たちは日ご

LESSONS FROM THIS LEGEND...

と、または月ごとの成長をチェックすることができる。

4. SHOOT UNTIL MISS
4．外すまでシュートする
きつい練習を終えた後に、それぞれのゴールに選手たちを配置して、フリースローの練習を行う。疲れた中での集中力を養うために、シュートが入れば、連続して放るというドリルが有効だ。シュートが入り続ける本数を数えておき、もしシュートが外れたら、その選手はもうシュートすることができない。

5. FREE-THROW LADDER
5．フリースローとラダー
フリースローとラダーを関連づけて行わせると、選手たちは楽しみながら練習を行う。コーチたちにとっても、チーム全体にとっても、これは楽しい練習方法である。フリースローを放つ選手は、フリースローラインの位置に立つ。それ以外の選手たちは、シューターの後ろに立ち、シューターを励ます言葉をかける。シュートが外れれば全員でラダートレーニングを行うペナルティを与える。フリースローを練習するとき、報酬と罰を上手く利用すると、非常に効果が上がる。

6. INDIVIDUAL FREE THROWS
6．個人でフリースローの練習
完全に集中することは、すべてのシュートに大切なことだが、特にフリースローについては大切になる。シュートをする前に明確な目標を設定して、その数値を達成するまでは練習をやめない。このような個人練習をするべきだ。選手たちは、自分の平均シュート率よりも、さらに高い本数を目標として設定して、自分を向上させるために練習しなければならない。

SOURCE
出典
・ビル・シャーマン（1965年）、シャーマンのバスケットボール・シューティング、エングルウッド・クリフス、ニュージャージ：プレンティスホール。

LEGACY OF
Everett "Ev" Shelton

- 1943年、ワイオミング大学をNCAA優勝に導いた。

- 「ボックス・ウィーブ」と呼ばれる、5人のウィーブを考案したコーチである。

- NABCの会長を務めて（1959年－1960年）、競技規則委員会に解説者という役職を設けた（現在は競技秘書または編集者と呼ばれる役職である）。

- 高校、大学、AAUなどでコーチを務めて、46年間の通算成績は845勝492敗である。

- AAUのデンバー・セイフウェイズを率いて、1937年、全米優勝を成し遂げた。

- バスケットボール史上初のジャンプシュートの達人である、ケニー・セイラーズを指導した。

LESSONS FROM THIS LEGEND...

WYOMING'S BOX WEAVE
By Everett F. Shelton

著者注釈

エベレット・シェルトンは、5人でウィーブを行うオフェンス「ボックス・ウィーブ」を考案したコーチである。このオフェンスには20通りのオプションがあり、ディフェンスの対応によって使い分けることができる。シェルトンはこのようにオフェンスを説明していた。それらのオプションは、さらに5つの2メン・プレーに分解することができる。ミドル方向へのドリブル・ペネイトレイト、ガード・ポジションからアウトサイドへのペネイトレイトなど、ディフェンスに応じてボックス・ウィーブを変化させるのである。5人すべての選手が、お互いのポジションと入れ替わることができる。以下に紹介する文章は、1943年にシェルトンがNCAAトーナメント優勝を成し遂げた後、その総括として述べられた内容である。

これから私は、ワイオミング大学がどのようなバスケットボールを行っていたのかを説明したい。バスケットボールが考案されてから、つまりネイスミス博士がスプリングフィールド・カレッジの体育館に桃のかごを設置してプレーを始めたときから、現在まで変わらないことがある。それは、オフェンスとディフェンスが混在しているゲームだという事実だ。オフェンスは、ディフェンスに対応して動かなければならない。私たちの大学では、チームのディフェンス、または個人のディフェンスとは何かを論じて、そこで得た観点からオフェンスを組み立てるようにしている。

最初に、インディビジュアルディフェンスについて考えたい。私たちのチームでは、スカウティングを行い、相手チーム内で最も動きの遅い選手を見つける。動きが遅いことは、ディフェンスのポジションを取ることも遅いということだ。一般的に「なまけている」と言われるような選手を探すのだ。相手チームは、この選手の遅れを何回もカバーするだろうが、そのカバーが遅れるときは必ずある。また、フォワードのディフェンスがどれだけ速く戻っているのかにも注目する。これらのような個人的特徴を踏まえて、自分たちのオフェンスを組み立てていく。

私たちが最も重要視していることは、シュートの正確性である。理論的に言えば、すべてのシュートは手のひらで放つのではなく、指で放つことが大切だ。ほとんどの選手たちは、長い距離のシュートが放てないために、コーチのもとへ相談に来るだろう。そのとき、ボールを膝あたりまで下げて、その反動を使ってボールを放つようなシュートを教える人もいる。だが私は、この放ち方に賛成できない。私なら、ボールをキャッチして放つときの指の使い方を教える。もし放つときに、ボールを肩より下に下げてしまったら、ボールを上げてから放たせる。ボールを放ち上げるときは、指と手首のスナップを十分に利かせること。ゴールから近いところで練習を重ねれば、長距離のシュートはすぐに放てるようになる。この練習成果に、コーチたちは驚くだろう。無駄な動作のない正しいシュートは、相手のディフェンスにシュートのタイミングを悟られないという点でも、とても効果的である。

私たちのチームでは、オフェンスのスタイルに合わせて、ワンハンドのシュートを多用している。ワンハンドでのシュートは、両手のシュートよりも速く、柔らかいシュートになる。シュートを教えるときは、ボールを指の中心でつかませる。そしてボールを放ち上げるときは、回転がかかることが正しい。手首のスナップで回転をかけるのだ。放つまでは両手でボールを支えるが、放った後は、（選手が右利きの場合）左手は顔の上で止めておき、右手はフォロースルーのためにまっすぐ伸ばす。選手が上達すると、ボールをキャッチした瞬間に、左手はボールの側面を、右手はボールの真下をつかめるようになる。そして、余計な動作が何もなく、シュートを放つことができるようになる。今年のチームでは、最もシュート率が高かった選手はワンハンドシュートを行っていた。彼は私が指導した過去20年間で、最高の確率を記録したシューターに育った。

次に、チーム・ディフェンスを考えたい。私たちは、相手チームをスカウティングして、事前に相手のディフェンスを研究しておく。そして、試合前に相手の誰が自分にマッチアップしてくるのか、選手たちには伝えておきたいと思っている。ただし、マンツーマンで相手がディフェンスしてきても、実際にはゴール下にいけば他の誰かがカバーをしてくるだろう。また、スクリーンに対して、他の誰かがスイッチをするかもしれない。

スカウティングして相手のディフェンス能力を分析したら、その情報をもとにオフェンスを組み立てる。相手チームに動きの遅い選手がいたら、その選手には、自分たちの最もスピードある選手を守らせるような計画を立てる。ポジション取りが下手な選手がいたら、その選手にはすばやくシュートできる選手を守らせるようにさせたい。背の小さな選手には大きな選手にマッチアップさせたい。フォワードの戻りが遅ければ、自分たちのフォワードには速く走るように指示して、相手が戻らないうちに攻撃を仕掛ける。また、長身で動きの遅い選手がいたとする。この選手はおそらく、ポストのディフェンスが上手くない

LESSONS FROM THIS LEGEND...

ので、そこにポストプレーの上手い選手を配置する。ほとんどのチームには、ポストのディフェンスが苦手な選手が1人はいるはずだ。一方、自分たちはポストで攻撃ができる選手を2人は育てておきたい。そして、相手チームにリバウンドが得意な選手がいるならば、その選手をゴール下から引きずり出すことを考えたい。

もし、相手チームが下がるディフェンス（サギング）を行うならば、長距離シュートの得意な選手を出場させる。おそらく、2人か3人をサギングさせて、コートの中央に寄せるはずなので、それを踏まえて、シューターを配置すればよい。

スクリーンプレーを行うときは、できるだけ動きの遅いディフェンスにスクリーンをセットしたい。スクリーンプレーによってディフェンスを困らせるためには、2つの能力が必要になる。1つ目は、ディフェンスをすばやく振り切って、スクリーンを利用してシュートできる能力である。2つ目は、ドリブルによってディフェンスをかわす能力である。マッチアップが甘くなったら、すぐにドリブルで相手を振り切ってシュートに持ち込むこと。さらに、左右の両ポストで攻撃できる選手がいれば、相手チームにとって脅威を与えることができるだろう。

これまで述べてきたように、オフェンスでは5人の選手がそれぞれ違う役割を果たすことになる。オフェンスの全体像としては、スクリーンを多用しているが、それには理由がある。私が指導を始めた頃のチームは、個々の能力が高くなかったので、個人でディフェンスを振り切ってシュートすることが困難だった。そこで、チームとしてディフェンスを破るための工夫を重ねて、スクリーンプレーを多用する形に発展したのだ。これは非常に効果的なオフェンスであり、ディフェンスすることが難しい。なぜならば、ディフェンスは自分のマークマンと同時に、スクリーンに来る選手も視野に入れなければならないからである。

図1.0では、スクリーンプレーが示されている。ただし、選手同士が密着してスクリーンを成立させようとはしていない。ドリブルで進む味方の近くを走ることで、自然とスクリーンプレーが生まれている。スクリーナーはゴールに向かって走っている。しかし、ディフェンスがすばやくスイッチをしてきた場合は、動きを止められないように走る方向を変える必要がある。

図1.0では、ウィーブ・オフェンスの基本形が示されている。❶が❷にパスを出して、ゴールに向かって走る。この動きに合わせて❷がドリブルをすれば、スクリーンプレーが成功する。このプレーでシュートできないときは、❷から❸へパスを出す。パスを受けた❸は、ドリブルでゴールに向かい、❹にパスを出す。そして❹はドリブルで進み、❺にパスを出す。今度は、❺がドリブルで進み、❶にパス。さらに、❶はドリブルから❷にパス。ここまでプレーが進むと、最初のセットと同じ状況になっているはずだ。このプレーの連続性は、フィギュア・エイトと同じものである。ディフェンスとすれば、スクリーンにぶつかりたくないので、下がって守ろうとするだろう。このウィーブを、私たちのチームでは、ゆっくり行うこともあるし、スピードを出して行うこともある。選手たちにはドリブルの能力と、ディフェンスを読む能力が求められる。また、ポジションを固定してオフェンスを行うのではなく、全員が入れ替わりながらプレーすることも求められる。フォワードのポジションも、ベースラインのポジションもプレーすることになるし、また左右どちらのサイドでも同様にプレーできなければならない。

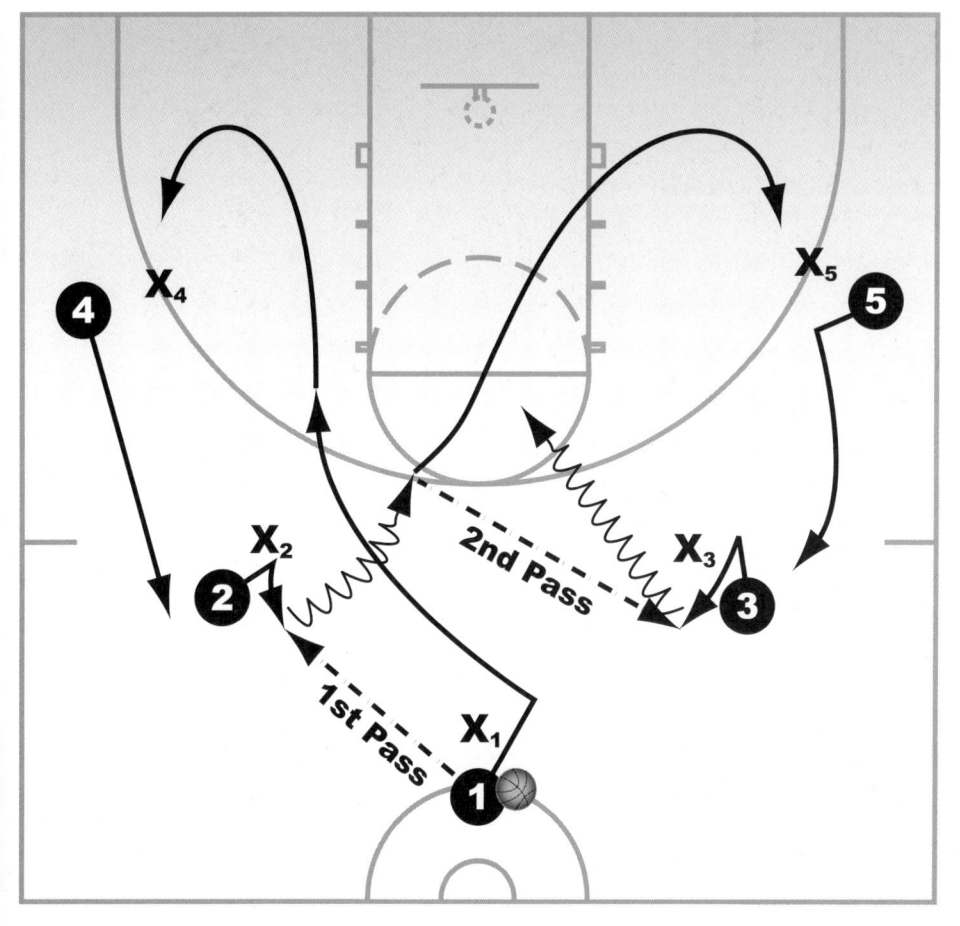

Shelton 1.0

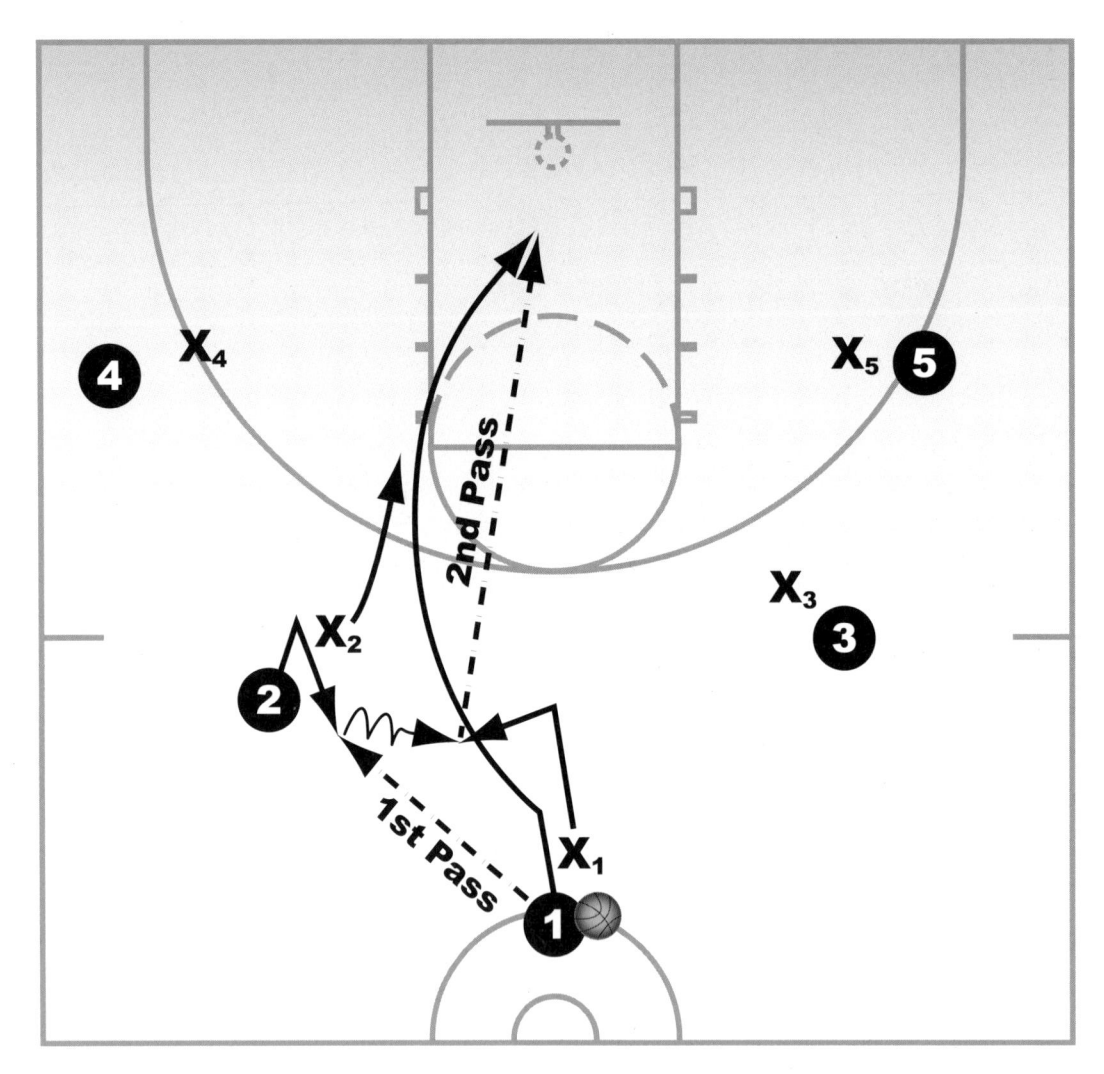

LESSONS FROM THIS LEGEND...

Shelton 1.1

図1.1は、スイッチに対する攻撃である。ディフェンスがスイッチして入れ替わったら、少しパスの距離が長くなるが、パスを出した選手がゴールに向かって走ると、リターンパスが通るはずだ。図での❷へのパスは、肩越しのパスになる。❷はドリブルによって❶のディフェンスを引きつけて、しっかりと止まってから、ゴールに走る❶へのパスを出す。タイミングがとても大切である。このプレーは、特にディフェンスのスイッチが遅いチームに対して有効である。

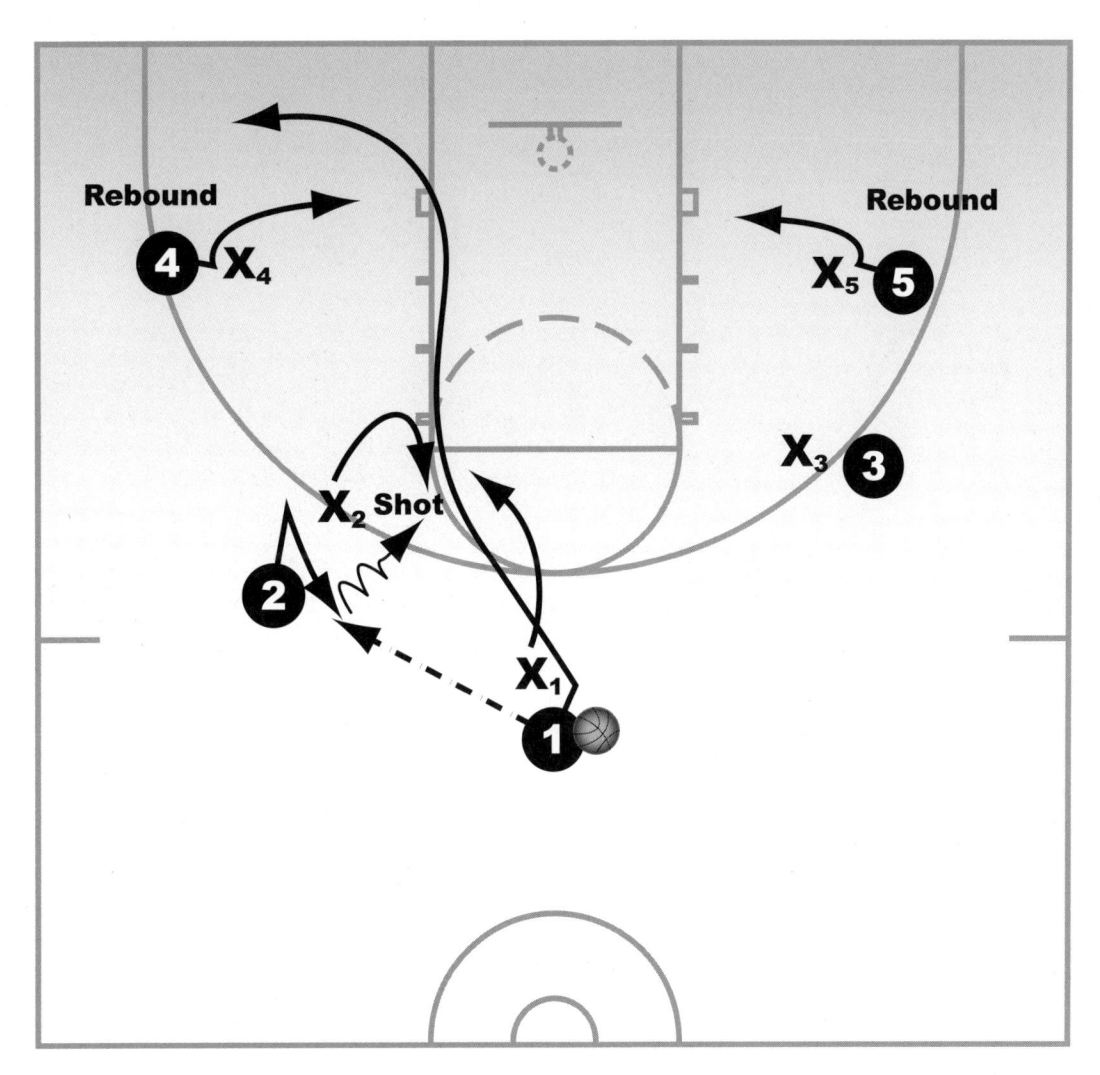

LESSONS FROM THIS LEGEND...

Shelton 1.2

図1.2は、サギング・ディフェンスに対する攻撃である。サギングとスリップ・スルーを相手が行ってくると、スクリーンは上手くかからない。ただし、この場合は❷がシュートを放つことができる。図では、❷がドリブルで左に行くと見せかけて、右に進んでジャンプシュートを放つ。外側に広がっている3人の選手たちは、シュートを打たれたらゴール下に集まること。サギング・ディフェンスに対しては、チームの中で最もシュート力のある選手にシュートさせたい。なお、❹と❺はリバウンドからのシュートを狙う。

SOURCE
出典

・エベレット・シェルトン（1943年）、オフェンス対ディフェンス、コンバース・バスケットボール・イヤーブック。

LESSONS FROM THIS LEGEND...
DRILLS FOR BALL CONTROL
By Everett Shelton

> ワイオミング大学はボール・コントロールを主にした、パターン・オフェンスを行っている。しかし、私は選手たちを型にはめ過ぎるような指導はしない。個人能力を損なわないように、選手たちに自由を与えたプレーをさせている。すべての練習はディフェンスをつけて行う。そして、これから紹介するドリルは、シーズンの初期と終盤に使用することが多いものである。実際の試合と同じ状況で、ディフェンスを読む能力、つまりディフェンスの動きに対応してオフェンスのプレーを選択する能力を養うためには、このドリルが最良のものであると考えている。

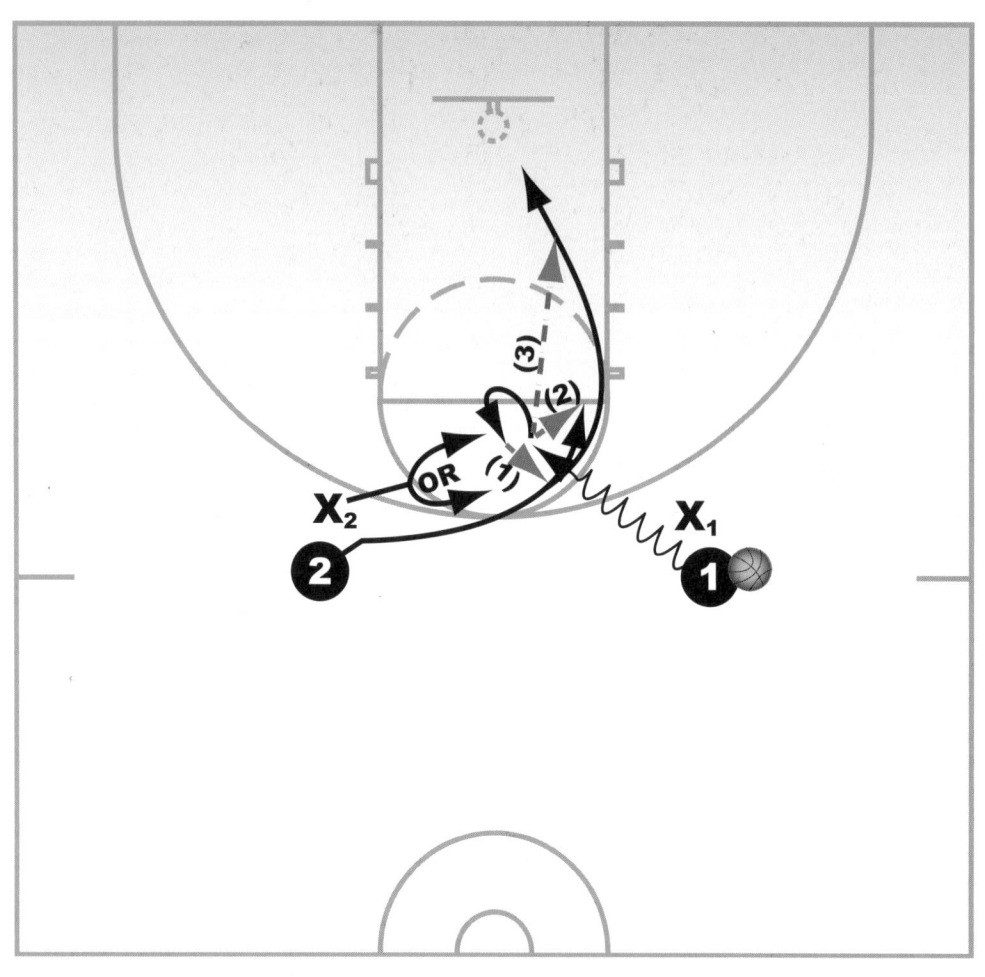

図 2.0 では、❶がドリブルでミドル方向に進み、止まってからリバースターンをしている。❷は❶のすぐ近くをカットしている。このドリルでは、X₂が❷について行くようにする（スイッチはしない）。

- X₂が❷の後ろを追いかけてきたら、❶から❷へ手渡しパスを出す。
- X₂が❷の半歩だけ後ろにいる場合は、❶は❷が通り過ぎた後にパスを出す。
- X₂と❷が並んでいる場合は、❶はパスを出すのを待ち、❷がゴール下まで走りきったときにパスを出す。
- ❶は❷のディフェンスがどのように動いているのかを読む。そして、適切なパスを出すことを練習する。

Shelton 2.0

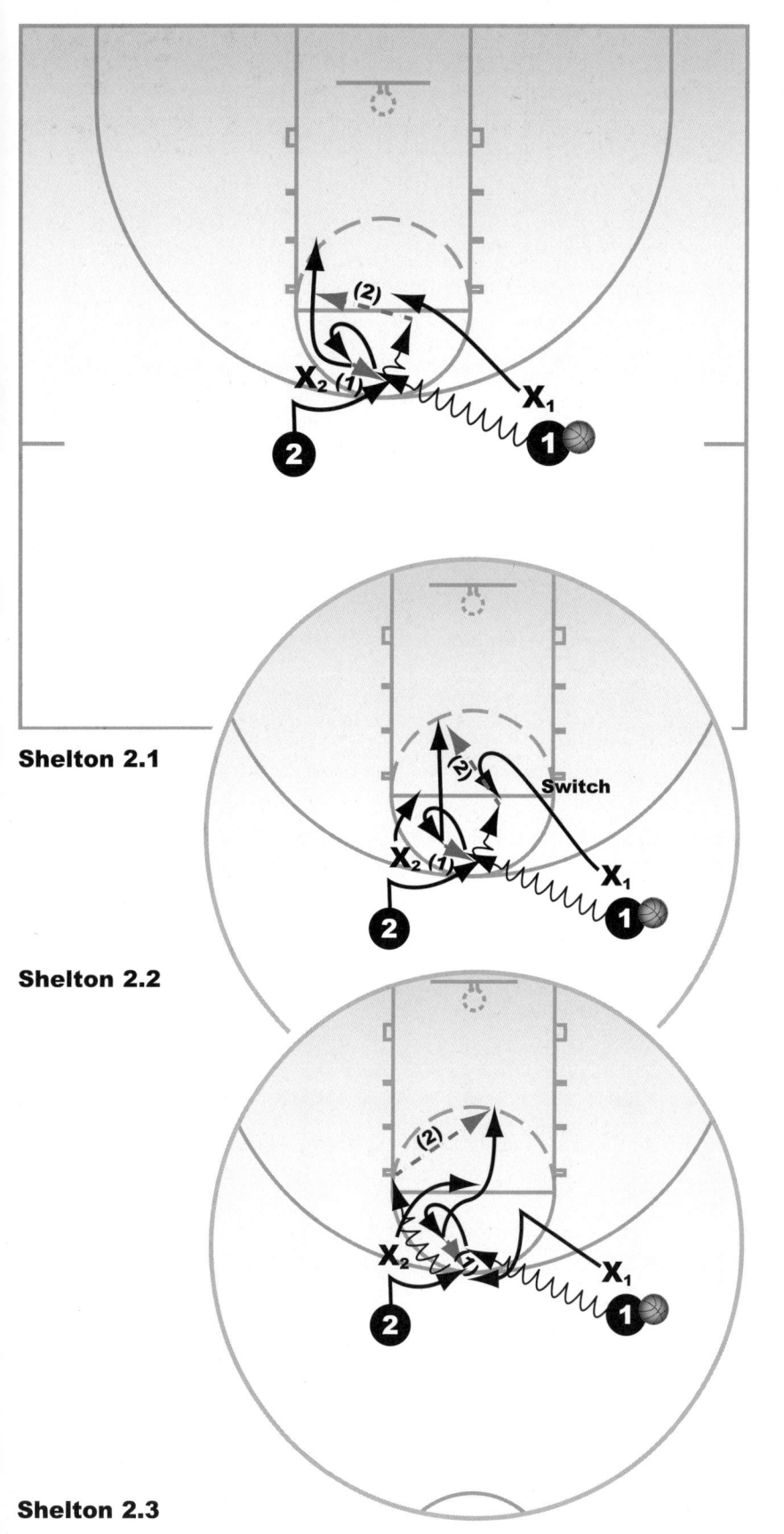

LESSONS FROM THIS LEGEND...

図2.1では、❶がドリブルでミドル方向に進み、止まってからリバースターンをしている。このとき、X1はX2がスライドスルーできるだけのスペースを空けるために、下がっている。このドリルの目的は、スクリーナーのディフェンスが下がったときに対応する方法を身につけることである。

- X2が❷の後ろにいれば、❷はスペースを利用してジャンプシュートを放つ。
- X2がスライドして❶の右側にマッチアップしたら、❷は左にドライブする。❶はピボットして（ボールに向き）、X1が2人を同時にマークすることが不可能な状況を作ること。
- X2がスライドして❶の左側にマッチアップしたら、❷は右にドライブする。この練習を繰り返せば、❷は瞬時に状況判断することができるようになる。
- X1が❶にそのままついていれば、❷はゴールに向かって走る。
- X1がスイッチすれば、❷は❶にパスを出す。
- X1が❶と❷の間にいれば、❷は1つだけドリブルをついてジャンプシュートを放つ。

図2.2では、ディフェンスのX1とX2がスイッチをしている。スイッチに対しては、2つのことを行うべきである。❷が❶を通り過ぎたら、すぐに❷はストップして❶にリターンパスを出すこと。❶はピボットを踏んでから、ゴールに向かって走ること。❶のピボットはとても大切であり、ピボットを踏むことでX2がディフェンスをしづらい状況を作ることができる。

もしX1が激しいスイッチをして、❷の前に先回りしてきたら、❷はストップして後方へ動く（**図2.3参照**）。❶はピボットを踏んで、X1を動けなくしておくこと。こうすることで、X2が2人を守らなければならなくなる。X2が❷を守れば、ゴールに向かって走る❶にパスを出せばよい。また、X2が❶を守れば、❷自らがゴールに向かってドライブすることができる。これら紹介したドリルは最高のドリルである。状況判断、ドライブ、パスなどのすばやさを、試合と同じ状況の中で練習することができるのだ。

Shelton 2.1

Shelton 2.2

Shelton 2.3

SOURCE
出典

- エベレット・シェルトン（1956年）、ボール・コントロールのためのドリル、セール・オー・サン・バスケットボール・コーチズ・ダイジェスト。

LEGACY OF
Fred Taylor

- コーチングに最も誠実だった人物として、尊敬されている。

- 人間として最も大切なことは、忠誠心、個性、そして自己犠牲であるという信念を持っていた。

- オハイオ州立大学を指導して、3年連続でNCAAトーナメント決勝進出を果たした（1960年、1961年、1962年）。このうち、優勝を成し遂げたのは1960年である。

- 1960年から1964年までの間、オハイオ州立大学はビッグテン・カンファレンスを5年連続で制覇した。

- 選手の能力に応じて、最適なオフェンスやディフェンスを組み立てるコーチだった。

- 勝負師でありながら、紳士であるというコーチたちの見本であった。

LESSONS FROM THIS LEGEND...
OHIO STATE'S PATTERNED FRONTCOURT MOVEMENTS
By Fred Taylor

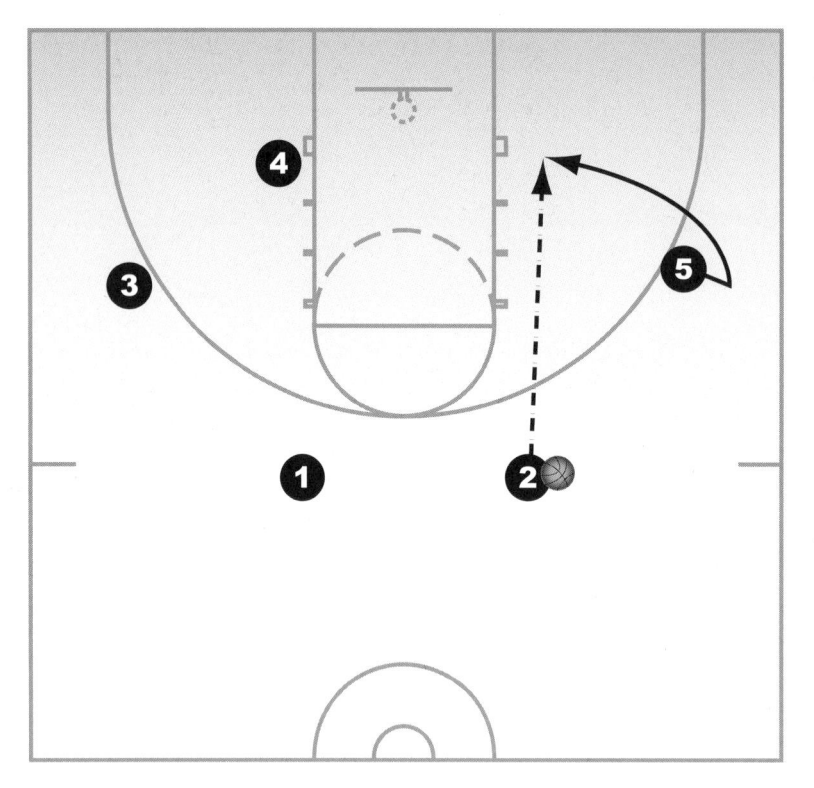

Taylor 1.0

私たちは走るチームであり、1試合の平均得点は80.9点から90.4点を獲得している。あなたのチームを速攻主体のチームにしたいと思うならば、選手たちの能力を見極めて、次のことを考えなければならない。チームとしてのスピード、リバウンドの技術、そしてシュート能力である。また、速攻で得点できなくても、走ることを止めずに速攻の流れの中でシュートに持ち込む（二次速攻）ことも大切になる。オハイオ州立大学では、フロントコートに入ったときに、誰がどのポジションに走るのか、約束として決めている。このようにして、得点チャンスを生むためのパターンを作っている。

FAST BREAK PRIORITIES
速攻の優先順位
私たちのチームでは、ディフェンスでボールをインターセプトしたり、リバウンドを取ったりしたときには、常に速攻を狙うようにしている。選手たちに自信を植え付けて、自分たちの判断でシュートする自由を与える。そして、走ることでアウトナンバーの状況、またはディフェンスと同人数の状況をフロントコートで作りたい。速攻から放つ、約4mの距離のジャンプシュートは、非常に高確率であると思っている。

相手チームにシュートを決められてしまった場合は、スローインからの速攻は狙わない。シュートを決められた後は、精神的にがっかりするはずだ。入れられても、速攻で入れ返せばよい、などという安易な考えを選手たちに持ってほしくない。だから、入れられた後にすぐ速攻を狙うことはさせていない。

オフェンスを行うときは、動き回ることによって、相手のディフェンスを困らせたいと思っている。もし、速攻が出なくて

LESSONS FROM THIS LEGEND...

も、フロントコートですぐにポジションにつき、パターン・オフェンスを行う。

PATTERNED FRONTCOURT MOVEMENT
フロントコートのパターン化した動き

私が指導しているパターン・オフェンスは、1人のセンター、2人のガード、そして2人のフォワードで行うものだ。主に7つの基本パターンがあり、それに加えて、ガードのクリアーアウトの動きがある。フロントコートに入ったら、コートを横切るクロスコートのパスをするのではなく、ゴール方向へパスを出すことが効果的になる。しかし、最初からゴールに向かうパスを出すのは不可能なことが多いため、そのときは「自動的に」他のプレーに移行する。

FRONTCOURT OPTIONS
フロントコートのオプション

最初のオプションは、ストロングサイドのコーナーにいる❺が、バックドアカットを行うプレーである。可能であれば、いつでもバックドアカットにパスを出す。もちろん、このプレーは「いつでもできる（訳者注釈：原文では bread-and-butter となっている）」ものではないと十分理解している。だが、❺はスペースを見つけたら、いつでもそこに飛び込んで行くようにしたい（図1.0参照）。

第2のオプションは、❹を中心としたハイポストでのプレーである。ガードの❷がパスをして走る。これは「スプリット」や「スクイズ」と呼ばれているが、ガードの❷とコーナーの❺が、それぞれのコースに走り込むプレーになる（図1.1参照）。

ディフェンスのプレッシャーが激しくて、バックドアもハイポストのプレーも行えないことがある。このときは、❸へクロスコートパスを送る。❸はコーナーからガードのポジションに走り込んでパスを受ける。❸が動き出したら、ウィークサイドのガード❶は、自動的に合わせの動きをする。それはバックドアであり、第3のオプションになる。ウィークサイドのコーナーにいる❸が、斜めからのパスを受けるためにハイポストに走り込む。これと同時に、ガードの❶が走り込んで2メンゲームを行う。この2メンゲームは、「ブラインド・ピッグ」と呼ばれることもある（図1.2参照）。

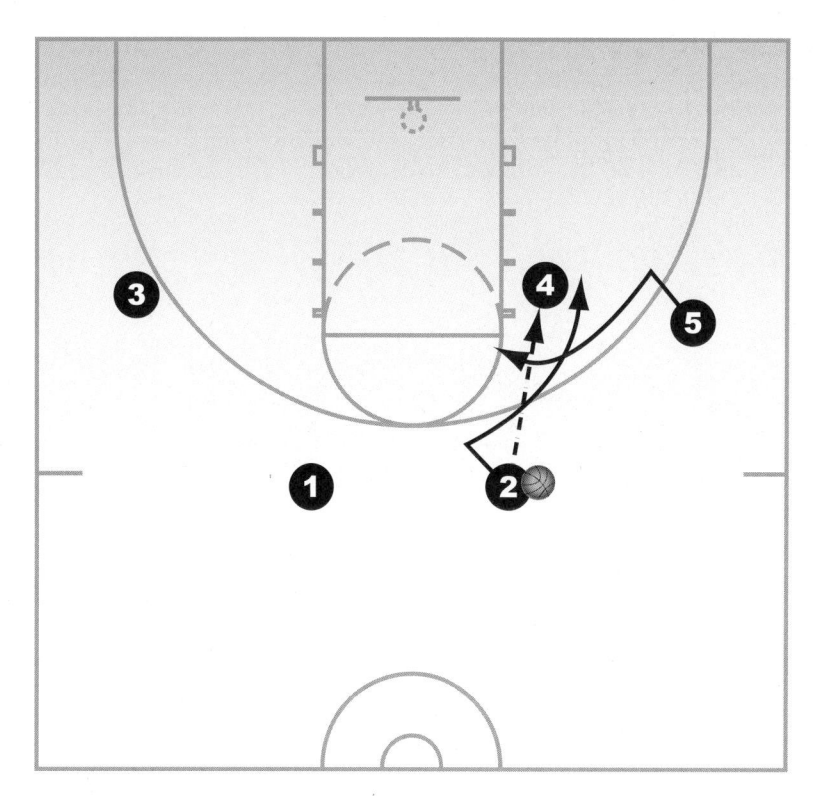

Taylor 1.1

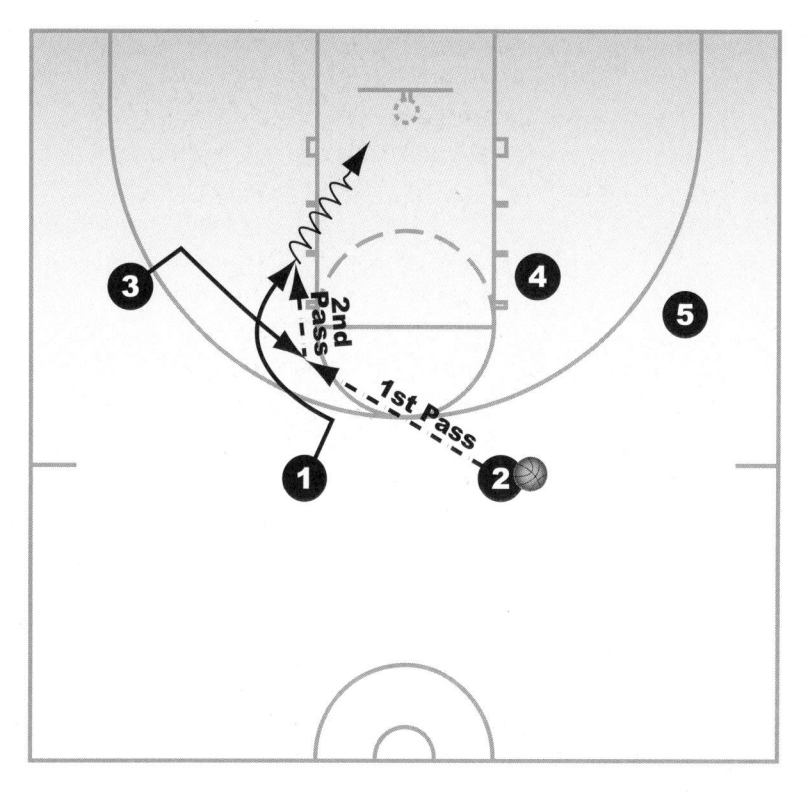

Taylor 1.2

LESSONS FROM THIS LEGEND...

次に、ガードのクリアーアウトを説明したい（**図1.3参照**）。❷はコーナーの❺にパスを出す。パスをした❷はウィークサイドのコーナーまで走る。この動きをクリアーアウトと言うが、クリアーアウトをしながら、ポストの❹にスクリーンをセットすることもできる。ボールを持った❺は、まず自らの1対1を狙う。次に、ポストに走ってくる❹へのパスを狙い、パスが通ればポスト・スプリットのプレーに移る。なお、スプリットを行うときは、ウィークサイドのガードにいた❶と共に行うことになる。もし、ポストの選手がローポストにポジションを取っても、（先に述べた）ハイポストでのプレーと同じように、スプリットの動きは可能である。ローポストでプレーする方が、オフェンス・リバウンドに参加しやすいという利点がある。

もし❹がローポストでポジションを取れなかったら、ハイポストへ走る。このとき、できる限り高い位置まで走ってパスを受けること（**図1.4参照**）。ハイポストへのパスが通れば、❺、❶との

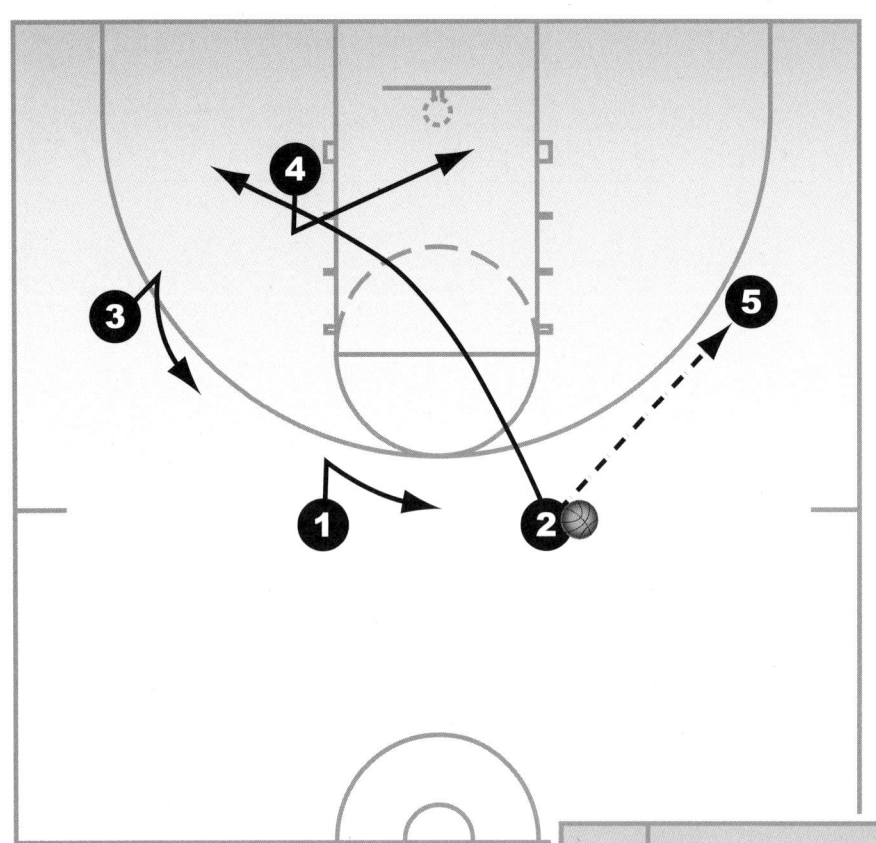

Taylor 1.3

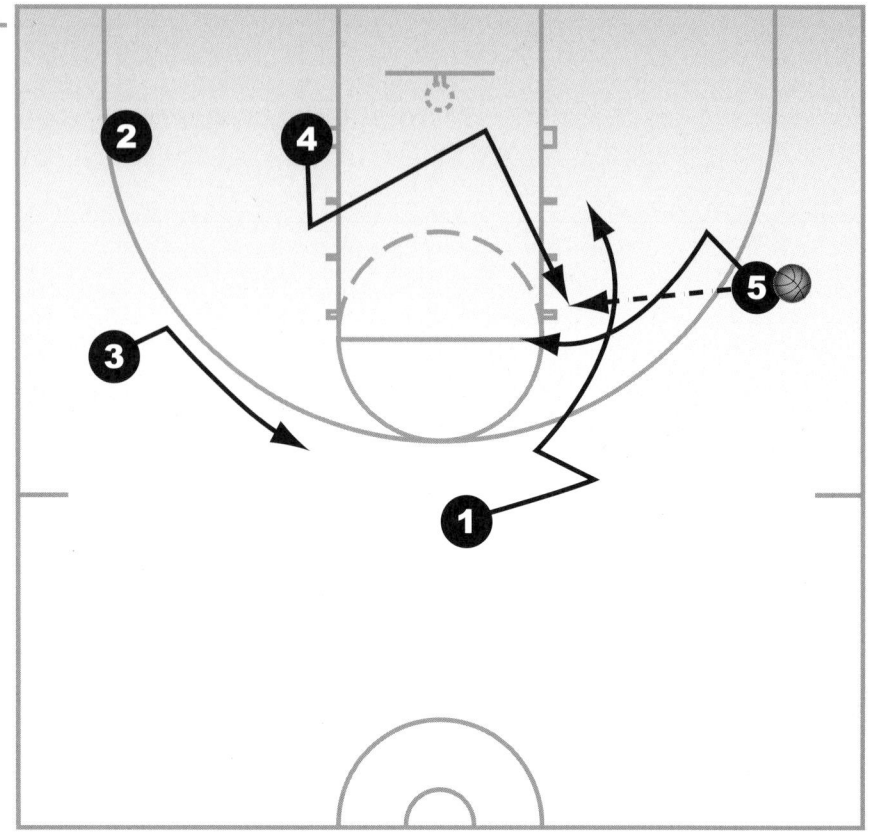

Taylor 1.4

LESSONS FROM THIS LEGEND...

「スプリット（またはスクイズ）」のプレーを行う。もし、ハイポストにもパスが通せなければ、❺はミドルドライブをする。そして、ウィークサイドのガードにいる❶と2メンゲームを行う（図1.5参照）。

ウィークサイドのコーナーにいる❸は、スペースを埋めてバランスを取るために、トップの位置まで走る。そして、インサイドから出されるパスを受ける準備をしておく。もし❸にパスが通れば、❷はウィークサイドのハイポストへ走り込み、斜めのパスを受ける。このようにすれば、❷と❸による、ウィークサイドでの2メンゲームができる（図1.6参照）。

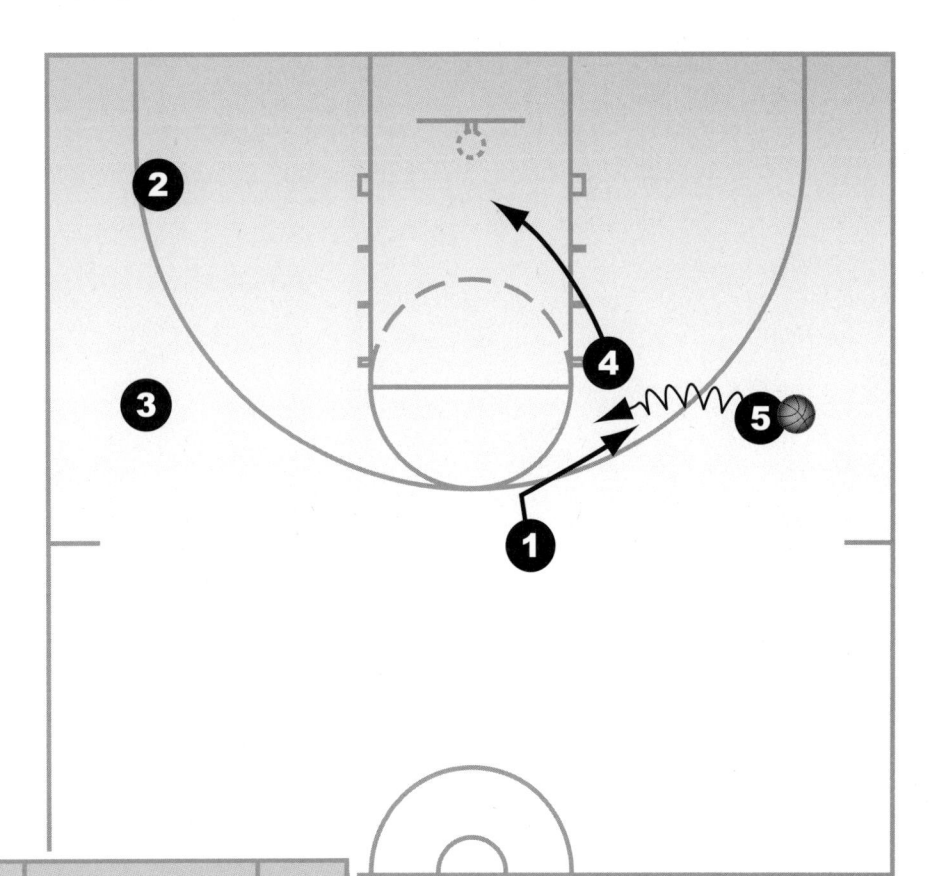

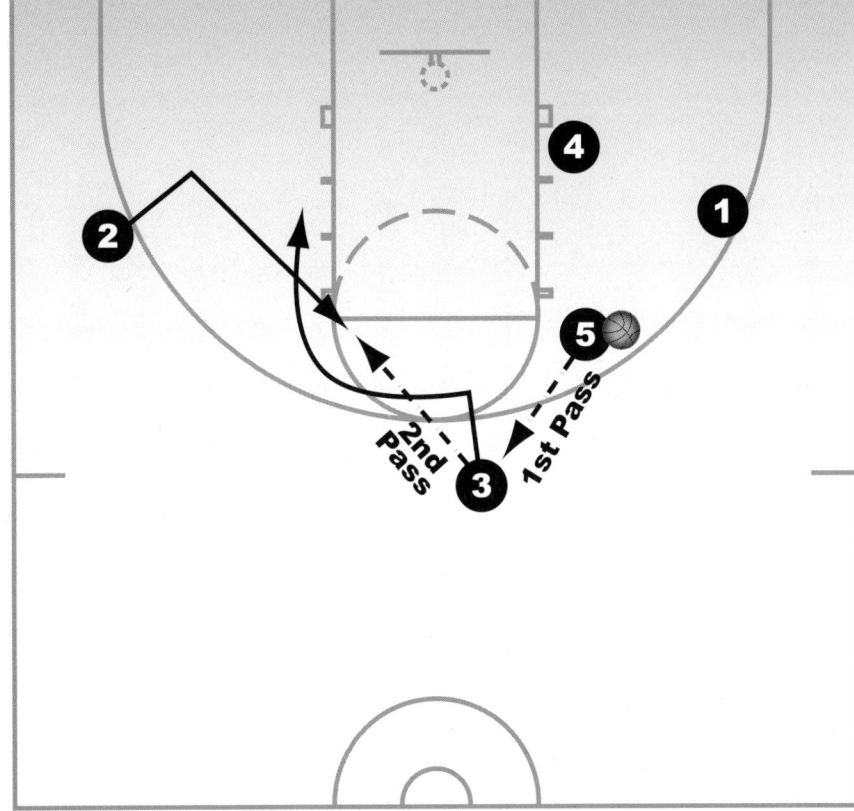

Taylor 1.5

Taylor 1.6

CLOSING COMMENTS
まとめのコメント

私たちは、これらのパターンを左右どちらのサイドでもできるように練習しておく。そして、このパターンによる得点が増えてほしいと思っている。幸いなことに、私の指導するチームには、優れた選手たちがそろっている。良いシューター、良いリバウンダーがいて、そして最も重要なのは、士気の高い選手がいることだ。選手たちは自分の身体能力を高めるための努力をするべきだ。さらに、チームや学校のためなら個人の栄誉を犠牲にできる心構えを持ってもらいたい。

SOURCE
出典

・フレッド・テイラー（1960年11月）、オハイオ州立大学のフロントコートの動き、スコラスティック・コーチ、V30、p.7。

LESSONS FROM THIS LEGEND...

OFFENSIVE REBOUNDING DRILLS
By Fred Taylor

「バックボードを制するものは、ゲームを制する」という格言が、バスケットボール界にはある。つまり、すべてのチームは、リバウンドの強化のために多くの時間を費やすべきだということだ。リバウンドのために必要なボディ・バランスや、ファンダメンタルを身につけるべきなのだ。言い換えれば、空中で跳ぶ方向を変える技術、バランスよく着地する技術、そして続けて跳ぶ能力などは、必要不可欠なのである。実際の試合では、自分だけがジャンプするのではなく、密集したゴール下でジャンプすることになる。そのため、実戦と同じ状況での練習をする必要がある。

もう1つ、リバウンドについて大事なことがある。それは、リバウンドを取ることで、すばらしい効果があるという事実を、選手たちに理解させることだ。これを理解すると、選手たちは続けてジャンプして、ボールを取ろうとするようになる。2回、3回、4回と続けてジャンプして、ボールを奪うようなプレーだ。これは実に大切なことだという確信を、私は持っている。また、味方に強力なリバウンダーがいれば、アウトサイドのシューターは安心してシュートすることができる。私たちのオフェンス・システムには、リバウンドが絶対に欠かせないので、結果として多くの時間をリバウンドの練習に費やしている。リバウンドの練習に役立つ用具としては、「リバウンド・ドーム」と呼ばれるものがある。これはゴールを覆う「ふた」である。ゴールを覆ってしまえば、ボールはゴールを通過しないので、すべてのシュートはリバウンドボールになるわけだ。

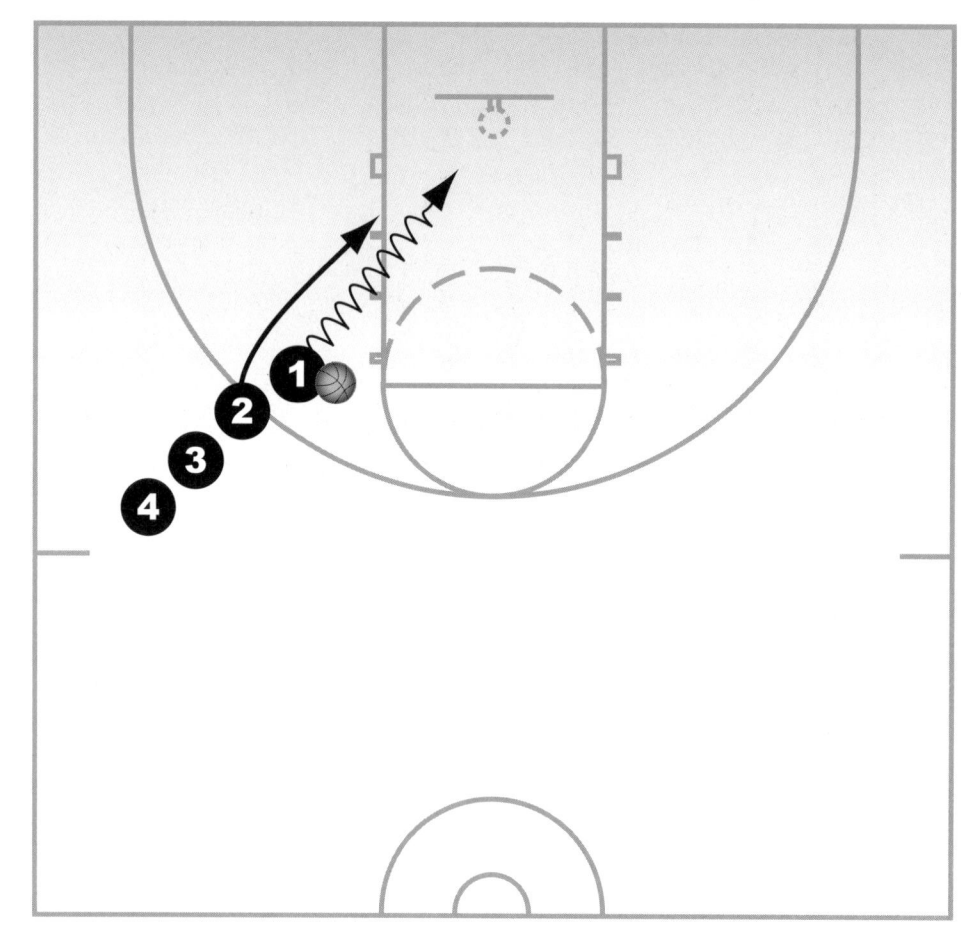

Taylor 2.0

ONE-MAN TIPPING DRILL
1人のタップ・ドリル

このドリルは、リバウンド・ドームを使用して行う。ゴールを覆うので、すべてのシュートは外れる。そのボールを1人でタップして、一定の時間内にできる限り多くのタップを行うという練習である。また、このドリルはジャンプシュートをした味方のフォローをする、という形にアレンジすることも可能だ。

LAY-UP WITH TRAILER DRILL
レイアップとトレーラーのドリル

このドリルもまた、リバウンド・ドームを使用する。❶はドリブルからレイアップシュートをする。❷は後ろから追いかけて、外れたシュートをタップする。2列または1列に並んでドリルを行う（**図2.0参照**）。

また、このドリルはタップを連続させてもよい。最初の選手がレイアップを行った後は、ボールが落ちない限りタップを続けるのである。タイミングとボールが弾むことへの反応を養うことができる。このドリルも、1列か2列に並んで行う。

LESSONS FROM THIS LEGEND...

Taylor 2.1

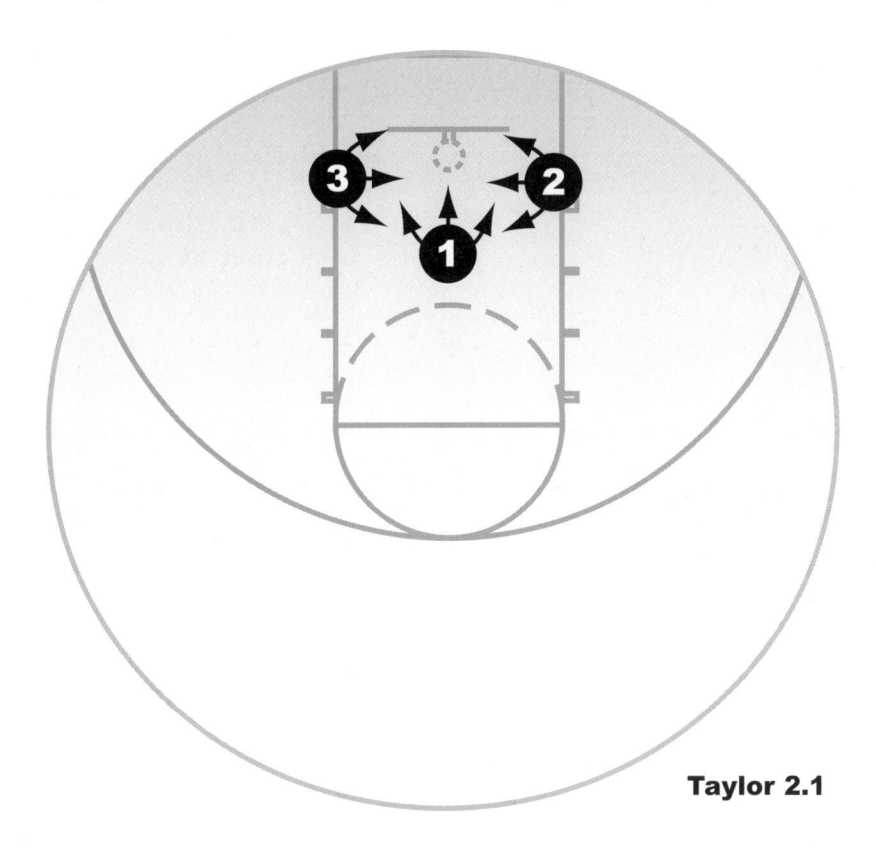

THREE-MAN TIPPING DRILL
3人のタップ・ドリル

3人でタップを続けて、ボールがどこに弾んだとしても、できる限りボールを落とさないようにする練習である。必要に応じて、リバウンダーはしっかりとボールをつかんでから、シュートやタップをさせてもよい（図2.1参照）。

VARIATIONS:
バリエーション

このドリルと同じ形で3人を配置する。コーチがシュートを放ち、誰かがリバウンドを取った瞬間に2対1、または1対2を始めることができる。

1. TWO OFFENSIVE PLAYERS VS. ONE DEFENSIVE PLAYER
1．2人のオフェンスと1人のディフェンス（2対1）

2人のオフェンスは、リバウンド・ドームで覆われているゴールに向かって、シュートとリバウンドを繰り返す。ディフェンスの選手がリバウンドを取ったら交代する。

2. TWO DEFENSIVE PLAYERS VS ONE OFFENSIVE PLAYER
2．2人のディフェンスと1人のオフェンス（1対2）

先に述べた2対1とほぼ同じ要領で行うが、オフェンスが1人でリバウンドを取らなければならない。このドリルを行うことで、オフェンスとディフェンスのどちらにも、2回、3回、4回とジャンプしてリバウンドを取る努力を身につけさせることができる。

SOURCE
出典

・フレッド・テイラー（1974年）、リバウンディング・ファンダメンタル、コーチズ・オール・アメリカン "リバウンドーム" ドリル、コーネイ・ボード・エイド、ロクストン、テキサス。

LEGACY OF
Stanley "Stan" Watts

- ブリガム・ヤング大学を、1951年と1966年のNIT優勝に導いた。

- コートの中でも外でも、人間としての気品とスポーツマンシップを重んじた。

- 速攻法と休むことのないプレッシャー・ディフェンスを主に指導した。

- ブリガム・ヤング大学を4回のNIT出場、8回のNCAAトーナメント出場に導いた。

- 1969年にNABCの会長を務めて、1976年にはアメリカ・オリンピック・バスケットボール委員会の委員長を務めた。

- 「バスケットボール・オフェンスの発達」の著者であり、この著書は速攻を主とした攻撃方法の原典として知られる。

- 優れたバスケットボール大使としても有名であり、ヨーロッパ、極東、そして南アフリカなどでもクリニックを行った。

LESSONS FROM THIS LEGEND...
BRIGHAM YOUNG UNIVERSITY — FAST BREAK
By Stanley Watts

私は、できる限りシンプルな教え方をしたいと思っている。選手たちが理解できないほどの内容を与えて、教えすぎるような指導はしたくない。当然のことではあるが、相手のディフェンスを読み、自分たちがどのように動くのかを決める。型にはまった、同じ動きを繰り返すチームになれば、簡単にディフェンスされてしまうだろう。そのようにならないために、個人の技術と体力を身につけるためのドリルをたくさん行うのだ。効果的なドリルを行えば、プレーのチャンスは増加して、自分たちが有利に試合を行うことができる。私たちのチームは、実によくファンダメンタルが身についていると感じている。強くなるためには、基礎を徹底する以外にない。私たちにもプレーのシステムはあるが、ファンダメンタルが習得されていなければ、システムの意味はない。つまり、走ること、スクリーン、シュート、ドリブルなどができなければ、組織として機能しないのだ。だからこそ、ファンダメンタルの習得に、多くの時間を費やすのである。

私たちは、シュート力のあるチームになりたいと思っている。飛行機を降りたり、着替えたりした後すぐにシューティングを行うので、周囲からはよく批判される。だが、我々は気にしない。また、ボールハンドリングの能力が高くなれば、得点力も上がると考えているので、その練習も大切にしている。選手たちには、ドリブルからシュートに結びつくパスが出せるようになってほしいと思う。また、相手チームを止めるための強いディフェンス能力も不可欠だ。シーズン最初の時期は、特にファンダメンタルの習得に時間を費やす。バスケットボールを行う上で、最も大切な土台を作るのである。

練習計画は斬新性を持たせて、選手たちの成長を促すようにする。最初は簡単なドリルから始める。例えば、1対1や走る方向やチェンジオブペース、ピボット、スクリーンのかけ方などの練習を行うのだ。私が強く感じていることは、ボールを持たない動きがしっかりできれば、サギング・ディフェンスに対応できるということだ。初めは、簡単な個人のドリルや、1対1の練習から行うこと。コーチたちはコート上に分かれて立ち、誰かは1対1の指導をする。また他の誰かはポストの選手たちにスクリーンや方向変換などを指導する。

実際の試合で行う動きの中に含まれているプレーを、基礎技術として考えて、それを習得することはとても大切だと思う。相手のディフェンスが間違いを犯したら、その隙を突いてギブ・アンド・ゴーのプレーを行う。よくあることなのだが、「頭を振って」ディフェンスがボールを見ようとすることがある。頭を振った瞬間は、ボールだけが視野に入るので、マークマンを見失っている状態だ。この隙を逃さずに、ギブ・アンド・ゴーを行うようにしたい。2対2のドリルでは、単純なスクリーンプレーを学ばせる。ドリブラーのディフェンスに対して、サイドからスクリーンをセットする。そして、ドリブラーは自分のマークマンをスクリーンにぶつけるようにドリブルを進める。また、1対1のドライブをするときには、必ずフェイクをする習慣を身につけたい。頭を動かすフェイクを1つするだけで、ディフェンスをかわせるということを理解してほしい。頭やステップのフェイクをする動きで、相手のディフェンスも動かしたいのである。

ステップフェイクについては、30cmほどの小さなフェイク（ジャブ）を使うように指導している。小さなフェイクは、切り替えしやすいからである。ジャブにつられてディフェンスが動いたら、大きなステップでディフェンスを抜き去るようにする。フェイクに対してディフェンスがついてきたら、すぐに逆方向へ足を動かして、抜こうとする。最初のフェイクでディフェンスが反応したら、次のステップでディフェンスを置き去りにすればよい。この練習に、私たちのチームは多くの時間を費やす。そして、相手のカバーがいなければ、できるだけベースラインの方向を抜いていくようにしたい。また、スクリーンを使うときは、自分が行こうと思う方向にディフェンスがオーバープレーすることが多い。このようなときは、すぐに方向変換して、ディフェンスの逆を突くこと。これらは個人の能力ということになるが、日頃の練習で、このような状況を体験させておくことが大切になる。また、フェイクからシュート、フェイクからドライブの練習もたくさん行う。この場合は、ディフェンスのつま先が床から離れた瞬間にチャンスが生まれると教えている。

「ドリブルで餌をまく」練習も非常に多く行っている。この言葉は馴染みがないかもしれないが、プレー自体はよく知られているものだろう。ドリブルをしてディフェンスを引きつけてから、リバースターンをしてシュートを放つプレーである。

また、ジャンプシュートの練習も好んで行っている。試合中、ジャンプシュートをする機会は主に2つあると思う。1つは、ドリブルからのジャンプシュートだ。ディフェンスに止められて、それ以上ドリブルでは進めないときに、ジャンプシュートを放つ。もう1つは、スクリーンからのジャンプシュートである。スクリーンによって、大きな選手に小さな選手がマッチアップしてきたときは、ジャ

LESSONS FROM THIS LEGEND...

ンプシュートが有効である。ピボットを踏むことで、ディフェンスがオーバープレーしてきても抜ける技術を教えることも、私は好きである。ディフェンスがベースライン方向やミドル方向にオーバープレーしたときは、その逆に回りこむようにターン（またはリバースターン）すればよい。激しいディフェンスも、この技術があれば、抜き去ることができる。

ディフェンスを振り切ってオープンになるためのフットワーク練習も、たくさん行っている。ほとんどのオフェンスは、ガードからウイングにパスを出すことから始まる。そのため、相手チームはウイングへのパスに対して激しいディフェンスをすることだろう。この場合は、ディフェンスをベースライン方向に押し込んでから、コースに足を入れたり、リバースターンしたりしてパスコースを作る。それでもオーバープレーされたら、バックドアカットをすればよい。なお、バックドアカットへのパスは、バウンズパスが有効だ。

1対1でディフェンスを破ることが、ディフェンスの崩壊につながると思っている。なぜならば、ディフェンスを1対1で破れば、必ず他の誰かがカバーに来るからである。誰かがカバーに来たということは、逆に言えば味方の誰かがオープンになるわけで、瞬間的に2対1の状況を作ることになる。ディフェンスがミスをした瞬間を突く、という考え方のもとに、個人の技術を駆使するのが私たちのオフェンスだ。自分たちが動いてスピードや走る角度に変化をもたせることで、相手のディフェンスにミスをさせたいのである。

2対2のドリルが上達したら、今度は3対3を行う。今までに行ってきた分解練習を実戦形式のプレーで生かせるように、このドリルを行う。そして、良い習慣を身につけて、プレーの反応時間を速くできるようにする。次に4人目を加えて4対4を行い、さらには5対5まで練習を進めていく。5対5はハーフコートで練習することで、今までの技術を総合することになり、チームとしての組織化を図ることができる。

分解練習とは、単にオフェンスの練習だけではなく、ディフェンスの練習でもある。すべての動きに対して、ディフェンスもプレーさせるからである。そしてディフェンスには、いつもプレッシャーをかけるように指導している。中途半端なことはさせない。基本的な考え方としては、オフェンスにゴール下でのシュートを狙わせる。するとディフェンスはボールを止めようとするので、密集するはずだ。そうなれば、ボールを外に出してシュートする。選手たちには、これらのプレーがしっかりできるようになってほしい。

私たちのチームでは、ボールのあるところでも、ないところでも、スクリーンを多用する。理論としては、2人が同時に動くことができれば、スクリーンによってゴールに向かうことが可能になるはずだ。私たちは、意図的に攻撃のパターンを変えるので、毎回同じようなスクリーンを行うわけではない。ときには、相手がまったく予想できないような新しいオフェンスを行って、相手を驚かせることもある。結果的に、プレーのパターンは増えていくので、その年によって行うプレーは異なる。そのため、いろいろな状況に応じてプレーを選び、優位に試合を運ぶこともできる。

スクリーンをセットするときは、ディフェンスの死角にセットしたり、横の位置にセットしたりする。たくさんのスクリーンを、ディフェンスから見えない位置にセットして、ゴール下のシュートができるように動く。現在のバスケットボールでは、多種多様なディフェンス・システムがあるが、それらに対抗するオフェンスの準備には、非常に多くの時間がかかることを私は知っている。過去のシーズンでは、すべてのタイプのディフェンスと対戦してきた。その経験により、時間的な要素はそれほど重要ではないことを発見した。つまり、チームとしてはいくつかのプレス・ディフェンス、ゾーンプレス、コンビネーション・ディフェンスなどに対する攻撃を練習するだけで、後は選手たちが実戦の経験によって、自然と攻撃方法を身につけるということを発見したのである。

もしも、相手チームがスイッチ・ディフェンスを行ってきたら、手渡しパスを出した後にターンをして、ゴール下を狙う。このプレーが、スクリーンをより一層効果的なものにする。私たちのチームは、スイッチに対する攻撃が上手くできていると実感している。ロールオフやカットアウェイ（スクリーンするふりをして走るプレー）などの動きを好んで使っている。また、プレス・ディフェンスに対しては2人のガードで攻撃をしている。ディフェンスの死角からスクリーンをセットしたり、ギブ・アンド・ゴーや方向変換をしたりして、プレスを崩す。さらに、ゾーン・ディフェンスに対する攻撃を練習することも必要だ。ゾーンに対抗することは非常に難しいことだとわかっているが、試合への準備としては必要不可欠なものである。

すべての中で、私たちのチームが一番好きなプレーは速攻であり、走ることである。リバウンドを取ったらウイングへパスを出して、できる限りすばやくミドルマンにパスをつなぎたい。速攻は強いリバウンドと、すばやいアウトレットパスによって成り立つものだと考えている。

もし、速攻でシュートチャンスがなかったら、ハーフコートのオフェンスに移行する。速攻もセットオフェンスも、どちらも犠牲にできないので、2つとも同じくらいの時間をかけて練習しておく。セットになったときは、ドライブとスクリーンを用いて、インサイドを攻撃するように指導している。

速攻では、ボールと反対サイドにいるガード、またはフォワードが、ミドルレーンに走ってくる形を教えている（**次頁、図1.0、図1.1 参照**）。最もボールハンドリングの上手い選手にミドルに来てもらいたい。そして、最も能力の高い3人に、3線を走ってほしい。

トレーラーによるフォローも大切だ。ミドルマンにはフリースローラインよりもゴール寄りには進まないようにさせている。なぜならば、ディフェンスを広げておきたいからである。たいていのチームは、2人が縦に並んでディフェンスすることで速攻を止めようとす

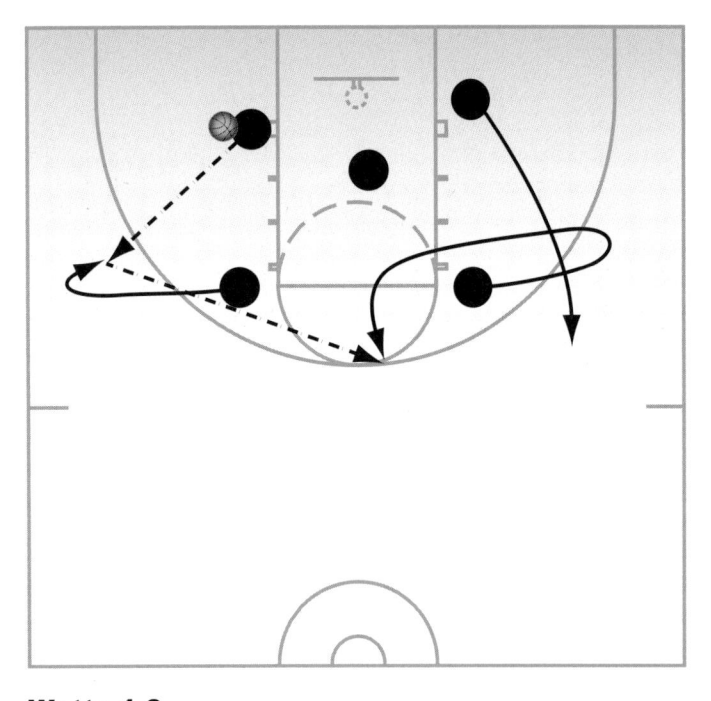

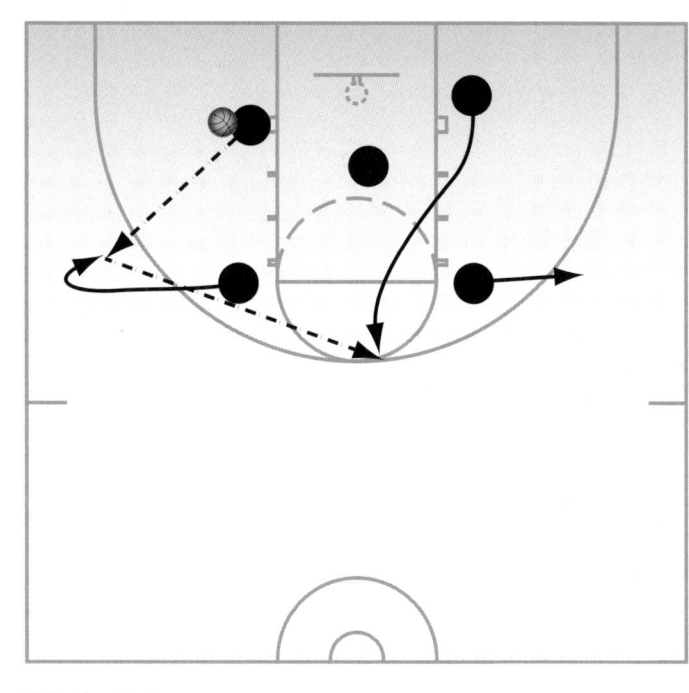

LESSONS FROM THIS LEGEND...

Watts 1.0

Watts 1.1

　る。パスが出された選手に対して1人がマッチアップしたら、もう1人は下がって逆サイドへのパスを防ぐ。この状況で、ミドルマンがゴールに向かって走ると、ゴール下が込み合ってしまい、ディフェンスの手助けとなってしまう。そのため、ディフェンスを広げておきたいのである。ミドルマンがゴール下までつめて行ってシュートする場面をよく見るが、フリースローラインあたりからのジャンプシュートで、十分に高確率なシュートはできると思っている。

　速攻について、私たちがどのように行っているのかを述べてみたい。ボールハンドリングの良い選手を、インサイドかアウトサイドに配置する。そして、リバウンドのためのトライアングルをゴール下で作ったら、相手チームの選手を押し出すようにして、リバウンドの準備をする。リバウンドを取ったら、すばやくウイングの選手にアウトレットパスを出す。ウイングの選手は、必要があればボタンフックに動いてパスを受ける（**図1.0参照**）。

　アウトレットパスはウイングに出される。そのパスを受け取った後、ウイングの選手はすぐにミドルマンを確認して、パスを出す。ミドルマンはボールを持ったら、可能な限りドリブルで前進してほしい。ドリブルで進むことで、ディフェンスにプレッシャーを与えたいのである。クロスコートのパスをしてしまうと、ディフェンスにとっては守るだけの余裕があるため、1人で2人を守られてしまうことにもつながる。このようなときは、ディフェンスを引きつける方法を考えたい。もし誰もディフェンスが出てこなければ、ドリブルで進む選手がゴール下まで行ってシュートすればよい。

　もし、ボールハンドリングの上手い選手がフォワードのポジションにいれば、彼をミドルマンとして走らせる（**図1.1参照**）。我々は組織として速攻を行っているので、選手全員が、リバウンド後の瞬間に、何をすべきかがわかっているのだ。ボールハンドリングの上手い選手がいれば、その利点を生かしたい。なお、ドリブルはフロントコートのトップ・オブ・ザ・キーあたりに来たら、減速する。これは、ボールをコントロールして、次のプレーに備えるためである。

　ときには、2つ目のパスをミドルマンに出そうとしたとき、そこが密集していてパスが出せないことがある。この場合は、パスをすべきではなく、ボールを持つウイングがドリブルで進むべきだと教えている。ドリブルすることで、ディフェンスを置き去りにするのである。言い換えれば、アウトレットパスを受けたウイングはドリブルで進むと、本来ミドルマンのコースに走る予定だった選手は、**図1.2**のように、サイドラインのコースを埋めるように走ることになる。

　速攻でパスをすべきか、それともドリブルをすべきなのかは、状況によって異なる。パスはドリブルよりも速いことが利点だが、パスはプレッシャーに対して弱い。ディフェンスにプレッシャーをかけられたときは、ドリブルで進むほうがよい。この意味から、ミドルマンに求められる能力は、ドリブルが上手いことと同時に、いつボールを手放すべきなのかについての理解力だということになる。もし、リバウンドのボールを反対サイドで取ったなら、同じパターンの動きを反対サイドでも行う。フロントラインの2人がボールを取ったら、そこから速攻を出すことができる。つまり、私たちは4通りの速攻のパターンを習得していることになる。アウト・オブ・バウンズや、相手のフリースローが失敗した

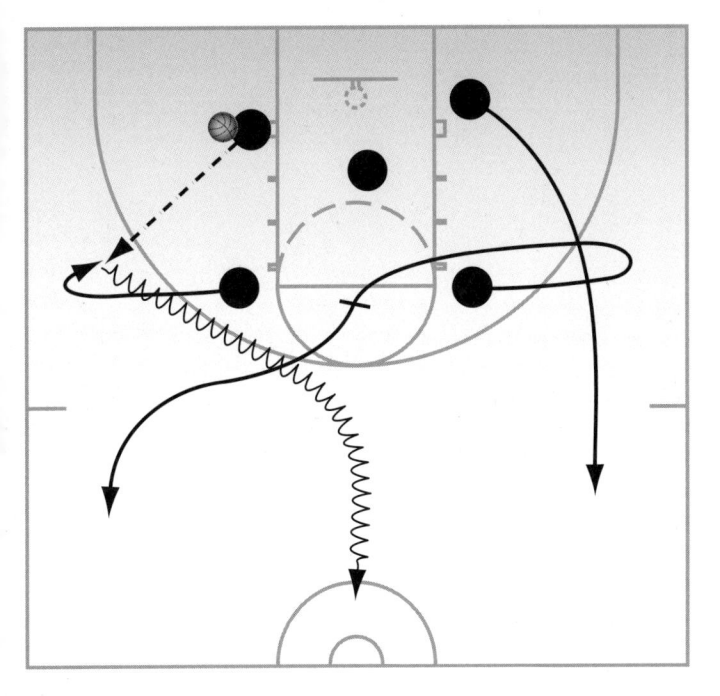

LESSONS FROM THIS LEGEND...

Watts 1.2

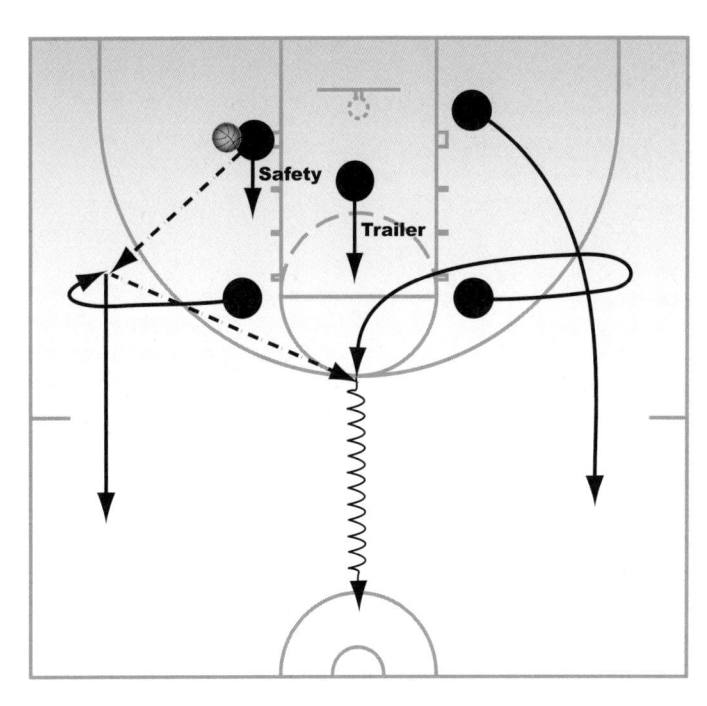

Watts 1.3

後、成功した後でも、同じパターンで速攻を出すことができる。私たちのチームでは、誰がトレーラーになるのか、誰がセフティーになるのか、全員が理解している。通常は、ゾーンの中央にいる選手がトレーラーになり、リバウンドを取ったフォワードがセフティーになる。なお、セフティーはミドルレーンの後ろを走らないようにする（**図1.3参照**）。

私たちは、速攻を出すことで多くの試合に勝ってきた。私たちは、選手もファンたちも、速攻が大好きである。速攻が上手く出せれば、多くの得点をリードできると知っているからだ。ディフェンス・リバウンドから速攻を出すことで、多くの試合に勝つことができた。

私たちの速攻に対して、相手チームがどのようにディフェンスしてくるのかも、私は理解している。あるチームは、リバウンドを取った選手に対してプレッシャーをかけてくる。だが、このようにディフェンスされた場合でも、前を走る3人が機能すれば、速攻は出せる。なお、私たちは、常に2人の選手をディフェンスのために戻らせるようにしている。ただし、相手チームに速攻を出すつもりが感じられないときや、絶対にリバウンドを取りたいと思っているときは、5人全員をリバウンドに向かわせることもある。

さて、今度は我々のダブルポスト、そしてシングルポストのオフェンスを紹介しよう。セットオフェンスでは、ギブ・アンド・ゴーや他の動きなどを使って攻撃している。これから、いくつかの方法を紹介していきたい。

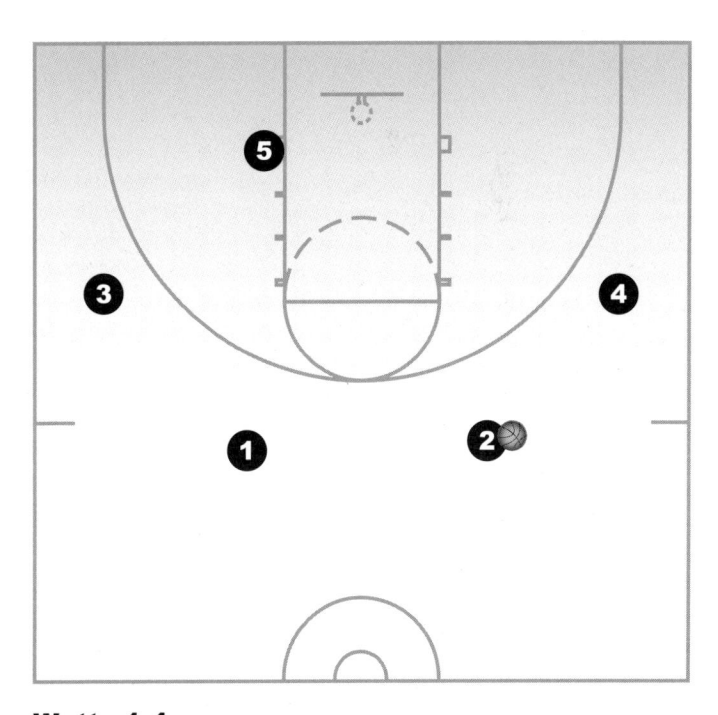

Watts 1.4

ポストの選手は、ドリブラーがいるサイドの反対側にポジションを取る。このようにすることで、ボールサイドに広いスペースができる（**図1.4参照**）。先にも述べたが、私たちのチームでは190cmほどの選手がポストでプレーした。彼らは持てる能力を最大限に発揮して、すばらしいプレーをしてくれた。2人のフォワードはフリースローラインの延長線上にポジションを取る。2人はどちらのサイドに行って

LESSONS FROM THIS LEGEND...

Watts 1.5

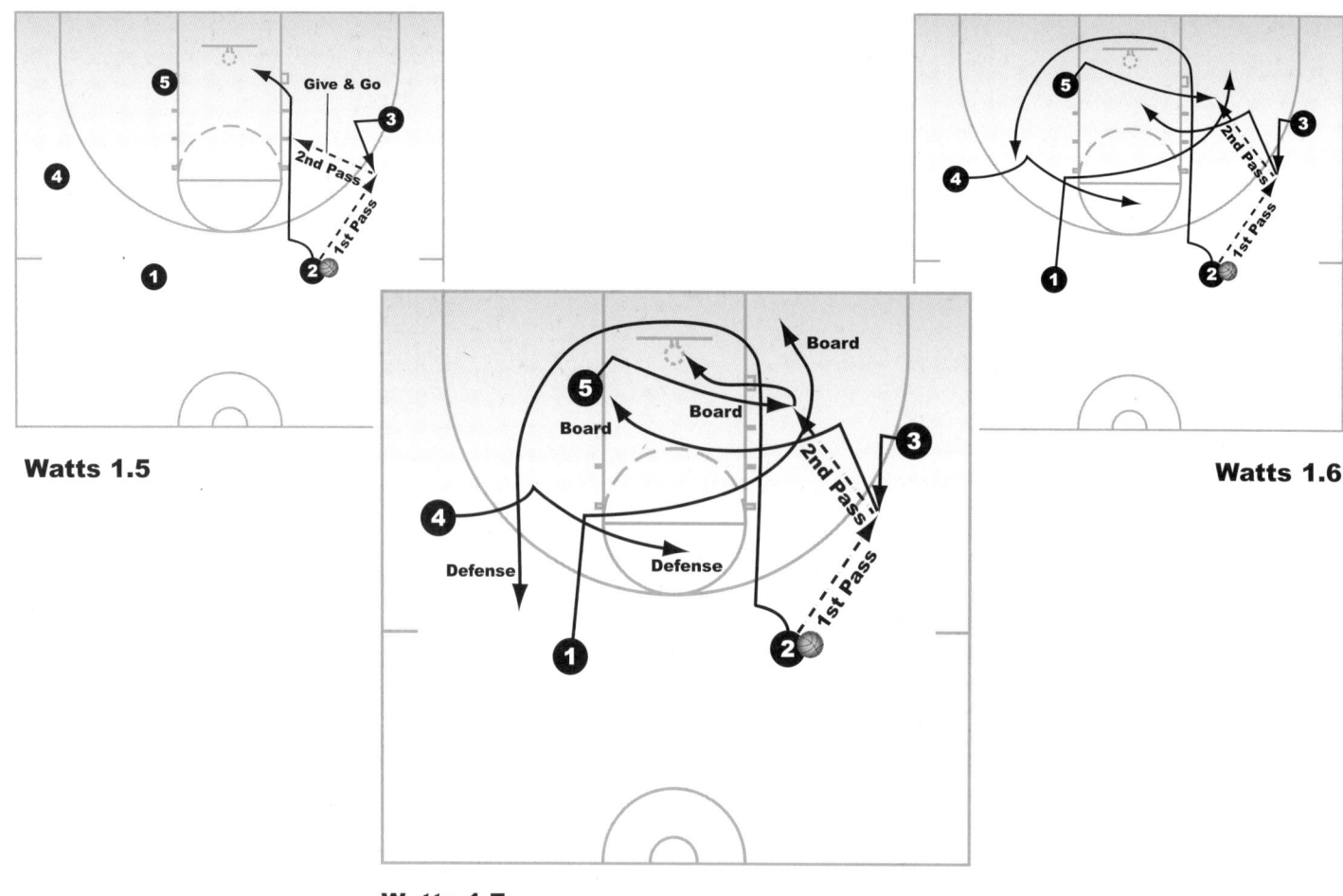

Watts 1.7

Watts 1.6

も、同じようにプレーできなければならない。これは、ディフェンスにプレッシャーを与えるためである。フロアバランスを良くするために2人のガードがいるが、彼らも両サイドでプレーできるようにしたい。

「インサイド」というコールが出されたら、ギブ・アンド・ゴーからセンターにスクリーンをして攻撃するパターンを始める（図1.5参照）。このプレーは以前、アドルフ・ラップによって称賛されたものだ。ディフェンスがどのように動くかによって、オフェンスが何をすべきかが決まる。これから、2つか3つのオプションを紹介しよう。

オフェンスの最初はガードからフォワードへのパスで始まる。フォワードにパスが通った後、スクリーンやギブ・アンド・ゴーの動きが始まる。もし、ギブ・アンド・ゴーのプレーでオープンができたら、そこへのリターンパスを狙う。しかし、走っている味方がペイントエリアの中に入ったら、ディフェンスに囲まれてパスはもらえないだろう。そこで、そのまま走り抜けてスクリーンをセットする。センターの選手には、ゆっくりとベースラインの方向に動いてからスクリーンを使うように教えている。この動きと同時に、スクリーナーになった選手は、さらに走り抜けてアウトサイドに回りこむ。この動きがあるからこそ、ポストにパスを入れられるようになる。もし、相手のディフェンスがマンツーマン・ディフェンスであり、理論通りに動いてくるのであれば、カットする動きに対してディフェンスもついてくるはずだ。もし、ディフェンスがついて来なければ、そのディフェンスはゾーン・ディフェンスなのかもしれない。カットすることによって、相手のディフェンスがマンツーマン・ディフェンスなのか、ゾーン・ディフェンスなのかを判断する

ことができる。相手のディフェンスに惑わされないようにするため、私たちはカットからのオプションをたくさん練習している（図1.6参照）。

もし、ポストマンがオープンであれば、シュートを狙おう。ポストマンがディフェンスに囲まれているときは、周りにいる味方が走ることで、ポストマンを助けてあげなければならない。そこで、ポストマンにパスを入れたフォワードが最初にカットして、次にガードの❷がカットする、スプリットのプレーを行う。通常は、パスを出した選手が先にカットする。パッサーには自分のディフェンスを振り切るように教えている。ただし、ポストマンからあまりに近いところを走らないようにしてほしい。最初のカッターがポストマンのすぐ近くを走ると、次の手渡しパスが上手くいかなくなる。そこで、カッターはポストマ

LESSONS FROM THIS LEGEND...

Watts 1.8

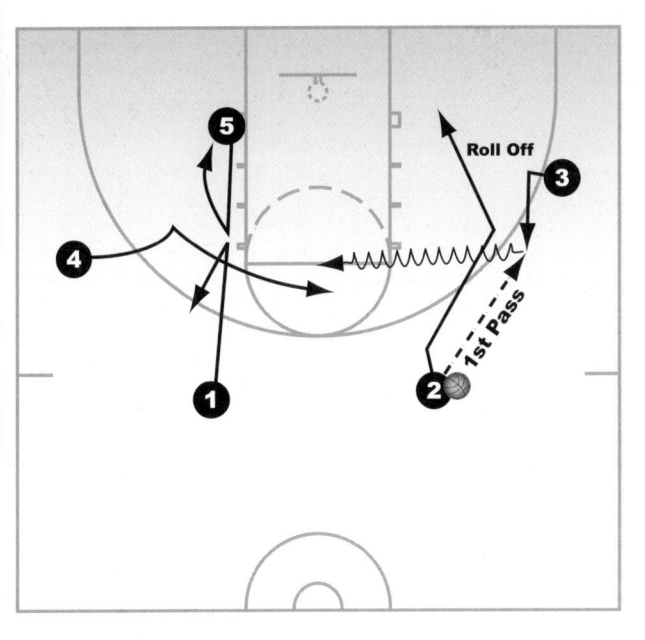

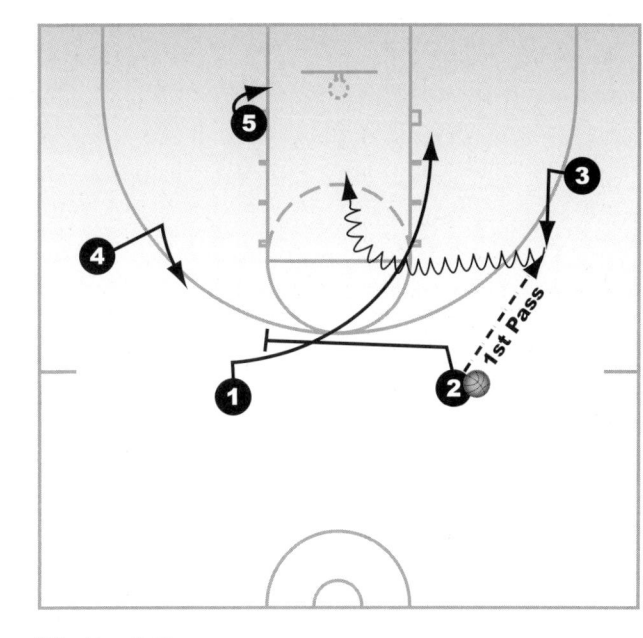

Watts 1.9

ンから約1m離れたところを走る。そうすると、次にカットしてくる味方にトリプル・スクリーンをセットすることができるのだ。スクリーンが決まれば、ベースライン沿いの2〜3mの距離のジャンプシュートが放てるはずだ。このプレーは、実に有効なものだと実感している。ところで、カットをした選手は、パスをもらえなくてもそのまま走り、リバウンドに備える。ボールと反対のサイドにいる選手たちは、セフティーになる。ディフェンスに戻るためのフロアバランスを保つこと。3人がリバウンドに参加して、1人はリバウンドとセフティーの中間点に備える。もう1人はセフティーの役割になる。図1.7では、❷と❹がディフェンスに備えて、❶と❺、そして❸はリバウンドに参加している。この3人にはリバウンドに入る責任があるのだ。❶はシュート後もインサイドにポジションを取り続けておく。もしシュートするのが身長の低い選手ならば、彼にマッチアップする相手も身長が低いことだろう。つまり、リバウンドに誰が行くべきなのかは、身長差を考えるのではなく、動きの中でのポジションによって決めてよいのである。もし❶がインサイドにポジション取りをしたら、センターは❶にパスを入れてもよい。

クリアアウトの動きも、私たちは好んで使用する。ボールを運んできたガードがクリアした状況で、シングルポストの攻撃をするプレーだ。ポストマンには、5か6通りのプレーのパターンがある。できるかぎり、プレーはシンプルに行きたいと思う。いくつかのプレーを行うだけで、十分に良いシュートを放つことは可能であると思っている。今年、私のチームには若くて、セットすることが我慢できない選手が何人かいた。彼らはすぐにシュートを打ちたがり、特に長距離のシュートが好きだった。シュートが入っていれば問題ないが、不調のときは困ったことになる。パターンを忘れた結果が、トラブルにつながったのだ。ディフェンスを崩して、良いシュートをするためには、努力の繰り返しが必要だと改めて感じた。

以前にも述べたように、我々はボールのあるところでも、ないところでもスクリーンを多用する。スクリーンを多用することで、キーホール（当時はフリースローサークルとペイントエリアが鍵穴に似た形をしていたため）からのシュートチャンスを作ることができる。この距離からのシュートは、非常に高確率なものである（図1.8）。プレーの始まりは、先と同じく、ガードからフォワードへのパスである。ただし今回は、インサイド・スクリーンをセットしている。パスを受けた選手は、ジャブ・ステップをしてディフェンスをひきつけてから、ドリブルを行う。スクリーンの後、もし相手がスイッチしてきたら、ロールすればよい。このプレーと同じタイミングで、❶と❺はダブルスクリーンをセットしておく。このダブルスクリーンを利用して❹は動き、❸からの手渡しパスを受ける。相手がサギング・ディフェンスや、ボールと反対側にいるマークマンを大きく離すディフェンスをしているときは、この❹へのダブルスクリーンが有効だ。このプレーを行えば、必ずキーホールでシュートができる。ときには、ドリブラー自身がゴール下までドライブすることもできる。また、スイッチが行われたら、スクリーンをセットした選手がロールして、そこへパスを入れればよい（**図1.8参照**）。センターが外に出れば、おそらく相手チームのセンターも外に出てくるだろう。外に出るセンターに対して、しっかりとマッチアップせずにペイントエリア内に残っている場合は、外からシュートまたはパスをすることができる。

これらのプレーは、左右どちらのサイドでも行うようにする。次に紹介するオフェンスは、背の小さいガードの選手たちに有利なプレーである。**図1.9**に示されているように、ガードからフォワードへパスを出して、ガー

197

LESSONS FROM THIS LEGEND...

ドがクリアアウトする。このとき「今までと違うプレーをしてみたら、どうなるだろうか」という考えが浮かぶはずだ。これから違う動きをするということを、味方に伝えなければならない。私のチームでは、ガードからフォワードへの送るパスがバウンズパスだったとき、このプレーを行うことにしている。❷は走ると見せかけて、スクリーンをセットする。ドリブラーがドライブするのに合わせて走れば、オープンを作ることができる。私たちは、いつでもドライブしたいと考えているのだが、ディフェンスがゴール寄りに下がってしまうと、ドライブで抜くことはできない。そのときは、ダブルスクリーンが有効になる。多くのチームが我々のスクリーンに対して、激しいディフェンスを仕掛けてきたが、それらのディフェンスに対して、我々は手渡しパスのプレーで対応することができ

た。このことからもわかるように、オフェンスとは、あくまでディフェンスの動きに対応して攻撃することなのだ。ディフェンスを読み、その上で何のパターンを行うのかを決めることだ。

ディフェンスが激しくプレッシャーをかけてきたら、ハイポストのスペースにセンターを来させて、そこにボールを入れる。そして、ディフェンスの動きによって、3人の選手たちがハイポストのオプション・プレーを行う。

相手がゾーン・ディフェンスをしてきたら、私たちは1－3－1の配置で攻撃する。最初のパスを出した選手がカットして、ベースラインまで行く。そして、ベースラインにいる選手を利用しながら、オーバーロードの状況を作り、ゾーンを攻撃する。

プレス・ディフェンスに対しては、2ガードでボールを運ぶようにする。プレスの攻撃で大切なことは、いかにしてセンターラインを越えるかという点である。

基本的には、理論を教えたら、またファンダメンタルの習得練習に戻る。ボールを獲得したら速攻を狙うという考え方を忘れずに、パターン・オフェンスの練習を行う。そして、パターンを行うことにより、選手の能力を最大限に引き出すこと。

SOURCE
出典

・スタンレイ・ワッツ（1959年11月）、BYUの速攻、NABC・バスケットボール・ブルテン

LEGACY OF
Leonard "Lenny" Wilkens

- 1995年1月6日現在、NBA最多勝利数記録を持つコーチである。

- オリンピックの金メダルを2つ獲得した。1つは1992年にアシスタントコーチとして、もう1つは1996年にヘッドコーチとして獲得したものである。

- NBAリーグ開設50周年の記念事業として、過去50年間で最も偉大なコーチ10人の中の1人に選出された。同時に、選手としても偉大な50人の中の1人にも選出された。

- ネイスミス・バスケットボール殿堂に、コーチと選手、両方の部門で殿堂入りを果たした人物は、彼を含めて3人しかいない。

- 選手、コーチとして、NBAの歴史の中で誰よりも試合に参加(出場)した人物である。

- 誠実さと忍耐強さを兼ね備えたコーチであり、物静かでありながら、勝負への熱意が強いことでも知られる。

LESSONS FROM THIS LEGEND...

PLAYS FROM THE PROS
By Lenny Wilkens

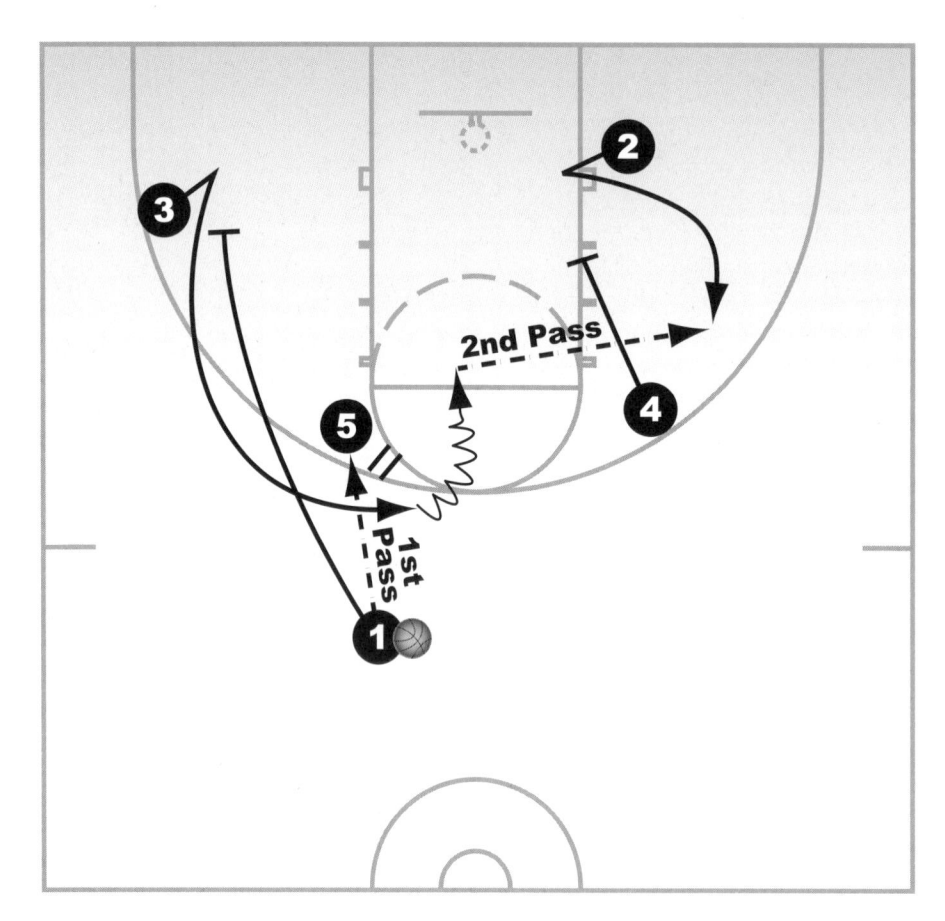

Wilkens 1.0

SPLIT POST ACTION FOR 3-MAN
3人のポスト・スプリット・アクション
レニー・ウィルキンスはこのプレーをアトランタ・ホークス時代に使用していた。当時のホークスには、ドミニク・ウィルキンスというスーパースターがいた。このプレーは、彼の能力を生かすために考案されたものである。ドミニクがトレードされた後は、ダニー・マニングにその役割を与えて指導した。
図1.0では、❶がハイポストにいる❺へパスを出している。パスを出した❶はボールを持つ❺のすぐ横をカットして、そのまま❸（ウィルキンスまたはマニング）にスクリーンをセットする。❺は❶のスクリーンを利用して走る❸にパスを狙う。もしディナイされてパスが出せないときは、❺はボールを持ち続けて、❸に手渡しパスをする。このとき、ウィークサイドでは❹が❷にダウンスクリーンをセットする。このスクリーンによって、ディフェンスを引きつけることができるので、❸は広いスペースでパスを受けるチャンスがあるはずだ。パスを受けた❸はシュートかドライブ、または❷へのパスを狙う。

LESSONS FROM THIS LEGEND...

BASELINE CROSS WITH DOUBLE DOWN
ベースライン・クロスとダブル・ダウン

このプレーは、ウィルキンスがアウトサイドシュートの得意な選手、クレッグ・イーローのために考案したプレーである。

図1.1は、❶がドリブルしてウイングへ進み、❷（クレッグ・イーロー）が❸にクロスコートスクリーンをセットしている。スクリーンをセットした後、❷は❺と❹のダブルスクリーンを利用して、すばやくトップへ走る。❸は❷へのパスを狙い、❷はパスを受けたら、トップ・オブ・ザ・キーからジャンプシュートをする。

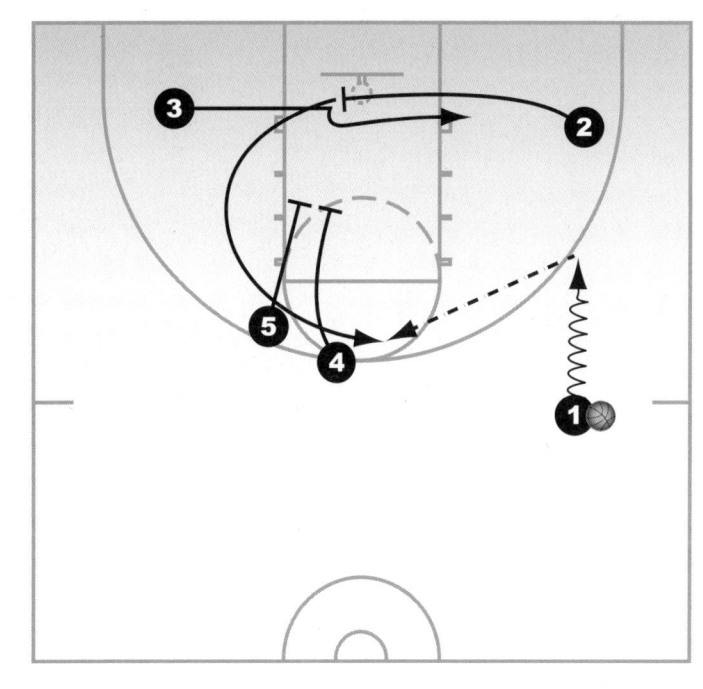

Wilkens 1.1

BASELINE CROSS WITH DOUBLE DOWN (COUNTER)
ベースライン・クロスとダブル・ダウン（カウンター）

図1.2では、❸はフェイクしてから、❺と❹のセットするダブルスクリーンを使う。すばやく、走りながらトップに向かうこと。❶は❸にパスを出して、可能であればシュートする。または、❸はダブルスクリーンをカールカットする。そして❷は❸の後を追うようにして、❺と❹のダブルスクリーンを使う。

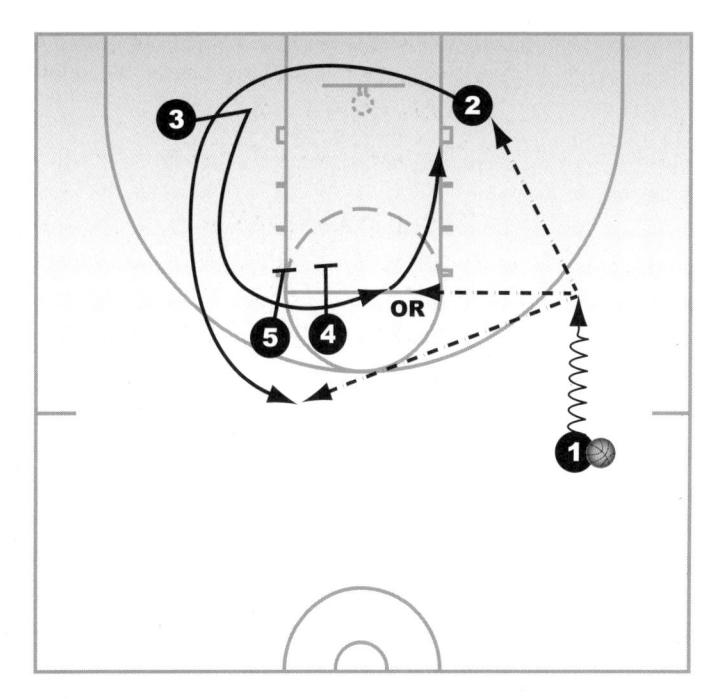

Wilkens 1.2

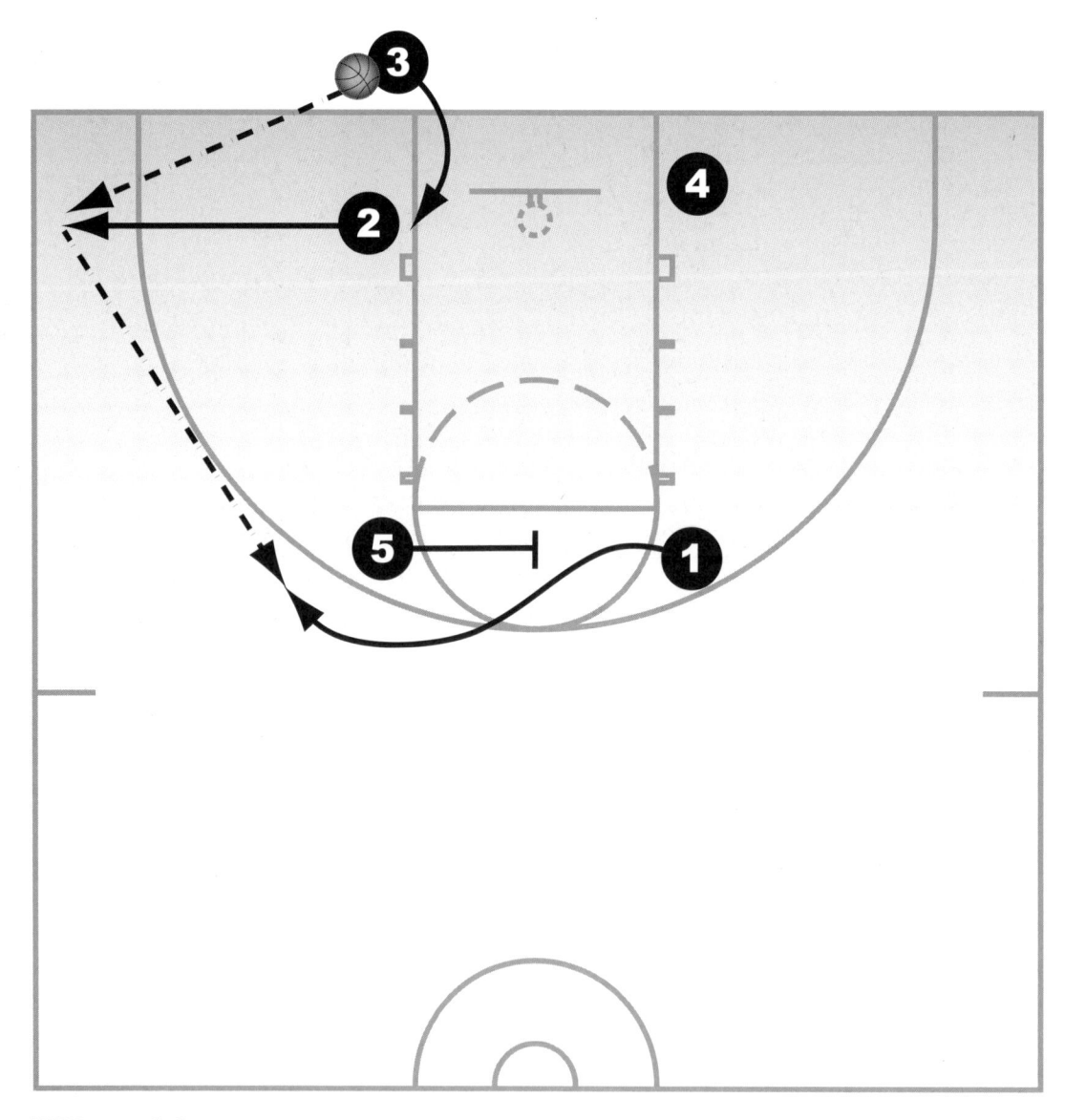

LESSONS FROM THIS LEGEND...

Wilkens 1.3

ATLANTA'S BASELINE TRIPLE
アトランタのベースライン・トリプル

ベースライン・トリプルは、クレッグ・イーローをフリーにして、ジャンプシュートをさせるために考案したプレーである。イーローは連続して3つのスクリーンを利用して、ウイングでオープンの状態を作り、ジャンプシュートを放つのである。

図1.3では、❸はコーナーにポップアウトした❷にインバウンズ・パスを出す。❺は❶にスクリーンをセットする。❷から❶へパスを出し、❸はポストにポジションを取る。

図1.4では、❸、❹、そして❺がセットするスタッガード・スクリーンを利用して、❷が走る。❶はポストアップした❸にパスを出すか、または❷（イーロー）にパスを出してジャンプシュートをさせる。

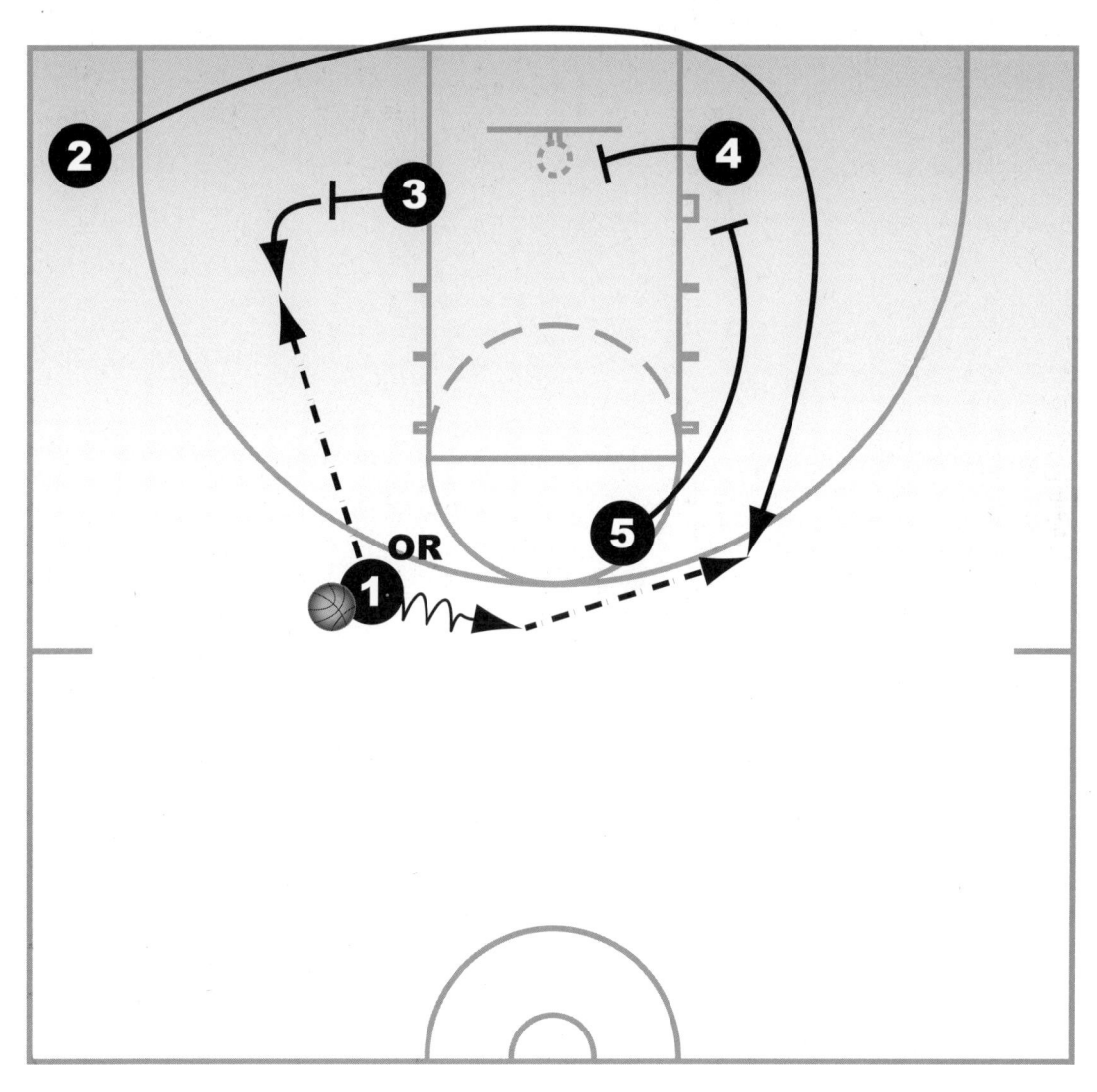

LESSONS FROM THIS LEGEND...

Wilkens 1.4

LIFE LESSONS
人生のレッスン

「コーチ・ウィルキンスが公共の場で怒ったり、取り乱したりするのを見たことがない。だが、彼は場に応じて言葉を選びながら、ドアの向こうでは勝利への燃えるような情熱をほとばしらせていた」、とクレッグ・イーローは言う。ウィルキンスはいつも、ロッカールームの出来事は、ロッカールームの外には持ち出さないように、と選手たちを指導していた。

ウィルキンスは「堂々と話す」口調が、周囲からは敬われていた。コーチとして発言をする際には、いつも妻のマリーンに感謝の言葉を表してもいた。

また、ウィルキンスは、幼少期を共に過ごして、自らの人生に大きな影響を及ぼした父親（ウィルキンスが子供の頃に他界している）へ感謝の気持ちを表している。

SOURCE
出典

・レニー・ウィルキンス（1995年）、プロのプレー、バスケットボール・プレーブックより、インディアナポリス、インディアナ州。

LEGACY OF
John Wooden

- UCLAを率いて、7年連続を含む、10回の全米制覇を成し遂げた。

- コーチとしての哲学者であり、その考え方を「成功のピラミッド」としてまとめた。

- 人間性の育成に努めて、人生をより豊かにするための指導を重視した。

- ネイスミス・バスケットボール殿堂には、選手とコーチ、両方の立場として殿堂入りを果たしている。

- NCAAのコーチ・オブ・ザ・イヤーに6回選出されている（1964年、1967年、1969年、1970年、1972年、1973年）。

- 40年間のコーチ生活における通算成績は、885勝203敗（勝率81.3％）である。

- UCLAを指導して、88連勝した記録を持つ。

- 歴代の中で、最も輝かしい経歴を持つコーチとして知られる。

LESSONS FROM THIS LEGEND...

HIGH-POST OFFENSE
By John Wooden

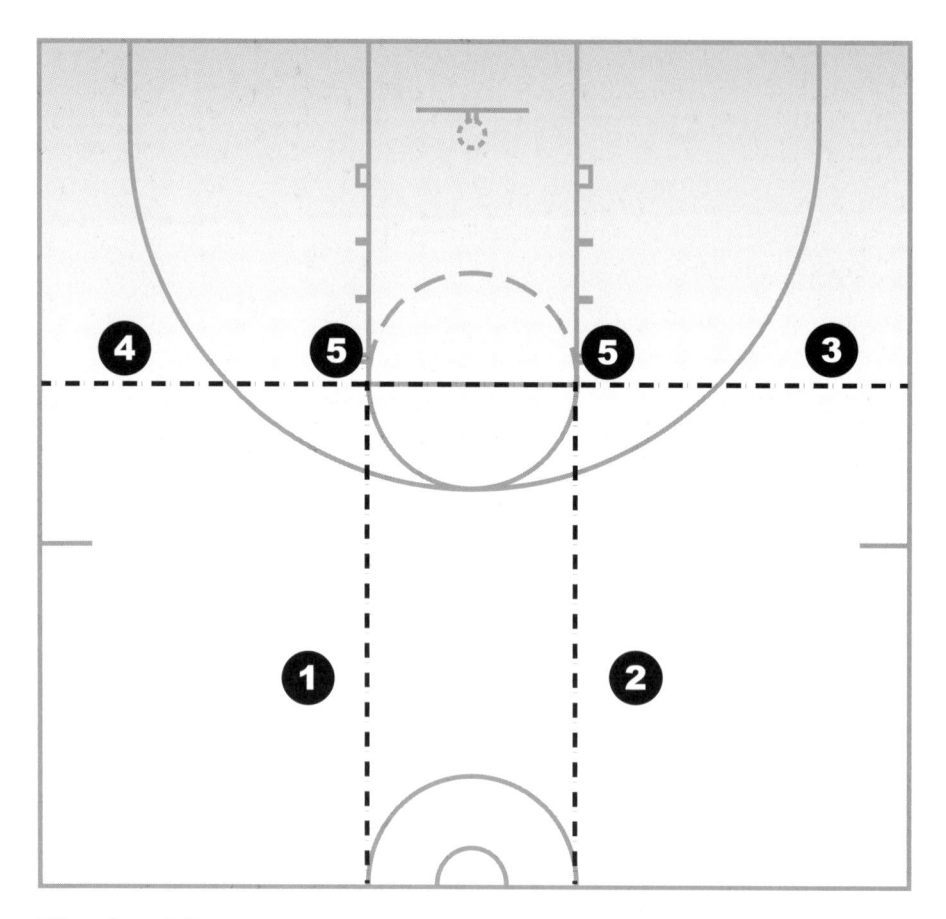

Wooden 1.0

個人のドリブルなどでオープンを作るのではなく、オフェンスの動きによって多くのシュートを放ちたい。だが、相手のディフェンスに隙があれば、ドリブルで攻め込むことも必要である。リバウンドは3人がゴール下でトライアングルを作り、もう1人はロングリバウンドに備えて、もう1人はディフェンスに備える。パスを受ける選手は、決して立ち止まってパスを受けてはならない。そして、攻撃は左右どちらのサイドからも均等に行えるようにする。

BASIC ALIGNMENT
基本の配置

図1.0には、ハイポスト・オフェンスにおける基本的な配置が示されている。センターの❺はフリースローラインの、左右どちらかの端にポジションを取る。できるだけ、ボールを運ぶガードがいるのと同じサイドに、センターもポジションを取ることが望ましい。❸、❹のフォワードは、フリースローラインの延長線上にポジションを取る。オフェンスの最初は、ガードからガードへのパスをすることから始めたいと考えている。

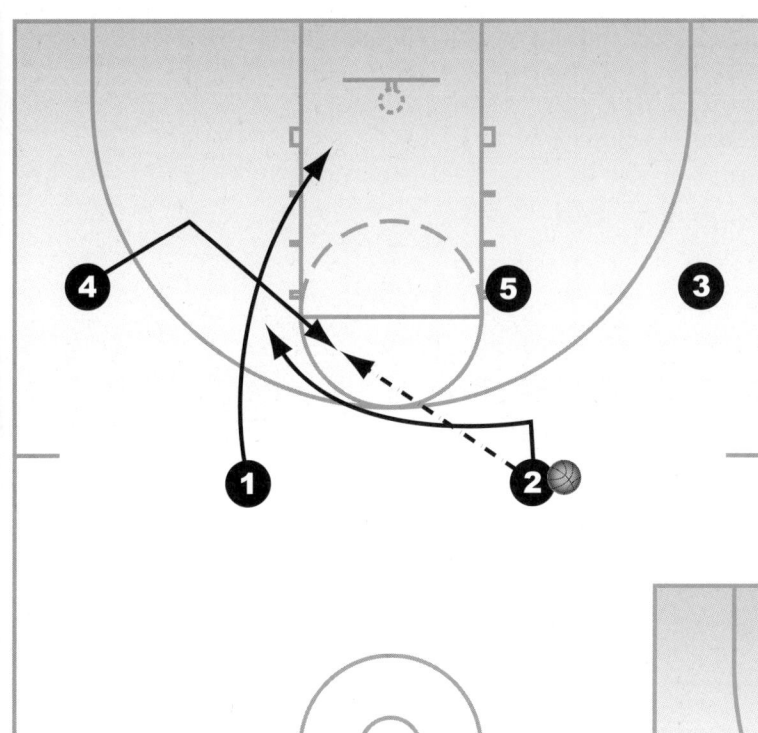

LESSONS FROM THIS LEGEND...

Wooden 1.1

OVERPLAY WHEN SETTING UP
セットしたときのオーバープレーに対して

ディフェンスがオーバープレーして、ガードからガードへのパスが通せないことがある。この場合は、❸または❹が注意深く判断して、ハイポストに走り込むようにする。図1.1では、❷が❹にパスを出している。パスを受けた❹は、ゴールに向かってカットする❶、または第2のカットをする❷にパスを出すことができる。❹がいずれもパスを出せなければ、第3の狙いとして、❺と❸がセットするダブルスクリーンを❶が利用して、パスを受けるというプレーが考えられる（図1.2参照）。

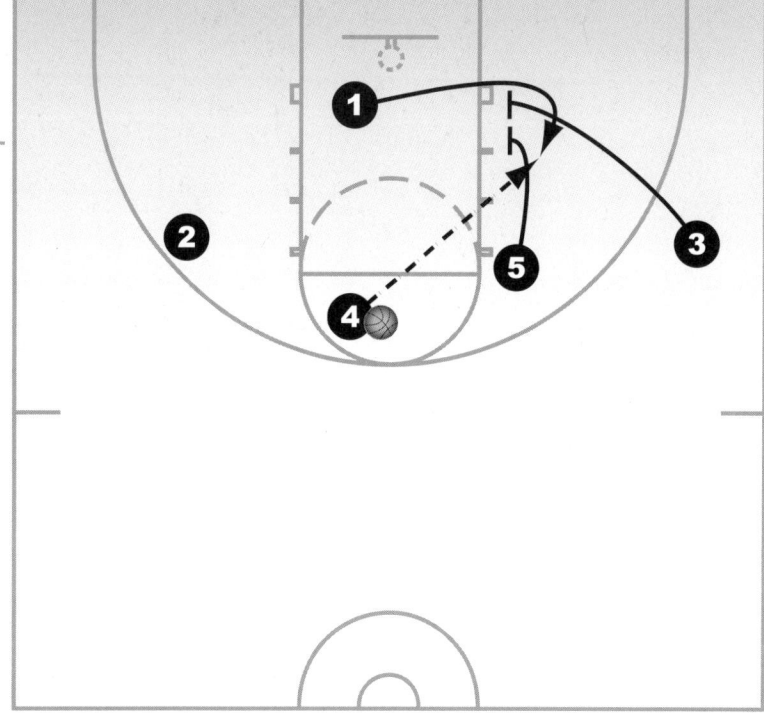

Wooden 1.2

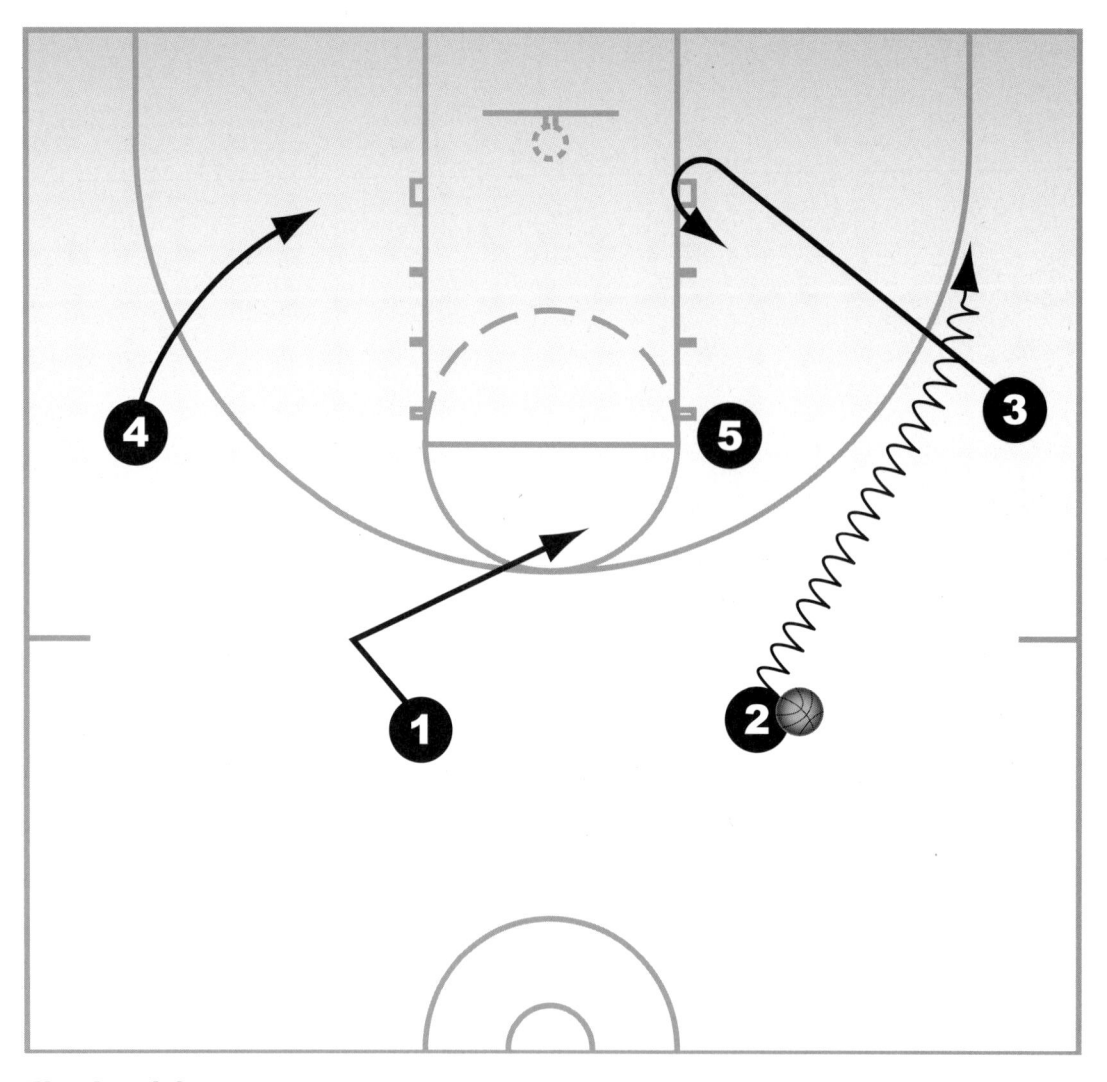

LESSONS FROM THIS LEGEND...

Wooden 1.3

OVERPLAY ON THE STRONG SIDE FORWARD
オーバープレーに対するストロングサイドのフォワードの動き
❸がディナイされて、ウイングでのパスを受けられないとする。この場合は、ゴールに向かってすばやくバックドアカットをする。バックドアカットをしてもパスを受けられなければ、❸はボタンフックの動きをして、ペイントエリアのブロック付近でポストアップする（図1.3 参照）。

LESSONS FROM THIS LEGEND...

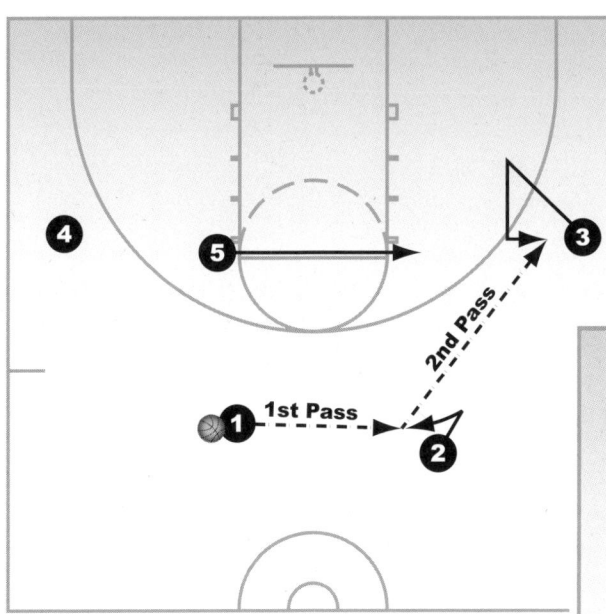

GUARD CUT
ガード・カット

❶から❷へのパスが通ったら、スモールフォワードの❸は「Lカット」と呼ばれる動きでディフェンスを振り切り、パスを受ける。そして❺はボールサイドのハイポストにポジションを取る（図1.4参照）。

Wooden 1.4

❷は❸へのパスを出したら、❺のスクリーンを利用して、リターンパスをもらおうとする。もしリターンパスがもらえなければ、ペイントエリアのブロックあたりでポストアップをする（図1.5参照）。この動きは、背の高いガードにとっては、ポストアップするために最高の方法となる。

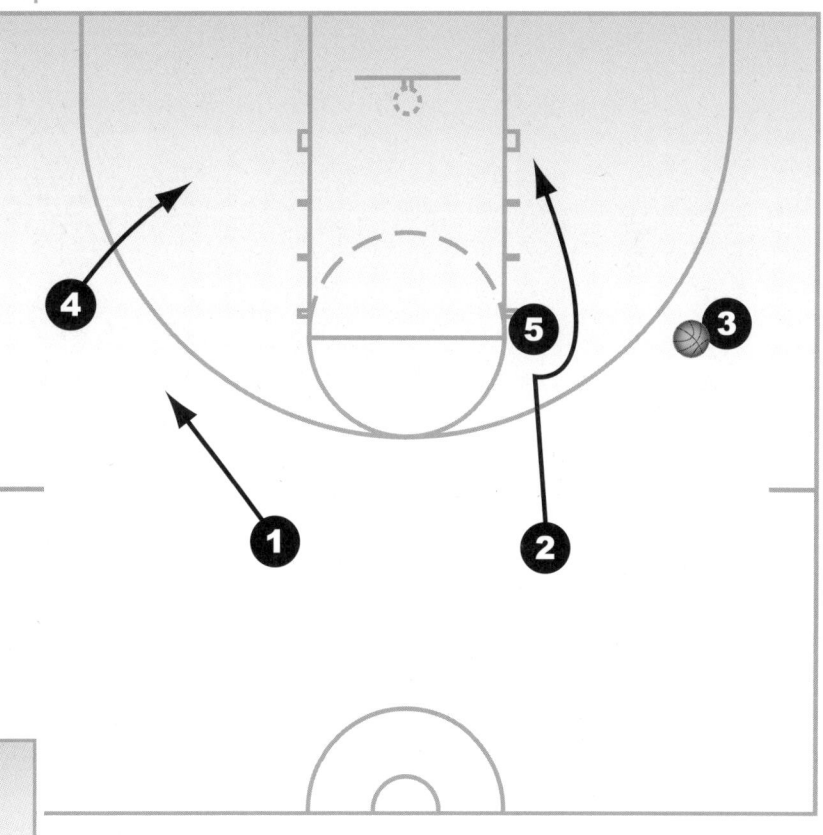

Wooden 1.5

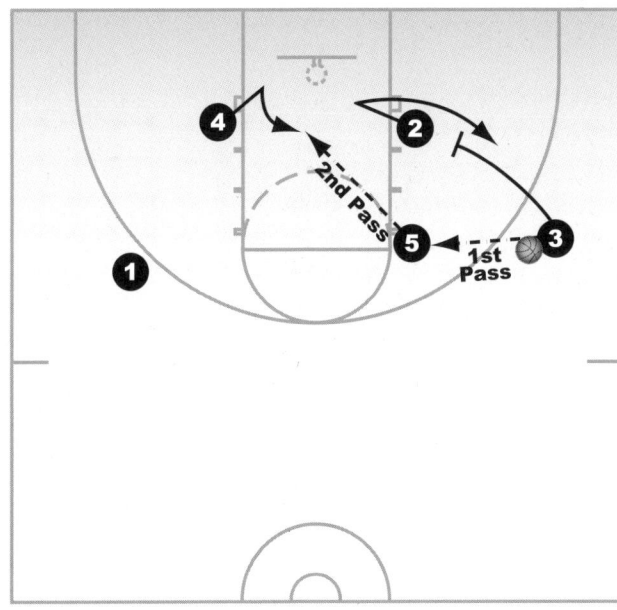

ガード・カット・シリーズの第2段階は、❸から❺へのパスで始まる（図1.6参照）。パスが❺に通ったら、最初に狙うのは❹の「ダック・イン」、つまりディフェンスを押し込んでポストアップするプレーである。この❹を止めるためにディフェンスが収縮したら、❺は❶にパスすることができるだろう。また、❹へのパスと同時に、❷へのパスも狙うことができる。❷は❸のダウンスクリーンを利用して、パスを受けに来る。❷はダウンスクリーンを使う前に、必ずポストアップして、ディフェンスを引きつけておくことが大切である。

Wooden 1.6

LESSONS FROM THIS LEGEND...

GUARD CUT (CONTINUED)
ガード・カット（続き）

ガード・カット・シリーズの第3段階は、❸から❶へのパスだ。❸がボールを持ち、カットする❷、そしてハイポストの❺、どちらにもパスができない場合、❶へパスをする。❶は状況判断をして、自分がパスを受けるべきだと思ったら、ボールの方向へ走って❸からのパスを受ける（図1.7参照）。パスを出したら、❸と❺はダブルスクリーンをセットして、❷がそれを利用する。

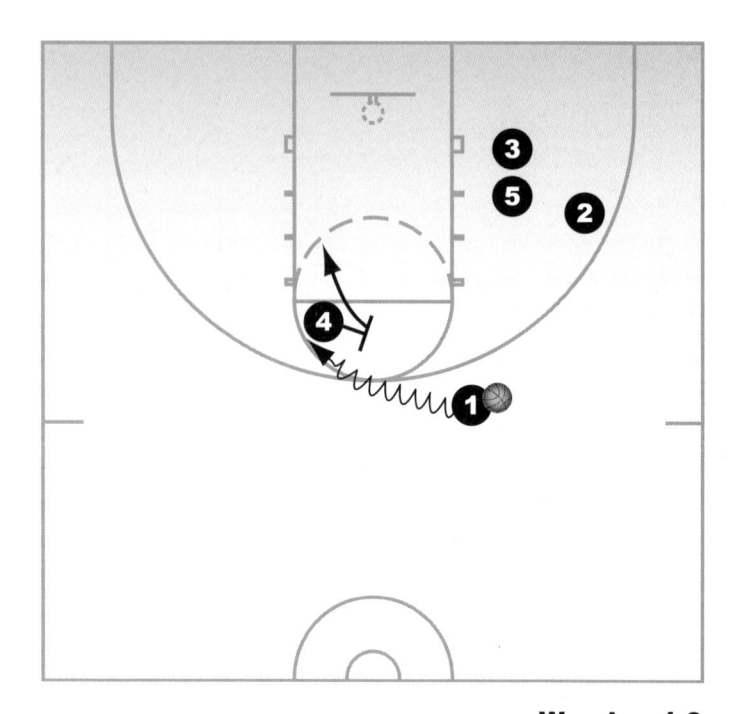

Wooden 1.7

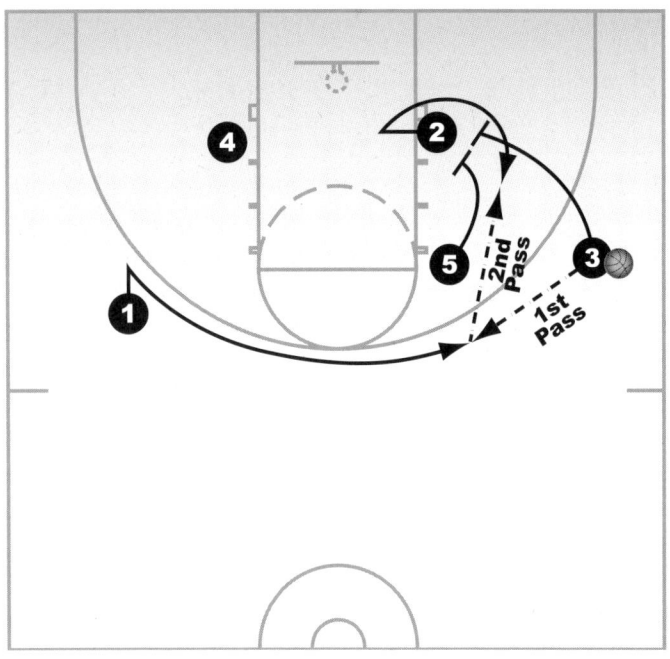

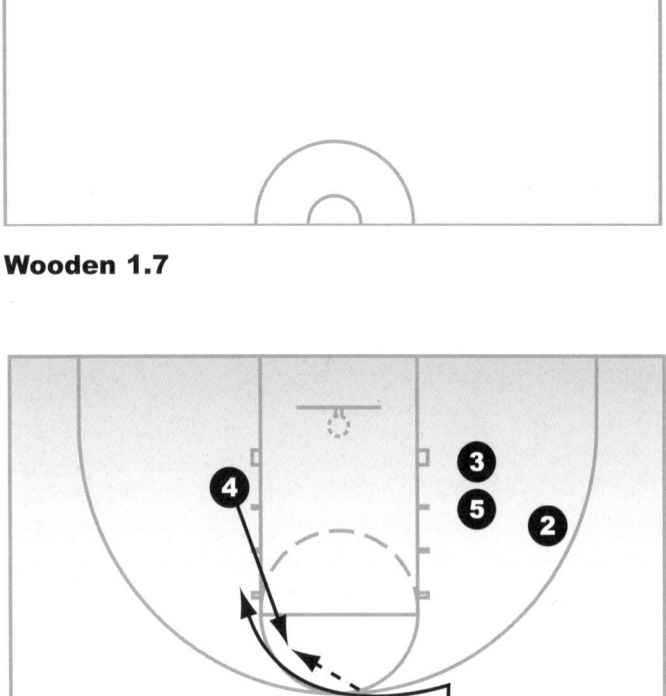

Wooden 1.8

Wooden 1.9

ダブルスクリーンを使っても❷にパスが通らなければ、❹がエルボーまで走って、❶からのパスを受ける。この状況は、非常に広いスペースがあるので、2メンゲームを行うには最適である（図1.8参照）。

❶と❹が行う2メンゲームで、もう1つの選択肢は、ピック・アンド・ロールを行うことである（図1.9参照）。

LESSONS FROM THIS LEGEND...

DRIBBLE TO THE WING
ウイングへのドリブル

ガードからフォワードへのパスがディナイされた場合は、ウイングへドリブルで進むことによって、ハイポスト・オフェンスに移行することができる。❷がドリブルでウイングに進むと同時に、❸はブロックまで走り、ポストアップする（**図1.10 参照**）。この配置になれば、ガードがウイングにパスをしてカットするプレーと同じ配置になるので、今までに述べてきたガード・カット・シリーズのプレーに移ることが可能になる。ガードがカットすることとの唯一の違いは、❷がウイングにいて、❸がポストアップしているということだけである。

Wooden 1.10

GUARD AROUND
ガード・アラウンド

このセットは、❷が❸にパスを出した後に、ボールをトレールして、❸からの手渡しパスを受けるプレーである（**図1.11 参照**）。❷がボールを持ったら、❹はペイントエリアを横切ってパスをもらおうとする。そして、この❹の動きによって、ロブパスを出すためのスペースが生まれる。❺はスクリーンをセット、❸はスクリーンを利用して走り、❷からのロブパスを受けようとする。

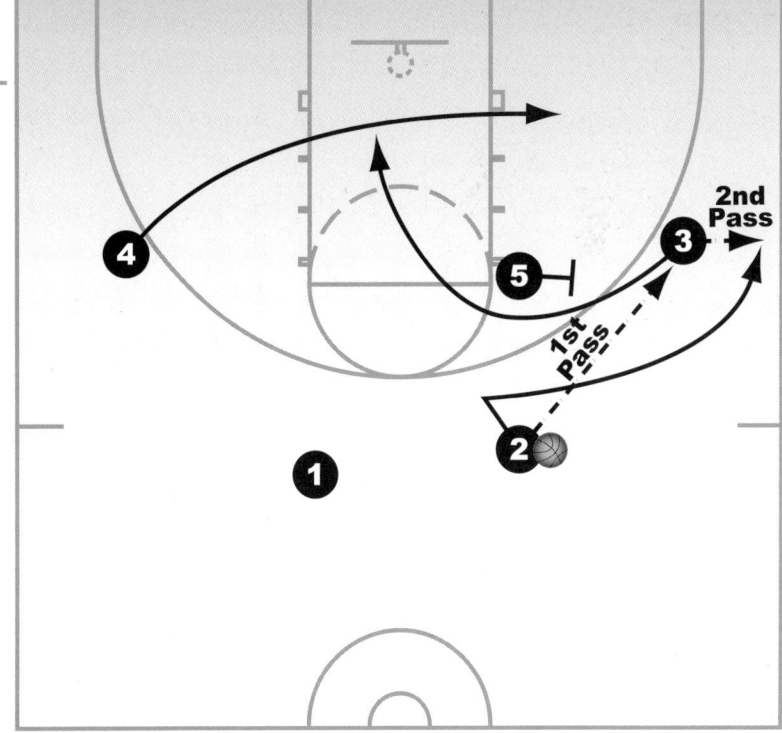

Wooden 1.11

SOURCE
出典
・ジョン・ウッデン（1986年）、ハイポスト・オフェンス、マックグレアー・フラッシュバック・ノートブック・ボリュームXII、マックグレアー・スポーツ・グッズ社。

211

LESSONS FROM THIS LEGEND...

MOVING WITHOUT THE BALL
By John Wooden

私が最も難しいと感じていることは、ボールを持たないときの動きを教えることである。正しいフットワークで、顔を上げて、注意深く相手のマンツーマン・ディフェンスを読むことは、大変な指導内容である。

もしも、実際の試合ですべての選手が均等にボールを扱ったとしても、1人当たりの出場時間のうち、ボールを持っている時間は全体の10％に満たない。他の90％以上の時間はボールを持たないで動く時間になる。チームとしても、個人としても、プレーの成果を上げるためには、ボールを持たないときが非常に重要なのである。

実際には、ガードの選手が最も多くボールを持つことになるだろう。ガードはおそらく、全体の10％以上はボールを持っていると思う。逆に言うと、フォワードやセンターがボールを持つ時間は10％に満たない。したがって、フォワードやセンターの方が、ボールを持たないときの動きが重要になる。

FOUR MINUTES A GAME
1試合に4分間

私は、「1人の選手は、1試合に合計4分間しかボールを持たない」という考え方が好きである。4分間というのは、両チームの出場選手10人で、試合の40分間を割った数字として計算されたものである。仮に、選手の出場時間が全員40分だったとき、4分間しかボールを持たない、ということなので、実際にボールを持つのは4分間以下になるだろう。

BE A COMPLETE PLAYER
完璧な選手になれ

私は決して、ボールを持っている時間が重要ではないと言っているのではない。しかし、現実として試合中のほとんどはボールを持たずに動いているのであり、その時間を無駄にしてはいけないのである。ボールを持つとすばらしいプレーをするが、ボールを持たないとほとんど何もできない選手がたくさんいる。このような選手は、完璧な選手であると言えない。ボールを持たないときのオフェンスは、いくつかの動きによってディフェンスを引きつけること、そしてタイミングよく動くことが成功へのカギである。

RESPONSIBILITIES ON THE STRONGSIDE
ストロングサイドの役割

ストロングサイドにいる選手には、次のような役割がある。

1. 状況に応じて、またはコールされたときに、適切なスクリーンをセットする。
2. スクリーンを使うときに、ディフェンスを味方にぶつけられるような動き方をする。
3. ディフェンスが味方のヘルプに行けないようにするため、常にディフェンスを自分に引きつけておく。
4. ディフェンスがボールから目を離さなければならない状況を作る。
5. パスを受けるためにディフェンスを振り切り、安全なパスコースを確保する。
6. パスを受けたら、トリプルスレットの姿勢を作る。
7. シュートが放たれたら、リバウンドやセフティのために動く。
8. フロアの状況を見て、それに応じて動く。オフェンスの選手は常に考えて、ボールを持っている選手や、パスを出した直後の選手の動きに合わせる。

RESPONSIBILITIES ON THE WEAKSIDE
ウィークサイドの役割

ウィークサイドの選手が行う動きは、種類としてはそれほど多くはない。しかし、その役割はとても重要なものである。ウィークサイドからの攻撃によって、オフェンスの総合力が決定される。その役割を以下に記す。

1. ディフェンスをフロート（ヘルプのためにマークマンから離れること）させないために、常に自分にマークマンを引きつけておく。
2. パスをもらえるときは、その機会を逃さないように、適切なポジション取りをしてディフェンスを振り切る。

WAYS TO PROMOTE OFFENSE WITHOUT THE BALL
ボールを持たない動きを増やす方法

選手たちが得点したいという気持ちを持つのは、自然なことである。そのため、ほとんどの選手たちはボールを持っての動きを一生懸命に練習する。練習では、ボールを持たないときも、ボールを持ったときと同じだけの努力をしてほしいが、その指導をするのは難しい。私たちはそれを克服して、少なくとも無意識のうちに動けるようにならなくてはいけない。簡単なことではないが、完成された選手、またはチームになるためには、必要不可欠なことである。

ボールを持たない動きを増やすために、コーチたちは選手の心理面を把握して、それを利用す

LESSONS FROM THIS LEGEND...

べきである。チームというものは、異なった個人の集まりなので、誰かに上手くいった方法が、他の誰かに上手くいくとは限らない。したがって、コーチたちはシーズンを通じて、選手個人そしてチームに、どのような指導が最も適切なのかを考え続ける必要がある。

SOME IDEAS THAT I HAVE FOUND HELPFUL ARE AS FOLLOWS
私が見つけた役に立つアイデア

1. 今まで説明してきたようなことを、口頭で、プリントを用いて、または試合のビデオを見せるなどして、強調し続ける。
2. 精神的にも肉体的にも、本当に強い選手は、ボールを持たないときの動きがしっかりとできるということを、様々な方法で指導する。そして、練習の中で取り入れて、試合と同じ状況下でも実行できるようにする。
3. スポーツライターやスポーツキャスターの協力を得て、特に自分の学校の記者にお願いをして、ボールを持たないときの動きについて注目度を上げてもらう。
4. 図によってオフェンスを説明するときに、ボールを持たないときの動きについて、しっかりと教える。特に、動きの目的を個々の選手に伝えること。
5. ときには選手たちに図を描かせる。ボールを持たないときの動きの方法や、フェイクの可能性について、選手に説明させる。
6. 選手同士が批判をしてはならない。しかし、お互いを分析して、健全なアドバイスをし合うことを、コーチは推奨すべきである。特に、ボールのないところの動きを選手たちには注目させる。
7. シュートなしのオフェンス練習をさせる。この練習によって、必ずウィークサイドの選手も動かなければならなくなる。
8. 立ち止まっていることが決してないように強調する。そうすることで、選手たちは考えて、目的を持って動くようになる。
9. パスが可能なときは、できる限りパスを出すように指導する。優れたパッサーは味方がディフェンスを振り切れるようにパスを出す。パスの下手な選手は味方に「こんなパスも取れないのか」というような態度を示す。
10. チームに適切なチーム・スピリットを指導する。チーム・スピリットとは、チームの成功のためなら、喜んで個人の栄誉を犠牲にする気持ちだと、私は理解している。

DEFINITION OF SUCCESS
成功の定義

バスケットボールのオフェンスにおいて、ボールがないところで動くことは欠かせない要素である。個人としても、チームとしても、成功のために必要な動きなのだ。成功とは、自分が全力を尽くして、最高の自分になろうとする努力の中の、満足感から得られる心の平静である、と私は考えている。個々の選手が、ボールを持っていても、持っていなくても、全員で全力を尽くさなければ、チームとしての目標達成はできないのだ。

SOURCE
出典

・ジョン・ウッデン（1973年12月）、バスケットボールにおけるボールを持たないオフェンス、ザ・バスケットボール・ブルテン。

LEGACY OF
Sandra "Kay" Yow

- 1984年にアシスタントコーチとして、1988年にヘッドコーチとして、合計2つのオリンピック金メダルを獲得している。

- コートの中でも外でも、成功するために厳しい取り組みをすることで知られる。

- 2004年までに、通算653勝を記録している。これは、女子ディビジョンⅠのコーチの中で第5位の勝利数である。

- ノースカロライナ州内で初めて、女性として専任のバスケットボールコーチに就任した人物である。

- 女子NCAAトーナメントは今まで23回開催されているが、ノースカロライナ州立大学を率いて17回出場している。

- 1998年、ノースカロライナ州立大学をファイナル4に導いた。

- ノースカロライナ州立大学の歴代コーチの中で、最も勝利数の多いコーチである。

LESSONS FROM THIS LEGEND...

OFFENSIVE DRILLS

By Kay Yow

TOSS-BACK DRILLS
トス・バック・ドリル

☐ **INSIDE PLAYERS**
インサイドの選手

1. リバウンド・ドリル（1〜2分）
   - ブロックに立ち、跳ね返ってくるボールに向き合う。
   - 両手のオーバーハンドでボールを投げて、ボードに反射させてボールを跳ね返す。
   - リバウンドをつかんでタップ・イン、またはリバウンドシュートをする。

2. アウトレットパスとリアクション・ドリル（1〜2分）
   - レイアップシュートをしてリバンドを取り、ウイングにパスを返す。
   - ボールを投げて、パワームーブからシュートする。そしてリバウンドを取り、シュートの動きを繰り返す。

3. マイカンとリバース・マイカンドリル（それぞれ2分半）
   - ゴールに正対して、右手のフックシュートをする。
   - すばやくリバウンドを取って、左手のフックシュートをする。それをすばやく繰り返す。
   - リバース・マイカンとは、リバース・レイアップを繰り返すドリルのことである。

4. 2人組みになりフレアへのパスと、ロールしてゴールへ向かうドリル（1〜2分）
   - レイアップシュートをして、リバウンドを取る。そしてアウトレットパスを出す。
   - パスにミートをして、さらにパスを出す。
   - パスからのスイング・シュートや、ゴールへのパワームーブを繰り返す。

5. タップ・ドリル（それぞれ20〜30秒）
   - バックボードに向かってボールをタップする。右手で20〜30秒間、連続して行う。最後のタップの選手は、シュートする。
   - 左手でのタップを20〜40秒間繰り返す。

6. 1マン・2ボール・ドリル（1〜2分）
   - ボールを1つずつ、ブロックに置く。
   - ボールを拾い上げて、レイアップシュートする。シュートしたら、すぐに次のボールを拾ってレイアップシュートする。
   - パートナーはリバウンドして、ボールをブロックに置く。

☐ **PERIMETER PLAYERS**
アウトサイドの選手

1. フォワード・連続ドリル（30秒〜1分）
   - レイアップシュートして、リバウンドを取り、ボールをトップ・オブ・ザ・キーの右にパスをする。
   - 動いてパスにミートして、ローポストへオーバーヘッドパスを出す。
   - リターンパスを受けて、レイアップシュートする。

2. インテンシティレイアップ（30秒〜1分）
   - トップ・オブ・ザ・キーに立ち、ボールを投げ上げて、走ってリバウンドのパスを取る。
   - ファンブルすることなくボールをつかんで、レイアップシュートを決める。リバウンドを取ったら、すぐにドリブルでトップ・オブ・ザ・キーまで戻り、ドリルを続ける。

3. ストロングサイド・トライアングル・オプション（30秒〜1分）
   - パスをガードのポジションに出してから、ベースラインに投げられるパスを受ける。そして、ピボットを踏む。
   - ローポストにパスを出して、ゴールに向かって走る。

4. 速攻ドリル（30秒〜1分）
   - センターラインからスピードドリブルで進み、フリースローラインのあたりでパスを出す。
   - ブロックでリターンのバウンズパスを受ける。
   - パスを受けたらバンクシュートを放つ。

5. アングルパスと反応ドリル（30秒〜1分）
   - ボールをバックボードに投げ上げて、リバウンドが取れる位置まで動く。
   - リバウンドを取るまで、ディフェンスのスライドで移動する。ボールを取ったら、再びパスを投げる。

6. トスバック・ボールハンドリング・ドリル（それぞれ30秒）
   - ビハインド・ザ・バックパス。
   - 片手のパス。
   - ドリブルしてからのパス。
   - 体の周りでボールを回してからパス。
   - ボール2つでの循環パス。

EXPLODE DRILLS
爆発的ドリル

☐ **FAKE AND DRIVE**
フェイクとドライブ

LESSONS FROM THIS LEGEND...

1. ロッカー・ステップ。
2. クロスオーバー・ステップ。
3. フェイクからシュート。
4. アップ・アンド・アンダー。
5. ボール・スウィープ。

☐ **FAKE AND DRIVE OFF THE DRIBBLE**
フェイクとドリブルしてのドライブ

1. クロスオーバー・ドリブル。
2. チェンジ・オブ・ペース・ドリブル。
3. リバース・ドリブル。
4. フェイクからリバース・ドリブル。

SHOOTING DRILLS
シューティングドリル

☐ **FORM SHOOTING**
フォーム・シューティング

1. 壁。
2. ライン。
3. バスケット。

☐ **2 1/2-MINUTE DRILL**
2分半ドリル

☐ **ONE-MINUTE DRILL**
1分間ドリル

☐ **SPOT SHOOTING**
スポット・シューティング

☐ **INDIVIDUAL MOVES**
個人の動き

1. アウトサイドの動き
   - スクリーンからパスを受ける、またはクロスコートのパスを受けてシュート。
   - ピックを利用してのドリブルからシュート。
   - フェイクからドライブしてのシュート。

2. インサイドの選手たち
   - ローポストのシュート。
   - ハイポストのシュート。
   - ベースラインのシュート。

FULL-COURT DRILLS
フルコートのドリル

☐ **TWO-PLAYER DRILLS (FULL COURT)**
2人の選手によるドリル（フルコート）

1. 2列のうち、コートの中央を進む選手がドリブルする。ドリブルがフリースローラインの角まで来たら、パスを出す。外側を走る選手は、パスを受けてレイアップシュート。
2. 2列でチェストパスを行い前進する。フリースローラインの角まで来たら、レイアップシュートする。
3. バウンズパスでベースラインまで進む。最後にパスを受けた外側の選手は、アウトサイドからのシュートをする。
4. バウンズパスで、ベースラインまで進む。外側の選手が最後にパスを受けたら、そこから1対1を行う。

☐ **FAST BREAK DRILLS—THREE PLAYER DRILLS**
3人による速攻ドリル

1. 中央の選手がリバウンドを取り、アウトサイドの選手がパスを受ける。パスを受けた選手は、コートの中央へボールを運ぶ。リバウンダーは、パスを出してから、アウトサイドのレーンを埋める。ミドルマンは、フリースローラインまでドリブルで進む。そしてフリースローライン上で止まり、どちらかのサイドにバウンズパスを送る。ミドルマンはパスを出した後、ボールサイドのフリースローラインのエルボーまで行く。
2. リバウンドを取った選手がアウトレットパスを出す。そのパスを受けた選手は、ミドルレーンにカットしてくる選手にパスを出す。リバウンダーは速攻のレーンを埋めるため、パスを出した方向と逆の

LESSONS FROM THIS LEGEND...

サイドのレーンを走る。
3．3対2と2対1のドリル。3対2でシュートした選手がディフェンスに戻り、ディフェンスをしていた2人がオフェンスになり、2対1を行う。

□ **TEAM OFFENSIVE DRILLS**
チーム・オフェンス・ドリル

1. 5人のドリル（速攻とセカンダリー・ブレイク）
   ・5対0。
   ・5対3。
   ・5対4。
   ・5対5。

2. トランジション・ドリル
   ・3対3ラインドリル。
   ・4対4ラインドリル。
   ・5対5ラインドリル。

3. スクリーンを適切に使うドリル。
   ・図1.0に示されているように、ボールをトップの選手が持つ。そして、ウイングにもう1人配置する（ギブ・アンド・ゴー、またはパス・アンド・カット）。
   a　先頭の選手がディフェンスになる。
   b　2番目に並んでいる選手がオフェンスになる。
   c　オフェンスを行ったら、次にディフェンスを行う。
   d　ディフェンスを行ったら、列の後ろに並ぶ。
   ・このドリルではスクリーンを適切に使うことを学ぶ。正しくスクリーンをかけて、スクリーン後も正しくオープンになる（パスとスクリーン・アウェイ）（図1.1参照）。
   a　❶は❷にパスを出す。
   b　❶は❸にスクリーンをセットする。
   c　❸はゴール方向にフェイクして、トップに動く。
   d　❶はオープンになりボールの方へ向いて、スペースを埋める。
   ・スクリーンダウン（図1.2参照）。
   a　❷は❺にスクリーンをセットする。

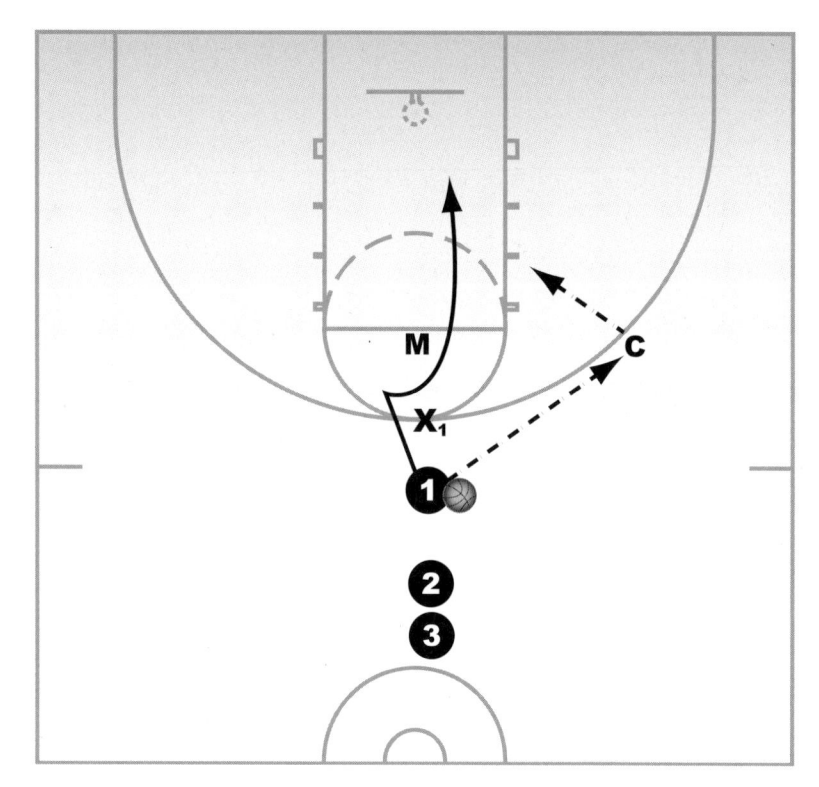

Yow 1.0

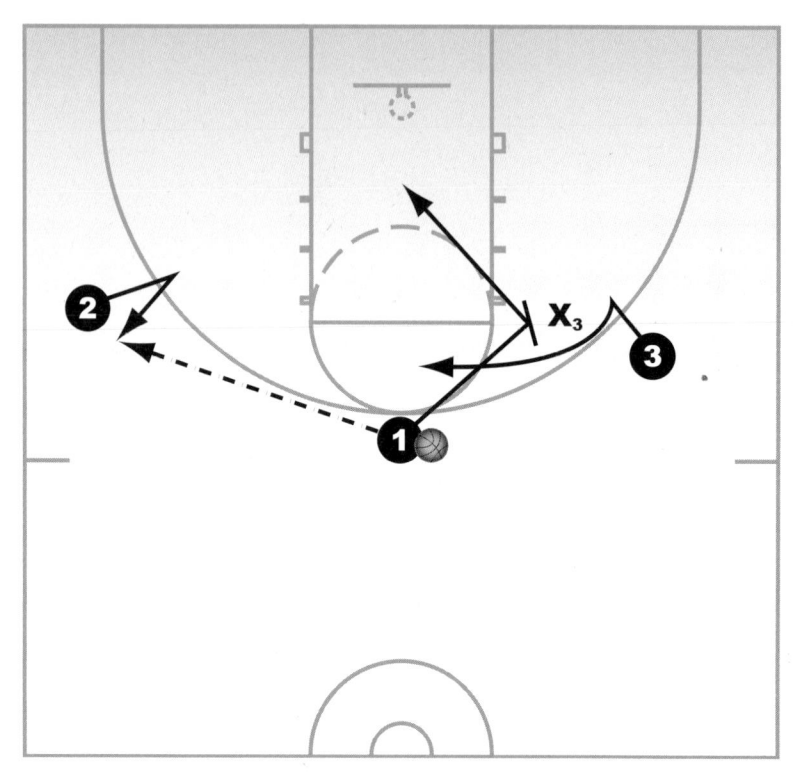

Yow 1.1

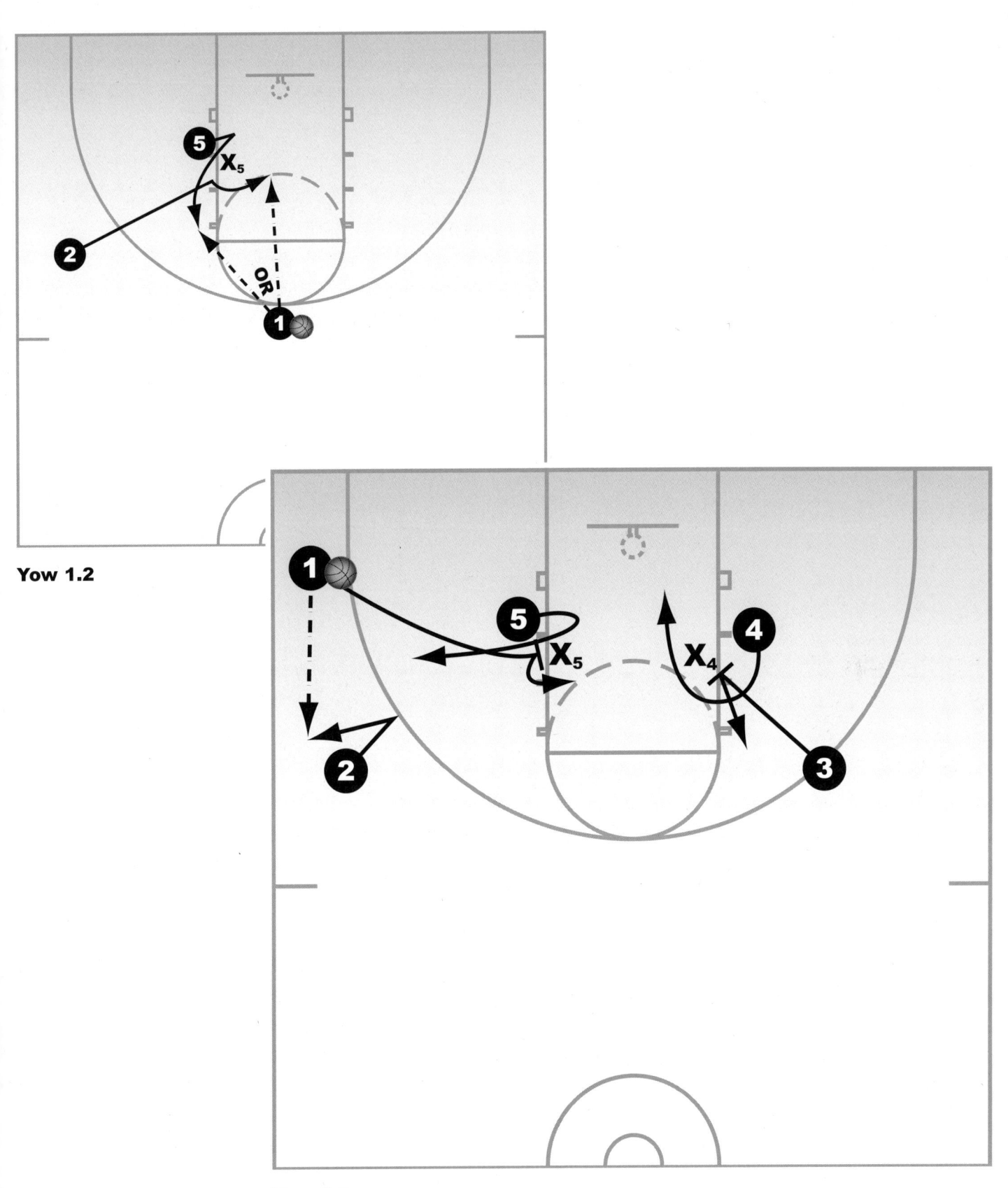

LESSONS FROM THIS LEGEND...

Yow 1.2

Yow 1.3

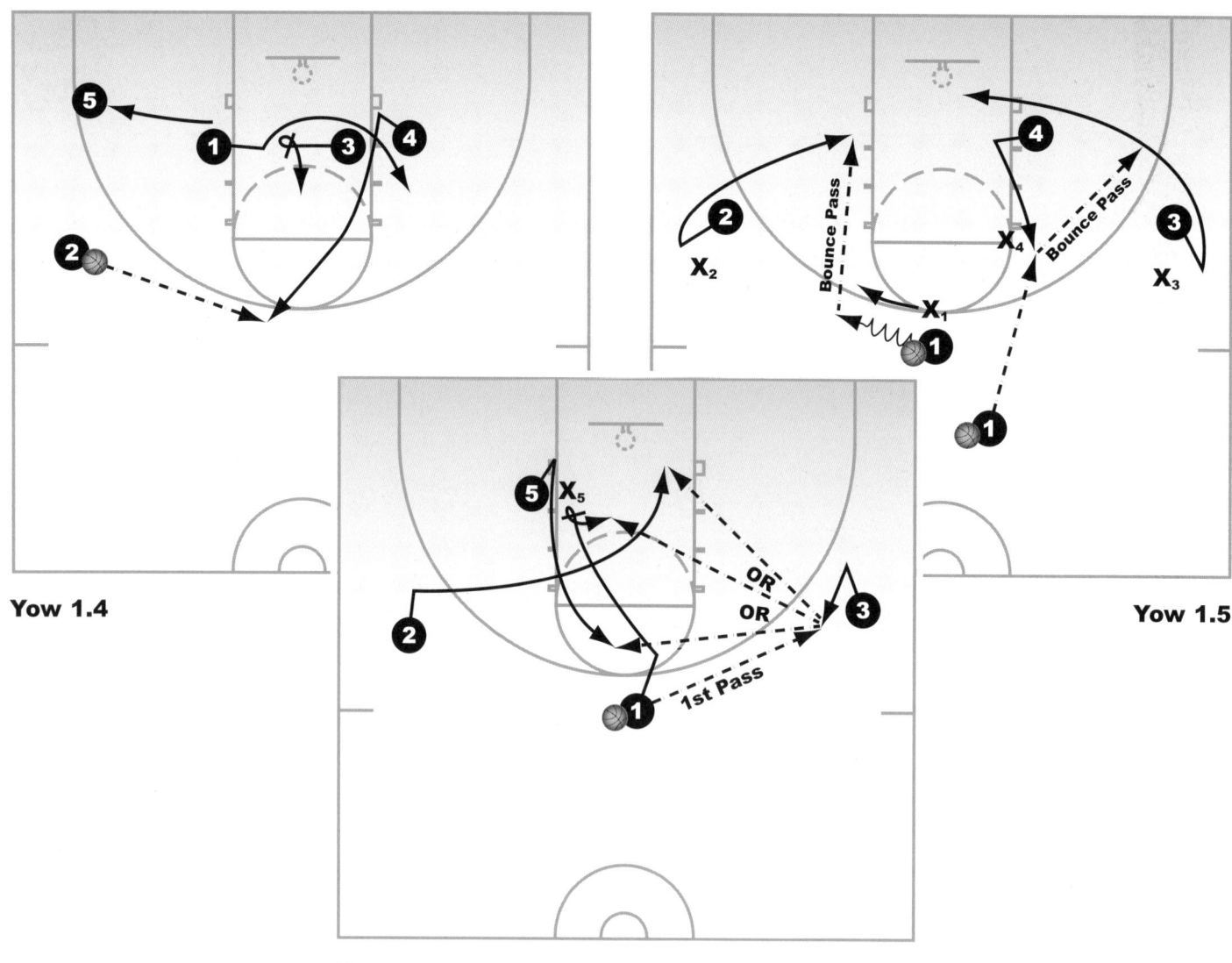

LESSONS FROM THIS LEGEND...

Yow 1.4

Yow 1.5

Yow 1.6

b ❺はインサイドにフェイクしてから、ポップアウトする。
c ❶は❺にパスを出す。
d ❷はオープンになりボールの方へ向いて、インサイドでポストアップする。

・2つのスクリーンを同時にかけて、オープンになったカッターを読み、パスを出すドリル（前頁、図1.3、図1.4参照）。
a ❶は❷にパスを出す。
b ❸は❹にスクリーンをセットする。
c ❹はフェイクしてからボールを受けにカットする。
d ❷は❹にパスを出して、❺にスクリーンをセットする。
e ❶はペイントエリアを横切ってフラッシュする。
f ❸は❶にスクリーンをして、オープンになってボールを受けようとする。
g ❶はスクリーンを利用してポップアウトする。
h ❹はカッター（❶）か、スクリーナー（❸）にパスを出す。

・トップの位置から、バックドアカットに直接パスをするか、ハイポストを経由してパスをする（図1.5参照）。
a ❷はフェイクして、バックドアカットをする。
b ❶はバックドアカットにバウンズパスを通す。
c ❹はローポストからハイポストに走る。
d ❶はハイポストに走る❹へパスを出す。
e ❸は❶からパスをもらうふり（フェイク）をする。
f ❹はバックドアカットする❸にパスを出す。

・トップからウイングにパスを出して、カットによるペイントエリア内でのポジションチェンジを行うプレー（図1.6参照）。
a ❶は❸にパスを出す。
b ❶はボールと逆サイドのローポストの選手とポジションチェンジをする。

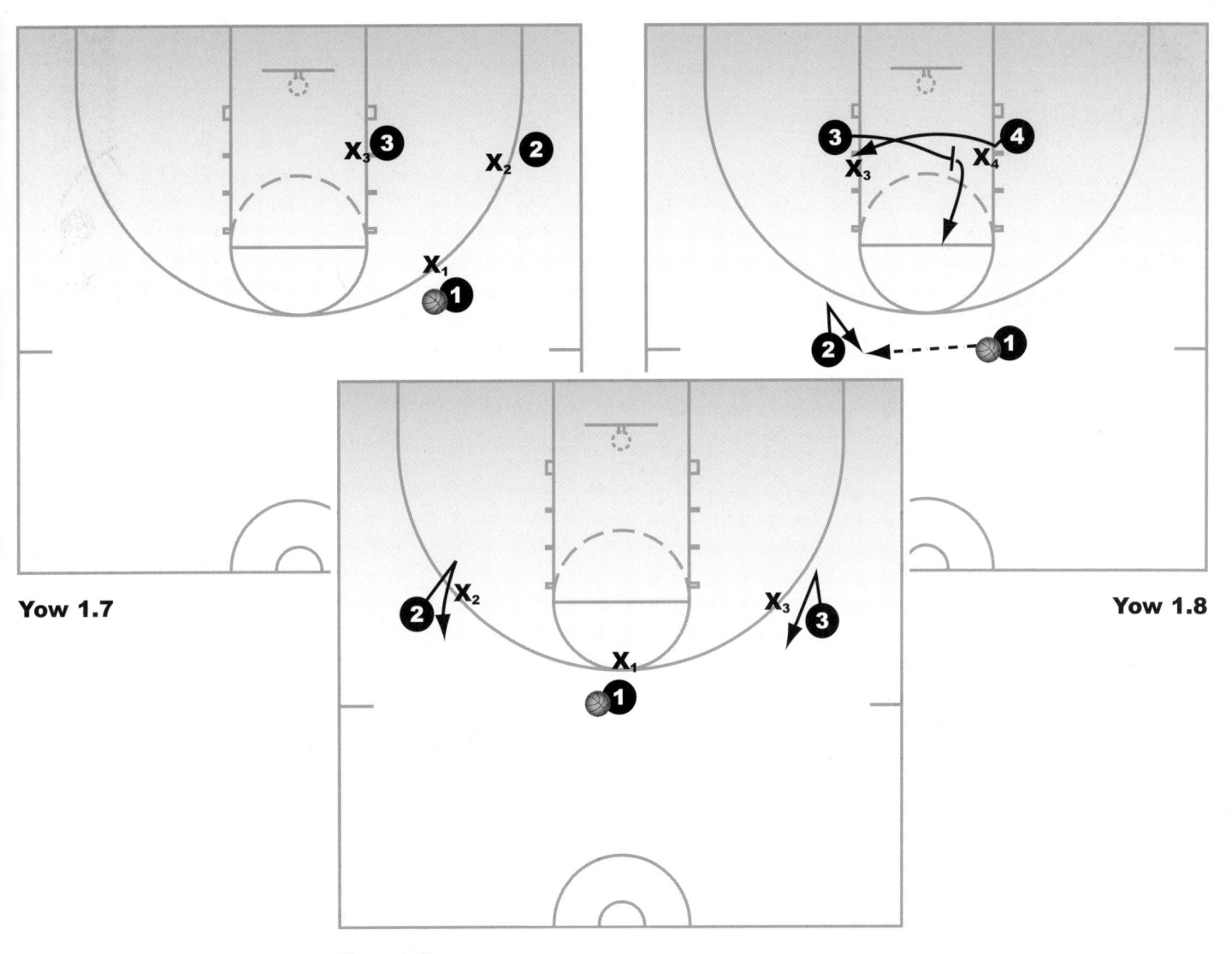

LESSONS FROM THIS LEGEND...

Yow 1.7

Yow 1.8

Yow 1.9

c ❷は、ポジションチェンジを行う❶の背中を走る。

d ❷はパスを受けられなかったら、ミドルポストにポストアップする。

・トライアングル・ドリル（**図 1.7 参照**）。

a ❶、❷、❸が協力してプレーする。インサイドのシュート、オープンのアウトサイドシュート、ペネイトレイトからのシュート、そしてエクスプロージョンやスクリーンを使ってのシュートを狙う。

・2対2インサイド・ドリル（**図 1.8 参照**）。

a 4人のオフェンス対2人のディフェンスでプレーする。

b ❶と❷は、インサイドにパスが出せるまで、お互いにパスを回す。

c インサイドの選手はお互いにスクリーンをかける。そして、インサイド（ハイポスト、ミドルポスト、ローポスト）でパスを受けて、動いてからシュートする。または、味方のポストやアウトサイドの選手にパスを出す。

・3対3アウトサイド・ドリルのパッサーの選択肢（**図 1.9 参照**）。

a パスして、スクリーン・アウェイ。

b パスして、カット。

c パスして、ボールにスクリーン。

d パスして、自分自身でリプレイス。

e パスをして、リターンパスを受ける。

・コートのバランスと適切なスペーシングを保つこと。

SOURCE

出典

・レイ・メイヤー（1979年）、フラッシュバック・ノートブック：全米の偉大なバスケットボールコーチによるノート＆ダイアグラム、メダリスト・スポーツ・エデュケーション、ミルウォーキー、ウィスコンシン（Vol. V）。

ABOUT THE AUTHORS

JERRY KRAUSE

ジェリー・クラウスは、バスケットボールの指導を40年以上行い、優れた教師として、また講習会の講師として、広く知られている。バスケットボールの歴史を専門として、今までに27冊のコーチング教本を執筆、編集している。また、教則ビデオも30本以上発表している。NABC調査委員会の代表であり、以前はNCAAバスケットボール競技規則委員長も務めた経験を持つ。

1998年、クラウスは生涯を通じてバスケットボール界に貢献したことにより、名高いNABCクリフ・ウェルズ賞を受賞した。2002年、NABCガーディアン・オブ・ザ・ゲーム・フォア・アドボカシーより名誉を称えられた。それは20年以上にわたる、リングの調査を認められたためだ。クラウスは、リバウンドの平等な跳ね返りを求めて、あらゆる体育館のリング装置を調査したのだった。NAIAバスケットボールコーチの殿堂入り（2000年）、コーチとして、そして教師として体育学の殿堂入り（2000年）も果たしている。また、最近ではゴンザガ大学のバスケットボール・オペレーターとして活躍している。

RALPH L. Pim

ラルフ・ピムは、アメリカ陸軍士官学校ウエスト・ポイント体育学部の助教授である。指導ディレクターを務めると同時に、バスケットボールの指導員も兼任している。

ピムは大学レベルでのバスケットボール指導を30年以上続けてきた。ヘッドコーチとしては、アルマ・カレッジ（ミシガン州）、ライムストーン・カレッジ（サウスカロライナ州）のチームを作り、多くの成功を収めた。アルマのチームは全米での得点ランキング、および3ポイントシュート成功数ランキングで上位をマークした。1989年のチームは、アルマ・カレッジのチーム創設以来、47年間で最も好成績を残したチームだった。他にも、ピムはセントラル・ミシガン、ウィリアム・アンド・マリー、ノースウエスタン・ルイジアナ、そしてバーバートン高校（オハイオ州）などを指導した。1976年、バーバートン高校はオハイオ州大会の優勝を果たして、全米ランキングは第7位のチームとなった。

ピムはウェールズ・バスケットボール協会の技術アドバイザーを10年間務めた。ウェールズのトレーニング設備を充実させたと同時に、ナショナルチームの指導も手伝った。

ピムは「ウィニング・バスケットボール」の著者であり、「コーチング・バスケットボール」では、共著で編集を行った。これまでに、コーチングに関する数多くの論文を発表して、最近では、ネイスミス・バスケットボール殿堂・年間記録集の編纂に携わった。

ピムはスプリングフィールド・カレッジ（マサチューセッツ州）の卒業生である。オハイオ州立大学で修士号を取得した後、ノースウエスタン・ルイジアナ州立大学で博士号を取得した。

Basketball Coaching Series

バスケットボール　オフェンス

レッスンズ　フロム　ザ　レジェンド

2010年2月22日初版第1刷発行

著　者　ジェリー・クラウス／ラルフ・ピム
監　修　倉石　平
翻　訳　三原　学　　倉石　大
　　　　原田　博貴　　富田　茉記子
企　画／ジャパンライム株式会社
　　　　〒141-0022　東京都品川区東五反田1-19-7
　　　　TEL.03-5789-2061
　　　　FAX.03-5789-2064
　　　　http://www.japanlaim.co.jp
発行人　松田健二
発行所　株式会社社会評論社
　　　　〒113-0033　東京都文京区本郷2-3-10　お茶の水ビル
　　　　TEL.03-3814-3861
　　　　FAX.03-3818-2808

Ⓒ 本誌の記事・写真・図表の無断転載および複写を禁じます。

BASKETBALL OFFENSE
LESSONS FROM THE LEGENDS

Copyright ©2009 by Coaches Choice Books